sapientia
サピエンティア02

ミッテラン社会党の転換

Le Tournant du Parti Socialiste sous Mitterrand

社会主義から欧州統合へ

吉田徹［編著］

法政大学出版局

まえがき

英『エコノミスト』誌一九八二年三月号の表紙には、「ＥＥＣ（欧州経済共同体）――一九五二年三月二五日生まれ、一九八二年三月逝去」と刻印された墓石が掲げられた。八〇年代初頭に、欧州統合は深刻な危機に陥っていた。しかしその後、ヨーロッパは見事に復活を果たし、その後に訪れた幾多の困難を乗り越え、現在でも歴史のなかを突き進んでいる。八〇年代初頭はまた、英国と米国で新自由主義／新保守主義なる政治的潮流が誕生し、やはり現在にまで至る政治や政策のあり方を規定した時代の発端でもあった。

本書で描かれるフランスのミッテラン社会党は、そのような時代の狭間にあって、ほぼ四半世紀もの野党時代から抜け出し、いささか時代錯誤的ともいえる「社会主義」を掲げ、その実現の期待を背負って政権を獲得した。フランス社会主義と欧州統合と新自由主義の三者の間で生じた葛藤は、政治の場でどう捉えられ、処理されたのか。なぜ、どのようにして、そして何を目的として、フランスは社会主義から欧州統合への架橋をはかったのか。以上を問題意識として、本書は書かれている。

生涯をかけてヨーロッパ政治をウォッチし続けた藤村信は、その遺作『歴史の地殻変動を見すえて』（岩波書店）のなかで、ミッテラン社会党政権の「資本主義との断絶」という政治的プロジェクトの放棄

は「ユートピアの喪失」であったと表現している。「歴史の終焉」の間際の時代にあって、ミッテラン社会党政権は先進国ではおそらく二〇世紀最後の体制的闘争を繰り広げ、そして敗北したのだった。

しかし、ミッテランその人は同時に、巧みなリーダーシップでもって、それまで国民国家の枠内で追求されてきた社会主義というユートピアを密かに放棄する代わりに、欧州統合という壮大な政治的プロジェクトを再起することに成功した。常に不可避的に訪れる政治的ディストピアを前に、遠くはあるかもしれないが、人々の希望を託すことのできる新たなユートピアを提示すること。そのような政治のあり方は、逃避や責任回避につながる可能性を持つゆえ、必ずしも歓迎できるものではない。そもそも、社会主義や欧州統合が、果たして本当にひとつのユートピアであったといえるのかどうかの議論もあり得る。しかしそこにはおそらく、政治という、想像を絶するほどのエネルギーを要する所作の、芸術的とさえいえる本質と魅力が隠されているのではないだろうか。

詩人ポール・ヴァレリーは、「思い起こすことのみによって知ることができる夢は仮説である」と書き記している。しかし、作家ゴンクール兄弟はまた、「歴史とはかつてあったロマンであり、ロマンとはかつてあり得た歴史である」ともいう。そうであるならば、フランスの現代社会主義の実現のために、それぞれ苦闘した政治家たちの軌跡とその挫折、挫折から傷つきながらも復活した過程を思い起こし、書き留めておくことは、仮説でもロマンでもなく、ひとつの歴史であるに違いない。そしてこの本には、そのような歴史が存在し得ることを願って、彼らの夢が叙述されている。

ミッテラン社会党の転換／目次

結論 …… 367

凡　例

1　引用文献

引用した文献は、各章末注で初出のみ出版社・出版年・地名を併記し、それ以降は執筆者（編者）とタイトル（および所収雑誌名）としている。ただし、章が改まる場合は再度すべてを表記した。出版地が複数存在する場合は最初のものしか記していない。

2　引用史料略語

AFC：カルル文書（Archives Françoise Carle）
AN5AG4：フランス国立文書館ミッテラン大統領文書（Archives Nationale）
BdF：フランス中央銀行文書（Banque de France）
CFDT：フランス労働総連盟文書
MINEFI：経済財政相ドロール／ファビウス予算担当相官房／ＩＭＦ関連文書
OURS：社会党研究大学機構所蔵文書

序論

一九八一年、フランスでは約四半世紀ぶりに左派の大統領と政権が誕生した。社会党大統領ミッテランと首班指名を受けたモーロワによる社共連立政権は、「資本主義と訣別」すべく「フランス流の社会主義」の実現を目指し、「社会主義プロジェ（Projet Socialiste）」に基づく社会経済政策を展開した。レーガン＝サッチャー流の新自由主義の時代に、遅ればせながらの「革命」が開始された。しかし、そのわずか二年後にミッテランの社会党を中心とする政権は、「転回（tournant/ turnaround）」と呼ばれる、社会主義の放棄と新自由主義的政策へ転換する。

「左派政権（一九八一年のフランスのモーロワ政権）は決定的な打撃を受けて撤退し、その後の左翼政権や他の欧州左派政権にいまだ忘れられない教訓を遺した」[*1]。この警句めいた文が意味しているのは、政治の左右を問わず、八〇年代以降に自国経済が国際市場に適応させられることの事実である。適応と変容を迫られるなかで、過去の政治的ディスコースは道を譲らざるを得なかった[*2]。そしてEU（欧州連合）が境界の再定義を迫るプロセスだとすれば、ナショナルな要求の歴史的形態がどのように変化したのかを探る必要がある[*3]。ミッテラン時代のフランスは、こうして社会主義の失敗から欧州統合への道を歩むことになった。

社会党政権の「転回」が行われるまでのフランスは、戦後の「栄光の三〇年間」といわれる輝ける社会経済モデルと、これを支える政治空間にまどろんでいられた。七〇年代の二度にわたるオイル・ショックによって生じた資本主義の危機は、オルターナティヴとしての社会主義を提示したが、これはまた、国家を政策と権威の資源とするフランス・モデルの延長線上にあった。ところがその国家を襲ったのが、八〇年代を起点とする世界規模での経済的相互依存の潮流であり、国内政治を追いつめる外的環境であった。政治への大きな期待を背負い誕生したミッテラン社会党は、ここで国家と社会主義という相互連関的な二重の危機に直面する。危機を回避するには、危機を生む構造そのものを転覆させるか、危機を引きうけて新たな統治原理のもとでフランスの政治経済を再編するしか方法はなかった。そして、ミッテランは前者に失敗したゆえに、後者を選択せざるを得なくなったのである。この「転回」は、西欧において英サッチャー政権による政策転換と並ぶだけの影響を与え、そして政治体制というものをめぐる、おそらく二〇世紀で最後の闘争でもあった。

社会主義を放棄した直接的原因は、EC（欧州共同体）の各国通貨を一定変動幅に収める準固定為替相場制EMS（欧州通貨制度）だった。購買力拡大策と財政支出とによる大々的なリフレーション策は、そのまま通貨フランの投売りを帰結させ、EMSからの離脱の圧力がかかった。EMSそのものは制度的には中立的であった。しかしミッテランの社会党政権はここで、フランスにおける社会主義の貫徹か、欧州統合の中のフランスか、という二者択一を迫られることになったのである。具体的には社会党の中心を占めていた「社会主義プロジェ」派の拡張的経済政策を維持してEMSから離脱するか、あるいは党の傍流である経済的リアリストの緊縮政策を採用してEMSに留まるか、裁断を下すことを意味した。

すなわち、八一年から八三年の間は、欧州統合とこれを構成する国民国家が調和的な関係にあるのではなく、むしろ相互排他的であるという、例外的ではあっても普遍的な瞬間だったのである。そして、「転回」の実現後、欧州統合は停滞の七〇年代から脱して一九八六年の単一欧州議定書（SEA）、さらに一九九二年のマーストリヒト条約（欧州連合条約）へと帰結していった。それは、中核国フランスの一国経済が統合過程と矛盾しない「正常化」を果たすのと軌を一にしていた。

本書が提起する問題はきわめてシンプルである。フランスの社会主義と欧州統合がどのような意味で矛盾していたのか、矛盾していたとするならばなぜ後者が選択されたのか、という問いであり、これをミッテラン大統領とフランス社会党派閥首領、そして政権獲得後のサブ・リーダーたちとの相互作用から生じるリーダーシップに焦点を据えて解明する。[*4] 政治の力によって政権交代が実現した途端に、政治と国家は市場の力によって撤退するかにみえた。その中心にあったのは、フランス第五共和制のもとで強大な大統領権力と正統性を手にしたミッテランその人と、彼を支え、また突き動かそうとした閣僚や意思決定者たちだった。欧州統合の制度的装置としてのEMSは、ミッテランのリーダーシップと衝突し、カール・シュミット流の主権に基づく「決断」を迫った。[*5] しかしミッテランは経済的条件のみを考慮してフランスの社会主義を放棄したのでも、信念から欧州統合を選択したのでもない。社会主義の放棄は自らのリーダーシップを確立するためであり、欧州統合はリーダーシップ生存のための選択だった。

1　グローバリゼーションの一類型としての欧州統合

ミッテラン政権が誕生した一九八一年に、国際政治学者のドイッチュは奇しくも「国家の危機」という論文を著した。ドイッチュによれば、これまでの国家は九つの基本的機能、すなわち①社会秩序と予測可能性の維持、②権力・富・社会調和の追求、③経済計画、④自由市場経済による富の蓄積、⑤公的部門を通じた福祉の供給、⑥社会内部の活動の統合と調整、⑦社会的適応のための学習の促進、⑧新たな構造に対する社会の能力の増大、⑨国家独立の達成ないし社会的秩序の変化、を担ってきた。[*6] しかし、これらの機能は世界経済の展開と多元化のなかですでに流動化しており、新しい、もしくは安定したパターンは見出されておらず、もし見出されたとしても、それは「時間」という大きな圧力のもとで遂行されなければならない、と予見した。

世界経済における「相対的安定の島」を目指した七〇年代後半からの欧州統合は、経済政策、なかでも通貨政策を調和させるプロセスから始まった。[*7] これは、国際経済の相互依存が進むなかで、政治と政策決定の場が国民国家という空間に留まり続けることができるか、という新たな争点を欧州統合過程に付加した。とくに、「社会主義プロジェ」が基本とした有効需要管理策は、開放経済のもとで有効性が——輸入増という形をともなって——失われる。ロドリックは、グローバリゼーションを念頭において、国民国家、統合された国民経済、大衆政治の三つは同時に成り立たない、と論じた。[*8] 国民国家は世界市場から「黄金の拘束服 (golden straight jacket)」を着せられていながら、国民国家経済を基礎としたブレ

トン・ウッズ体制によって国民と結ばれている。そこで、国民と世界市場とを和解させるには世界連邦主義、換言すればトランスナショナルな民主主義が必要となる。しかしこのような媒介は、少なくとも現実的な政治的選択肢としてはあり得ないため、結果として国家と国民は寸断される。市場機能の強化を目的とする欧州統合は、民主的空間を必然的に制限することになるのである。[*9]「リベラルな欧州」か「ソーシャルな欧州」かという次元を超えて、経済統合が牽引する欧州統合は、国民国家の歴史のなかで形成されてきた利益媒介のあり方を再編する。欧州統合によって、国民国家の政治空間が再形成されたのは、皮肉であり、当然の帰結でもあった。国際経済における自由主義と国内における福祉国家レジームの棲み分けから成り立っていた「埋め込まれた自由主義」の前提は、もはや持続可能ではなくなり、一つの時代が終焉したのである。[*10]

2 戦後フランスの経済政策の特徴

戦後フランスの経済政策を特徴づけてきたのは、「ディリジズム（国家先導主義）」や「国家主義」といわれる国家の自律性や主導性である。フランス国家は「ケース・バイ・ケースで特定の結果を追求し、説得し、団結させる動機のパッケージを提供し、特定の目的を達成するために企業を差別し、行政ルールや規則を適用」してきた。[*11] すなわち、「国家資本主義」[*12]や「強い国家」[*13]の代表と見なされてきたのである。

市場に対して国家が優位であるとすれば、政治の場において、経済政策はどのように形成されてきた

のだろうか。この点についてP・A・ホールとV・A・シュミットという二人の政治学者の論を借りながら確認したい。

フランスと英国、部分的にドイツの戦後経済政策を比較したホールは、政策とは経済的条件への対応でもないし、政策形成も技術的争点の解決策ではなく、むしろ「高度に政治的な過程」であると主張した。[*14]その上で、当該国における労働と資本の組織のされ方、国家組織、政治システムと国際経済での地位を変数とし、国家社会関係から経済政策がいかに形成されていったかを論証した。[*15]つまり、経済パフォーマンスは、「政治的行為」に基づいた制度的分配に依存しており、政治と経済、市場と国家は分離して論じることはできないのである。[*16]

ホールは、ミッテラン政権がフラン下落と貿易赤字によってケインズ主義的再分配から賃金抑制策へと舵を切らねばならなくなったことが、産業に大規模に所得移転するミクロ経済戦略に依存していった理由だと解釈する。そして、社会党政権が労使との関係改善でもって社会的調和を図るという当初の構想にもかかわらず、社会関係の刷新に失敗し、国家主義に依存せざるを得ない状況に追い込まれて、支持者を失っていったと指摘する。つまりは「左翼にとっても国家主義は十分ではなかった」[*17]のである。

シュミットは、ミッテラン期（八一〜九五年）の経済政策、政策形成、官界・財界の変化を包括的に論じている。[*18]そしてフランスの経済産業政策は、国家主義的伝統と結びついた「ヒロイック」なものだったが、八三年を起点とする経済の自由化とヨーロッパ化によって、「国家的政策形成」モデルは危機を迎えた、とする。[*19]その大きな理由は、やはり国家社会関係の不安定性にある。すなわち、国家が過度に中央集権的である一方で、社会は極度に分裂しており、経済の国際化と欧州経済の発展に対して国家

は、政策手段を失っていった。確かにフランスの政策形成パターンは、多元主義的な米国や擬似コーポラティスト的な西ドイツと比較して、変革のイニシアティヴを採りやすいが、社会が自律すると効率的な経済運営が不可能になる。[20] シュミットは、八三年から八六年までを「国家主導型から非関与への移行」がなされた決定的な時期と位置づけ、社会党が社会経済変革の資源を失って、市場に依存するような経済政策を採用せざるを得なくなったと指摘する。[21]

欧州統合によって国民国家内に生じるジレンマは、フランスでは「外的拘束（contraintes extérieures）」と形容された。社会党政権のもとで経済運営を任されたドロールが指摘するように、「一九八二年と八三年にグローバリゼーションはすでにあった」。[22] 欧州統合が進展する過程で、各国は政治的イデオロギーに関係なく、統合による規律を受諾することを余儀なくされた。とりわけ、フランス社会党にとっては、それまで依拠してきた国家主義やヒロイックな政策が成り立たなくなったため、寄って立つ原理そのものが再定義されなければならなかった。

多くの西欧各国と同様、フランスでも戦後期はケインズ主義が支配的で、ケインズ主義経済は介入主義を是とする国家主義と親和的であった。[23] しかし第一次オイル・ショックの際の財政出動は各国の赤字を膨らませ、失業率と高インフレによってケインズ主義的政策に対する信任は七〇年代半ばに揺らぎはじめた。ブレトン・ウッズ体制の崩壊による国際的な資本移動と米国の高金利政策から、各国の政策上の選択肢はさらに狭まった。そのなかで、平価切下げは総需要を確保する伝統的な政策手段であった。しかし、七九年から欧州に導入されたＥＭＳは通貨価値を重視するため、インフレ許容的なスタンスをとる左派性を奪うに至る。

欧州統合の中核国に誕生したミッテラン社会党政権は、このようなジレンマを抱え、制度的・環境的制約に屈服しながらも、「未完のプロジェクト」としての欧州統合を追求していくというパラドックスを生み出した。主権国家ならば、政治と経済を分離させることでしか越境的な市場は機能しない[*24]。他方で、国内政治とそのリーダーシップは、国民国家の枠組みを維持するフリをしなければ正当性を調達できない。ロザンヴァロンは、このロジックを要約していう。

欧州はより広義にいえば、われわれの非思考を反映して、あるいはわれわれの非力さを正当化するものとして、一時期ミッテランが再定位したフランスの重心の喪失を代替しようと、政治の凋落と政治的意思の消滅を象徴するようになった。有名な「外的拘束」やブラッセルの官僚機構の「専制」は、われわれの判断や調停、つまり統治のむずかしさを隠蔽するものとして提示されてきた[*25]。

ここには、政権獲得で輝きを放った政治の力が次第に反省の対象となり、欧州統合が国内の政治的計略に利用されていったことの悔恨が見事に表現されている。社会党の古参がいうように「欧州が自由主義に降伏したり転向したりする単なるアリバイにすぎない状態が続くならば、左派は空虚な存在に留まるだろう[*26]」。フランス社会党は、欧州統合と引き換えにこの「空虚」を抱えることになったのである。

ベル／クリドルは、野党だった社会党が社会勢力との結びつきを強く求めた理由を、党員のコアである中間層にアピールする争点があり、そこに潜在的な有権者が存在していたからだとする[*27]。こうして、一九七七年の党大会のテーマだった「フェミニズム、社会主義と自主管理」はそのまま党綱領に組み込まれることになった。しかし、その後政権をとった社会党は、「左派支持層の動員を可能にしたミリタ

ン（党活動家）の豊かなエネルギーを浪費し（中略）新しい社会運動といった非伝統的な勢力と利益体を無視する」ようになった。[*28] 社会勢力と国家をつないで政権を獲得した社会党は、両者をつなぐ「橋を焼き払った」のである。[*29] それはまた、大統領候補適格者（présidentiable）の輩出が至上命令となった政治体制によって、政権獲得と政策アイディアの源泉だった派閥政治が回避され、党内のダイナミズムが失われていく過程とも重なる。[*30] 確かに執行府が強大な権限を有する第五共和制で、政党が脆弱なのは当然である。[*31] しかし社会党は一九七一年の結党以来、各社会集団を基礎とした派閥体を組織して、相互批判と競争をもとに成長してきた。ミッテランは議会政治家・党首として初めて大統領に選出された人物だった。ここに、政党政治を回避するために作られた政治体制において、組織政党が政権をとったことの逆説的な運命があった。

こうして社会党は「市民に『われわれはあなた方の生活を変えることができる』と宣言できた八〇年代初頭までの世俗宗教である革命政治に別れを告げる」一方で、明確なイデオロギー転換を九三年の党大会まで表明してこなかった。[*32] この遅すぎた自己批判は、八三年の「転回」によってなし崩しになった「社会主義プロジェ」を現実世界の進展に合わせて改定し、党アイデンティティを再構築する試みだった。同大会では、労働者階級の概念に基づいた資本主義批判は有効でなく、むしろグローバリゼーションによる貧富の拡散が社会を新たに分断する要因であるとされた。[*33] その上で「相互に影響しあう開かれた多元主義的な社会では紛争は恒常的なものであるゆえ、これを認めなければならない」として、社会を導く原理としてではなく、多元性の調和を目指す「民主的社会主義（socialisme démocratique）」が掲げられた。社会主義はひとつのドクトリン、ましてや政策実現の源泉ではなく、「道徳的なもの」として

捉えるべきとされたのである。[*34]「転回」直後の一九八四年の欧州議会選挙で、労働者を主要支持層とする国民戦線（Front National）が登場し、一〇・九五％もの票を獲得したのは偶然ではない。その後、トロツキストをはじめとする極左政党も台頭することになる。社会党の変質が明らかになるにつれて、左右両極の小政党がグラデーションを描くように徐々に支持票を増やしていった。[*35]

3 「転回」による政治経済の変容

フランスの一九八三年の「転回」は、一国の政策転換や特定の政党のイデオロギーの書き換え以上の射程を持つものである。

一九八一年の社会党大統領と政権の誕生によって、フランスにおける政権交代（alternance）のサイクルは始まったとされる。[*36] しかし社会党の権力奪取は、体制的な問題でもあった。[*37]

第五共和制は、アルジェリア危機に端を発し、ド・ゴールという政治的カリスマによって軌道に乗せられた政治体制だった。ド・ゴールが六八年の社会運動の影響から国民投票に敗れて辞任した後も、大統領の座は彼のもとで首相だったポンピドゥー、そしてポンピドゥーの下で経済財政相だったジスカール＝デスタンへと受け渡されていった。ジスカール＝デスタンはゴーリストではなかったが、自らが結集させたUDF（フランス民主連合）を議会多数派にまで押し上げるに至らず、議会多数派は一貫してUNR（新共和国連合）、UDR（共和国防衛連合）、RPR（共和国連合）と、リーダーが変わるたびに改称していったゴーリスト政党にあった。つまり第五共和制はゴーリズムという、特定の政治勢力とほぼ同

一視されるものだったのである。[*38] だからこそ、一九三六年にレオン・ブルム内閣の閣僚を務め、その後四七年に首相となったラマディエは「一九五八年憲法のもと、少なくともその運用のされ方では、大統領と議会多数派の承認なしに社会党が政権を獲得するのは無理」とまで述べたのだった。[*39]

したがって、一九五八年以降、政治権力と無縁とされてきた社会党党首の大統領選出と続く議会での第一党の地位獲得は、体制的な問題として捉えられた。とりわけ、ミッテラン社会党が高い党派性を持っていたことが、問題視された。第五共和制下のフランスの国家権力はイデオロギー的な衣装をまといつつも、「調停者としての国家（Etat Arbitre）」を理念型とし、ゴーリズムはさまざまな社会勢力から自立した国家を建設することを目標としていた。[*40] これに対して、社会勢力の統合と動員によって政権奪取を果たした社会党は、いわば体制上の新参者であり、政権交代の実現が「権力の乱用」に結びつくのではないかとの警戒感を呼び起こした。[*41] すなわち英労働党と同じように、労働者階級の利害関係を反映し、執行府が特定階級の支配下に置かれることが危惧されたのである。[*42]

この危惧は、換言すれば組織政党たる社会党が実現した政権交代が、革命的契機に彩られていたことを意味する。しかし、それがわずか二年という短い時期を挟んで挫折すると、国内政治の勢力配置と政治的アイデンティティの変遷、さらに欧州統合をめぐる力学にまで長期的な形で影響を与えた。キャメロンの言葉を借りれば、八三年の「転回」は「体制決定的」な事件であり、瞬間だったのである。[*43] リーヴィは、八三年という年は「国家か市場か」、「ディリジズムか自由主義か」、「フランス的例外かアングロ＝アメリカ的な自由主義モデルか」の分岐点でもあったとする。[*44] 八〇年代が新自由主義の時代として記憶されるのであれば、それを裏側から支えたのはフランスの社会主義の実験の失敗だった。

政策的変容

一九八三年の「転回」によって、社会主義のオルターナティヴとして採用された財政均衡・市場志向的な政策は暫定的なものではなく、その後EMU（欧州通貨同盟）の実現を経て九〇年代以降もフランスの規定路線であり続けた。これは、国家が生産活動の中心を担うディリジズムの伝統との決定的な訣別となり、一介の経済アクターへの変化を意味した[*45]。戦後フランスの経済政策が、競争の制限を目的とした介入主義に依存してきたことは、多数の論者が指摘するところである[*46]。しかし、こうしたディリジズムに基づく市場運営は、シュミットが指摘した「非関与」という方向転換を迎える[*47]。そうした意味で、経済政策は変容したというよりも、撤回されたといったほうが適切だろう。産業政策においても、八二年に市場付加価値の約二割が公共部門で占められていたのが、八六年の保守政権による民営化政策を皮切りに一五％以下まで落ち込み、その後左派政権のもとでもトレンドが反転することはなかった。これは、国家が退場して市場の規律が貫徹したことを意味した。一九八一年と八二年に三％近く上昇した購買力は、続く二年のうちに一％以下へと抑制され、失業率は八五年に一〇％台に達した。一方で、二桁あったインフレ率は四％台にまで圧縮され、国際収支と財政均衡が実現された。フランスの経済政策は「パラダイム転換」を経験し、「新自由主義的な転回」を果たし切ったのである[*48]。

ＥＭＳが創設された七九年から八三年までの間に、平価調整は計五回行われている。しかし、一九八三年三月をもってフランスがＥＭＳに条件づけられるようになって以降、平価調整の回数は劇的に減少し、各国通貨は安定してＥＭＵへと結実する。これを可能にした大きな要因が、八三年以降顕著になり、九〇年代の単一通貨の実現に至るまで同国の経済政策の基調となった「競争的ディスインフレ政策」だ

った。フランスの消費者物価は八三年の九・六%から八四年に七・七%へと純減、貿易赤字も六四〇億フランから三五〇億フランと約半分にまで圧縮されたことによって、同年に国際収支は黒字に転じた。[49]本来は、国民国家経済を強化するために創設されたEMSに、今度はむしろ各国経済が規定されはじめる過程が八三年以降だったのである。残された道は、EMSを発展的に運用して、国内経済を統制することだった。[50]

こうした変化を集約する政策は「競争的ディスインフレ政策(désinflation compétitive)」と呼ばれる。その意味内容は、ケインズ主義と比べても必ずしも明確ではない。[51]最も簡潔な定義は「まずインフレを抑制し、これを継続的に行って隣国よりも低インフレを実現することで競争力強化と経常収支の均衡を達成し、完全雇用と低インフレという健全な経済に戻ること」というものだろう。[52]八〇年代後半に一般的になったこの呼称を発案したとされるド・フーコーは、同政策の目標はインフレ↓通貨危機↓切下げの悪循環を断ち切って、低インフレと産業近代化を両立させ、「安定したフラン」という信頼を獲得、欧州市場と国際市場での影響力を確保することだった、としている。[53]同様にロードンは、競争的ディスインフレ政策の論理とは、輸出主導型成長を目標として、インフレ抑制↓競争力確保↓成長↓雇用創出のサイクルを目指すものだという。[54]「社会主義プロジェ」における経済政策の論理が、財政支出↓雇用創出↓消費(インフレ)↓成長というサイクルを描くものだったとすれば、そのロジックは反転したのである。

競争的ディスインフレ政策は、具体的には二つの作用によってインフレ抑制をもたらした。[55]まず、賃金の物価スライド制を廃止したため、賃金凍結解除後も大幅な賃金上昇が回避されコスト・プッシュイ

ンフレをもたらす賃金上昇がみられなければ、平価切下げは要請されず、金利水準を決定する市場へのシグナルとなる。次に、財政出動の抑制によって発生する失業が、労働者のバーゲニング・パワー低下をもたらし、相対的なインフレ抑制につながる。ここで重要なのが、ドイツにみられるような、中銀と労組を中心としたインフレの抑制調整メカニズムがないために、フランス政府は直接的かつ短期的な政策執行と、市場メカニズムに依存したインフレ抑制を達成しなければならなかった点である。かつてレームブルッフは、左派政権の誕生は、フランスにリベラル・コーポラティズム体制が確立する契機になり得る、と論じた。[*56] 確かに、後にみるように「社会エンジニア」としてのドロール[*57]は、労組との集中的な交渉を通じて、一方的な調整メカニズムの確立を試みたと評価できるものの、それでも労使関係の刷新を実現するまでには至らなかった。

フランスのGDP成長率は一九八四年に一・七％を記録した後、V字型回復を達成して八六年には二・三％を達成、インフレ（消費者物価上昇率）は八一年の一三・〇％から、八六年には二・七％となり、EC六カ国（ベルギー、ドイツ、イタリア、オランダ、スペイン、英国）平均を下回って、九一年には初めてドイツより低水準を実現した。[*58] 八〇～八五年の西ドイツとのインフレ格差は年平均五・七％あったのが、八〇～九〇年は一・七％にまで縮小した。[*59] 賃金増加率（時間当り）も八〇年代後半までに四％とEC平均七％を下回り、九〇年代以降はOECD（経済協力開発機構）諸国のなかでも米国とニュージーランドを除けば、最も低い上昇率となった。[*60] 注目すべきは国際収支の額であり、一九八一年に二五八億フラン、八二年に七九三億フラン、八三年に三五七億フランの赤字だったのが黒字へと転じ、八四年に七三億フラン、八五年に三一億フラン、そして八六年には二〇二億フランとなった。[*61] 対EC諸国の貿易収支も、

九一年に一六年ぶりの黒字となった。インフレ抑制と国際収支の回復という政策目標は、確かに競争的ディスインフレ政策によって達せられたのである。

バール元首相は、「EMSは柔軟な適応を見せたとともに、共同体の内的論理や規律と共存不可能なある種の経済政策の過剰の歯止めとして機能した」のであり、このため「人間の意志よりもしばしば有効である物事の諸力によって、EMS加盟国は財政赤字の抑制、国際収支の改善、所得向上の制限、企業の財務体質を改善するような政策を採用した」(傍点筆者)という。[*62] しかし、EMS残留とディスインフレ政策の継続は、多くの副作用をもたらした。[*63] その最たるものが、競争力とトレードオフ関係にある失業者の増大である。フランスの失業者数は一九八〇年以降から増大し続け、八二年には戦後初めて二〇〇万人台を突破した。主に公共部門で雇用を吸収していたものの、ディスインフレ政策により、八四年に二四五万人、八七年には二六四万人と増加に歯止めがかからなくなった。これに呼応して、総雇用者数も急減し、八二年の二一五四万人をピークに、八四年には二一三〇万人と、約二五万の雇用が失われた。[*64] 通貨価値の維持とインフレ抑制が最重要となる経済政策においては、失業率は「犠牲比率(sacrifice ratio)」としてしか認識されない。[*65] 失業者数は八一年に危険水域とされた二〇〇万人を超えて三〇〇万に達し、一九八三年の失業率八・三%は、八四年に九・七%、九七年に一二・六%と戦後最悪の水準まで漸増していった。

ケインズ経済学に依拠するフィトゥシは、競争的ディスインフレ政策の経済政策としての実効性に疑問を投げかける。[*66] 彼は、隣国よりも賃金上昇率を低下させることでインフレを抑制し、低インフレが企業収益力を高め、企業収益力の向上が輸出競争力を高めるという「大転換」が競争的ディスインフレ政

策だったと結論づける。しかし、一九八六〜九〇年にかけて、企業競争力が強化され、財務体質が改善されたにもかかわらず、投資と雇用増加の相関はみられなかったという。八〇年代を通じて、フランスの民間部門の投資は一五％も減少した[*67]。また一九八〇〜九七年に、工業部門投資は英国で一〇〇％、米国で八四％、ドイツでも三四％の伸びを示したのに対し、フランスのそれは二五％増にすぎなかった[*68]。原則として、貿易相手国よりも低インフレを実現できれば（その最も直接的な方法が緊縮財政と金融引き締めである）、通貨高と貿易収支の改善が期待できる。フィトゥシはしかし、雇用増を犠牲にしてインフレを克服したとしても、それは経済運営としては失敗である、と判断するのである[*69]。そして、平価調整と金利操作という政策手段が仮に禁じられても、欧州規模で税制の調和が推進できれば雇用の犠牲は最小限に抑えられるものの、税制はいまだに国家主権の領域にあるために、「底辺への競争」が引き起こされる構造になっていると指摘する[*70]。問題は、脆弱な国家（フランス）と自律的な国家（ドイツ）が域内に共存するため、前者が自国経済に直接的に介入できない非対称性にある[*71]。八〇年代から九〇年代にかけてのフランスは、一八七〇年以来となる高金利水準のもとで、公的債務を三倍に膨らませていった[*72]。すなわち競争的ディスインフレは、企業を困難な状況に置きながら競争力を半強制的に獲得させるという「レトリックと目標が矛盾する」政策だったのである[*73]。

政治的変容

一九七一年の結党以来、社会党の政治的アイデンティティは政策綱領「社会主義プロジェ」にあり、ミッテランはこれと整合的な党内勢力を配置してきた。しかし、欧州統合の圧力からアイデンティティ

の維持が困難になると、今度は欧州統合と整合的な集団的アイデンティティが必要とされた。[*74] たとえば六〇年代後半から八〇年代初頭までＳＰＤ（ドイツ社会民主党）が欧州統合に少なくとも批判的な立場をとったことがない事実を考えると、これはフランス社会党に固有の現象といえる。[*75] そして欧州統合というプロジェクト自体が、社会党の政治的アイデンティティの空白を埋めた。左派から始まったアイデンティティの再形成と入れ替えは、フランスの政治的エリートの間で「欧州の中のフランス」という認識とディスコースを支配的にしたのである。[*76] 欧州統合へのコミットメントは共産党を除いて、各政党で強弱はあっても、「仕切られたコンセンサス」となった。[*77] それまで中道政党ＵＤＦのみが、欧州統合支持と緊縮的な経済政策の唯一の担い手だったのが、八三年を境に左派政党も同調し、社会党はこうして現代的な社民主義政党へと変身していった。[*78]

社会党の右傾化は、ＥＣＰＲ（欧州政治研究コンソーシアム）による「政党綱領プロジェクト（Party Manifesto Project）」の計量研究でも認められる。財政支出を基準とした右‐左スケール上で、社会党のポジションは中道に寄っていき、一九八三年以降に左傾化の明確な中断が観察された。[*79] それは左右による代替的な経済政策の競合の消滅だった。一九八〇年後半に入って政治のアジェンダは変化し、左派であれ右派であれ、政権与党は国際市場と分業体制を受け入れて、自国経済の競争力強化を最重要課題とするようになったのである。[*80] フランス左派でも社民主義的潮流に近いジュリアールは、八〇年代後半に生じたこの現象を、フランス政治の特徴を抹消する「中道への競争」だったと皮肉気味に形容した。[*81]「八〇年代を通じて権力を奪取した左派は、外国人をも困惑させ魅了したフランスに固有な、紛争的な政治文化の解消に貢献したと歴史は証明するだろう[*82]」。

歴史的変容

欧州統合の主導国であるフランス国内の変容は、統合の方向性にも当然影響を与える。一九八三年のフランスのEMS残留は「EMUの歴史で決定的な瞬間だった」[*83]。「転回」は、各国通貨の変動幅およびマクロ経済政策の収斂によって実現した、単一通貨の誕生に大きく貢献した[*84]。フランスがEMSに留まり続けるとともに、ドイツ・マルクに追従できるだけの通貨政策を実行したからこそ、共同体各国は単なる固定為替相場制であるEMSから、九〇年代に入って統合を深化させる経済通貨協力へ、すなわちEMUの完成に漕ぎ着けたといえる。

一九八三年の「転回」はユーロという物理的象徴を生んだだけでなく、八〇年代以降の欧州統合の方向性をも決定づけた。七〇年代の二度のオイル・ショックに端を発した戦後欧州経済モデル再考の時代に出現したのが、英国のサッチャリズムとフランスの「社会主義プロジェ」だった、とギリンガムはいう。彼は「レーガン主義とサッチャー主義の成功、そしてフランスの一国社会主義の失敗によって、欧州各国政府は確信というよりも、よりよい状況を目指すひとつの賭けとして、新自由主義的改革をこの時代に採用した」と述べて[*85]、社会党政権の失敗が統合プロセスの分岐点だったと論じる。たとえば、八二年一二月に誕生したスペインのゴンザレス政権は、隣国フランスの経済実績をみて、自らの社会主義的プログラムを修正していった[*86]。確かに、「より一層緊密な連合（ever closer union）」（マーストリヒト条約前文）が要請されるEUは誕生した。しかしそれは、当時のドロール欧州委員会が目指したような社会・産業政策（積極的統合）がないまま、「社会的次元」を欠いて各国間のレジーム競争を引き起こす競争法・税制調和（消極的統合）に基礎を置く欧州でもあった[*87]。そこに至るまでに採用されたのが、新自

由主義モデルであり、「他の代替案はない（There Is No Alternative）」という脅迫観念にも似たドクトリンだった。端的にいえば、フランス社会主義の政治的敗北、つまりはサッチャリズムの経済的勝利によって、市場機能の拡大と深化が統合原理として採用され、各国を巻き込んでいったのである。

欧州統合がいまだ「外部」として処理される英国、そして欧州統合の本格的な進展以前から「欧州志向的」だった西ドイツと比べて、フランスは八〇年代からようやく欧州に同化しはじめたゆえに、大きな国家的アイデンティティの転換を強いられた[*88]。欧州統合を可逆的なものと捉えるか、あるいは国家の生存にとって不可避的な運命と捉えるかの認識の差が、フランスの欧州統合の中での位置と、統合の行方を決めることになったのである。

以上の三つの局面、すなわち党派政治から政権担当を前提とした政策論争、社会主義から新自由主義、そして国民国家から欧州統合という時代的変遷を最も早い段階で、かつ極端な形で象徴したのが八三年の「転回」だったのである。

抽象的ながらも、「転回」は経済に対し政治が屈服した事例であったと付け加えることもできるだろう。国民の期待を背負って一〇年あまりミッテランのもとで伸張してきたフランスの社会主義は、八一年に絶頂を迎え、包括的なプログラムをもとに数々の理想の具現化に着手した。ところが、二年後にはそれを誤りとして撤回せざるを得なくなったのである。死刑廃止や地方分権といった社会政策を除けば、社会主義がもたらした果実は乏しい。政治の想像力は、経済の現実の前に敗れ去ったのだった。

4　本書の構成

第一章ではミッテラン社会党政権の「転回」を扱った先行研究を批判的に検討している。はじめに国際政治経済学による「構造論的アプローチ」を、次いで「アイディア・アプローチ」と呼びうる分析を検証する。ついで、本書が採用する分析視座、すなわちリーダーシップとフォロワーによる相互作用の類型を説明する。

第二章では、問題意識と分析の視座を展開しつつ、予備作業として七〇年代野党期におけるミッテランのリーダーシップと党派閥の相互作用を「プログラムの政治」と名付けて、検討する。ここでは、ミッテランのリーダーシップ・スタイルを確認し、争点としての欧州統合がどのように扱われたのか、社会党のプログラム・政権構想を通して観察することを目的としている。

第三章から第五章は、社会党政権の誕生から「転回」の実現までを記述する。政権初期の経済政策は、八一年五月を起点として、八二年六月以降と八三年三月以降に区切るのが一般的である。[*89] しかし、この時期区分は経済政策の転換点に注目する場合のみに有効であり、本論が目的としている政治アクターを主語とする場合には馴染まない。第三章は、八一年五月のミッテランの大統領選勝利と続くモーロワ社共政権の誕生から始まるが、これはミッテランの「取引的リーダーシップ」が継続する局面であるからであり、野党期に構想された社会党プログラムの実現過程でもある。

第四章の八一年第4四半期以降は、この社会党政策が行き詰まりを見せはじめると同時に、政権内の

サブ・リーダーたちによる政策形成の主導権争いが先鋭化する局面である。この局面でミッテランの「取引的リーダーシップ」は綻びはじめることになる。

第五章は、八三年三月の「転回」が完成するまでの時期である。ここでミッテランの「取引的リーダーシップ」は消滅し、「変革的リーダーシップ」がとられる。しかし新たなスタイルはフォロワーたちの反乱によって完成をみることがなかった。その結果として、ミッテランは「選択操作的なリーダーシップ・スタイル」を採用して、フランスを社会主義から欧州統合へと導いたのだった。第六章では、ミッテランのリーダーシップの変容と欧州統合のプロセスがいかなる関係にあるのかを、そして社会党の派閥政治の終焉を、いくつかの事例を挙げて観察する。いずれにおいても重視されるのは、具体的な社会経済政策だけではなく、リーダーたるミッテランと派閥の領袖たるサブ・リーダー、その他の政権内アクター等であり、彼らの闘いである。

最後に本書で展開された事例を再び検証して、結びとする。

5　資料と引用――「歴史」としての八〇年代

国際関係史家ボゾは、歴史記述には三つの段階があるという。第一段階は、歴史そのものが生起する瞬間であり、ここでは多様な解釈と政治的論争が支配的となる。第二段階は、ジャーナリストだけでなく政治学者・歴史学者によっても手がけられる「同時代史（histoire immédiate）」としての歴史である。最終段階は、再検討あるいは批評が行われる時期であり、問題を十分に把握するための資料の蓄積と時

間の経過を要する。[*90] そしてこの最終段階に至るためには、歴史的問題がとりあえず「済んだもの」として処理される必要がある、という。時間とは単に量的な経過であるだけではなく、質的なものをも指す。本書が一九八〇年代初頭を少なくとも「歴史」として捉えるのは、時間が経過したためではなく、ミッテランが九六年に逝去し、八三年の「転回」が少なくとも間違った選択ではなかったと政治的に処理されているという判断に負っている。政治的潮流に関係なく、新自由主義が一程度浸透した現在、例えば「インフレか失業か」のトレードオフ問題は、先進国においてもはやポレミカルな論点としては通用しなくなってしまっている。

近年、ミッテラン社会党政権の初期を「歴史」ないし「現代史」として捉える研究が進展しており、[*91]「ミッテランディズム」の記憶を文化史的観点から探るものまで出版されている。[*92] その背景には、フランス国立文書館に所蔵されているミッテラン時代の大統領府文書が、限定的ではあっても公開され、[*93] さらにモーロワ首相以下、政権の主要アクターが引退に近づいて、長編の回想録を出版しはじめたことがある。本書はこうした近年の史料公開とメモワールを可能な限り利用した分析と叙述を行っている。

もっとも、以上をもってしても一九八〇年代という近い過去を十全に認識するには不足があろう。とくに大統領府文書はポリシー・ペーパーの類が大半を占め、本書が把握したいと考える権力関係を完全に反映しているものではない。また、アクターの回想録は細部に齟齬が観察されることもあり、避けがたいこととはいえ、当人の都合のよい解釈に絡めとられる可能性もある。こうした限界を少しでも克服するため、本書は三つの補完的措置をとっている。

ひとつは、ミッテランの大統領二期目（一九八八～九五年）に、大統領府で史料管理専門職（archiviste）

を務めたフランソワーズ・カルルの私蔵文書の利用である。彼女は大統領府文書の大半を複製し、私蔵文書として保管して歴史研究者に提供しており、本書も氏が保管する一九八一年から八四年までの閣議議事録と経済社会政策関連の資料を用いている[*94]。

第二として、当時の政策形成や意思決定に重点的に関わったアクターたちにインタビューし、どのようなメンタル・マップのもとで行動をしたのかや、意思決定の中心にあったミッテランを含む他アクターとの関係を把握するよう努めた。

最後に、ジャーナリストによる「転回」の詳細な記録を利用している。なかにはクロス・インタビューを行い慎重な記述に撤しているものもあり、一次資料や単数のインタビューだけでは得られない、準インサイダーならではの情報が盛り込まれている。一九八三年の「転回」は、早い段階からジャーナリズムの関心を集めてきた。しかし、アカデミズムによる分析はまだ緒についたばかりである。こうしたことから、本書は一次資料と当時の新聞記事を軸とし、ジャーナリストの著作とインタビューによる追加的情報を用いている。なお、新聞記事の利用については記述や情報に偏りがないよう可能な限りクロスリファー（重複確認）を行い、政治的スタンスの異なる日刊紙・週刊誌の引用を心がけた。

注

＊1　Sferza, Serenella, “What is left of the left? More than one would think,” in *Daedalus*, Spring 1999, p. 102.

＊2　Ross, George, “Introduction,” in George Ross, Stanley Hoffman, and Sylvia Malzacher, *The Mitterrand Experiment Continuity and Change in Modern France*, Cambridge: Polity Press, 1987, p. 13.

＊3　Stefano Bartolini, *Restructuring Europe. Centre Formation and Political Structuring between the Nation State and the European*

Union, Oxford: Oxford University Press, 2005, p. xiii.

＊4　後に詳しくみるように、八一年六月に発足したモーロワ第二次政権は、共産党閣僚四名のほか、ＭＲＧ（左派急進運動）二名、民主運動（Mouvement Démocratique）一名を含む連立政権だったが、連立パートナーは政策形成過程で大きな比重を持たなかった。そのため、以降本書における主たる対象は社会党となる。

＊5　シュミットにおける「決断」とは、クロコウに従えば、客観性から離れた常態の限界状況において、決断が決断のために自己目的的となることである。クリスティアン・グラーフ・フォン・クロコウ、高田珠樹訳『決断』柏書房、一九九九年、第二章参照。

＊6　Deutsch, Karl, W., "The Crisis of the State," in *Government and Opposition*, vol. 16, no. 3, 1981, pp. 334–335.

＊7　欧州統合の起源を五〇年代に設定するとしても、それが七〇～八〇年代に入ってなぜ経済領域を中心に再活性化することになったのか、プロセスの詳細な分析はあっても、マクロ歴史的な本格的分析はまだ現れていないように思われる。差し当たりその手がかりになるものとして、Alan S. Milward et al., *The Frontier of National Sovereignty: History and Theory, 1945–1992*, London: Routledge, 1993を参照。

＊8　Rodrick, Dani, "How far Will International Economic Integration go?," in *Journal of Economic Perspectives*, vol. 14, no. 1.

＊9　欧州統合といわゆる「民主主義の赤字」についての分析としては差し当たりChristopher Lord, *Democracy in the European Union*, London: UACES, 1998およびMichael Th. Greven and Louis W. Pauly（eds.）, *Democracy Beyond the State? The European Dilemma and the Emerging Global Order*, New York: Rowman & Littlefield, 2000. 政党組織および政党システムとの関係については、Peter Maier, "The limited Impact of Europe on National Party Systems," in *West European Politics*, vol. 23, no. 4, 2000.

＊10　佐々木毅『政治学は何を考えてきたか』筑摩書房、二〇〇六年、五五頁。

＊11　Zysmann, John, *Political Strategies for Industrial Order. State, Market and Industry in France*, Berkeley: University of California Press, p. 51. このような見方は、Andrew Shonfield, *Modern Capitalism. The Changing Balance of Public and Private Power*, London: Oxford University Press, 1965が先駆けといってよいだろう。

＊12　ヘイワード、ジャック、ＥＳ、川崎信文ほか訳『フランス政治百科・上』勁草書房、一九八六年、第六章参照。

＊13　Katzenstein, Peter, "Introduction," in Do.（ed.）, *Between Power and Plenty. Foreign Economic Policies of Advanced Industrial States*, Madison: University of Wisconsin Press, 1978.

＊14 Hall, Peter, A., *Governing the Economy: The Politics of State Intervention in Britain and France*, London: Polity Press, 1986, pp. 4–5.

＊15 それゆえに、九〇年代に入って本格的に勃興した新制度論の先駆けとして評価される。See, Junko Kato, "Institutions and Rationality in Politics. Three Varieties of Neo-Institutionalists," in *British Journal of Political Science*, vol. 26, no. 4, 1996.

＊16 Hall, Peter, A., *Governing the Economy*, pp. 282–283.

＊17 *Ibid.*, p. 226.

＊18 Schmidt, Vivien A., *From States to Market? The Transformation of French Business and Government*, Cambridge: Cambridge University Press, 1996.

＊19 *Ibid.*, pp. 68–70. なおシュミットは、ホールと同様に新制度論的アプローチを採用しつつ、他方で「制度はそれに命を与え、中で生き、頼って生きている諸アクター抜きに十全に理解できない」として「諸個人の動機や意図」を重視している。*Ibid.*, p. 11.

＊20 シュミットは後にこの観点を発展させ *Democracy in Europe. The EU and National Politics*, Oxford: Oxford University Press, 2006 としてまとめている。同様の観点から八〇年代以降のフランス政治を論じるものとして吉田徹「フランス：避けがたい国家？」小川有美・岩崎正洋編『アクセス地域研究II』日本経済評論社、二〇〇四年参照。

＊21 Schmidt, Vivien A., *From States to Market?*, *op. cit.*, pp. 94ff.

＊22 Cited in Jean Lacouture et Patrick Rotman, *Mitterrand. Le Roman de Pouvoir*, Paris: Seuil, 2000, p. 138.

＊23 Hickson, Kevin, *The IMF Crisis of 1976 and British Politics*, London: Tauris Academic Studies, 2005, ch. 2. なお、ここでいうケインズ主義とはケインズ経済学そのものではないことに留意する必要がある。この点については、Will Hutton, *The Revolution that Never Was: An Assessment of Keynesian Economics*, New York: Longman, 1986 を参照。

＊24 Majone, Giandomenico, *Dilemmas of European Integration*, Oxford: Oxford University Press, 2005, pp. 33–34.

＊25 Rosanvallon, Pierre, "Le retour du Refoule," in *Le Monde*, 3 juin 2005.

＊26 モシャン、ディディエ、石田淳訳「社会主義の後の左派に何が残されているか」マイケル・ウォルツァー、石田淳ほか訳『グローバルな市民社会に向かって』日本経済評論社、二〇〇一年、三六一頁。訳文を一部変更した。なお、執筆者の「モシャン」は本書第三、五章における「モッチャン」（Didier Motchane）と同一人物である。

＊27 Bell, David, S., and Byron Criddle, *The French Socialist Party: Resurgence and Victory*, Oxford: Clarendon Press, 1984, p. 38.

* 28 Lewis, Steve, C., and Serenella Sferza, "French Socialists between State and Society: From Party-Building to Power," in Georege Ross, Stanley Hoffman and Sylvia Malazacher（eds.）, *The Mitterand Experiment*, *op. cit*., p. 100.
* 29 *Ibid*., p. 112.
* 30 Portelli, Hugues, *Le Socialisme Français tel qu'il est*, Paris: PUF, 1980, p. 158.
* 31 Mény, Yves, "La Faiblesse des Partis Politiques Français. Une Persistante Exceptionnalité," in François d'Arcy et Luc Rouban, *De la Ve République à L'Europe*, Presses de Sciences Po, 1996.
* 32 Pascal Perrineau, "Rendre la Parole aux Citoyens," in *Le Nouvel Observateur*, 6 juin 2002. Cf. Halimi, Serge, "Quand la Gauche n'est «pas socialiste»...," in *Le Monde Diplomatique*, juillet 2002.
* 33 同大会の詳細については、*PS-Info*, octobre 1991 および *Le Poing et la Rose*, janvier 1992 で確認できる。
* 34 この定義は、ブレア英首相による「社会主義者はモラリストであり、経験論者でなければならない」という言葉とも響きあうだろう。Blair, Tony, "The Flavor of Success," in *The Guardian*, 6 July 1995. なお一九八〇年代後半から九〇年代に入っての社会党の変化については吉田徹「フランス社会党のデュアリズム」『日仏政治研究』第一号、二〇〇五年および Ben Clift, *French Socialism in a Global Era*, London: Continuum, 2004 を参照。
* 35 Mayer, Nonna, et Pascal Perrineau, *Le Front National à Découvert*, Paris: Presses de la Fondation Nationale des Sciences Politiques, 1996, pp. 41–43.
* 36 See e.g., Alain Lancelot（ed.）, *1981: Les Elections de l'Alternance*, Paris: Presses de la Fondation Nationale des Sciences Politques, 1986; Jean-Louis Quermonne, *L'Alternance au Pouvoir*, Paris: PUF, 1988.
* 37 この点については、吉田徹「フランス・ミッテラン社会党政権の成立」高橋進・安井宏樹編『政権交代と民主主義』東京大学出版会、二〇〇八年を参照。
* 38 Le Gall, Jacques, *Les Institutions de la Ve République à l'Epreuve de l'Alternance: La Présidence de François Mitterrand*, Paris: L.G.D.J, 1997, pp. 9–13.
* 39 Ramadier, Paul, *Les Socialistes et l'Experience du Pouvoir*, Paris: Plon, 1961, p. 121.
* 40 ビルンボーム、ピエール、田口富久治監訳・国広敏文訳『現代フランスの権力エリート』日本経済評論社、一九八八年、七頁。
* 41 Farago, Bella, "Vers la Confusion des Pouvoirs?," in *Commentaires*, no. 15, Automne 1981.

＊42 *Ibid*., p. 343.

＊43 Cameron, David, R., "Exchange Rate Poltics in France, 1981–1983: The Regime-Defining Choices of the Mitterrand Presidency," in Anthony Daly（ed.）, *The Mitterrand Era. Policy Alternatives and Political Mobilization in France*, London: Macmillan, 1995.

＊44 Levy, Jonah, D., *Tocqueville's Revenge. State, Society, and Economy in Contemporary France*, Cambridge: Harvard University Press, 1999, p. 57. もっとも、リーヴィはフランスは自由主義に屈服したのではなく「アソシエーショナル自由主義」という、（社会党と同義ではない）フランス左派のオルターナティヴな政治がこれ以降模索されていく契機となった、としている点で本書とは立場を異にする。

＊45 Eck, Jean-François, *La France dans la Nouvelle Economie Mondiale*. 4e ed., Paris: PUF, 2000, p. 39; p. 350. なお、ここでいうディリジズムとは「国家が社会諸階層の利害対立の中で一定の経済政策を打ち出し、国民の承認を得て国家統治の方向付けを行うシステム」と定義する。遠藤輝明「ディリジスム研究の意義と現代的課題」遠藤輝明編『国家と経済：フランス・ディリジスムの研究』東京大学出版会、一九八二年、五頁。

＊46 代表的なものとして、Jack Hayward, *The State and the Market Economy. Industrial Patriotism and Economic Intervention in France*, London: Harbester Press, 1986.

＊47 Schmidt, Vivien A., *From States to Market?, op. cit*., ch. 4.

＊48 Jobert, Bruno et Bruno Théret, "La Consécration Républicaine du Néo-Libéralisme," in Bruno Jobert（ed.）, *Le Tournant Néo-Liberal en Europe*, Paris: L'Harmattan, 1994. パラダイムの転換があったと仮定すれば、社会主義プロジェに固執した政治家がなぜその後ディスインフレ政策へと転向したのか説明がつくだろう。

＊49 OECD, *Economic Surveys, France. 1984/1985*, Paris: OCDE, 1985, pp. 19–27.

＊50 See, e.g., *Quelle Stratégie Européenne pour la France dans les Années 80?*, Secrétariat d'Etat auprès du Premier Ministre, Commissariat Général du Plan, Rapport du Groupe de Travail sur l'Europe, Paris: La Documentation Française, 1983.

＊51 Lordon, Frédéric, "The logics and limits of the Désinflation Compétitive," in *Oxford Review of Economic Policy*, vol. 14, n°1, p. 96.

＊52 Blanchard, Olivier-Jean et Pierre Alain Mulet, "Competitiveness through Disinflation: An Assessment of the French Macro-Economic Strategy," in *Economic Policy*, vol. 16, 1996, p. 13.

＊53 *Le Monde*, 8 avril 1986. ド・フーコーはドロール官房のスタッフであった。

＊54 Lordon, Frédéric, "The logics and limits of the Désinflation compétitive," *op. cit.*, p. 103.

＊55 *Ibid.*, pp. 105–106.

＊56 Lehmbruch, Gerhard, "Liberal Corporatism and Party Government," in *Comparative Political Studies*, vol. 10, no. 1, 1977, p. 112.

＊57 Paul Thibaud, "Propos d'un Ingénieur Social. Entretien avec Jacques Delors," in *Esprit*, décembre 1984.

＊58 フランスの七九年から八三年までの消費者物価上昇率が平均一一・八六%だったのに対して、八四年から八七年のそれは五・〇三%である。Yves-Thibault de Silguy, *L'Euro*, Paris: Librarie Générale Française, 1998, pp. 52–53.

＊59 Reland, Jacques, "France," in James Forder and Anand Menon（eds.）, *The European Union and National Macroeconomic Policy*, London: Routledge, 1998, p. 89.

＊60 *Ibid.*, p. 90.

＊61 *Le Monde, Dossiers et Documents: Bilan du Septennat. L'alternance dans l'alternance*, Paris: Le Monde, 1988, p. VII.

＊62 Barre, Raymond, "Le Système Monétaire Européen, Après Cinq Ans," in *Politique Etrangère*, mai 1984, p. 42; pp. 43–44.

＊63 もちろん、緊縮政策とサプライサイド経済が実体経済にとってマイナスになるとは限らず、論争の余地がある。これはエコノミストの理論的立場に大きく拠るところである。ブランシャールとミュエの言葉を借りれば「市場の効果もしくは経済政策が有意と認める者の間の永遠の論争」である。Blanchard, Olivier-Jean et Pierre Alain Mulet, "Competitiveness through Disinflation: An Assessment of the French Macroeconomic Strategy," *op. cit.*, p. 14.

＊64 *Le Monde, Dossiers et Documents*, *op. cit.*, p. vi. 参照。

＊65 中銀の独立性と雇用・消費者物価の関連性については、差し当たり Ian Down, "Central Bank Independence, Disinflations, and the Scrifice Ratio," in *Comparative Political Studies*, vol. 37, no. 4, 2004 を参照。より包括的な議論として Torven Iversen et al.（eds.）, *Unions, Employers, and Central Banks*, Cambridge: Cambridge University Press, 2000.

＊66 Fitoussi, Jean-Paul, *Le Débat Interdit*, Paris: Seuil, 2000, pp. 173–198.

＊67 W. Rand Smith, *The Left's Dirty Job*, Pittsburg: University of Pittsburg Press, 1998, p. 37.

＊68 Smith, Timothy B., *La France Injuste*, Paris: Edition Autrements Frontières, 2006, p. 160.

＊69 Fitoussi, Jean-Paul, *Le Débat Interdit*, *op. cit.*, pp. 179f.

＊70 Fitoussi, Jean-Paul et al., *Competitive Disinflation*, Oxford: Oxford University Press, 1993, pp. 13–14.

＊71 *Ibid*., p. 1.

＊72 Smith, Timothy B., *La France Injuste*, *op. cit*., p. 162.

＊73 *Ibid*., p. 165.

＊74 Börzel, Tanya A. and Thomas Risse, “Conceptualizing the Domestic Impact of Europe,” in Kevin Featherstone and Claudio M. Radaelli（eds.）, *The Politics of Europeanization*, Oxford: Oxford University Press, 2003, p. 75.

＊75 Wielgoß, Tanya, *PS und SPD im europäischen Integrationprozess*, Baden-Baden: Nomos Verlagsgesellschaft, 2002, S. 66–67.

＊76 Risse, Thomas, “A European Identity? Europeanization and the Evolution of Nation-State,” in Maria Green Cowles et al.（eds.）, *Transforming Europe*, Ithaca: Cornell University Press, 2001, pp. 212–213.

＊77 Joannes, Alain, “L’Acte Unique dans le Discours Politique Français: Les Compartiments d’un Consensus,” in *Revue Politique et Parlementaire*, janvier-février 1988, p. 32.

＊78 Howarth, David, J., *The French Road to European Monetary Union*, London: Palgrave, 2001, p. 55.

＊79 Klingemann, Hans-Dieter et al., *Parties, Policies and Democracy*, Boulder: Westview Press, 1994, p. 125.

＊80 Ross, George, “ Introduction,” in George Ross, Stanley Hoffman, and Sylvia Malzacher, *The Mitterand Experiment*, *op. cit*., p. 14.

＊81 Julliard, Jacques, “La course au Centre,” in François Furet, Jacques Julliard et Pierre Rosanvallon, *La République du Centre. La Fin de L’exception Française*, Calman-Levy, 1988.

＊82 *Ibid*., p. 106.

＊83 Dyson, Kenneth and Kevin Featherstone, *The Road to Maastricht*, Oxford: Oxford University Press, 1999, p. 67.

＊84 グラント、チャールズ、伴野文夫訳『ＥＵを創った男：ドロール時代十年の秘録』ＮＨＫブックス、一九九五年、二六頁参照。なお、七カ国以上の通貨によるＥＭＳ内の平価変更は、発足年の一九七九年から一九八七年まで計七回行われたが、うち四回が八一年から八三年までの間に行われ、その変動幅も大きかった。田中素香ほか『現代ヨーロッパ経済』有斐閣、二〇〇一年、一〇九頁。

＊85 Gillingham, John, *European Integration. 1950–2003*, Cambridge: Cambridge University Press, 2003, p. 293.

＊86 *Ibid*., p. 213. See also, Costas Boutopolos, *Les Socilalistes à l’Epreuve du Pouvoir*, Bruxelles: Bruylant, 1992, ch. 2.

＊87　こうした見方からの統合過程の描写の一例として、平島健司「欧州統合と民主的正統性」東京大学社会科学研究所編『20世紀システム⑸：国家の多様性と市場』東京大学出版会、一九九八年。

＊88　Risse, Thomas, "A European Identity? Europeanization and the Evolution of Nation-State," *op. cit.*, pp. 214–215. それゆえに、フランスは自らのアイデンティティと親和的な特徴しか欧州に認めようとしない、という指摘も傾聴に値しよう。

＊89　たとえば、Peter A. Hall, "The Evolution of Economic Policy under Mitterrand," in George Ross, Stanley Hoffman, and Sylvia Malzacher, *The Mitterand Experiment*, *op. cit.*; André Helder, "Les Trois Phases de la Politique Economique," in *Revue Politique et Parlementaire*, no. 916–917, 1985.

＊90　Bozo, Frédéric, Tilo Schabert, Jean Musitelli et Georges Saunier, "1989, le Retour de la Question Allemande: Vers la Réunification," in *La Lettre de l'Institut François Mitterrand*, no. 13, octobre 2005, p. 4. ボゾはここでドイツ再統一を事例に述べている。

＊91　その決定版として、四〇名近くの歴史家・政治学者・経済学者が参加し、当時のアクターの応答を収録した Serge Berstein et al. (sous la direction de), *François Mitterrand. Les Années du Changement 1981–1984*, Paris: Perrin, 2001. 二〇〇四年にはミッテラン大統領を主人公とする映画すら本国で公開されている。Robert Guediguian 監督、Le Promeneur de Champs de Mars, Film Oblige, 2004.

＊92　Darfeuil, Rémi, *La Mémoire du Mitterrandisme au sein du Parti Socialiste*, Paris: Notes de la Fondation Jeran-Jaurès, 2003.

＊93　大統領文書の規模や公開状況については、国立文書館の二人の史料管理専門職による論文が参考になる。Bos, Agnès et Damien Vaisse, "Les Archives Présidentielles de François Mitterrand," in *Vingtième Siècle*, avril-juin 2005. See also, Daniel Bermond, "A qui Appartiennet les Archives des Présidents?," in *Histoire*, janvier 1987.

＊94　たとえば、ミッテラン伝記の決定版ともいえる Jean Lacouture, *Mitterrand. Une Hisitoire des Français*, t. 1; t. 2 がカルル氏から資料提供を受けているほか、Tilo Schabert, *Wie Weltgeschichte gemacht wird. Frankreich un die Deutsche Einheit*, Stuttgart, J. G. Cotta'sche Buchhandlung, 2002 および Frederic Bozo, *Mitterrand, la Fin de la Guerre Froide et l'Unification Allemande*, Paris: Odile Jacob, 2005 でも明記の上、利用されている。なお、カルルの司書としての活動は Françoise Carle, *Les Archives du Président. Mitterrand Intime*, Paris: Edition du Rocher, 1998 としてまとめられている。また、自身の党活動とミッテランとの関わり合いについては以下のペンネームのもとにまとめられている。Annie Désgranges, *Un Eveil. Journal d'une Militante Socialiste*（*1967–1974*）, Paris: Fayard, 1977. ミッテラン大統領府の文書公開をめぐる状況と問題点については、Toru

YOSHIDA, "The Archives and the Archivist behind: Around Mitterrand's Memories," in *ICCLP Annual Review*, University of Tokyo, 2006 を参照。本書で利用したカルル文書（以下ＡＦＣ）は、北海道大学大学院法学研究科政治資料室にて閲覧できる。

第一章　先行研究と本書の視角

1　先行研究と解釈の諸問題

一九八三年の「転回」は、これまで国際政治経済学（ＩＰＥ）の主たる分析対象となってきた。その理由は、国際経済の相互依存と金融資本市場の発達による政策変更の好例であるためである。[*1] 本節では、このＩＰＥによる「転回」の分析と、その反証であるアイディア理論による解釈の問題点を指摘する。

その前にごく簡単に、ＥＭＳ（ＥＲＭ）のメカニズムを確認しておきたい。[*2] 既述のように、ＥＭＳはＥＣ加盟各国によって七九年に設立された固定相場制であり、加盟六カ国が七二年に採用した為替同盟（「スネーク」）を強化したものである。各国通貨間で相互に為替平価（為替変動の中心的な相場）を形成し、パリティ・グリッド（平価格子）を完成する。為替平価は各国の経済力を基準に定められ、各国通貨は相互に中心レートの上下二・二五％内に乖離幅が収まるようにしなければならない。そして、二つの通

貨間で二・二五％を超えると、相互の通貨を利用して当局が介入する制度である（最大変動幅は原則として四・五％となる）。また、通貨のオーバーシュートが発生しそうな場合にも、やはり両国中銀が変動幅内介入と呼ばれる為替是正をする。[*3] 重要なのは、八〇年代にEMS加盟各国は、域内の事実上の「アンカー」通貨であるドイツ・マルクとの平価調整に、最もコストを払ったという点である。[*4] ソフトカレンシーであるフランス・フランやイタリア・リラは、しばしば投機による下落に苦しみ、ドイツ・マルクやオランダ・ギルダーとの乖離を是正しなければならなかった。さらに一九九二年九月、イングランド銀行が一日に四〇億ポンドもの外貨を投入したものの、ジョージ・ソロスをはじめとする投機家とのポンド防衛の闘いに破れてEMSから離脱し、蔵相ラモントが更迭されたことはEMSの政治的影響として歴史に残っている。[*5]

さて、EMSの発展には欧州の金融市場統合と通貨政策の収斂が不可欠だったとするアンドリューズは、フランスの「一九八三年の政策転換が決定的」な契機だと述べる。[*6]

米国、ドイツ、英国と違って、一九八〇年代半ばまでフランス政府は自由な金融レジームを持たず、当初はその発展に抗い続けた。しかしまさにそれゆえに、社会党の政策転換は他国の金融当局にとって強力なデモンストレーション効果を持ったのである。

国際経済のトレンドから政策的選択が予測できるというアンドリューズの「構造論的アプローチ」は、固定為替相場（通貨の安定）、自由な資本移動、金融政策の自律性（金利設定）の三つは同時に成立しないとするマンデル＝フレミング・モデルを前提としている。「〔同モデルを応用する〕理論家たちは、国際金

融市場の統合は、地域的・国際的なトレンドと逆行する国家政策の追求が為替レートのコストを上昇させるという点で一致をみている」のである。[*7]

「構造論的アプローチ」の問題

国際政治経済学では一般法則の発見に力点が置かれており、その過程ではアクターの行動パターンや力学の変化が見過ごされてしまう。その具体例を「手本とすべき最良の現代社会科学」として、欧州統合理論の一つのスタンダードとまでされたモラヴチックの『ヨーロッパへの選択』（一九九八年）にみてみよう。[*8]

モラヴチックは、ローマ条約交渉（一九五五～五八年）からマーストリヒト条約交渉（一九八八～九二年）に至るまでの五つの条約交渉を、英独仏の三カ国の選好形成から分析し、各国政府が統合を推進する大きな誘引を生産者利益とマクロ経済政策、すなわち「商業的利益」に求めている。[*9]「国家の決定においては、経済的利益こそが支配的な動機」なのである。その特徴的な事例として挙げるのが、ド・ゴールによる一九六五年の空席政策である。[*10]空席政策は地政学的利益（対米関係）が理由でも、イデオロギー（大国としての地位）が理由でもなく、仏農産品の輸出市場を確保し、CAP（共通農業政策）交渉を有利に進めるためだったと推論する。さらに、ド・ゴールのこうした選好の背景には、六五年の大統領選を控えて農業頂上団体であるFNSEA（仏農業者経営者連盟）による圧力があったとする。[*11]社会勢力の圧力が国家の商業的利益を形成するという構図は、英および西独でも認められるのであり、欧州統合はパレート最適的な状態で四〇年以上推進されてきたという。

欧州統合理論におけるモラヴチックの功罪は、超国家的アクターの影響力を重視する新機能主義を論破しようとする、そのリベラル政府間主義（liberal intergovernmentalism）にあるとされる。もっとも、彼の理論的立場は一義的に無視すべきものではない。[*12] モラヴチックの最大の誤謬は、むしろ統合の原動力がすべて商業的利益から派生しているとの立論を、全面的に押し出していることにある。欧州統合を巨大なＦＴＡ（自由貿易協定）とみるようなモラヴチックの立場は、米国の政治科学が得意とする多元主義と科学的推論の混合であるが、かなり強引な事実解釈をしていることも確かである。

「政治学における分析枠組みは一般法則のための発見のためだけにあるのではなく、具体的な現象を理解するための尺度を提供するものであり、一般法則として定式化にいたらなくても、複雑な現象を理解することができれば、それは理論としての一定の役割を果たしている」とするのは、「事件の政治学」を唱える飯尾潤である。[*13] つまり、「事例研究が注意深く設計された場合には、比較研究と同じだけの価値を、理論構築に対して持つことを主張できる」という。[*14] ヴェーバーは同様に、「限りなく豊かな現象のうち限りある一部分だけが意義をもつという前提に立って初めて、何らかの個別的な現象を認識しようという考えが一般的に論理的に意味を持つ」と述べる。[*15] このような立場からすると、モラヴチックの事実解釈にはいささか疑問が生じてくる。

モラヴチックは、一九八三年の「転回」でも最重要視されたのは経済的利益であり、その背景には国内経済団体からの圧力があった、と仮定する。つまり理論的必然性から、ＣＮＰＦ（仏経団連）の支持があったために、ミッテランは「経済的コストが最も少ない道」として緊縮政策と残留を決断したとする。[*16]

しかし『ヨーロッパへの選択』の翌年に刊行された、当時のCNPF会長ガタズの回顧録では、政府に対する要求は為替水準や緊縮経済をめぐるものではなく、何よりも企業負担（富裕税と職業税）の軽減と、赤字拡大が懸念されていた社会保障会計の負担増回避、さらに社会党政権が進めていた国有化や労働時間短縮の運用緩和にあった。[17] 通貨安定とEMS残留を目的とした給与・物価凍結政策については、むしろ反対の立場を貫いていた。[18]

CNPFの選好の解釈についても問題がある。モラヴチックはとくに強固な論拠もないまま、各国の経営者団体は市場統合と自国市場の自由化に積極的であると仮定する。[19] しかし、八一年秋に会長に選出されたガタズは中小企業寄りの保護主義的立場に近かった。[20] また、CNPFは利益集約の非常に困難な頂上団体で、大企業（従業員二〇〇〇人以上）が占める割合は〇・〇三%にすぎない。[21] 事実、EMS離脱論を熱心に説いた者のなかには政党政治家だけでなく、本書でみるように金融界トップを含む経済人も含まれていた。こうしたことからも、CNPFが親市場統合であったと先験的に考えることはできない。CNPFの特徴は何よりも、保護主義（自国企業保護）、マルサス主義（均衡的な発展）、家長主義（家族経営の是認）の三つにあり、米国をイメージして、雇用者団体が市場親和的とするのは正しくない。[22] これは二レベル・ゲームの類推、すなわち意思決定者を国内団体のエージェントと仮定するモラヴチックの研究デザインの応用から生じる弱点である。[23]

社会主義の実現を掲げた社会党をCNPFが警戒したように、社会党政権側が経営者団体に抱いた不信感にも相当なものがあった。政権の念頭には、「社会主義プロジェ」の障害となるであろう、CNPFからの企業負担軽減の要求をいかに回避するかがあった。ガタズ会長との会談に際して、職業税の減

税や社会保障負担の凍結といったCNPFの「既知の要求」には交渉相手を多元化し、経済状況の好転などを挙げて反駁するよう、この時ミッテランにアドバイスがなされた[*24]。たとえば、八二年末に行われたガタズとの会談でミッテランは、労働時短は「一九八一年の社会党の公約に明確に記されており、ごまかすことなどできない」と取り合わなかった[*25]。初めての会談でもミッテランは「われわれの論理は社会主義にあり、そうあり続けるということを指摘するとともに、経団連は他者の論理を理解することが必要だ[*26]。（中略）階級闘争の存在を認めるべきだ」と最初から譲歩するつもりのないことを明らかにしている。一九九一年までミッテランに最も近かった一人であるアタリによれば、大統領にとって経営者団体との会談は「単なる義務」にすぎなかった[*27]。

こうした事実は、政府とCNPFが協調関係にないばかりか、むしろ囚人のジレンマ的な相互不信の関係にあったことを示している。政府内では社会主義イデオロギー色が薄く、フランス経済の近代化を目指して社会団体との協調・協議に熱心だったドロールでさえ、生産者団体には敵対的な発言をしている。一九八二年一一月の第一次緊縮政策の凍結解除後、ドロールはCNPFの批判に「コーポラティズム的な圧力に対しては、それがどこから派生しようとも、対応できないということは明らかにしておくべきだ」と反論している[*28]。

経済的利益を重視するモラヴチックによる指導者の意思決定の解釈は、少なくとも一九八三年に関わるケースをみる限り、科学的推論の明らかな勇み足である[*29]。ハーシュマンはかつて、パラダイム志向とストーリー志向の二つの研究を対比させ、パラダイム志向は「結論づけるという強迫観念（la rage de conclure）」（フロベール）に囚われすぎており、ケース・スタディとしての歴史を「自由（open-ended）」

にしておくことこそが、推論の誤謬性を回避し、情報の伝達という科学的役割を果たすと指摘している。[*30]

経済学ツールを応用した「転回」の分析は、社会党政権は出発から挫折を内在させていたのであって、「転回」は運命づけられていた、としかいえない。「後知恵の視点」に立った歴史的決定論（retrospective determinism）は、「歴史の転換点における選択肢の所在やその意義の問題が死角におかれがち」になるばかりか[*31]、決定論主義は政治家や意思決定者を「無罪放免」することにもつながる。[*32]Ｉ・バーリンがいうように、経済学の理想化されたモデルは「歴史研究ないし歴史記述」に大して役に立たないであろうし、また歴史を扱う者は道義的判断から逃れてはならない。[*33]

歴史家ギャディスは、歴史の役割は「ものごとは実際に起こったようにしか起こりえなかったのだという信念から解放する」ことにあるとする。「歴史家としての我々の責任は実際に選択された道を説明するとともに、選択されなかった道を示すことであり、それもまた過去の解放である」（傍点原文）[*34]。ここでも、われわれはまったく同じことを主張したいと思う。つまり、ＥＭＳからの離脱は現実的な選択肢だったのではないか、と問うてみたいのである。

「アイディア・アプローチ」論の問題

政治経済学による構造主義的・多元主義の解釈が成り立たないとすれば、アイディアを用いてのアプローチが考えられる。この点、モラヴチックは「ハードな」一次資料に馴染まないとして、意思決定におけるイデオロギー的要因を二次的なものと見なしている。一九八三年の事例では、欧州統合を熱心に支持するミッテラン像を指摘することは、「社会主義プロジェ」の破綻と破棄を正当化する後付け（ex-

post justification）にすぎないと結論づけている。[35]

一九八三年を境に欧州統合が「停滞の七〇年代」から脱し、飛躍的に加速したのは確かである。ここから、ミッテランはもともと欧州統合主義者であったためにＥＭＳ離脱を拒否し、欧州プロジェクトへと傾斜していったとする見方は、かなり一般的である。たとえばミッテランの生涯を、原資料と本人へのインタビューで丹念に追ったラクチュールの決定的伝記は、彼を少なくとも戦後から揺るぎない欧州統合主義者であるとし、八三年の「転回」をめぐる逡巡は、大統領の威厳と権力を維持するための「芝居」にすぎなかったと判断している。[36]またヘイウッドは、一九六五年のミッテランの選挙キャンペーンを手がかりに、大統領を目指したのも欧州統合に関わる政策を実施するためだった、とまでいう。[37]そして大統領に就任してから八三年の「転回」までの間は、あくまでも「党内の微妙なバランスを崩さないため」にＥＭＳを積極的に支持しなかっただけだと解釈する。[38]ミッテランと政治的立場を終始異にし、最も辛辣な批判者であった首相ロカールでさえ「唯一ミッテランに認めるものがあるとすればそれは彼が常に欧州人だったこと」と述べる。[39]確かにミッテランは一九四八年のハーグ欧州会議に出席し、五三年にはラニエル内閣で欧州評議会担当相も務めている。ミッテラン自身は、欧州統合へのコミットメントを「遠き時代あるいは戦争直後に若い代議士の一人として」ハーグ会議に出席してから、「マーストリヒト条約に結実する参加」を実現してきたと述懐する。[40]しかし本当に欧州主義者であったか、それはいかなる理由から、そしてどの程度そうであったかには検証の余地がある。[41]ミッテランは、従来イメージされるほど、熱心な欧州主義者では決してない。

ミッテランにとって欧州は「社会主義であるか、そうでないか」[42]と二項対立的であったと同時に「欧

州を社会主義に、社会主義を欧州に対立させる必要はない」[*43]というように、自身の政治的立場に従属される便宜的な存在でもあった。六四年にド・ゴール批判を目的として著した『恒常的なクーデタ』では「欧州は歴史の意思に適うもの」[*44]としているが、これもド・ゴールがEECと国連を軽視していることを批判する文脈でのことである。また、ミッテランが九〇年代に至るまで、国家主権を制約するような超国家主義的な統合政策には反対し続けていたことも、ほぼコンセンサスとなっている[*45]。彼が初めて所属した小政党UDSR（レジスタンス民主社会同盟）は確かに連邦的欧州（軍隊、経済、金融の統合）を唱えていたが、フランス第四共和制における中道政党のこのような欧州主義は、特筆されるようなものではない[*46]。

ミッテランの欧州へのコミットメントには強弱があるが、それは自らの政治的キャリアを優先したためだった。少なくとも四〇年代から七〇年代に至るまで、ジャン・モネやシューマン、あるいはルネ・プレヴァンやアンドレ・フィリップといった同胞ほどに、生粋の欧州人であることを証明したことはなかった[*47]。むしろ一九五〇～五一年に海外領土相を務めたミッテランが熱心だったのは、フランスの国力の源泉ともなる植民地の維持だった。EDC（欧州防衛共同体）の批准を目前にした一九五三年、UDSR総会で彼は次のように述べている。「石炭鉄鋼のプールや防衛共同体条約のような欧州、あるいはアドホックな議会が前提とする政治統合は、われわれからみて他のすべてを規定するフランス連合という問題を解決していないように思える」[*48]。その直前には、「欧州と大西洋よりも先に西欧地中海とアフリカ・ブロック、そしてアジアよりも先には欧州」を優先すべきだと、自らの地政学的関心を新聞紙上で表明してもいる[*49]。

ミッテランは、外的環境から選択を突き付けられない限り、政治的立場を明確にしなかった。海外領土か欧州統合かで二者択一を迫られたこの時、彼は前者を優先させた。その後、五四年六月のＥＤＣの採決ではマンデス＝フランス内閣の内務相として、他の閣僚とともに棄権票を投じた。その上でＥＤＣ条約批准の失敗は、内閣辞職には値しない、との主張を貫いた。[*50] こうした日和見主義的な態度は、一九四〇年代から変わっていなかった。[*51] 五〇年代以降のフランス政界には、それまでの身を削るような「ミリタン（運動家）」として欧州統合運動を進める「アンガージュマン」ではなく、「アクターもしくは意思決定者」として欧州統合を支持する、新たなタイプの政治家が登場していた。[*52] 後者の代表であるミッテランは、欧州に対する現実主義と社会主義という理想を、権力の獲得というメシアニズムのために道具的に利用しようとした。これは、一九七四年の大統領選の記者会見できわめて明確に述べられている。「欧州が社会主義であるということはひとつの希望、願い、意思ではあっても強制ではない」と。[*53]

ミッテランを特定のアイディア（理想）やイデオロギー（観念）に貫かれた政治家として解釈することはむずかしい。[*54] ミッテランが欧州統合へと傾斜したのは、政治指導者として「パスカルの賭け（pari pascalienne）」だったと、ＥＭＳ離脱をめぐって彼と激しく争ったシュヴェンヌマンは喝破する。[*55]「パスカルの賭け」とは、『パンセ』断章二三三番で展開される思考実験であり、神の存在の有無にかかわらず、神の存在を前提においたほうがより人間にとって損が少ないことを論理的に説くものである。[*56] そこでは、信仰は神が存在しなくとも失うものはなく、存在するとすれば「永遠の生命と喜び」をもたらすことになるゆえ、神への信仰が肯定される。「無限の得のために生命を危険にさらすよりもむしろ、生命を守るために理性を捨てるべきである」とパスカルは書く。シュヴェンヌマンは、ミッテランにとっ

ての欧州は、パスカルのいうところの神の存在だと指摘するのである。無論、欧州統合そのものの正しさは、神の存在と同様、証明できるものではない。むしろ正しさを証明できないことが、今までの欧州統合の原動力となっている点は強調されてもよい。

ミッテランが欧州主義者であることに賛同するにせよ（ラクチュールとヘイウッドの解釈）、反対するにせよ（モラヴチックの解釈）、特定のイデオロギーからの解釈には無理が生じる。ミッテランの欧州に対する態度が無条件なものではないとすれば、最終的に彼が欧州統合を支持した理由として構造的な背景が存在しなければならない。欧州統合は、それがどのような意味を持つのか、理想主義的か現実主義的か、政治的か官僚主義的か、連邦主義的か同盟主義的かというように、多面的であり得る。そのような性質こそが欧州統合研究をむずかしくしているのであり、ミッテランという多面的な政治家との関係性においては、なおさらである。ミッテランにとって、アイディアは権力追求の道具であり、そうした意味で政治家としては古典的な権力追求（power seeking）タイプであったことを忘れてはならない。

制度をアイディアと読み換えつつ、欧州統合とフランス戦後政治の歴史を描くのはC・パーソンズである。彼は、モラヴチックの統合史観を「検証されていない全体理論に支持できないような議論を埋め込んだ」、「経済構造理論」的アプローチであると批判し、背景には、「経験的に間違っていても、よりよい全体理論でしか反駁されない」科学観があると述べる。[*57] ここからパーソンズは、時間が経つにつれて自己生成的になる欧州というアイディア＝制度がアクターの選択肢を規定し、この選択がさらに制度として後続アクターを規定するという、進化論的な統合史観を提示する。

パーソンズは、ミッテランはもともと欧州統合の指向性とは明白に異なる政治的計画を持っていたに

もかかわらず、EMSという「EECの遺産」が「転回」を選択させた、という解釈をしてみせる。[*58]「転回」にともなうEMS残留の決断は経済的要因によるものなどではなく（その場合は統合のペースを遅らせ、セーフガードを発動すればよい）、欧州統合の制度によって「二者択一」が迫られた上での結果だとするのである。[*59]

このパーソンズの描き方は、明確には提示されていない新制度論の発想を借りつつ、アクターにアイディアを対置させる、超国家主義理論の改良版ともいえる。もっといえば「ハースやミルワード、あるいはモラヴチックのEU史を根本的に見直すことを目的とする」この見方は、[*60]「制度かアクターか」という古くて新しい問題を再提示するに留まっているともいえるのである。主従関係を逆転させただけという意味では、モラヴチックの極端な方法論と対をなしているとさえいえるだろう。[*61]

アイディアとしての欧州統合を指摘するからには、アイディア間の闘いが説明されなければならないだろう。先に述べたように、欧州統合のアイディアはきわめて多面的・多元的である。パーソンズは、モラヴチックを意識するあまりか、ECSC（欧州石炭鉄鋼共同体）、EMS、SEA、マーストリヒト条約といった「共同体モデル」が生起する瞬間に集中し、結果的に制度的勝者の論理から歴史を再構成するという意味で、事後的な解釈に回帰している。だからこそ、経済的要因を棄却してしまうと、社会主義か欧州統合かという「二者択一」の間で、なぜ後者が優先されたのかの判断材料を空白なままとして、制度の粘着性が強調され、説得的な説明ができていないのである。この誤謬は、マルク・ブロックがいうような「極めて冷徹な文書やそれを制定した者たちから非常に離れたようにみえる制度の背後」にあるものが見えていないところから生じている。[*62]

要約しよう。経済学的合理性およびアイディアからの解釈のいずれも、ミッテランやサブ・リーダーらの選好、その変化を説明することに失敗しているといえる。モラヴチック流の構造主義アプローチはアクターの意思決定を無理に還元させ、パーソンズ流の新制度論的アプローチはアクターの内在的理解を妨げているのである。

2　分析視角

それでは一九八三年のEMS残留について、どのような立場から解釈を進めればよいだろうか。EMS残留にこだわった大統領補佐官のギグーは、緊縮派すなわちEMS残留派と、社会主義プロジェ派すなわちEMS離脱派との政権・党内での争いを、B・コンスタンに倣って「古代人と近代人の闘い」と形容している。[*63]「転回」は、近代人が古代人を打ち負かす過程だったというのである。ギグーにとっての政治的メンターだったドロールも、七八年に「問題は近代人（le neuf）が台頭しつつあるなかで、持続するかどうかもわからないのに古代人（l'ancien）が幅を利かしていることにある。もはや待ったなし、だというのに！」といみじくも書き綴っている。[*64]EMS離脱と残留をめぐる争いは、社会党が野党期から持ち越し、政権内で最終的に決着を付けた、権力闘争の一環だったのである。ギャンブルが指摘するように、政治は利益やアイディアだけから形成されるのではなく、アイディアの傾向や利益間のバランス、政治家の位置から発生するものである。[*65]

この点から本書は、ミッテラン個人のリーダーシップとそのスタイル、これとフォロワー（派閥およ

び政権サブ・リーダー）との相互作用に基づく解釈を採用する。「社会主義プロジェ」の結果生じた経済危機の対策が決定されるまでに時間を要したのが「政治的な諸要因」にあるのならば[*66]、その要因こそが明らかにされなければならない。そしてこのタイミングの問題は、組織内政治の過程と様式を踏まえなければ、解明できないのである。

党派閥と政権サブ・リーダーを重要な変数に据えるもうひとつの理由は、社会党政権は少なくとも当初は、党派色の濃い政権だったという点がある。ド・ゴール以降の政権の基盤は諸政党の連合体にすぎず、大統領－議会－党の一体性のもとで統治を行ったのは、ミッテラン政権が実質的に初めてであった[*67]。確かに、野党リーダーと公職者である大統領の権限の範囲は、実質はもちろん、制度的にも大きく異なる。七〇年代からの社会党第一書記の権限は「政党のスポークスマンであり、活性化と調整の責任者である」と、組織政党らしくきわめて限定的である[*68]。他方、共和国大統領の権限は、条件つきながら首相と閣僚の任命・解任（憲法第八条）、国民投票の実施要求（第一一条）、国民議会の解散権（同第一二条）、憲法院評議員の三分の一の任命（同第五六条）、憲法上の非常事態宣言（同第一六条）をはじめとして、条約の交渉と批准権（同第五二条）、司法・行政官の使命（同第六五条）、憲法改正の発議（同第八九条）など、西欧民主主義国家のなかでもきわめて強力である[*69]。しかし、ミッテランのリーダーシップ・スタイルに着目した場合、党首と大統領の権限の差よりも、手法の連続性が際立ってくる。ミッテランは、行政組織の末端の人事に至るまで、常に強い関心を示していた[*70]。第一書記の時は大統領候補適格者として、人事権を利用して党組織のコントロールを試みた。そして大統領になると首相および閣僚任命権を利用して地位と権威を保とうとした。時間と地位を越えて観察されるこの連続性は、制度的に付与される正当

性を超えて、ミッテランの意思決定の本質であったと考えるのは妥当である。

リーダーシップ・スタイルの定位

政治学におけるリーダーシップ研究は、多くの論者が指摘するように不遇の地位にある。[*71] その理由のひとつには、リーダーシップを単体で定義・捕捉することが困難であり、政治心理学をはじめ個人に焦点を合わせたアプローチが必要なことが挙げられる。[*72] ホフマンによれば、リーダーシップ研究には二つのアプローチがある。ひとつは、指導者の行動、心情、技術、活動をその個性の表現として検討する方法であり、もうひとつは、指導者の政治的手腕、自分の役割に対する考え方や実行の仕方、支持者や反対者との関係を分析する方法である。[*73] しかし前者は、心理学的素養を必要とするために、研究アジェンダとして据えるには困難が生じる。そこで、後者を採用して研究を進めるには次の三つの要素が重視される。①指導者の権威のスタイル、②政治制度の特質、③指導者が行う任務の性質と範囲、である。つまり、リーダーシップの本質的性質を把握することとトレードオフの関係にはなっても、対概念にあるフォロワーとの関係を重視すれば、少なくともリーダーシップの機能と作用を外延的に探ることができる。本書はリーダーシップを捕捉するにあたって、後者の相互作用アプローチを採用する。

リーダーシップには、フォロワーを目標へと導き、課題を達成するような統率型だけがあるのではない。むしろ赤裸々な権力行使は、リーダーシップの名に相応しくない。対極には、たとえばエーデルマンが「消極的スタイル」と呼ぶものが存在する。これは、ポレミカルな問題については立場を明確にせず、勝てる勝負にだけ挑み、見解が異なる陣営双方から支持を取り付けることを基本とするタイプのリ

ーダーシップである。[*74] あるいは、三隅二不二の「リーダーシップPM論」によれば、リーダーシップにはやはり、「課題遂行（P）」とともに「集団維持（M）」の機能が分かちがたく結びついている。[*75]

ミッテランのリーダーシップは、社会党という集団との相互作用から生まれる「複数仮説による意思決定」を特色としてきた。[*76] A・コールは、その形態をサッチャー流の「確信的な政治家」と対極にあるスタイルだとしている。[*77] それは、早急な判断を下さなければならない状況を回避して、慎重に考慮する時間の確保に努め、選択肢を手元に複数保持することを目的とするものだった。ミッテランは一時的な熱中によって判断するスタイルを決してとらず、時として非常に複雑な熟慮の上で決断したという。[*78]「時間に時間を与える必要がある」という本人の警句に象徴されるように、時間とともに集団をコントロールすることが判断の自律性、すなわち権力の源泉であった。[*79]「多くの人間はマキャヴェッリを間違って解釈する」というミッテランは、[*80] 統治する者にとって時間と運命の抑制が不可欠であることを知っていた。[*81] その意味で、ミッテランは現状維持をきわめて得意とする政治家であった。そうした人間は、限定的な合理的戦略をとる。すなわち、政策決定においては常に複数の選択肢を確保しておき、意思決定においてはフォロワーの情報と立場を常に反対陣営からクロスチェックさせ、その上で自らのヘゲモニーを確立させる最適解を追求し、そのために複数の多元的集団とのネットワークを確保しておくのである。[*82]「党人というよりはネットワークの人間であるミッテランは、アイディアより人を変数として戦略を練った」という社会党の古参の証言は、このリーダーシップ・スタイルを端的に表している。[*83]

フォロワーとしての党内派閥／政権サブ・リーダー

ミッテランのリーダーシップ・スタイルが時間と集団のコントロールの重視にあったとすれば、その資源は社会党の派閥と政権内のサブ・リーダーたちが提供した。リーダーシップは「権力」と同義ではなく、本質的に相互作用的な概念であることに注意しなければならない。

政党派閥論は、米州知事選とその予備選を研究したV・O・キーに由来する。彼は一党制であっても、派閥の存在によって多党制と同じ現象がみられるとした。[*84] その後、デュヴェルジェが再発見した派閥は、[*85] ローズによって厳密な定義づけがなされた。英国の二大政党政治を観察したローズは、労働党の「広範な政策を推し進める集団」と保守党の「安定的な一体の態度」を、派閥(faction)と傾向(tendency)という用語で区別した。[*86] またハインは、派閥は「組織」「政策/イデオロギー」「範囲」の三つの次元で機能すると位置づける。[*87]「組織」次元は主に利益配分、「政策/イデオロギー」次元はプログラムの実現、「範囲」次元はネットワークのヘゲモニーをめぐって、それぞれ凝集性を高める。

ミッテランは、党首として選出された初めての共和国大統領である。ミッテランは王であったが、王を王たらしめたのは党であった。「大統領立候補者がいなければ政党は存在しない、しかし政党がなければ候補者は存在しない」という相互依存関係にあったのである。[*88] フランス社会党の特徴は、高度な派閥体としての組織構造にある。[*89] フランスの非共産主義左翼の歴史を最も特徴的に描くには派閥間争いや連携を把握することが必要になる。[*90] 社会党の前身、SFIO(労働者インターナショナル・フランス支部)も、党首モレを中心として、一体性をかろうじて保っていたにすぎない。[*91] 一九七一年に党執行部メンバーの選出に比例代表制度を採用してから、各派閥は分化・発展していき、指針を決定する上で多くの自由度をミッテランに与えた。彼はきわめてマルクス主義色の強いCERES(社会主義調査教育センター)

に党綱領の作成を任せつつ、六八年運動からスピンオフしてきた新左翼的なロカール派を吸収して国民の人気を惹きつけ、さらに両者の媒介項として、北部県連を中心とするモーロワ派と連携した。これはそれぞれ、共産党との協力関係、若年層支持の獲得、党内基盤の安定という戦略と密接に関連していた。

さらに大統領に選出され国民議会選挙で勝利すると、ミッテランは第五共和制における中核的制度として機能する大統領権力を、リーダーシップの新たな資源として獲得した。[*92] 先に指摘したように、フランス大統領は西欧諸国のなかでも強大な権限を有している上、ミッテランの職務遂行は先任者以上に「君主的」であった。[*93] ミッテランはこうした制度的権力から派生する権威と権限によって、インフォーマルな政策形成の場を複数つくった。

このようにさまざまなルーツを持つ派閥と党組織に蓄積された新エリートの混合こそが、時代状況と環境の変化に応じて、ミッテランの資源となっていたのである。[*94] リーダーシップにとって政治的競合が支配する空間は、それ自体が公共財となるのであり、生み出される余剰価値は競合をさらに強化することになる。[*95]

公式的および非公式的な政策形成のネットワークの中心には、重要事項を最終的に決定するミッテラン大統領が位置し、専管事項たる国防、外交、司法、メディアの領域で積極的に介入する（領域的大統領主義（présidentialisme sectoriel））。[*96] この介入は、個人的命を受けて各領域の担当補佐官によって強化される。このネットワークの外枠には閣僚が位置する。閣僚は、左派政権と初めて対峙する官僚機構に自律的であるよう要請された。他方ではプロトコールに関係なく閣僚は、党内でミッテラン派であるか否かで重用の度合いが大きく異なっていた。非ミッテラン派の閣僚は、大統領とスタッフから絶え間ない

法政大学出版局

sapientia

《サピエンティア》

刊行案内

2008.11

グローバル化のもとでの頻発する紛争，南北間に拡がる格差，社会的差別や貧困，環境，人権，平和，生命をめぐる問題など，私たちの生きる世界はますます混迷の度を深めています。

この新しい叢書の名前である*sapientia*《サピエンティア》は，ラテン語で《知恵》を意味することばです。現代世界の抱える難問《アポリア》を読み解いていくために，多角的な視点からさまざまな知恵をしぼって，ともに考えていきたいという思いを込めました。

叢書《サピエンティア》は，歴史学，思想や哲学，その他の分野の成果を踏まえ，あるいはそれらの領域を越境しつつ，翻訳・書き下ろしを含めて社会科学系のさまざまなテーマにアプローチしていきます。

その積み重ねのなかから，「世界リスクの時代」といわれる状況のもとで，たとえ問題の解決にいたらないまでも，その糸口を探ることをめざしていきたいと思います。

ために—— sapientia《サピエンティア》《知恵》

刊行第一弾　11月13日発売

01

アメリカの戦争と世界秩序

菅 英輝 編著

なぜアメリカは、リベラルな世界秩序を追求するため戦争という手段に訴えるのか。戦争とアメリカ社会および国際社会の相互関係を、多面的かつ歴史的な視野から論じる。

ISBN978-4-588-60301-3／四六判・426頁／定価3990円

【執筆陣】

●菅 英輝　●中嶋 啓雄　●大津留(北川)智恵子　●秋元 英一
●初瀬 龍平　●柄谷 利恵子　●土佐 弘之　●油井 大三郎
●B・カミングス　●A・J・ロッター　●野村 彰男　●藤本 博

02

ミッテラン社会党の転換

社会主義から欧州統合へ

吉田 徹 著

フランス社会党はなぜ社会主義の追求から欧州統合促進へ路線を変えたのか。膨大な資料とインタビューなどをもとに、ミッテラン大統領のリーダーシップを通して考察する。

ISBN978-4-588-60302-0／四六判・418頁／定価4200円

【著者略歴】

一九七五年東京生まれ。東京大学総合文化研究科（国際社会科学）博士課程修了（学術博士）。慶應義塾大学法学部卒、日本貿易振興会（ジェトロ）、日本学術振興会特別研究員などを経て、現在は北海道大学法学研究科／公共政策大学院准教授（ヨーロッパ政治史）。

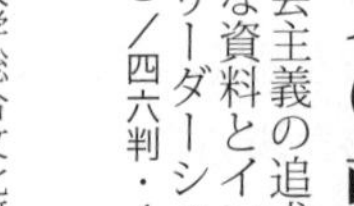

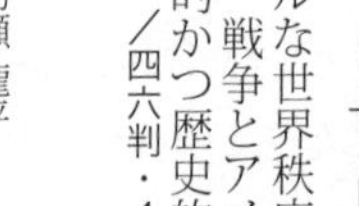

装幀：奥定泰之

現代世界の抱える難問《アポリア》を読み解

11月28日発売

03 社会国家を生きる
20世紀ドイツにおける国家・共同性・個人

川越 修・辻 英史 編著

19世紀末から現在に続くドイツ型福祉国家である社会国家の発展を、社会保障の対象とされる人びとの包摂と排除という往復運動のなかに見いだしつつ、多角的に分析する。

ISBN 978-4-588-60303-7／四六判・360頁／定価3780円

04 パスポートの発明
監視・シティズンシップ・国家

ジョン・C・トーピー 著／藤川隆男 監訳

国家が国民の移動手段を合法的かつ独占的に掌握するのに、決定的な役割を果たしたのがパスポートであった。その国際的なシステムの確立過程と現代的な意味を問い直す。

ISBN978-4-588-60304-4／四六判・346頁／定価3360円

11月下旬発売

05 連帯経済の可能性
ラテンアメリカにおける草の根の経験

アルバート・O・ハーシュマン 著／矢野修一・宮田剛志・武井 泉 訳

開発経済論その他の分野で先駆的かつ独創的な業績を残している著者のラテンアメリカ見聞記から、今日のグローバル化のもとで苦闘する人びとによる共生のあり方を考える。

ISBN978-4-588-60305-1／四六判・216頁／定価2310円

12月中旬発売

06 アメリカの省察
トクヴィル・ウェーバー・アドルノ

クラウス・オッフェ 著／野口雅弘 訳

異なる時代にアメリカを旅し、いまなお多大な影響を及ぼし続ける西洋の思想家、トクヴィル、ウェーバー、アドルノは、その地でいったい何を見、体験し、考察したのか。

ISBN978-4-588-60306-8／四六判・200頁／定価2100円

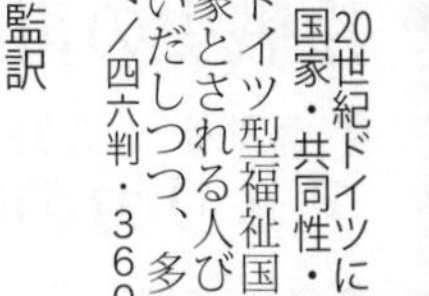

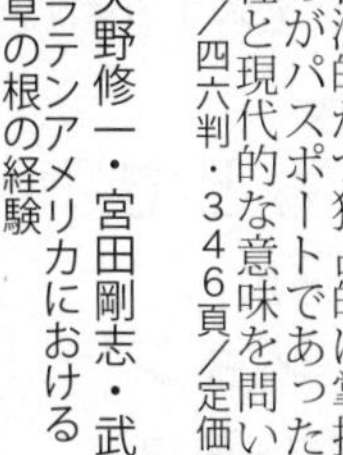

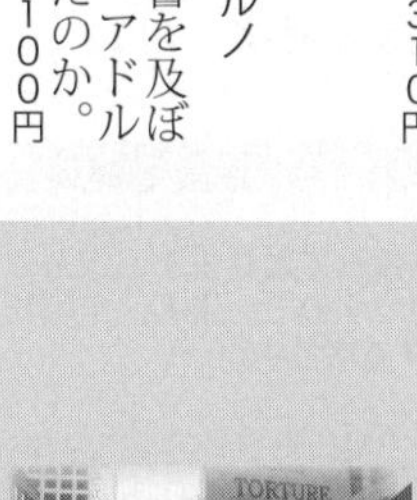

介入を受けて政策決定過程ではバイパスされ、大統領府と官僚機構との間の「冷ややかな収斂」の犠牲となった。こうした閣僚群のさらなる外縁には、しばしば大統領と個人的な関係から政策にかかわる、いわゆる「取り巻き（entourages）」が存在した。ミッテランは週のうち四〇時間ほどを、こうした政官財関係者との会談に当て、「ネットワークの頭」として非公式ネットワークを維持した。[*97] モーロワがいうように、ミッテランは「『機動隊』を動かすことを得意とし（中略）意思が固く、仲間意識を持って相互に信頼する一〇〇人程度の男女がいれば事足りる」と考えていた。[*98]

こうした意思決定のネットワークとプロセスは、外交補佐官であったヴェドリーヌが指摘するように、機関・省庁だけを観察することでは把握できない。[*99] これは、一定の政策知識を共有する集団による組織横断型の回路であり、リーダー格の政治家が政策提案を党執行部・中堅議員をバイパスして構築するという、加藤淳子が描いた政官関係に類似しているからである。[*100] 言い換えると、政策課題を明確に提示し、解決法を持つ論理や情報の体系を備えた凝集性と統一性を持った勢力が有利になるように配置されているのである。なお、ここでいう政策知識とは専門性と等価ではなく、「政策科学や経済理論のような、政策をめぐるポジティヴな理論体系をもってしても、政策課題への唯一の答は出せない」ことを前提としている。[*101] 事実、ヴェドリーヌは、政策に携わる集団が昼夜顔を合わせることで徐々に「共通した特別な文化と条件反射」が獲得されていった、と述べている。[*102]

以上のような大統領を中心にした同心円状の政策ネットワークが、政権を運営する資源となった。ただし当時は、人材を配置する上で政策知識ではなく、大統領個人との距離や政治的姿勢が重視された。[*103]「政治」こそが人材の供給源であり、権力の当初の分配を決めたのだった。

意外にも、ミッテランのリーダーシップと社会党の派閥政治・政権サブ・リーダーとの相互作用による政策形成を説明した研究は少ない。あるのは、政治家ミッテランの研究と、派閥体としての社会党研究の両極である。[*104] リーダーシップとは、それが発揮される「界（champs）」において初めて明確に把握されるものだとするならば、リーダーシップと界を媒介して生じるダイナミズムこそが探究されなければならないだろう。[*105] リーダーシップとその資源となるフォロワーの関係性をみるには、特定の勢力配置や状況を設定しなければならない。先のハインの図式を借りれば、派閥リーダー／政権内サブ・リーダーたちが「範囲」を資源として「政策／イデオロギー」の次元で争いを繰り広げた一方で、リーダーは人事権を中心的な権力手段として「組織」の次元において派閥を利用しようとした。そしてこのヘゲモニー戦略が挫折したため、ミッテランは社会主義からポストモダンの地平たる欧州統合へと逃避したのである。

リーダーシップ・スタイルの変化

ミッテランのリーダーシップ・スタイルを類型化すれば、選好が固定した集団間で安定と勢力均衡を維持しようとする「取引的リーダーシップ（transactional leadership）」であるといえるだろう。しかしリーダーシップは、民主的アカウンタビリティと経済的・組織的・文化的資源の序列的配分という、相反する圧力に常にさらされる。[*106] したがって、この種のリーダーシップ・スタイルは、安定的な組織と対となる場合のみに適合的である。ミッテランの取引的リーダーシップの核心は、その求心性を維持できる均衡点を導くための政策路線への関与と離反の反復にあった。ミッテランは当初このスタイルを維持す

るものの、現状を打破するには至らなかった。次に「社会主義プロジェ」路線に修正圧力がかかると党内の「近代人」に資源を切り替え、状況を乗り切ろうとする。しかしこの戦略も失敗すると、フォロワーに新たな価値観や目標を設定して動員をかける「変革的リーダーシップ（transforming leadership）」を採ることを余儀なくされた。その処方箋がEMSからの離脱だったのである。だがこれにも失敗すると、ミッテランは自らの勝利が確定するまで新たな政治的選択肢と政治的次元を際限なく追い求める「選択操作的リーダーシップ（heresthetic leadership）」のステージ、つまり欧州統合の次元へ歩を進めることになる。

「取引的リーダーシップ」とは、バーンズの定義に従えば、リーダーによる他者との価値の交換から派生するリーダーシップである。[*107] これには、経済的・政治的、有形・無形の財が含まれる。このリーダーシップは、基本的に静態的かつ日常的な範囲で展開されるという。一方、「変革的リーダーシップ」とは、リーダーとフォロワーがより高次の道徳的・動機的次元を求めて、「融合」を果たす過程であるとされる。[*108] ハルグローヴなどの論者は、「取引的リーダーシップ」は合理的選択論的世界で行われ、「変革的リーダーシップ」は社会選択的世界で行われると規定している。[*109] 誤解を恐れずにいえば、前者は制度や価値が安定的な場において発揮されるものであり、後者は価値や制度が流動的な局面において採られるリーダーシップの類型であるといえよう。

以上の二つのリーダーシップの類型に対して、「選択操作的」という概念を説明する必要があるだろう。これをW・ライカーは「勝者となるために世界を作る」ひとつの「芸術」であると定義する。政治においては「まったくの説得なしに他者が合流したいと思うような状況を作れる」者が勝者となるから

であり、[110]これには「戦略的投票」のほかに、「アジェンダ・コントロール」と「次元の操作」が含まれる。[111]政治家は、第一に自らの利益にとって有意なエージェントに影響を及ぼそうとする。次に新たな行動原理を発明し、それをもとにエージェントの選好を左右しようとする。こうして最終的には、政治家は自らの望む結果を導き出す構造を無限に作り出していくことを可能にする。[112]

ミッテランにとって欧州統合という新次元は、まさにこの選択操作的といえるリーダーシップに適うものであった。欧州議会の限定的な機能、各国議会の欧州アジェンダに対する受動性、政府首脳としての条約交渉は、国内リーダーの自律性強化と意思決定過程の強化をもたらす。欧州統合は政党に「EU効果」を及ぼし、党内リーダーシップの自律性をもたらす構造になっているからである。[113]野党党首として「取引的リーダーシップ」を、大統領として「変革的リーダーシップ」を、そして最終的には欧州統合の牽引役として「選択操作的リーダーシップ」へと、ミッテランのスタイルは、フォロワーとの相互作用の結果から変貌を遂げていった。

もちろん、リーダーシップが可変的でありうるのかという疑問は生じることだろう。リーダーシップ概念を属人的なものとする限り、そのリーダーシップの様式の変化をもって、本質的なリーダーシップを把握できたといえるのかという問いは残る。しかし、リーダーシップがフォロワーとの相互作用によって初めて発揮されるものであるならば、フォロワーシップの配置や制度的文脈の変化によって、またリーダーシップも変容させられると考えるのは妥当である。

ミッテランは当初、党内派閥CERESが準備した社会主義路線を進める主流派（金融主権維持とEMS離脱）に忠実であったが、経済パフォーマンスの悪化から、政権内でドロール経済財政相をはじめと

する非主流派（通貨安定の達成とＥＭＳ残留）と競い合わせ、その均衡点を探ろうとする。しかし、最終局面においてモーロワ首相とドロールの優位性が明らかになり、離脱派の結束が崩壊すると、現状での最適解となるＥＭＳ残留を選択したのである。言い換えれば、ミッテランは経済合理性ゆえに残留を決断したのではなく、自党内の勢力の移動に呼応して、ＥＭＳ残留から離脱へ、離脱から残留へと変心した。この間、均衡点を維持するため離脱のコストは高くなっていった。これは、なぜ「転回」がようやく八三年になって実現したのか、というタイミングの問題を解くヒントともなる。「経済的コスト」は、政権内のサブ・リーダーや政策専門家たちには直接的に作用したが、ミッテランの判断は彼らとの権力関係に基づいて下されたという点で、間接的な影響しか持たなかった。そして大統領は、八三年の決定ではあくまでもリーダー・フォロワー関係を重視しながら、社会主義の再定義にも成功したのである。とくに状況が流動的あるいは危機的であればあるほど、制度的拘束から離れてリーダーシップを発揮する余地は高まる。もちろん、ミッテランの経済政策を批判し続けた政敵ロカールもいうように、「ミッテランは経済に無知だったがそれを軽蔑してはおらず、耳を傾け理解しようと努めていた」[*114]。しかし意思決定者が、単一の要因でもって重大な政治的決断を下すことは稀であり、判断自体には多様な力学が反映される。この常識は同時に、経済的要因だけで「転回」の判断が下されたのではないということも意味する。少なくとも一九八三年の「転回」には、ミッテランという指導者と、サブ・リーダーたる派閥領袖たちの政権内政治を場とした権力争いが、大きな影響を与えたのである。

注

＊1　邦語でも一九八三年の事例を扱った研究がある。岩本勲『フランス社会党政権の転換点』晃洋書房、一九八四年、鈴木一人「一九八一年から一九九一年までのミッテラン政権における欧州政策の変遷Ⅰ・Ⅱ」『立命館国際研究』第八巻第一・三号、一九九五年、長岡延孝「フランス社会民主主義の登場：思想的な体制批判論から体制の改革論へ」住沢博紀ほか『ＥＣ経済統合とヨーロッパ政治の変容』河合出版、一九九二年、西村茂「ミッテラン政権の歴史的転換について」田口・小野編『現代政治の体制と運動』青木書店、一九九四年、野内美子「一九八一～一九八三年のフランス社会党政権の経済政策転換とＥＭＳ」『研究年報経済学』第五六巻第一号、一九九四年。

＊2　通常、ＥＭＳは制度そのものの名称として用いられ、ＥＲＭ（為替レートメカニズム）は同制度が運用されるシステムを指すが、本書では区別しないで使用している。

＊3　イタリア・リラや英ポンドへの投機に対処するため、例外的措置として六％や一五％のワイダーバンドも導入された。ＥＭＵ／ＥＭＳのメカニズムの理解には次の文献が依然として欠かせない。田中素香編『ＥＭＳ：欧州通貨制度』有斐閣、一九九六年。

＊4　McNamara, Kathleen, *The Currency of Ideas*, Ithaca: Cornell University Press, 1999, p. 6.

＊5　相田洋・宮本祥子『マネー革命：巨大ヘッジファンドの攻防』日本放送出版協会、一九九九年、一八二～一九〇頁。

＊6　Andrews, David, M., "Financial Deregulation and the Origins of EMU: The French Policy Reversal of 1983," in Timothy J. Sinclair and Kenneth P. Thomas, *Structure and Agency in International Capital Mobility*, New York, 2001, p. 22. その他、国際政治経済学の立場で八三年の転換を分析したものとして、Carles Boix, "Partisan Governments, the International Economy, and Macroeconomic Policies in Advanced Nations, 1960–93", in *World Politics*, vol. 53, no. 1, 2000; Layna Mosley, *Global Capitalism and National Governments*, Cambridge: Cambridge University Press, 2002. モズレーは次のようにもいう。「ミッテラン下の社会党政権の経験は、選挙後での政権プラットフォームの変化という形をとった、現代における〔金融市場に対する〕屈服の典型といえるだろう」(pp. 159–160)。

＊7　Andrews, David, M., "Financial Deregulation and the Origins of EMU," *op. cit.*, p. 14.

＊8　この表現は、自身も優れた欧州統合研究者であるプッチャーラによる。Donald Puchala, "Institutionalism, Intergovernmentalism and European Integration," in *Journal of Common Market Studies*, vol. 37, no. 2, 1999.

＊9　Moravcsik, Andrew, *The Choice for Europe. Social Purpose and State Power from Messina to Maastricht*, Ithaca: Cornell Uni-

versity Press, 1998, pp. 3–10, 239. 同書に対する批評は Helen Wallace, James A. Caporaso, Frtiz W. Sharpf による書評シンポジウム "Review Section Symposium: The Choice for Europe: Social Purpose and State Power from Messina to Maastricht," in *Journal of Public European Policy*, vol. 6, no. 1, 1999 を参照。

＊10 *Ibid.*, pp. 176ff. 註９の批評論文への反批判でモラヴチックは「将軍に関する数千にのぼる二次文献や書籍で、ECにかかわる主要な決定（加盟、フーシェ・プラン、英加盟拒否、空席危機）を商業利益に求めているものはひとつとして見つけることができなかった。どれもこれを二次的なものとするか、完全に無視するかのいずれかである」としている。"Review Section Symposium: The Choice for Europe: Social Purpose and State Power from Messina to Maastricht," in *Journal of Public European Policy*, *op. cit.*, p. 170.

＊11 *Ibid.*, p. 180. 一九六五年の空席危機については、Jean-Marie Palayret（ed.）, *Visions, Votes and Vetoes: The Empty Chair Crisis and the Luxembourg Compromise Forty Years On*, Bruxelles: Peter Lang, 2006 および N. Piers Ludlow, *The European Community and the Crises of the 1960s: Negotiating the Gaullist Challenge*, London: Routledge, 2006 が史料に基づく多角的な検証を行っている。

＊12 リベラル政府間主義に対しては、リッセ＝カッペンが指摘するように、すべてのアクターを自己利益的と仮定し、ハイ・ポリティックスとロウ・ポリティックスを峻別し、ウェーバー的な国家のヒエラルキカルな構造を前提としているという批判がある。See, Thomas Risse-Kappen, "Exploring the Nature of the Beast: International Relations Theory and Comparative Policy Analysis meet the European Union," in *Journal of Common Market Studies*, vol. 34, no. 1, 1996.

＊13 飯尾潤『民営化の政治過程』東京大学出版会、一九九三年、八頁。

＊14 同前、七頁。もっとも飯尾がいうように「事例研究が注意深く設計」された単一ケースがエックスタインのいう「決定的事例研究（crucial case studies）」であると本書は主張するものではない。エックスタインのいう決定的事例研究は、因果関係を特定するアプローチとしては下位に位置し、「最もありそうにないケース」にも適用可能であることを要請しているからである。See, Harry Eckstein, "Case Study and Theory in Political Science," in Fred I. Greenstein and Nelson W. Polby（eds.）, *Handbook of Political Science, vol. 7, Strategies of Inquiry*, Reading: Addison-Wesley Publishing Co., 1975, esp. pp. 117–118.

＊15 ヴェーバー、マックス、祇園寺信彦ほか訳『社会科学の方法』講談社、一九九四年、七八〜七九頁。

＊16 Moravcsik, Andrew, *The Choice for Europe*, *op. cit.*, pp. 269ff.

＊17 Gattaz, Yvon et Philippe Simonnot, *Mitterrand et les Patrons. 1981–1986*, Paris: Fayard, 1999. ガタズがミッテランとの会談

でEMS残留を支持したのは、「転回」後の八三年四月一八日が初めてである。*Ibid.*, p. 173.

*18 *Ibid.*, pp. 111–112.

*19 「フランスの経済団体はEC市場自由化に前向きになった」。Moravcsik, Andrew, *The Choice for Europe*, *op. cit.*, p. 263.

*20 Parsons, Craig, *A Certain Idea of Europe*, Ithaca: Cornell University Press, 2003, p. 186.

*21 Weber, Henri, *Le Parti des Patrons. Le CNPF (1946–1986)*, Paris: Seuil, 1986, p. 45.

*22 *Ibid.*, pp. 49f.

*23 モラヴチックがPeter Evans et al. (eds.), *Double-edged Diplomacy*, Berkeley: University of California Press, 1993に"Integrating International and Domestic Politics: A Theoretical Introduction"なる章を寄せていることを想起されたい。この理論的立場の欧州統合への応用がAndrew Moravcsik, "Negotiating the Single European Act: National Interests and Conventional Statecraft in the European Community," in *International Organization*, vol. 45, no. 1, 1991である。

*24 Note Pour le Président, Pierre Bérégovoy, 13 avril 1982 (5AG4/4234).

*25 Gattaz, Yvon et Philippe Simonnot, *Mitterrand et les Patrons, op. cit.*, pp. 151–152.

*26 *Ibid.*, p. 50.

*27 Attali, Jacques, *C'Etait François Mitterrand*, Paris: Fayard, 2005, p. 119.

*28 *L'Unité*, 19 novembre 1982.

*29 ただし、ミッテランのEMS残留の判断についてモラヴチックは「決定をめぐる歴史的資料は出揃っていない」として一定の留保を付けている。Andrew Moravcsik, *The Choice for Europe*, *op. cit.*, p. 270. 異なる結論が導き出されるとすれば、それはモラヴチックの研究設計そのものの見直しにつながることになる。

*30 Hirshman, Albert. O., "The Search for Paradigms as a Hindrance to Understanding," in *World Poltics*, vol. 22, no. 3, 1970.

*31 雨宮昭彦「グローバリゼーションの衝撃とドイツにおける選択肢」秋元英一編『グローバリゼーションと国民経済の選択』東京大学出版会、二〇〇一年、一八五頁。

*32 ストレンジ、スーザン、小林襄治訳『カジノ資本主義』岩波書店、一九八八年、八六～八七頁。

*33 バーリン、アイザイア、生松敬三訳『歴史の必然性』みすず書房、一九六六年、二四四頁。

*34 ギャディス、ジョン、浜林正夫・柴田知薫子訳『歴史の風景』大月書店、二〇〇四年、一七九頁。

*35 Moravcsik, Andrew, *The Choice for Europe*, *op. cit.*, pp. 272–273.

*36 Lacouture, Jean, *Mitterrand. Une Histoire des Français*, t. 1; t. 2, Paris: Seuil, 1998, esp. t. 2, *Les Vertiges du Sommet*, ch. 2. このラクチュールのテーゼをミッテランによる「劇化（théâtralisation）」と命名するのは歴史家のR・フランクである。Robert Frank, "Débats," in Serge Berstein et al. (sous la direction de), *François Mitterrand. Les Années du Changement 1981–1984*, Paris: Perrin, 2001, p. 513.

*37 Haywood, Elizabeth, "The European Policy of François Mitterrand," in *Journal of Common Market Studies*, vol. 31, no. 2, 1993. もっとも同論文はミッテランのディスコース分析のみに留まっているという弱点を持っている。このほか、ミッテランを生粋の欧州主義者としてみるものに Ernst Weisenfeld, "François Mitterrand: l'Action Extérieur," in *Politique Etrangère*, janvier, 1986 を参照。

*38 *Ibid.*, p. 272.

*39 ロカールへのインタビュー（パリ、二〇〇三年一二月二二日）。

*40 Mitterrand, François, *De l'Allemagne, de la France*, Paris: Odile Jacob, 1997, p. 117.

*41 本人の回顧録が存在せず、矛盾した発言がみられる膨大なインタビュー集のみが残されている状況で作業は容易ではないだろう。ミッテランがいうには、「政治家はまず何よりも行動で表現するため、発言と記録は不可分であり、行動を後押しするものでしかない」。Mitterrand, François et Elie Wiesel, *Mémoires à Deux Voix*, Paris: Odile Jacob, 1997, p. 7. 他方、大きな手がかりになるものとして、Ronald Tiersky, *François Mitterrand. The Last French President*, New York: St. Martin's Press, 2000 を挙げておく。

*42 Mitterrand, François, "L'Europe sera Socialiste ou ne sera pas," in *La Nouvel Revue Socialiste*, décembre 1978, p. 16.

*43 Mitterrand, François, *Ma Part de Verité*, Paris: Fayard, 1996 [1969], p. 197.

*44 Mitterrand, François, *Le Coup d'Etat Permanent*, Paris: Plon, 1964, p. 117.

*45 See Eric Duhamel, *François Mitterrand. L'Unité d'un Homme*, Paris: Flammarion, 1998, ch. 5. デュアメルは、「首尾一貫した」ないしは「伝説的な」欧州主義者と「理性的な」欧州主義者を区別して、ミッテランは後者だったと位置づけている。もっとも、ミッテランと欧州統合については常にいずれか一方を対象に研究されており、双方の関係に焦点をあてたものはまだないといっていいだろう。

*46 Frank, Robert, "La Gauche et l'Europe," in Jean-Jacques Becker et Gilles Candar (eds.), *Histoires des Gauches en France, vol. 2*, Paris: La Découverte, 2004, pp. 458–463; Luc Chauvin, *L'Idée d'Europe chez François Mitterrand. De Chef de Parti a Chef de*

l'Etat（*1971–1988*）, Mémoire DEA d'Histoire du XXème Siècle, Institut d'Etudes Politiques de Paris, 1989, p. 7. ＵＤＳＲ期のミッテランの政治活動については、Eric Duhamel, *UDSR ou la Genèse de François Mitterrand*, Paris: Edition CNRS, 2007 を参照。

＊47 Duhamel, Eric, *François Mitterrand, op. cit*., pp. 102–103. ミッテランは、他所で「欧州は歴史の偶然によって生まれたもの」と述べている。Interview de François Mitterrand, "Les Entreprises dans la Concurrence Internationale," in *L'Expansion*, 12 octobre 1976.

＊48 Cited in *Ibid*., pp. 113–114. ミッテランがアルジェリアの独立に反対を貫いたことは記憶されてよいだろう。一九五三年、ミッテランは「ビゼルテからカサブランカまで、北アフリカにおけるフランスのプレゼンスは内政で最優先の命題である」とインタビューで述べている。*L'Express*, 5 septembre 1953, cited in Pierre Joxe, *Pourquoi Mitterrand*, Paris: Philippe Rey, 2006, pp. 73–74. もちろん、ここで筆者はそのようなミッテランの立場を非難しているものではなく、単なる欧州主義者であったとする説に反駁を試みているにすぎない。

＊49 *Le Monde*, 20 octobre 1952, cited in Pierre Joxe, *Pourquoi Mitterrand, op. cit*., p. 50. ミッテランのアフリカへの関心を表明したものとして François Mitterrand, *Présence Française et Abondon*, Paris: Plon, 1957. ここでミッテランは、フランス同盟の一員であるアフリカとアジアとフランスは、それぞれ「自由になるとともに力強い一体性をもって組織された共同体」を形成している、と主張する。*Ibid*., p. 6.

＊50 Duhamel, Eric, *François Mitterrand, op. cit*, pp. 117–118.

＊51 See, e. g. "A la Recherche de l'Unité, Interview exclusive de François Mitterrand," in *L'Européen*, décembre 1949, reproduced in *Lettre de l'Institut François Mitterrand*, no. 8, juin 2004.

＊52 Frank, Robert, "Les Contretemps de l'Aventure Européenne," in *Vingtième Siècle*, octobre-décembre 1998, pp. 84–93. フランクはここから、欧州統合の実際の進展と運動の強度とは切り離して考えなければならないと強調する。

＊53 *Le Monde*, 2 mai 1974, cited in Luc Chauvin, *L'Idée d'Europe chez François Mitterrand, op. cit*., p. 29.

＊54 この点を簡約に指摘した邦語論文として渡邊啓貴「歴史への挑戦者ミッテラン」『アステイオン』一九九六年秋号および野地孝一「第五共和制初期の政治とＦ・ミッテラン」『信州大学経済学論集』第三二号、一九九四年。

＊55 Chevènement, Jean-Pierre, *Défis Républicains*, Paris: Fayard, 2004, Ch. 7.

＊56 パスカル、ブレーズ、津田穣訳『パンセ（上）』新潮社、一九五二年、一五三～一六三頁。

＊57 Parsons, Craig, *A Certain Idea of Europe, op. cit.*, 2003, p. 29.

＊58 *Ibid.*, p. 148–149.

＊59 *Ibid.*, pp. 174–175. リーヴィもまた、「ディリジズムの放棄はミッテランに強制されたものではなく、選択されたものである」と解釈している。Jonah D. Levy, *Tocqueville's Revenge*, Cambridge: Harvard University Press, 1999, p. 55.

＊60 Parsons, Craig, *A Certain Idea of Europe, op. cit*, p. 28.

＊61 パーソンズによる研究の批判的解釈として Wolfram Kaiser, "Craig Parsons–A Certain Idea of Europe," in *Journal of European Integration History*, vol. 11, no. 2, 2005 を参照。制度かアクターかという方法論については、Fritz W. Scharpf, *Real Actors Play*, Colorado: Westview, 1997, esp. ch. 2 を参照。

＊62 ブロック、マルク、松村剛訳『歴史のための弁明』岩波書店、二〇〇四年、六頁。

＊63 ギグーへのインタビュー（パリ、二〇〇四年一二月一九日）。

＊64 Delors, Jacques, "Autres propos sur la Politique de l'Emploi," in *Revue Economique*, janvier 1978, p. 155.

＊65 Gamble, Andrew, "Ideas and Interests in British Economy Policy," in *Contemporary British History*, vol. 10, no. 2, p. 18.

＊66 ＯＥＣＤ編、中川辰洋監訳『経済政策の転換』日本経済評論社、一九九五年、一〇一頁。

＊67 Quermonne, Jean-Louis, "Un Gouvernement Présidentiel ou un Gouvernement Partisan?," in *Pouvoirs*, vol. 20, 1981, pp. 79–80.

＊68 Bell, David, S., and Byron Criddle, *The French Socialist Party: Resurgence and Victory*, Oxford: Clarendon Press, 1984, p. 216.

＊69 ヘイワード、ジャック、ＥＳ、川崎信文ほか訳『フランス政治百科・上』勁草書房、一九八六年、一六二〜一六六頁。

＊70 Oppenheim, Marie-Catherine, "Le Prince de la Manipulation," in *L'Histoire*, no. 253, 2001.

＊71 政治学におけるリーダーシップ論の簡便な紹介として、豊永郁子「リーダーシップ」福田有広・谷口将紀編『デモクラシーの政治学』東京大学出版会、二〇〇二年および吉田徹「政治的リーダーシップ」辻・宮本・松浦編『政治学のエッセンシャルズ』北海道大学出版会、二〇〇八年。また、Ken Endo, *Presidency of the European Commission under Jacques Delors*, London: Macmillan Press, 1999, ch. 2 の議論も参照。

＊72 そのなかでの異色作として、高橋直樹『政治学と歴史解釈：ロイド・ジョージの政治的リーダーシップ』東京大学出版会、一九八五年。

＊73 ホフマン、スタンレイ、天野恒雄訳『革命か改革か：フランス現代史 1』白水社、一九七七年、一二〇頁。

*74 エーデルマン、マーレー、法貴良一訳『政治の象徴作用』中央大学出版部、一九九八年、一二二頁。

*75 三隅二不二編『リーダーシップの行動科学』朝倉書店、一九九四年、第二章。また、伊藤光利「執政集団とリーダーシップ」同編『政治過程論』有斐閣、二〇〇〇年も参照。

*76 ここでは「リーダーシップ・スタイル」を、「パーソナリティに基づくリーダーの行動アクションの反復的な現象」と定義する。

*77 Cole, Alistair, *François Mitterrand. A Study in Political Leadership. Second Edition*, London: Routledge, 1997, p. 103. コールは「統治スタイル（governing style）」という言葉を用いている。他方で、同書ではリーダーシップ論そのものの分析は薄いままである。

*78 Schifres, Michel et Michel Sarazin, *L'Elysée de Mitterrand*, Paris: Alain Moreau, 1985, p. 117.

*79 Martin-Roland, Michel, *Il faut laisser le temps au temps: Les mots de François Mitterrand*, Paris: Editions Hors collection, 1995.

*80 Mitterrand, François, *Pensées, Répliques et Anecdotes*, Paris: Cherche Midi Editeur, 2000, p. 131.

*81 マキアヴェッリ、河島英昭訳『君主論』岩波書店、一九九八年。「運命は時代を変転させるのに、人間たちは自分の態度にこだわり続けるから、双方が一致している間は幸運に恵まれるが、合致しなくなるや不運になってしまう」。同書、一八八頁。

*82 同様のリーダーシップ・スタイルを篠原一はビスマルクに当てはめて、これを「『ゲームの理論』的」と形容している。篠原一『ヨーロッパの政治』東京大学出版会、一九八六年、一〇一～一〇二頁。

*83 Seligmann, Françoise, *Les Socialistes au Pouvoir*, Paris: Editions Michalon, 2005, p. 45.

*84 Key, Valdimer Orlando, Jr., *Southern Politics in State and Nation*, New York: Alfred A. Knopf, 1956, p. 16.

*85 デュベルジェ、モーリス、岡野加穂留訳『政党社会学』潮出版社、一九七〇年、三〇〇～三〇一頁。

*86 Rose, Richard, "Parties, Factions and Tendencies in Britain," in *Political Studies*, 12-1, 1964, pp. 37–38. 他方でサルトーリはデュベルジェとローズによる定義を拒否して「価値中立的な」"fractions"という名称を使うことを提案した。ジョヴァンニ・サルトーリ、岡沢憲芙・川野秀之訳『現代政党学』早稲田大学出版部、一九八〇年、一二三～一三〇頁。

*87 Hine, David, Factionalism in West European Parties: A framework for Analysis," in *West European Politics*, vol. 5, no. 2, 1983. 「範囲」とは院内・院外を主要な境として、どの程度の活動がみられるかどうかを意味する。

*88 Colliard, Jean-Claude, "Le Processus de nomination des Candidats et l'Organisation des Campagnes Electorales," in Wahl Nicholas et Jean-Louis Quermonne, *La France Présidentielle. L'influence du Suffrage Universel sur la Vie Politique*, Paris:

Presses de Sciences Po, 1995, p. 70.

＊89 Campbell, Bruce A. and Sue Ellen M. Charlton, "Fragmentation and Bipolarization in France," in Frank P. Belloni and Dennis C. Beller（eds.）, *Faction Politics. Political Parites and Factionalism in Comparative Perspective*, Santa Barbara: ABC-Clio, 1978, pp. 439–442. 邦語でフランス社会党の派閥政治を扱ったものとして、中山洋平「フランス政党制の構造変化と政策革新」平和経済計画会議シャドーキャビネット政策研究会・政治改革研究プロジェクト編『政策形成システムの比較研究：政策革新メカニズムの解明』一九九一年、および土倉莞爾「ミッテランと社会党（ＰＳ）の派閥現象」西川知一・河田潤一編著『政党派閥』ミネルヴァ書房、一九九六年を参照。

＊90 Cayrol, Roland, "Courants, Fractions, Tendances," in Pierre Birnbaum et al., *Critiques des Pratiques Politiques*, Paris: Editions Galiée, 1978, p. 165.

＊91 Hine, David, "Leaders and Followers: Democracy and Manegeability in the Social Democratic Parties of Western Europe," in William E. Patterson and Alastair H. Thomas（eds.）, *The Future of Social Democracy*, Oxford: Oxford University Press, 1986, p. 265.

＊92 Chagnollaud, Dominique, et Jean-Louis Quermonne, *Le Gouvernement de la France sous la Ve République*, Paris: Fayard, 1996, Chap. 5.

＊93 Berstein, Serge, *Chef de l'Etat*, Paris: Armand Colin, 2002, p. 236.

＊94 Bell, David, S., and Byron Criddle, "The French Socialist Party: Presidentialised Factionalism," in David S. Bell and Eric Shaw（eds.）, *Conflict and Cohesion in the West European Social Democratic Parties*, New York: St Martin Press, 1994, pp. 112–114.

＊95 Frohlich, Norman et al., *Political Leadership and Collective Goods*, Princeton: Princeton University Press, 1971, pp. 8–9.

＊96 Dubois, Jean-Pierre, "Le Processus Décisionnel: le Président, le Gouvernement et le Parlement," in Serge Berstein et al.（sous la direction de）, *François Mitterrand. Les Années du Changement 1981–1984, op. cit*., pp. 645–657.

＊97 *Ibid*., p. 653, fn. 89.

＊98 Cited in Serge Halimi, "Quand la Gauche de Gouvernement réecrit son Hisoire," in *Le Monde Diplomatique*, avril 2007.

＊99 Védrine, Hubert, *Les Mondes de François Mitterrand*, Paris: Fayard, 1996, pp. 52–53.

＊100 加藤淳子「政策知識と政官関係：一九八〇年代の公的年金制度改革、医療保険制度改革、税制改革をめぐって」日本政治学会編『年報政治学』岩波書店、一九九五年。

＊101　同前、一一〇頁。

＊102　Védrine, Hubert, *Les Mondes de François Mitterrand, op. cit*., p. 53.

＊103　Dubois, Jean-Pierre, "Le Processus Décisionnel: le Président, le Gouvernement et le Parlement," in Serge Berstein et al. (sous la direction de), *François Mitterrand. Les Années du Changement 1981–1984, op. cit*., pp. 633–634.

＊104　政治学者による前者の代表として Alistair Cole, *François Mitterrand. A Study in Political Leadership, op. cit*.; David D. Bell, *François Mitterrand. A Political Biography*, Cambridge: Polity Press, 2005. 後者の代表として Campbell, Bruce A. and Sue Ellen C. Charlton, "Fragmentation and Bipolarization in France," *op. cit*.; David Hanley, *Keeping left?: Ceres and the French Socialist Party*, Manchester: Manchester University Press, 1986.

＊105　政治における「界（champs）」をブルデューは「社会的マクロコスモスの内部の自律的なミクロコスモス」と批判的に述べる。ピエール・ブルデュー、藤本一勇・加藤晴久訳『政治』藤原書店、二〇〇三年、七四頁。

＊106　Jones, Bryan. D., "Causation, Constraint, and Political Leadership," in Do. (ed.), *Leadership and Politics*, Lawrance: University Press of Kanzas, 1989, p. 6.

＊107　Burns, James-MacGregor, *Leadership*, New York: Harper & Row, 1979, pp. 19–20.

＊108　バーンズは、「変革的リーダーシップ」を「知的なリーダーシップ」とも置き換え、その結果として生まれるものを「モラル・リーダーシップ」と命名し、代表例としてマハトマ・ガンジーを挙げている。*Ibid*., p. 20.

＊109　Hargrove, Erwin C., "Two Conceptions of Institutional Leadership," in Bryan. D. Jones (ed.), *Leadership and Politics, op. cit*., pp. 57–59.

＊110　William, Riker, H., *The Art of Political Manipulation*, New Heaven: Yale University Press, 1986, p. ix. ライカーは「heres-thetic」という言葉を「選択と選出（choosing and electing）」を意味するギリシャ語（heres）にヒントを得て造語したとしている。*Ibid*., p. ix. See also Iain McLean, "William Riker and the Invention of Heresthtic(s)," in *British Journal of Political Science*, vol. 32, 2002, p. 541, fn. 23; Frank R. Baumgartner, "Strategies of Political Leadership in Diverse Settings," in Bryan D. Jones (ed.), *Leadership and Politics, op. cit*.「選択操作」によるリーダーシップ概念の応用として、吉田徹「『選択操作的リーダーシップ』の系譜：ミッテランとサッチャー」日本政治学会年報第一〇号『リーダーシップの比較政治学』早稲田大学出版部、二〇〇八年を参照。

＊111　William, Riker, H., *The Art of Political Manipulation, op. cit*., pp. 147–151.

*112 Shepsle, Kenneth, "Losers in Politics (and How They Sometimes Become Winners): William Riker's Heresthetic," in *Perspectives on Politics*, June 2003, vol. 1-2, pp. 309-310.

*113 Raunio, Tapiuo, "European Integration and Leadership Autonomy within Political Parties," in *Party Politics*, vol. 8, no. 4, 2002.

*114 Rocard, *Michel. Si la Gauche savait*..., Paris: Robert Laffon, 2005, p. 240.

第二章　「プログラムの政治」の生成過程
リーダーとフォロワーの相互作用

一九八三年の「転回」は、一九七一年に再出発したフランス社会党が依拠してきた急進的なプログラムの破棄を意味した。このプログラムは、党内の派閥政治による競争空間の中で、争点管理と権力配分を巧みに行うミッテランのリーダーシップとフォロワーとの関係から生成されたものだった。本章では、社会党が「資本主義との訣別」を掲げてからの経緯を、野党時代のミッテラン、党内派閥、派閥イデオロギーの三者の関係からみていく。ミッテランの「取引的リーダーシップ」とフォロワーたる党内派閥の相互作用は、党のプログラムの内容と生成過程に観察できるのと同時に、プログラムの急進性を解き明かす鍵ともなっているからである。ここでは、ミッテランのリーダーシップ・スタイルと七二年から八〇年までに社会党で作成された一連の政策プログラム・党綱領との相互作用を「プログラムの政治」と名付けることにする。

社会党のイデオロギーは概ね三つのステップを経て結晶化する。[*1] まず、将来に対する楽観主義のもとにフランスが置かれる固有の状況が認識され、次に派閥間の路線闘争や文化的潮流のアドホックな取込

みによる理論構築と反省が行われ、最後に社会運動との連携と組織的一体性を梃子に、現実政治での調整が図られる。七〇年代の社会党は、各ステップの入り口で、第一書記たるミッテランの「取引的リーダーシップ」が介在して、プログラムが構築されていった。

第五共和制が発足して、中道から左派に追いやられた社会党は、制度的文脈に適応することを余儀なくされた。ド・ゴール体制が作り上げた強大な「ＵＤＲ国家」に対抗するためには、まず第五共和制の体制としての正統性を追認し、次に最大野党である共産党との協力関係を築き上げ、二極化の論理を引き受けることが必要となった。七一年の新生社会党の結党から、その再生を担ったのが党首ミッテランだった。

一九七一年にミッテランを第一書記として、野党の社会党がまず取り掛かったのは、党綱領の作成だった。七一年のエピネー結党大会で、ミッテランは「訣別（rupture）」を掲げた。

暴力的であろうが、平和的であろうが、革命とは訣別である。訣別を受け入れぬ者――方法はまた別の問題である――、既存の秩序――政治状況は二次的な問題である――や資本主義社会との訣別に賛同しない者は、強調しておこう、社会党員として迎えることはできないのである。（中略）真の唯一の敵、訣別の初期段階までにたどり着くことができれば、経済構造の鍵を握るもの、その地平を独占しているがゆえに排除しなければならないもの、それは独占である。これは、権力を持ち、人々を堕落させ、買収し、抑圧し、殺し、破滅させ、人間の精神までもを腐敗させる金銭を指す言葉なのだ。[*2]

この「資本主義との訣別」は、一〇年もの間、社会党の公式的な路線となった。この路線が定着した第一の理由は、大統領制と小選挙区二回投票制という、分極化を要請する政党システムからなる制度的要因、そして左派陣営における最大勢力であり、国政選挙で常に二割以上の支持を集める共産党の票を奪う戦略的要因にあった。次に、急進化によって前身SFIOの中道主義と差別化を図り、求心力を高めて党内基盤を固めるという戦略があった。この二つの戦略を同時に追求するには、急進路線が合理的だったのである。中道右派政治家としてキャリアをスタートさせ、確固とした組織的基盤を持たないミッテランは、全国的な知名度を誇ってはいても、フランス社会主義の潮流の中では新参者にすぎなかった。

同大会では、党決議で五％以上の票を得た派閥に指導委員会（comité directeur：一三一席）と執行部（bureau exécutif：四〇席）の議席が与えられる比例代表制が、とりわけ左派CERESの主張によって認められ、その後の党内の多元主義を助長する要因になった。SFIOの中央集権性への反省から、社会党では民主的かつ多元的な組織制度を持つことが正当とされたのである。指導委員会は、党大会に提出される動議（motion）を事前に討議し、内容のすり合せや各項目の協議についての責任を負い、執行部は各政策を担当する全国書記（secrétaire national：一六名）の選出母体となる。[*3] 確かに党の政策は、各県連の党員数に比例して振り分けられる大会の票数の行方によって最終的に決まる。しかし、このような党内民主主義は、党内のサブ・リーダーたちが各県連の支部（section）党員数を増やして票数に反映させたり、あるいは党大会に提出する動議＝プログラムの内容そのものを操作することで、ある程度抑制された。

社会党は、その前身であるSFIOに、ミッテランのCIR（共和国制度会議）、サヴァリーのUCRG（左派刷新クラブ連盟）、ポプランのUGCS（社会主義者グループおよびクラブ同盟）、マルクス主義グループCERESが加わり、さらに七四年にはロカールのPSU（統一社会党）が合流して形成されていった。[*4] 党内派閥の要素として存在したのは、①モレやドフェールの支持者からなる旧SFIO、②ポプラン、ミッテラン、シュヴェンヌマン、サヴァリーが組織する政治クラブ、③マルチネに代表されるPSU派、④官僚、旧社会主義・共産党主義者、左翼カトリックなどを含む根無し草であり、これらのうち派閥体として結実したのは五つである。すなわち、①第一書記のもとに結集されたミッテラン派、②旧SFIO執行部に敵対するモーロワ派、③旧SFIOのモレおよびドフェールとサヴァリーの派閥、④シュヴェンヌマンをリーダーとする新進気鋭のCERES、⑤ポプランを支持する少数グループ、である。以上の党内派閥の配置と関係性が、その後の社会党の政策を決定する重要な要素となっていく。なかでも主流派となったミッテラン派は、かなりイデオロギー的に幅のある派閥であった。ミッテランが率いていたCIR派だけでなくノトバールといった右派、さらにマルクス主義者を自認するピエール・ジョックスまでを含んでいた。

エピネー大会でのミッテランの目標は、一九七〇年に新社会党（NPS）を結党し、さらなる結集を目指したSFIO出身のサヴァリーやモレを中心とする旧指導者層に対し、どのように優位性を確立するかにあった。モレのSFIOにとって、ミッテランは「味方ではあっても仲間ではな」かった。[*5] そこでミッテランが連携したのが、社会党第二の規模を誇る北部県連の代表で、SFIOの副事務局長を務めたモーロワだった。ポスト・モレが争われるなかでモーロワ派は徐々に勢いを失っており、全国的知

名度のあるミッテランと党内基盤を持つモーロワの利害が一致したのである。モーロワは、党を米民主党の組織形態に近づけようとする勢力の防波堤としてモレ執行部を重視する一方で、政策的刷新に消極的なモレの態度には批判的だった。モーロワは副事務局長に就任するや派閥CEDEP（研究促進センター）を立ち上げ、党内の若返りを図っていた。[*6] しかし、大会の票読みでは、ミッテラン・モーロワ派を合わせても過半数を得るには五％不足した。ミッテランの呼びかけに応じてこの五％を埋めたのが、六六年に結成されたCERESだった。旧世代を一掃するために、ミッテランは新世代と手を組んだ。これが翌年に急進的プログラムが作成される直接的な原因となる。

1 「生活を変える」――戦略的急進路線の確定

エピネー大会で確認された「資本主義社会での真の民主主義はあり得ない。そうした意味で社会党は革命政党である」という方針は、[*7] そのまま翌年の「生活を変える（Changer la Vie）」――社会党政府綱領」に反映された。この社会党初の綱領の作成を任されたのが、CERESだった。[*8] 六九年から活動を本格化したCERESは、ENA（国立行政学院）出身のシュヴェンヌマンを中心として、社会党のなかで最も活動的かつ専門知識を備えた政策集団だった。[*9] ミッテランの委任を受け、CERESのシュヴェンヌマンは二〇〇人以上の専門家を動員して「生活を変える」を作成し、六部からなる綱領を完成させた。内容は以下の通りである。[*10]

第一部：「経済民主主義」（企業内民主主義、公共部門の拡大、経済計画の民主化）

第二部：「市民への権力の付与」（地方分権、憲法改正、選挙制度改革、メディア改革）
第三部：「生活を変える」（社会保障改革、都市計画、環境権、教育・文化政策）
第四部：「新たなインターナショナリズム」（欧州統合問題、南北問題、国防政策）
第五部：「経済の統御」（マクロ経済政策、金融政策、産業政策）
第六部：「新たな成長モデル」（資本主義と社会主義）

ミッテランは同綱領に長い序文を寄せ、「社会党は奇跡を期待しているのではなく（中略）経済システムと政治システム、唯一のシステム、不平等で退廃的な社会を生み出すシステムを攻撃するのである。そしてシステムを変えることを提案する。（中略）社会党の目的は人間による人間の搾取が止むところにある。社会主義は解放であるが、これまでの歴史においてその他の正義もあったことも理解している。しかし、この時代にわれわれ社会の絶対的主人となった大資本を生み出す経済構造を壊さないままに、人間を解放することはまず無理だということも理解している」と謳いあげた。[*11]

経済政策と欧州統合については、綱領は次のように述べている。まず経済政策では、社会党は何よりもインフレと投機に対してフランの価値を守り、貯蓄促進と信用政策によって公共投資を行い、需要に応じた産業政策を講ずる。また、資本主義が依存する国内消費の重要性を認めたまま、これによって生じる不平等を是正しつつ、「市民としての消費者」の誕生を目指す。欧州統合については、「地理的、経済的、通貨的要因から共通の制度を持った社会主義へと移行する欧州建設が望ましい」。それは「自由貿易論者」が主張するような米国への譲歩ではなく、「欧州各国が世界で正当な地位を占め平和に貢献できる」ものでなければならない。欧州統合とフランスにおける社会主義の関係については、両者は

「無関係ではない」とし、まず国内で左派政権の樹立を目指し、次いで欧州各国の共通利益に資する提案を行うと、ある種の二段階革命論を唱えた。[*12] 欧州建設の推進条件として、社会主義の実現が優先するとしている点は注目されよう。

一九七一年一二月の指導委員会で了承された同綱領は、翌年の三月開催されるシュレーヌ全国大会で正式に承認を受けることになった。もっとも、プログラムの内容について、党内の完全な合意があったわけではなかった。約五〇〇もの修正案（amendements）が提出され、なかでも鋭く批判したのは、ミッテラン派のジョックスだった。とりわけ第一部に盛り込まれた自主管理路線、国有化の範囲、権力形成のあり方（労働者の役割）について、ジョックスはモーロワやドフェールとともに、シュヴェンヌマンの急進主義を攻撃した。[*13] 欧州統合の帝国主義的側面を強調して批判的態度をとるCERESに対してモーロワ派の欧州主義者ポンティヨンが批判を加えたため、党内で妥協が図られた。[*14] 資本主義勢力を利する現在の欧州統合は受け入れがたいものの、欧州統合なきフランスと欧州は考えられない、という形で決着することになったのである。[*15] 大会で少数派になりそうだったCERESはしかし、モレ派の支持を得て、キャスティングボートをある程度まで握ることに成功した。旧SFIOのモレ派は国有化問題についてはCERESと、外交問題と欧州統合についてはミッテラン／モーロワ派と同調して、存在意義を示そうとした。[*16] ミッテランが「脱モレ化」を進めるなかで、SFIO党首だったモレの派閥はかつての勢いを失いつつあった。[*17]

ミッテランは、こうしたイデオロギー論争には加わらず、派閥の「統合（synthèse）」を呼びかけた。[*18] 唯一彼がこだわったのが、「立法府契約（contrat de législature）」と呼ばれた大統領権限に関する事項だっ

た。[19] 第四共和制の議会主権に固執するモレ派とサヴァリー派は、議会多数派に大統領不信任案の提出権を持たせるよう主張した。ミッテラン派はこれに対し、「共和国大統領は、大統領選の公約および議会選挙結果に示される人民の意思に規定される政治指針の守護者である」として、大統領任期の二年短縮など、部分的な譲歩しかしなかった。[20]

ミッテランは、党県連に配布されたプログラムに添えた手紙で、「プログラムを作成するのは純粋によいことである。しかし問題はその目的である」と述べた。[21] ここで述べられた「目的」とは共産党との連携による、社会党の立て直しだった。

2 「左派共同政府綱領」――路線定着への警戒

「生活を変える」は、作成の段階から共産党との政策協議の叩き台となることを目的にしており、七一年秋から綱領の作成と並行して、社会党指導部は共産党幹部と会合を重ねていた。社会党は四つの政策領域（制度、経済、社会問題、国際関係）についてジョックス（ミッテラン派）、シュヴェンヌマン（CERES）、ベレゴヴォワ（当時サヴァリー派、後にミッテラン派）、モーロワとポンティヨン（モーロワ派）の各派閥リーダーを責任者とし、共産党との交渉に当たらせた。[22] 一九二〇年にインターナショナル加盟をめぐって分裂したフランスの社共は、半世紀を経て再度接近を図ったのである。当座の目的は七三年三月の国民議会選挙にあった。まだ組織体として発展途上にある社会党は、共産党票を必要とした。共産党もまた、五月革命とソ連のチェコ介入の余波を受け、マルシェ総書記といった新世代の台頭を機に、

イメージの刷新を模索していた。

社会党と共産党が七二年六月に締結した二三章にのぼる「左派共同政府綱領（Programme Commun de Gouvernement de la Gauche）」（以下、共同綱領）は、しかし妥協の産物だった。[*23] 綱領は、①市民生活（購買力向上、労働条件の改善、社会保障手当ての拡充等）、②民主制度（企業内民主主義、自由権等）、③経済政策（国有化、国土整備、対外経済政策等）、④国際的地位（外交協力、国防）からなったが、そのうち共産党がこだわったのが国有化の範囲（自動車産業と出版流通部門の国有化）、NATO（北大西洋条約機構）からの脱退、欧州共同市場における保護主義措置の維持、大統領に対する不信任案提出権だった。[*24] つまり、「生活を変える」の作成過程で見られた社会党内左派と右派の対立が政党間でも再現されたのである。ここでは、社共の連携を最大限推し進めようとするCERESの「融合」テーゼと、ミッテラン－モーロワ－ドフェール派など多数派の「戦略的」テーゼが対立した。[*25] イデオロギー色の濃い前者が共産党との親和性を見出したのに対して、後者は共産党に対する警戒感を捨てていなかった。結局、共同綱領では、特定の産業部門は「国有化されるべき」とされ、共同市場については「これら諸国との貿易は、それぞれの具体的目標を共同で検討した上でフランスの利益に適うよう強化され、均衡が保たれる」と棚上げされた。半年にわたる社共交渉でミッテランは、モーロワが強く反対していた鉄鋼業の国有化、出版流通の国有化、そして大統領の解散権については譲歩できないとしていた。そして最終的には、前二者については共産党が譲歩し、後者については、大統領は一回に限って多数派から首班を指名することができる、という形で社会党が譲歩した。[*26]

結果として共同綱領は「ミニマリスト（穏健的）」と「マキシマリスト（急進的）」による二つの解釈が

可能になった。穏健的解釈によれば社会変革の展望は開けないが、急進的解釈によれば綱領はインフレの上昇を意味した。[*27] どちらが優位になるかは、党内力学にかかっていた。

社会党が急進路線を堅持して共産党支持者を引きつける戦略は、一九七三年三月の総選挙で二〇・八％の得票率を集めて成功を収めた。[*28] 前回の六八年の選挙では旧ＳＦＩＯを中心とした左派連合は共産党と四％もの得票差をつけられていたのが、社共連合の戦略によってこの差は短期間に一％未満にまでなり、左派陣営内で早くも勢力の均衡が達成されたのである。[*29] 内実はともかく、「生活を変える」と「共同綱領」で謳われた、資本主義のオルターナティヴとしての社会主義の実現というプログラムは人々を魅了し、ここから社会党は自発的かつ意識的に急進路線を歩むことになった。

ミッテランは総選挙直後に行われた七三年六月のグルノーブル党大会で、共産党との距離が縮まりすぎるのは危ういと演説した。「私の共産党に対する態度はよく知られているところである。（中略）共産党は自らの判断のもとわれわれを非難する権利を持っているが、社会党抜きに運動を組織して、これが一体的であるなどということはできない。（中略）皮肉でいうのではなく、過剰さを避けて現実的な認識を持たなければならない政治家として、社会党は自らを律し、何が己にとって相応しいかを決める能力を持っていることを高らかに、きっぱりと述べておきたい」。[*30] この大会では、それまで合わせて約半数の票を集めていたモレ派とポプラン派の動議が一桁台の支持（それぞれ八％と五・五％）しか得られず、逆に「団結、自主管理、闘う党のために――エピネーのダイナミクスの延長と強化に向けて」を提出したＣＥＲＥＳが支持を伸ばした（二一％）。[*31] ＣＥＲＥＳがイデオロギー的な求心力を持ち、各地で相次いで企業セクションが設立されると、ミッテラン派はさらに警戒を強めた。[*32] ミッテランは、特定の派閥や

党内の潮流を排除するつもりはなく、指導部は開放されているとしながらも、「真のプチブルが形成している似非共産党」と、演説で社共の「融合」路線を進めるシュヴェンヌマンを遠まわしに牽制した。モーロワも「明らかにCERESは『国家の中の国家』となりかねない。これは刷新の時期には許されても、存続が許されるシステムではない」、と公言してミッテランに追従した。[*33] モーロワ派内では、異母兄弟ともいえるCERESの「科学進歩主義」に対する疑念と不安が以前から支配的だった。[*34]

党大会では、最終的に欧州統合については「社会党は、米帝国主義の商業的強制によって脅かされている独立した欧州のために戦い、社会主義の道へ邁進する」と謳い、社共共同綱領の路線が公式的には維持された。[*35] CERESの社共共闘路線が一定の成功を収めると、ミッテランはリーダーシップを維持するため、今度はそこからの離反を試みるようになっていた。

3　「欧州に関する特別大会」――争点管理による求心力追求

ミッテランは、モーロワ派を従えつつ、CERESに政策形成の主導権を暫定的に任せることでSFIOの旧指導者層をほぼ駆逐した。しかし、今度はCERESの勢いがリーダーシップにとっての障害になりはじめる。ミッテラン派はモーロワ派を除く旧SFIOの派閥を吸収しつつあったが、CERESはいまだ全体の四分の一の票を党大会で集めて、組織を左から統御しようとしていたためである。凋落を前にした他派閥にとっても、CERESの勢いを削ぐことは相対利益となっていた。[*36] ミッテランは指導委員会の派閥メンバーを動員して、指名した組織構造委員会（commission de structure）に党紀の変

更案を提出させ、旧SFIOのサヴァリー派とポプラン派がこれに追従した。サヴァリー派からは各県連の権限を制限する措置、ポプラン派からは各支部のメンバー数を制限するなどの改正案が提出され、ともに了承された。両案とも、各支部・県連を権力基盤とするCERESの党中央への影響力を排除することを目的としていた。

さらにグルノーブル党大会終了前に、各派の重要な相違点として残った「欧州」と「自主管理」について協議するため、特別全国会議を開催することが執行部からアナウンスされた。数の論理を背景にミッテランによる、特定争点を取り上げてCERESの影響力を減じ、求心力を再び取り戻そうとする戦略だった。CERESはグルノーブル大会の動議文で「社会主義に向けた欧州の戦略」という節を設けて、「共同市場の現実に同意できないが、これの永続にも同意できない」と、二段階革命論の矛盾を指摘してはいたが、他方のミッテラン派の動議（『解放者としての社会主義――ダイナミックで責任ある社会党』）は欧州統合に言及すらしておらず、両派の主張が明確に対立しているわけでもなかった。しかもミッテランは、「欧州は資本主義のルールを受諾すれば失敗する」と、言説上はCERESの路線に同調する姿勢をとっていた。[*37]

しかし、七三年九月にはチリのアジェンデ社会主義政権がクーデターで転覆され、また西ドイツSPDが保守UDRの大会に使節団を送るなど大きな動きがあり、社会党は欧州外交についての方針を明確にすること、すなわち「欧州」か「社会主義」のどちらを優先するのか選択を迫られるようになった。こうした状況を受けて、ミッテランは一一月一四日の執行部会で「問題を抱えた国際舞台で党が存在感を示す必要がある一方で、共同体が争点となっている限り、それを解決する手段が奪われているような

状況は受け入れられない」と突如辞任を表明した。[*38] 指導委員会はもちろん辞任を受理せず、さらに予定されていた「特別全国会議（Congrès National Extraordinaire）」を「特別全国大会（Convention Nationale Extraordinaire）」に格上げした。[*39] ミッテランの辞任圧力を受けて、指導委員会は譲歩せざるを得なかったのである。また、事前にCERESとの共同動議の作成を拒否して、自らの優位性を際立たせようとする戦略も、ミッテランは忘れなかった。

七三年一二月一五～一六日に開催された「欧州に関する特別大会」（通称バニョレ大会）でミッテランは次のように演説した。「行方の定まった欧州などないというのが第一動議〔ミッテラン派動議〕の真意である。（中略）夢と行動をつなげること、ましてや行動と夢をつなげることが悪いわけではない。しかし、責任ある党として行動するためには、現実の力を考慮しなければならない。（中略）同志よ、われわれの暮らす一九七三年のシステム、つまり介入主義的帝国主義の様相をますますみせる、超資本主義の権力のもとにある自由貿易という米国のシステムを本当にお払い箱にできるだろうか」。[*40] ミッテランは、欧州統合と社会主義のいずれかで、はっきりと選択したわけではなかった。「欧州建設の闘いは国家の枠組みで政治権力を獲得する闘いと不可分である。フランスでの社会主義は欧州の前提ではなく、欧州建設は社会主義の前提でもない」と、大会に際してミッテランは報告している。[*41] 自らのリーダーシップを確定するために、いかなる欧州を目指すのかの具体性については、留保しておく必要があったのである。

CERESは、ミッテラン派の動議に対して修正案「資本主義との訣別に欧州的次元を導入する」を提出し、社会主義の実現を優先させようとした。「米国の帝国主義を欧州が排除することが重要である。

（中略）このプログラム〔社共共同綱領〕の指針には競争と利潤に基礎を置くローマ条約に反する部分もある。われわれと類似の政策を近隣諸国が採るまで、われわれには必要となる行動の余地が残されなければならない」[*42]。

結局、ミッテラン派の動議にＣＥＲＥＳの修正案を反映する形で、欧州統合は共同綱領の政策を制約せず、市民の生活と労働を脅かさないことを前提に推進されるとの案が採択された。また、欧州共同体の諸政策が労働者の生活水準の切下げにつながってはならないこと、米ソ・ブロックとは独立して機構の民主化を実現する社会主義モデルを構築すること、その上で欧州統合が左派政権のプログラムを制約してはならないこと、の三つを基本方針として大会は終了した。プログラムの原則の多くが変更されなかったのは、ミッテラン執行部にとって欧州統合は共同綱領を破棄するだけの価値を持たず、ＣＥＲＥＳの主張をある程度取り入れることで、旧ＳＦＩＯの欧州主義にも打撃を与えられたためである[*43]。統合の内実よりも組織内での覇権が優先された。大会直後の記者会見でミッテランは、「欧州の内実が如何なるものになるか、考え方はさまざまある。しかし、その発展を望んでいることは確かだし、望みが社会主義であることも確かである」と、社会主義と欧州のいずれかを選択するのを再び拒んだ[*44]。こうして欧州統合にまつわる争点は、純粋な政策論争というよりも、党内政治の次元に還元されてしまったのである。社会党の欧州統合に対する「ウイ」は常に「ノン」を隠し持ち[*45]、フランスと欧州との間の社会主義の位置が曖昧なままの状況は、同大会を経ても変わらないままだった[*46]。社会党の「プログラムの政治」における最大の争点は、欧州統合と国有化問題だった。そして、この二大問題をめぐる対立は、政権獲得後、そのまま政権内部で再現されることになるのである。

4 「社会主義合同会議」——党内右派への依存と抑止

ミッテランは少数派CERESに依存しないで党運営できるリーダーシップ資源と環境を望んでいた。これを可能にしたのが、とりわけモーロワのイニシアティヴによって実現した七四年一〇月の「社会主義合同会議（Assises du Socialisme）」（以下合同会議）を経て、党に合流したPSUのロカール派だった。炭鉱労働者を組織し、アナルコ＝サンジカリズムの潮流に近いモーロワ派にとっても、社共路線によって国家主義的社会主義に党が傾斜していくのは歓迎せざる状況だった。

ロカール派が合流して社会党の派閥闘争は再燃する一方で、資源をさらに多元化できたミッテランのリーダーシップは強化された。ポンピドゥー大統領の急逝を受けた同年五月の大統領選の決選投票で、ミッテランはわずか一・六％差までジスカール＝デスタンに肉薄し、野党勢力の正当な代表者となっていた[*47]。

ロカールはすでに、経済政策の知恵袋としてミッテランの選対本部入りしていた。しかし、ミッテランは当初カトリック色の強いPSUを迎えることに難色を示し、受け入れに積極的だったCERESも党内に右派勢力が生まれるとして反対に転じた[*48]。しかしPSUは、「社会主義勢力のディアスポラ」（モーロワ）を救済するために社会党に迎え入れられることになった[*49]。組合員数八〇万人のキリスト教系労組CFDT（フランス民主労働同盟）とのつながりを持ち、六八年世代を核とするPSUを迎えることは、戦略的にも理に適うものだった。左に寄りすぎた社会党のバランサーとして、七二年にはPSUのマル

チネが三〇〇人ほどの党員を連れてすでに社会党に入党しており、七三年の総選挙でわずか二％の得票率しか獲得できなかったPSU本体の求心力も衰えていた。[*50] 他方、PSUを支えるCFDT自体も、社共共闘が共産党系労組CGT（労働総同盟）の影響力拡大につながるとして、対抗策を練っていた。[*51] 党首ロカールが同意したにもかかわらず、PSU内には社会党への合流を渋る者もおり、CFDTは彼らに圧力をかけた。[*52] CFDT幹部も、会議を構成する「第三構成勢力（troisième composante）」として、個人資格で参加した。

各地で準備会合をもったのち開催された「合同会議」で、ミッテランは自主管理を錦の御旗にするPSUに対して「伝統的社会主義」との共通性を強調した。[*53] ミッテランにとって重要なのは、相異点を新たな権力資源へと転換することだった。これに対してロカールは、社共の共同綱領は、経済政策においてはオイル・ショックの重要性を軽んじ、社会政策においては「トップダウン」に過ぎるとして批判的なトーンを隠さなかった。

合同会議で承認された自主管理や地方分権といった政策は、共同綱領に新たな色合いを与えることになった。[*54] 国家主導型の経済運営を否定して参加型民主主義を基調とする、近代的かつアソシエーショナルな社民主義的要素が、この時社会党に埋め込まれたのである。七四年一〇月以降、この政治潮流は「第二の左翼」として人口に膾炙するようになり、社会主義と並んで自主管理が正式に政策目標として据えられた。[*55]

PSUとともに左派のさまざまな政治クラブも合流したため、こうした潮流はさらに強まった。なかでも主要な人物は、一九六〇年のPSU結党大会以来ロカールと交流のあったドロールだった。ドロー

ルは、シャバン＝デルマス首相とともに「新しい社会」政策の実現に尽力した同官房の社会政策担当者であり、社会党合流時には中銀の政策委員会委員を務めつつ、政治クラブ「交換と企画（Echanges et Projets）」を組織していた。「交換と企画」は、後の労働者の経営参加を定めた「オールー諸法」の原型を構想した政治クラブとして記憶される。ミッテランは大統領選挙中からドロールに目をつけ、ベレゴヴォワを使者として入党をたびたび要請していた。[*56] 党はロカールやドロールに類するような、ミッテランが信頼するに足る実績ある経済社会専門家を集める組織力をまだ備えてなかった。しかし合同会議を境にして、党には「専門家集団」と呼ばれる大学人・専門家ネットワークを基礎とした部門が拡充されていく。

ミッテランはこのころ、すでに腹心を全国部会や各県連の長に任命して、党内支配を確立していた。その中核にはCIR時代に培った個人サークルが置かれ、「全国代表（délégués nationaux）」や「特別報告者（rapporteurs spéciaux）」といったポストがミッテラン派強化のために配置され、第一書記のための官房も設置されてブレーン集団が確保されていった。[*57]

合同会議で採択された最終宣言で、共同綱領は言及すらされなかった。このような状況を、とくにCERESは歓迎しなかった。リーバーがいうように、CERESは国家機構そのものを代替するため「権力の獲得」が社会主義の実現に必要と考えていたのに対して、ロカール派は社会的次元での「諸権力の獲得」、つまり多中心的かつ多段階的な社会主義への移行を目標としていた。[*58] 派閥構成員の絶対数ではミッテラン派に劣り、イデオロギー的先鋭性を動員資源とする両派であるからこそ、対立は避けられなかった。この時期のCERESは、家族主義的な雰囲気に染まっていたパリの各支部を「集団的知

識人」の形でもって次々に支配して、組織を固めていた。[59] CERESは、ドロールが共同綱領を正当なものと認めるまで、彼のパリ一二区支部への加盟を許さなかった。[60] ドロールは、社会党には「『共同綱領』を記念碑として押し戴き、信念を曲げても受諾しなければ左派として発言できないと考える人たちがいる」と「第二の左翼」に同調する『ヌーヴェル・オブセルヴァトゥール』誌上で告発した。[61]

他方のミッテランは、党外にサロンを準備し機関誌を発行して独自の組織化を進めるロカール派を抑制しようとした。七五年三月に発刊された『ル・マニフェスト』誌は、ロカールの全国書記就任と引き換えにミッテラン派の圧力によって廃刊を余儀なくされた。後継誌『行為（Faire）』は、他派にもオープンな形をとったが、それでも懐疑の眼が向けられた。[62] また、ロカールの経済的知識を買ってリクルートしたにもかかわらず、経済政策担当ポストの新設を求めるロカール案を退けて、彼を公共サービス担当部門の責任者とした。公共部門拡大に批判的なロカールと知ってのことだった。同ポストに彼を据えれば、社共共闘路線にブレーキをかけられ、さらにプロジェに忠実な一般党員の批判が高まってロカール人気を抑制することができるためである。また合同会議出身者を、執行部では二名、指導委員会では議席の八％にまで抑え込み、各派閥をコントロールする資源を温存した。ミッテランは、「〔PSUの合流は〕私の同意なくして実現しなかったし、合流は前途有望かつ豊かなものになると思われた」と後年に述べている。[63]

ミッテランはロカール派を資源として利用することで、一九七五年一月のポー党大会を機にCERESを決定的に排除することができた。この大会で、それまでミッテラン派と連携していたCERESは初めて孤立して完全な少数派に転落し、一方のミッテラン派は対立していたモレ派とポプラン派をほぼ

吸収して、最大派閥へと昇格した。ミッテランは同大会に際して、CERESの動議が二〇％以上を集めるようであれば共同動議はあり得ない、つまりCERESを完全な少数派に追い込む、と事前にシュヴェンヌマンに警告を発していた。[*64] 彼は両派の動議をすり合わせる決議委員会（commission des résolutions）でも、「多くの県で多数派を唯一批判しているのはCERESの同志たちだ。（中略）このような状況は分断を生み出し、党の機能を停止させるばかりでなく、反対のための狂信的な反対を生み出している」と発言して、妥協の余地をみせなかった。[*65] 踏み絵を迫られたCERESは、党大会で二五・五％という過去最高の支持を集めるものの、ミッテラン派との同調から得ていた影響力を失うことになった。さらにミッテランは指導委員会の定員を一三〇議席に拡大して、CERESを相対的少数派に追い込み、CERESはこれに抗議して事務局から離脱した。[*66] 執行部では、CERESのSNES（中等教育全国労組）での活動も労組の自立性に抵触しているとする非難決議が採択された。[*67] 影響力を減じられたCERESの穴を埋めたのはロカール派だった。七五年一〇月にロカールとシャピュイの二人の旧PSUメンバー、そしてCERESから離脱してPSU党員となったマルチネの事務局入りが認められた。

一方でミッテランはCERESの完全な排除を求めるモーロワ／サヴァリー両派の主張には反対した。CERESを追いつめては党の一体性が損なわれると懸念したのである。[*68] しかもCERESの消滅は、自分がコントロールできる資源が減少することを意味する。

しかしミッテランは、CERESの代替となることを期待したロカールから、一九七九年四月のメッス党大会で大統領候補の座をかけた挑戦にあう。一九八一年の大統領選と続いて予想される解散総選挙に際して、ミッテランは何らかのプログラムを作成する必要に迫られた。そこで再度頼ることになるの

がシュヴェンヌマンとＣＥＲＥＳだったのである。

5　メッス大会――急進路線への再接近

「社会主義プロジェ」に基づく社会党の急進化は、一九七九年のメッス党大会でピークに達していた。ＣＥＲＥＳが始動したのもその三月、同大会が開催される直前のことだった。社会党はジスカールとシュミットのイニシアティヴに対して、すかさず非難決議を出した[*69]。

前年の国民議会選挙での敗北を受けメッス大会は、ミッテラン派、ロカール派、モーロワ派、ＣＥＲＥＳの全派閥が、再度主流派を争う舞台となった。一九七三年のグルノーブル党大会以降、ヘゲモニーを握っていたミッテラン派は、この大会で初めて過半数割れに追い込まれた。また、七五年のポー党大会以来初めて、ミッテラン派とＣＥＲＥＳ以外の派閥がそれぞれの動議を提出し、路線闘争を繰り広げた久々の大会ともなった[*70]。そしてこの大会は、社会党の左旋回を決定づけたという意味で、エピネー結党大会（七一年）と同等の重要性を持っていた。異なっていたのは「エピネーではすべてあるいはほとんどのことが廊下で取り決められたのに対し、メッスでは舞台の上ですべてが決められたこと」だった[*71]。メッス大会で定まった急進主義路線は、党内派閥の力学とイデオロギー的差異に原因を求めなければならない。

メッス大会で、ミッテランの党内基盤が大きく揺らいでいることは明らかだった。一九七八年三月一九日の国民議会第二回投票で保守勢力は得票率を五％伸ばしたのに対し、社会党は二八・三％（一〇二

議席）と、共産党の一八・六％（八六議席）と合わせても過半数に届かず、確実視されていた社共政権の誕生が遠のいたためだった。ロカールはミッテランのリーダーシップの弱体化をみて、大統領候補の座に関心を示した。七八年一〇月の世論調査でロカールの人気はミッテランを抜き、次期大統領に相応しいと考える国民は四割にも上っていた。主流であるミッテラン派からも離脱者が出た[*72]。

七〇年代半ば以降、ミッテラン派はレーニン主義と社会民主主義的潮流に対して「二重の否定」をするばかりで、積極的な価値を提示してこなかった[*73]。これは、党内の左右派閥の統合にはプラスに働くものの、選挙の敗北を補うだけのイデオロギー的資源を持てないことを意味した。

ロカールが反旗を翻したのは、個人的な反ミッテランの立場からだけではなかった。ドロールの言葉を借りれば、「社会党のように自由な表現が可能となる大きな民主的政党においては、人間関係から生じる争いとアイディアから生じる闘争を区別するのはむずかしい[*74]」。ロカールは七八年九月に、社会党が選挙で負けたのはあまりにも「アルカイック」な経済政策が原因だとラジオで公言し、ミッテラン－CERES路線を同類だと批判した[*75]。

一九七七年のナント大会以来、ロカールは党路線を「反ジャコバンで、地方分権的で、自主管理的で、解放的で自由放任的な」ものへ転換しようと躍起になっていた[*76]。対極に位置するのがCERESに象徴される国家主義的かつマルクス主義色の強い潮流だった。いわゆる社会党の「二つの文化」（ロカール）の指摘である[*77]。「〔社会党支持が伸びているのに選挙で負けたことは〕ある種のスタイルの政治が断罪されているということに他ならない。（中略）労働時間を週四〇時間から三五時間に一年以内に移行することは年二五％のインフレを意味する。（中略）バール政権と同じ景況判断をしたからといって、彼らの味

方ということにはならない。彼らは貿易収支に主眼を置くが、われわれは完全雇用に主眼を置くというだけである」と、ロカールはプロジェ路線を批判した[*78]。彼はミッテランの経済に対する無知と無関心にも苛立っていた。「〔大統領に当選する前に〕ヴァルドワーズの小さなレストランで会食したときに、フランスに対する経済的な拘束について説明したら、彼は『タバコとマッチの増税でもすればいい』と言い放った。（中略）その立派な書斎に歴史書、文学作品はあっても経済や社会学の本はただの一冊もなかった[*79]」。ロカールは「インフレこそが深刻化しつつある現下の経済と社会の機能不全の元凶」とし[*80]、またドロールも同様に「インフレは無秩序の証明だけでなく経済メカニズムを破壊する悪そのもの」として[*81]、社会党の政策がもたらす結果に警鐘を鳴らしていた。ロカール派のペイルルヴァドは、同派の機関誌でフラン投機の原因を一部の「富者」によるものと思い込むのは「あまりにもナイーヴ」であり、問題は「産業資本主義」から「金融資本主義」に移行して、国際資本市場が発展していることにある、と解説した。社会党は「ますます流動的になる世界経済での対外的な拘束要因に無関心であり続ければ、来る一〇年で国内経済に深刻な影響を及ぼすだろう」。つまり、通貨価値の高低は決して「政治体制の問題などではない」のである[*82]。ロカールからみれば「社会党は完全な経済的無教養」に陥っていた。それでも、ロカール派の経済政策が社会党の主流を占めることは考えられなかった。

モーロワ派は、政策上の理由ではなく、共産党に対する警戒心から社共共闘路線には批判的だった。ロカールが優勢となるなか、ミッテランが自派だけで過半数を得られないことは明らかだった。ここで鍵を握ったのがモーロワ派の動向だった。モーロワがこれまでのようにミッテラン支持にまわらず、ロカール派と合従連衡すれば、ミッテラン支配は覆される。大会直前の一月九日、モーロワとロカールが

呼びかけ、四〇〇人が賛同したメッス党大会のための準備宣言（texte préparatoire）が公表された。署名者には全国書記の約半数（七人）、そしてミッテランに比較的近い立場の人間も含まれていた。[*83] 翌週にロカールはテレビでモーロワを第一書記に押してもよい、とまで発言した。これに対しミッテランは、モーロワとロカールが共闘して多数を握るなら辞職も辞さない、と圧力をかけた。七五年のポー党大会でCERESに行ったことを、モーロワ・ロカール両派に繰り返したのである。ミッテランの「取引的リーダーシップ」にとって重要なのは、いかに諸勢力の間で均衡を保ち、その上に立つかであった。

メッス大会でロカール派が提出した動議案のタイトルは「デクレ（政令）によって経済を変革はできない」というものだった。同案は「成長率や購買力、雇用者数というものは政治指導者が『そうする』といったからといって伸びるものではない」と指摘し、初日に演台に立ったロカールは「われわれの伝統の内にある社会主義は、確かに再分配については豊かな蓄積を持っている。しかし生産となると話は別である。生産に関する多くのことは行政を通じて行うとしか言えていない。これは動議A〔ミッテラン派〕と動議E〔CERES〕の内容そのものである」とプロジェ路線を批判した。[*84]

ミッテランは慣習に従って、大会最終日に演説を行った。彼はマルクスに言及しつつ、「社会党では、二つの文化を、社会主義が誕生して以来の二大原則の歴史をどう和解させるかが今日問題となっている。（中略）しかし同志よ、われわれは共にあるのであり、それは二つの文化と二つの歴史を一つにできたからなのだ。（中略）フランソワ・ミッテランはいずれも選択していない、という指摘もある。しかし私は選択したくないのである。（中略）歴史と文化に配慮し、排除もせず、明晰さのなかで動議の統合を行おうではないか」[*85]。ミッテランのリーダーシップの核でもある非決断がここで明確に主張されたの

だった。

ミッテラン側近のファビウスは、ロカールが党内を分断していると非難する演説を行った。ミッテランの動議に署名をしていたものの、分断工作を目のあたりにしたドロールはこの演説を聞き退席した。[*86]

大会ではミッテラン派動議が結果的に党員支持の四六％あまりを集め、ロカール派の二一・二％、モーロワ派の一六・八％に対して優位に立った。[*87] モーロワは、少数派への転落が確実になったロカールと心中する気はなかった。これまでのように彼はミッテランの忠実な支持連合として振舞うことを決断した。さらにミッテラン－モーロワ派を補ったのが、「二つの文化」のもう一方の象徴、CERESだった。CERESの動議Eは、一四・九％とナント大会より一〇％近く減ったものの、ミッテラン派が安定過半数を維持するには依然不可欠だった。ミッテランはCERESを再び必要とした。最終日夜に持たれた決議委員会でも派閥横断的な共通動議は作成できず、ロカール派を排除した多数派が出来上がった。この連合によって、エピネー大会で社会主義者となったミッテランは、メッス大会で再び社会主義者となったのだった。[*88]

「モーロワはいつの日か党を手にしても国を手に入れることはできないし、ロカールは国を手にしても党を手にすることはできないだろう」と『ヌーヴェル・オブセルヴァトワール』誌が予言したように、[*89] この二つを成し遂げることができるのは、依然としてミッテランしかいなかったのである。

こうして主流派にCERESが再び加わったことにより、総合指針最終動議（motion finale de politique générale）は「経済の法則」を意識的に否定し、資本主義との「訣別の戦略」を、次のように明確に打ち出した。

保守のいうところの「経済の法則」は給与水準を犠牲にして収益をあげるという古い「処方箋」であり、産業社会における人間による人間の搾取という古い「処方箋」にすぎない。緊縮社会を緊縮経済と言い換えるのは止めるべきである。

貿易収支の均衡は階級闘争の争点とはならない。他方でわれわれはフランスの対外債務の増加、通貨価値の下落と最終的な自律の喪失を良しとしない。そのために輸入に十分な注意を払い、大量消費にかかわるセクターと受益者とを問わず、輸入財を最も少なく利用するところに需要の選択的な刺激策を行うこととする。

事前に提出されていたミッテラン派の指針動議は「新たな欧州主義」を掲げて、以下の政策を表明していた。①完全雇用の実現、②生産者寄りの欧州共同体の労働者に資するものへの変革、③汎欧州規模での労使協議、④生涯教育、男女の平等などの欧州労働者の新たな権利獲得、⑤欧州基本社会権利憲章の実現、である。[*90] その欧州像は、少なくともレトリカルには社会主義的であった。ほぼ同時期にミッテラン自身は次のように述べてもいる。「多国籍企業の支配する自由貿易圏に貶めようとする自由主義経済原理への〔欧州〕共同体の同調は、関連する社会法制と機構内での労働者の代表性の不足に由来する」と。[*91]

ミッテラン派とCERESは大会直後の四月の指導委員会で、モーロワ派とロカール派が採択を拒否した、以下のような前文をこの最終動議に付した。「フランスにとっての危機の脱出口は社会主義でなければならない。多国籍企業によるフランスへの外的拘束を外し、世界市場に対抗する政策の余地を見

出さなければならない。そのためには所得と富の再分配で国内の経済的一貫性を確保すること、これは社会主義プロジェと共同政府綱領に基づいた構造改革による経済の回復を意味する。だからこそ社会党はメッス党大会でエピネー大会以来の選択を再確認した。資本主義との訣別の必要性、社会計画の方法とそれが目的とする自主管理、新たなインターナショナリズム、労働者による欧州建設、これらの政策の前提条件こそが左派同盟である」[*92]。ロカールはCERESの方針が反映されたこの最終動議に対して「闘いの場としての欧州に極度の懐疑と内閉を生むことだろう」と反論した[*93]。

こうして八一年の選挙綱領となる「社会主義プロジェ」は、再びCERESに任されることになった。シュヴェンヌマンは、その目的は「危機に見舞われる労働者と国民に対して突破口を提供すること」にあると説明した[*94]。そして、これこそが「政治の停滞と権力の無感覚に対抗するためのグランドデザインである」と、党の指導委員会で力説した[*95]。

ミッテランは自身の党内基盤を固めるために、戦略上こうした急進路線に依存しなければならなかったのである。大会の一年前の一九七八年に彼は、スローガン「生活を変える」を「生きること、そして異なるように生きること、あくまでもともに生きること」と定義し、次いで選挙綱領となる『社会主義プロジェ』は生活を変えることを意味している」と解説した[*96]。委員会の場では、プロジェは「文明化のプロジェ」であるとし、「社会主義の成果とはわれわれの自由の空間を拡大することにある」と規定した[*97]。

完成した「社会主義プロジェ」は一九八〇年一月のクレテイユ特別大会で、ミッテランの大統領候補者指名とともに採択された[*98]。次いで国民に向けた「マニフェスト」では、各国での人権抑圧、核競争、

国際金融システムの不安、原油高騰、第三世界の貧困を指摘し、「ソ連の拡張主義と米国の経済帝国主義」に挟まれて停滞する欧州という構図を描いた。その上で、「インフレを許容して失業に取り組む」はずだった現政権が「失業を許容してインフレに取り組む」方向へと転換したことを批判した。そしてこれに対抗する社会党は、「人間の歴史は、人間が無意識のうちに囚われている諸力の圧制から解放され、理性と理性の結果によって導かれるときに始まる。この時に人生はほとばしり、輝き、自由になり、人類は科学と行動と夢による世界を手にすることができる」という「ジャン・ジョレスの精神」を対置できる、と謳ったのである。[*99]

6 「社会主義プロジェ」と「一一〇の提案」――急進路線の総仕上げ

ミッテランは大統領選を前に、リーダーシップの確保と党内運営のために、再び急進路線を採用した。それは、国民的人気が高く社共路線に批判的なロカールを封じ込める戦略でもあった。メッス大会でロカール派は、社共路線に批判的なモーロワ派と合わせても過半数を確保できなかったが、一方のミッテラン派も七五年に執行部から追放したCERESに頼るしかなかったのである。党大会直後の指導委員会で、全国事務局の枠を今度は拡大してシュヴェンヌマンを含むCERESの四人を再度メンバーとすることが決定された。[*100] ドロールは、再びCERESに政策が任されると知って、指導委員会を辞任した。[*101]「社会主義プロジェ」の策定過程で、ドロールをはじめとする経済的リアリストはマージナルな地位へと完全に追いやられていった。[*102]

一九八〇年一月のアルフォールヴィル特別大会で採択された「社会主義プロジェ：フランスの八〇年代のために（Projet Socialiste pour la France des Années 80）」（以下「プロジェ」）は、初期社会党政権の諸政策のベースとなるため、ここではとくに注目に値する。

この「プロジェ」は前文にあるように、「これまでの文書を否定するものでも、『生活を変える』という素晴らしいタイトルのもとに発行された一九七二年三月に採択された綱領、その三カ月後に合意された左派共同政府綱領を代替するものでもなく、それまでの行動とヴィジョンを拡大」するものであり[*103]、社会党が七〇年代に採用した急進路線のリバイバルだった。

同綱領は、①現状分析、②政策の基礎となる基本的価値観、③具体的な政策体系の三部からなっている。

第一部：「理解する」（イデオロギーとしての資本主義、ソ連の官僚主義、ジスカール政権のもたらしている危機）

第二部：「欲する」（平等、自由、責任といった価値観の掲揚）

第三部：「行動する」（社会経済政策、市民権、社会保障、外交政策）

この「プロジェ」は、左派政党による政策綱領としてもかなりの長文であり[*104]、要約は容易ではない。しかし、基本的な論調は社会主義実現のための政治的主意主義と時代状況への危機意識にあった。それは「資本主義システムを一掃するのではなくその代替策を提示すること」、「地方の自立と国家の一体性や自主管理と民主的経済計画といった偽りの論点、まことしやかな対立関係を作り出すのではなく、これらに付随する懸案事項をダイナミックに統合し、来るべき時に社会主義への道を切り開くこと」を目

的としている。大生産手段の社会への適応は社会主義の十分条件ではなく、必要条件にすぎない。社会党はそれ以上のことを目指し、政治権力の獲得、男性と女性の解放を通じて、社会の構造を変化させるとした[*105]。

政策目標は、優先順位をつけて掲げられている。まず、「社会的発展と雇用の権利」が第一の目標に挙げられ、ここでは①完全雇用、②不平等の是正、③労働条件の改善、④需給関係の調整、⑤エネルギー節約、⑥環境保護、⑦公正な貿易関係が謳われた。第二目標「責任ある男女」は、労働者および市民の権利拡大を進め、労働者組織による企業経営の参画、女性の職場での平等、地方分権、公共サービスへのアクセシビリティの確保、教育・文化芸術の重要性を掲げる。第三の目標「生活の意味と時間」は、余暇と生活保障の次元であり、高齢者・身体障害者への社会保障制度の充実や健康保険制度の拡大が必要、としている。第四の目標は「自立した世界に開かれたフランス」を目指す外交であり、人権の推進、世界貿易の管理、軍縮の推進を行う、とする。

この第四の目標で扱われた欧州統合の位置にも注意を払っておく必要があるだろう。これについては、フランスは欧州統合に「十全に（pleinement）」参加するとしながらも、一方で現在の欧州統合では「自由主義と大西洋主義」が支配的になっており、そのため社会主義の実現には、ローマ条約のセーフガード条項の適用が検討されなければならない、としている。この点は、七二年の「生活を変える」と大きく異なるものではない。フランスにおける社会主義の実現にとって欧州統合はひとつの障壁であるものの、フランスで社会主義が実現した暁には、欧州そのものを社会主義的方向に導くことで統合は完成する、という構図である。七九年の六月には、ポンティヨンが議長を務め、ロカールやドロールが代表と

して参加した欧州各国左派政党の社会主義インターナショナルがブリュッセルで開催された。同大会では「資本主義は現存する問題を解決することはできない」ため、「各国の社会経済構造を変革しなければならない」と、きわめて穏健な立場が宣言されていた。[*106] しかし、そのような各国政党の立場の最大公約数は「プロジェ」のラディカリズムの前では意味を持たなかった。

ミッテランは「プロジェ」の内容を継承しつつ、冗長な表現を排してより簡潔な「フランスのための一一〇の提案」[*107] をベレゴヴォワとシュヴェンヌマンに依頼して作成、八一年一月に大統領候補の公約として発表した。ミッテランはそれまで、いわゆる選挙公約に位置づけられるようなものを持たず、インタビュー形式の書籍や記者会見を通じて政治指針を表明することを好んだ。ゆえに「一一〇の提案」は例のない形で政府のアクション・プランを示すものとなった。同提案は二七章一一〇項目からなる大統領候補ミッテランの綱領であり、平和、雇用・経済成長、社会的自由、フランスの地位の四部構成でまとめられた。しかしミッテランは、自らの公約を「完成された社会の提供でも、変容のあり方の規定でも、未来の体系づけでもない」と説明した。[*108]「一一〇の提案」は「労働闘争の教訓に忠実なままに足取りをスケッチし、目標を提案し、手段を定めるものである。社会主義者は、工業生産社会での人間の解放は資本主義に強制される経済構造をまず解放しなければ始まらないとする。同時に共産主義体制の公式理論であるマルクス＝レーニン主義のようなシステムに人間を囲い込むようなことも拒否する」。このようなミッテランのプラグマティックな物言いは、個人の政治的信念の柔らかな表明というだけでなく、中道支持者層を取り込む戦略でもあった。「一一〇の提案」が発表される一〇年以上も前に、ミッテランは「社会主義は資本主義システムに優越するような生産システムを作り上げることを目的として

おらず、新しい生産関係の構築によって人間を解放するものにすぎない」と述べていた。[109]

もっとも「一一〇の提案」は文字通り、「プロジェ」から一一〇項目にわたる政策目標を抜粋したものので、闘争的な姿勢を和らげてはいても、社会主義への移行の開始を約束する、民主的な「第三の道」のためのラディカルな公約だった。[110]ミッテランは「〔次期大統領が〕社会党出身者となるならば、就任三カ月以内に公約と社会主義プロジェの中から基本的方針が採択される」と述べている。[111]この姿勢は、側近にも共有されており、後に外相となるロラン・デュマは「共同綱領の内容はミッテランにとって意味を持つもの」と感じていたし、またファビウスも「プログラムはフランスの政治状況が産み落としたものであり（中略）当時支配的だった社会的な情熱を表していた」という。[112]七二年の「生活を変える」とその延長線上にある「政府行動綱領」、そしてその修正版である「プロジェ」こそが、来る社会党政権の指針となった。「一一〇の提案」と「社会主義プロジェ」は閣僚の「バイブル」ともなった。[113]ミッテラン（リーダー）と派閥（フォロワー）の相互作用によって、こうして急進的なプログラムの政治が完成していった。

このプログラムは他方で、優れて機能的な役割を果たし、まずロカール派とモーロワ派という新たな潜在的多数派に対するミッテラン派－CERESによる対抗軸を形成する対内的機能を担い、さらに社共共闘の路線を思想的に追認することで、共産党支持者を核とする左派有権者の票の獲得という、対外的機能を持った。[114]

レイモン・アロンは一九七七年に、「〔一連のプログラムは〕社会民主主義とソヴィエト型社会主義の中間を行く社会主義の典型であり、（中略）フランス経済の発展の度合いからいって、共同綱領で示され

た国有化の範囲は西側陣営の一部である欧州共同体に属する国の許容範囲をはるかに超えている」と批判していた[*115]。こうしたアロンの確信は八一年になっても変わらなかった。アロンは社会党の政策文書がデマゴギーだと非難し、一時的に失業率を抑えたとしても、「一年から一八カ月もすれば」インフレ、国際収支赤字、最終的には失業率も悪化させる、と予測した。「景気浮揚策と国有化政策を除いても、社会党の一部が『社会を変える』ほど根底から変革しようとしているのは明らかである[*116]」。彼はまた、一九三六年のブルム内閣で「この改革が成功すれば私は以後経済の教科書を読む必要はなくなる」と語ったロベール・マルジョランの言葉を引いて、「プロジェ」の死産を八二年一〇月の時点で宣言することになる[*117]。「供給の拡大[*118]」や「技術の進歩」による絶えざる革新の時代は、アロンにしてみればもはや終わっていたはずだった。

「プロジェ」の危険性はミッテランが当選する前からマスコミも指摘していた。「八一年の第2四半期で三五〇億、八二年に一〇三〇億フランという社会主義プロジェが計上する支出勘定は高くつく。(中略)フランス経済はこれだけの大盤振舞に耐えられそうもない[*119]」。こうして社会党が政権について間もなく、「社会主義の五年間はフランスの二〇年後退を意味する」、「経済のメシアニズム」、「経済的無教養」などと揶揄されることになったのである[*120]。

しかし時代の流れは社会党にあった。大統領選決戦投票直前の八一年五月六日に行われたジスカールとミッテランのテレビ討論でも、経済政策は大きな論点となった。社会党の経済政策は非現実的と指摘するジスカールに対してミッテランは、それでは失業問題の解消という七年前の貴方の公約はどうなったのか、と反論した。「経済政策の始まりは、貴方にはなかったような成長への意志から生まれるもの

である」「貴方が過去のことを指摘されたくないというのは理解できる、その間に貴方は過去の人間となってしまったからだ。（中略）だが私はこの間に無為に過ごしていたわけではない。私がフランスの社会主義に対して貢献できたのと同じだけのことをもしフランスのために、もちろんフランスに合った形で、貢献できるとすれば、それは大成功となる」[*121]。フランス人は危機を否定することによって、再び政治に希望を持てる時代を迎えたのである[*122]。

一九七一〜八一年までの野党期にミッテランのリーダーシップ・スタイルは「取引的」なものだった。党内左派のＣＥＲＥＳと右派のロカール派の選好は固定的であり、ミッテランはモーロワ派を媒介として、状況に応じて争点を自ら管理しつつ、両者の間で権力の均衡を保っていた。第五共和制のもとで生まれた社会党の派閥の多元性と多様性は、いずれかの派閥に最終的にコミットしない限り、リーダーシップを強固なものとし、党内覇権を握る手段に転換することができた。そのためには政権獲得を前提とし、このために整備された政治環境で、取引的なリーダーシップによって党内を統治することが合理的だったのである。

注

＊1　Melchior, Eric, *Le PS, Du Projet au Pouvoir*, Paris: Les Editions de l'Atelier, 1993, p. 90.

＊2　Cited in François Mitterrand, *Politique. 1*, Paris: Fayard, 1996［1977］, pp. 535–536.

＊3　社会党の意思決定システムと組織については、Parti Socialiste, *Guide aux Nouveaux Adéherents* のほか、Paul Bacot, *Les Dirigeants du Parti Socialiste*, Presses Universitaires de Lyon, 1979 および David S. Bell and Byron Criddle, *The French Socialist Party. Second Edition*, Oxford: Clarendon Press, 1988, ch. 10 に詳しい。

＊4　Cole, Alistair, "Factionalism, the French Socialist Party and the Fifth Republic," in *European Journal of Political Research*, vol.

17, 1989.

＊5 Guy Mollet, cited in Georges Ayache et Mathieu Fantoni, *Les Barons du PS*, Paris: Fayolle, 1977, p. 24.

＊6 Mauroy, Pierre, *Héritiers de l'Avenir*, Paris: Stock, 1977, pp. 180–183.

＊7 *Bulletin Socialiste*, 15 juin 1971.

＊8 ＣＥＲＥＳとシュヴェンヌマンについては、David Hanley, *Keeping left?: Ceres and the French Socialist Party*, Manchester: Manchester University Press, 1986および吉田徹「フランス政党政治の『ヨーロッパ化』：Ｊ・Ｐ・シュヴェンヌマンを中心に」『国際関係論研究』第二〇号、二〇〇三年。

＊9 Du Roy, Albert et Robert Schneider, *Le Roman de la Rose*, Paris: Seuil, 1982, pp. 85–86.

＊10 Parti Socialiste, *Changer la Vie. Programme de Gouvernement du Parti Socialiste*, Paris: Flammarion, 1972. なお、以下の括弧内は引用ではなく内容の要約である。

＊11 *Ibid.*, pp. 8–13.

＊12 *Ibid.*, pp. 184–187. なお、ＥＭＵ創設を唱える一九六九年のウェルナー報告については、経済変動を抑制するという目的には賛同するものの、労働者利益への「最大の配慮」が必要だと註で特記されている。

＊13 Alexandre, Philippe, *Le Roman de la Gauche*, Paris: Plon, 1977, pp. 283–284.

＊14 Lemaire-Prosche, Geneviève, *Le P. S et l'Europe*, Paris: Editions Universitaires, 1990, pp. 44–45.

＊15 Parti Socialiste, *Changer la Vie*, *op. cit.*, pp. 184–185.

＊16 Du Roy, Albert et Robert Schneider, *Le Roman de la Rose*, *op. cit.*, pp. 90–92.

＊17 Portelli, Hugues, "L'Intégration du Parti Socialiste à la Cinquième République," in *La Revue Française de Sciences Politique*, vol. 34, no. 4/5, p. 817.

＊18 Alexandre, Philippe, *Le Roman de la Gauche*, *op. cit.*, pp. 285–286.

＊19 Poperen, Jean, *L'Unité de la Gauche*, Paris: Fayard, 1975, pp. 373–374.

＊20 Duhamel, Olivier, *La Gauche et la* Ve *République*, Paris: PUF, 1980, pp. 348–349.

＊21 *Combat*, 6 février 1972.

＊22 Bergounioux, Alain et Gérard Grunberg, *Le Long Remords du Pouvoir*, Paris: Fayard, 1992, p. 328.

＊23 なお、急進党からの分派である小政党ＭＲＧ（左派急進運動）も同綱領に共同署名している。

＊24 Bergounioux, Alain et Gérard Grunberg, *Le Long Remords du Pouvoir, op. cit.*, pp. 328–329. なお共同綱領の内容は、Parti Socialiste, *Le Programme Commun de Gouvernement de la Gauche. Propositions Socialistes pour l'actualisation*, Paris: Flammarion, 1977で確認できる。

＊25 Bergounioux, Alain et Gérard Grunberg, *Le Long Remords du Pouvoir, op. cit.*, p. 326.

＊26 Giesbert, Franz-Olivier, *François Mitterrand ou la Tentation de l'Histoire*, Paris: Seuil, 1977, pp. 364–366.

＊27 Kolm, Serge-Christophe, *La Transition Socialiste*, Paris: Cerf, 1977, p. 154.

＊28 Wright, Vincent and Howard Machin, "The French Socialist Party in 1973: Performance and Prospects," in *Government and Opposition*, vol. 9, no. 2, 1974, pp. 130–131.

＊29 第五共和制の政党システムにおける社共の関係については、Stefano Bartolini, "Institutional Constraints and Party Competition in the French Party System," in *West European Politics*, vol. 7, no. 4, 1984を参照。

＊30 *Le Poing et la Rose*, juillet 1973.

＊31 モレ派の衰退はモレが一九七五年一〇月に死去したことも大きく関係しているだろう。

＊32 ＣＥＲＥＳは七五年末までに一五〇の企業支部を設立することを目標にしていた。Bizot, Jean-François, *Au Parti des Socialistes*, Paris: Grasset, 1977, p. 220.

＊33 *Témoignage Chrétien*, 21 juin 1973.

＊34 Mauroy, Pierre, *Héritiers de l'Avenir, op. cit.*, pp. 185–186.

＊35 *Le Poing et la Rose*, juillet 1973.

＊36 Lefèvre, Denis, "Le Congrès de Grenoble 1973. Epinay an 2," in *Recherche Socialiste*, no. 12, septembre 2000, pp. 56–57.

＊37 Mitterrand, François, "L'Europe et les Etats-Unies," in *Socialisme*, février 1973.

＊38 *Le Poing et la Rose*, novembre 1973.

＊39 「会議」は特定テーマについて討議することを目的として一定数の党員の発議で開催されるが、「特別大会」は特定の目的を持たず、指導部の発議によって開催される。

＊40 *Le Poing et la Rose*, décembre 1973.

＊41 *Le Poing et la Rose*, novembre 1973.

＊42 *Ibid*. なお、当時のＣＥＲＥＳの欧州統合に対する主張は、*CERES, L'Enlèvement de l'Europe*, Paris: Entente, 1979にまとめ

られている。

*43 Newman, Michael, *Socialism and European Unity*, London: Junction Books, 1983, p. 100.

*44 *Le Poing et la Rose*, décembre 1973.

*45 Lemaire-Prosche, Geneviève, *Le P. S et l'Europe, op. cit.*, p. 31. 彼女は、欧州に関する特別大会がＣＥＲＥＳの要求によって開催されたとしているが、これは確認できない。See, e.g., Philippe Alexandre, *Le Roman de la Gauche*, *op. cit.*, pp. 310–311; Denis Lefèvre, "Le Congrès de Grenoble 1973. Epinay an 2," *op. cit.*, p. 55.

*46 Poirmeur, Yves et al., "Le Parti Socialiste entre la France et l'Europe," in Gérard Soulier（eds.）, *Sur l'Europe à l'aube des Années 80*, Paris: PUF, 1980, p. 176.

*47 同選挙については、Sylvie Colliard, *La Campagne Présidentielle de François Mitterrand en 1974*, Paris: PUF, 1979を参照。

*48 Mauroy, Pierre, *Mémoires*, Paris: Plon, 2003, p. 128.

*49 *Ibid*.; see also "Vers les Assises du Socialisme. Rapport de Pierre Mauroy à la Convention nationale du Parti Socialiste, le 12 juin 1974," in Mauroy, Pierre, *Héritiers de l'Avenir*, Paris: Stock, 1977, pp. 309ff.

*50 ＰＳＵの歴史と構造、社会学的背景については、Charles Hauss, *The New Left in France. The Unified Socialist Party*, Westport: Greenwood Press, 1978を参照。なお、一九七二年に採択されたＰＳＵのマニフェストは以下で確認できる。Parti Socialiste Unifié, *Manifeste. Controler Aujourd'hui pour Décider Demain*, Paris: Téma-editions, 1972.

*51 Compte rendu du secteur politique, rencontre CFDT-PSU du 31 janvier 1973（C.F.D.T., 8H/1598）.

*52 Kraus, Francis, *Les Assises du Socialisme ou l'Echec d'une Tentative de Rénovation de Parti*, Paris: Les Notes de la Fondation Jean-Jaurès, juillet 2002, pp. 55–56.

*53 Assises du Socialisme, *Pour le Socialisme*, Paris: Editions Stock, 1974, p. 53.

*54 Rocard, Michel, *Si la Gauche Savait...*, Paris: Robert Laffont, 2005, p. 184.

*55 「合同会議」の総メンバーによる特別動議は「社会主義と自主管理の一大勢力を目指して（vers une grande force socialiste et autogestionnaire）」と題された。*Le Poing et la Rose*, novembre 1974.

*56 Delors, Jacques, *Mémoires*, Paris: Plon, 2004, p. 120.

*57 Jouteux, Thomas, *Le Parti Socialiste dans la Campagne de François Mitterrand en 1981*, Paris: Les Notes de la Fondation Jean-Jaurès, 2005, p. 50.

＊58　Lieber, Nancy, I., "Ideology and Tactics of the French Socialist Party," in *Government and Opposition*, vol. 12, no. 3, 1977, p. 462.

＊59　Bizot, Jean-François, *Au Parti des Socialistes*, *op. cit*., p. 196.

＊60　Grant, Charles, *Delors*, London: Nicholas Brealey Publishing, 1994, pp. 39–40. またCFDTのジュリアールも、オー・ド・セーヌ県の支部で同様の糾弾を受けたとの証言もある。See, Francis Kraus, *Les Assises du Socialisme ou l'Echec d'une Tentative de Rénovation de Parti*, *op. cit*., p. 112.

＊61　Cited in Charles Grant, *Delors, op. cit*., p. 40.

＊62　Kraus, Francis, *Les Assises du Socialisme ou l'Echec d'une Tentative de Rénovation de Parti*, *op. cit*., pp. 118–120.

＊63　Mitterrand, François et Elie Wiesel, *Mémoires Interronpus*, Paris: Odile Jacob, 2001, p. 245.

＊64　Makarian, Christian et Daniel Reyt, *Un Inconnu nommé Chevènement*, Paris: La Table Ronde, 1986, p. 232.

＊65　*Le Poing et la Rose*, février 1975.

＊66　Codding, George A., Jr., and William Safran, *Ideology and Politics: The Socialist Party of France*, Boulder: Westview Press, 1979, p. 220.

＊67　Communiqué du Bureau Exécutif du 30 avril 1975（OURS）.

＊68　Lieber, Nancy, I., "Ideology and Tactics of the French Socialist Party," *op. cit*., pp. 469–470.

＊69　Chevènement, Jean-Pierre, *Défis Républicains*, Paris: Fayard, 2004, p. 58.

＊70　七五年にはミッテラン派やCERESの他にモレ派も存在したが、わずか三%の動議しか集められなかった。See Hugues Portelli, "Le Parti Socialiste: une Position Dominante," in Pierre Bréchon（eds.）, *Les Partis Politiques Français*, Paris: La Documentation Française, 2001, p. 103.

＊71　Du Roy, Alebert et Robert Schneider, *Le Roman de la Rose, op. cit*., p. 249.

＊72　*Le Quotidien de Paris*, 8 juin 1978.

＊73　Melchior, Eric, *Le PS, Du Projet au Pouvoir*, *op. cit*., p. 163.

＊74　Interview, in *La Croix*, 16 septembre 1978.

＊75　*Le Monde*, 29 Septembre 1978.

＊76　Bergounioux, Alain et Gérard Grunberg, *Le Long Remords du Pouvoir, op. cit*., p. 339.

＊77　このロカールによるナント大会での主張は瞬く間に人口に膾炙するところとなった。ロカール演説は *Faire*, no. 20, 1977 参照。

＊78　*Le Figaro*, 18 septembre 1978.

＊79　ロカールへのインタビュー（パリ、二〇〇三年一二月二三日）。

＊80　Rocard, Michel, *L'Inflation au Cœur*, Paris: Gallimard, 1975, p. 12.

＊81　Delors, Jacques, *Changer*, Stock: Paris, 1975, pp. 304–305.

＊82　*Faire*, no. 29, 1978, pp. 7–8.

＊83　Du Roy, Alebert et Robert Schneider, *Le Roman de la Rose, op. cit*., pp. 245–246.

＊84　Motion pour le Congrès de Metz, cited in Michel Rocard, *A l'Epreuve des faits. Textes Politiques 1979–1985*, Paris: Seuil, pp. 19–20, 26.

＊85　Mitterrand, François, *Politique 2. 1977–1981*, Paris: Fayard, 1996［1981］, pp. 225–228.

＊86　Du Roy, Alebert et Robert Schneider, *Le Roman de la Rose, op. cit*, p. 250.

＊87　*Le Poing et la Rose*, avril 1979.

＊88　ＣＥＲＥＳのモッチャンの言葉。Cited in Du Roy, Alebert et Robert Schneider, *Le Roman de la Rose, op. cit*., p. 252.

＊89　*Le Nouvel Observatoir*, 25 mars 1978.

＊90　*Le Poing et la Rose*, février 1979.

＊91　Mitterrand, François, *Ici et Maintenant*, Paris: Fayard, 1996［1980］, p. 255.

＊92　*Le Poing et la Rose. Spécial Responsable*, no. 39, 1979.

＊93　*Le Poing et la Rose*, avril 1979.

＊94　*Le Poing et la Rose*, juillet-août 1979.

＊95　*Le Poing et la Rose, Spécial Résponsable*, no. 42, 1979.

＊96　*Le Poing et la Rose, Spécial Résponsable*, no. 30, 1978.

＊97　*Le Poing et la Rose, Spécial Résponsable*, no. 42, 1979.

＊98　ミッテランの候補選出とともにジョスパンが指導委員会によって第一書記に任命された。

＊99　*Le Poing et la Rose*, février 1981.

＊100 *Le Poing et la Rose*, *Special Résponsable*, no. 39, 1979.

＊101 Chevènement, Jean-Pierre, *Défis Républicains*, *op. cit.*, 2004, p. 57.

＊102 ドロールへのインタビュー（パリ、二〇〇四年一月二二日）。

＊103 Parti Socialiste, *Le Projet Socialiste pour la France des Années 80*, Paris: Club Socialiste des Livres, 1980, p. 7.

＊104 Sassoon, Donald, *One Hundred Years of Socialism*, London: Fontana Press, 1996, p. 544. サスーンは、「忠実な社会党員が購入したとしても読破などしない」代物だったともいう。*Ibid.*, p. 545.

＊105 Parti Socialiste, *Le Projet Socialiste pour la France des Années 80*, *op. cit.*, pp. 32–33.

＊106 *Le Poing et la Rose*, juillet 1978.

＊107 Seligmann, Françoise, *Les Socialistes aux Portes de Pouvoir*, Paris: Editions Michalon, 2005, p. 47, 143.

＊108 *Le Poing et la Rose*, février 1981.

＊109 Mitterrand, François, *Ma Part de Verité*, Paris: Fayard, 1996［1969］, pp. 181–182.

＊110 Ross, George, "Introduction," in Ross, George, and Stanley Hoffman, and Sylvia Malzacher, *The Mitterrand Experiment Continuity and Change in Modern France*, Cambridge: Polity Press, 1987, p. 11. なお、一一〇の提案のうち、欧州に関連するものは「世界における欧州のプレゼンス強化」、「ローマ条約の厳格な適用」、「平和のための欧州共同体の結束」の三つしかない。

＊111 Mitterrand, François, *Ici et Maintenant*, Paris: Fayard, 1996［1980］, p. 42.

＊112 Saunier, Georges, "Le Gouvernenement Français et les Enjeux Economiques Européens a l'heure de la Rigeur. 1981–1984," Intervention aux Comitée pour l'Histoire Economique et Financière de la France（CHEFF）, octobre 2005, mimeo, p. 3, fn. 13.

＊113 Haegel, Florence, "Devenir Ministre," in Serge Berstein et al.（sous la direction de）, *François Mitterrand. Les Années du Changement 1981–1984*, Paris: Perrin, 2001, p. 70.

＊114 Melchior, Eric, *Le PS, Du Projet au Pouvoir*, *op. cit.*, pp. 256–262.

＊115 Aron, Raymond, *Plaidoyer pour l'Europe Décadente*, Paris: Robert Laffon, 1977, p. 384.

＊116 Aron, Raymond, "A Contre-courant. Sur la Situation Politique de la France," in *Le Commentaire*, no. 15, Automne 1981, p. 328.

＊117 Aron, Raymond, "La Gauche se répéte," in *l'Express*, 1 octobre 1982.

＊118 むしろダーレンドルフは「一九六八年五月の騒々しい日々をもって、〈アロンの世界〉は終わったといえるかもしれない」という興味深い指摘をする。ラルフ・ダーレンドルフ、加藤秀治郎・檜山雅人訳『現代の社会紛争』世界思想社、二〇〇一

年、一八四頁。

*119 *Le Monde*, 7 mai 1981.

*120 それぞれ、バール前首相（*Le Figaro* 7 octobre 1981）、ピエットル（André Piettre, *Le Figaro*, 24 juillet 1981）、ローザ（Jean-Jacques Rosa, *Le Figaro*, 17 juillet 1981）による論説のタイトル。

*121 *Le Monde*, 7 mai 1981.

*122 Duhamel, Alain, *De Gaulle Mitterrand*, Paris: Flammarion, 1991, p. 215.

第三章　夢——「プロジェ」の始動とリーダーシップ・スタイルの完成

一九八一年五月以降、ミッテラン社会党は「社会主義プロジェ」と大統領公約である「一一〇の提案」に基づいた社会経済政策を矢継ぎ早に実現していくことになる。ミッテランの大統領選出にともなって組閣された第一次モーロワ内閣と、国民議会で多数派を獲得して組閣された第二次モーロワ内閣は、いずれも各派閥の均衡の上に成立していた。これはミッテランの「取引的リーダーシップ」にとっての前提だった。プロジェを共通項とした勢力の分散と均衡こそが、党勢とミッテランの覇権を支えていた。したがって、ミッテランはプロジェ路線からの離反も、修正も行わず、現状を維持する統治を望んだのである。プロジェのもとでは、欧州統合は依然として政策の「外部」であり続けた。

フランス・フランをめぐる状況は政権発足直後から悪化の一途をたどっていたが、まだ現実的な課題として捉えられてはいなかった。むしろ党勢拡大の源であったプロジェ派（「古代人」）は、綱領を円滑に実施さえすれば経済危機と通貨下落は克服されると考えていた。ミッテランもまた、党内勢力の均衡を崩すような政策路線の変更を望まなかった。

1　ミッテラン勝利の背景

一九八一年五月一〇日、フランス第五共和制下で初めての社会党大統領が誕生した。一九六五年と一九七四年に続く三度目の挑戦で、フランソワ・ミッテランは、国家権力の頂点に上りつめることに成功したのである。一〇日の午後六時三二分、世論調査会社ＩＦＯＰによる出口調査の結果、得票率五二～五三％で当選したとの第一報が入る。一九五九年からシャトーシノン市長を務めていたミッテランは、地元でこの報を聞いた。一五分後、今度はＳＯＦＲＥＳの出口調査が五一～五一・七％の得票率を告げると、ミッテランは「困難が始まるとつぶやいたのは誰だ」と言い放つ。*1

ミッテランは楽勝したわけではなかった。現職ジスカール゠デスタンの得票率四八・一七％に対して五一・八二％、票数にしてわずか一三二万三八一六票の差であった。ミッテラン勝利の背景には、いくつかの幸運が重なっていた。事前の調査ではミッテランが選出されると考える国民が二二％、ジスカール選出を予期する国民は五〇％と圧倒的な差があった。しかし、フランス大統領選は時々の党派の勢力分布や立候補者の数、さらに左右陣営内の状況と二回投票制という制度的構造に大きく左右される。*2

まず、保守勢力の分裂があった。*3 シラク前首相はジスカール゠デスタン支持を拒否し、さらにＭ・ドブレとＭ・Ｆ・ガローという複数のゴーリスト候補が立って、現職大統領の支持票は分散された。やはりミッテランとジスカールが争った一九七四年の大統領選と比べると、右派は第一回投票で三・六％減の四九・三％を獲得したにすぎず、四六・八％を得た左派陣営に増して自陣営を引き締める必要があっ

た。このなかでは、社共共闘に反対して社会党との連携を解消し、ジスカール支持に回ったMDS（社会民主運動党）や、UDFの基幹政党である急進党からの支持が期待できた。しかし、七八年総選挙の際に急ごしらえされたUDFよりも「国民化」に先んじていた社会党は、圧倒的な凝集力と動員力を持ち、それを維持できるだけのドクトリンと人材を備えていた。UDFは選挙戦中も、パリに本部のあるジスカールの個人事務所から指示されるだけで、多くの地方支部も現地名望家に依存する典型的な幹部政党のままであった。これに対してミッテランは、第二回投票で九割近くの共産党票のほか、MRG（左派急進運動）候補クレポーの票の一部、投票指示をしなかった緑の党の票、さらにRPR幹部が反ジスカール投票を呼びかけたため、保守層の一部までもかき集めることができたのである。

とくに一九七八年の総選挙と七九年の欧州議会選挙で決定的となったジスカール・UDFとシラク・RPRとの対立が継続していたことは中道、保守陣営にとって致命的だった。七八年の組閣で、ジスカールはRPRを排除しようと、反シラク派を閣僚に登用して内部分裂を試みたものの、シラクの影響力は低下せず、RPR勢の力を削ぐことができなかった。

次に、共産党候補のマルシェ総書記が低い得票しか得られなかった点がある。反共産党の票は、保守候補者にではなく、社会党のミッテランに流れる。これは、信頼できる野党のリーダーという地位を確立したミッテランの功績だった。共産党候補は一五・三四%と、実に一九三六年（人民戦線！）以来の低得票率となった。一九五六年に得票率二五・九%を誇っていた共産党は、第五共和制に入ると社会党に票を奪われる形で、徐々にではあるが、その勢力を弱めていった。「私たちの基本的な目標は共産党の票田の上に偉大な社会党を再建することにある。共産党支持者五〇〇万人のうち三〇〇万人が社会党

に投票するだろうということを証明したい」[*4]。一九七二年、社共共同政府綱領が妥結された年の社会主義インターでミッテランはこう宣言したが、約一〇年を経てそれが実現されたのである。ミッテランは、そもそもから共産主義に敵対心を持っていた[*5]。ミッテランにとっての二回目の国政選挙で、初めて国民議会に選出された一九四六年、落下傘候補として立候補した選挙区でのキャンペーンは、ゴーリストを除く保守・中道支持者の票を当てにしたものだった。ミッテランにとっては共産党候補を落選させることが至上命令だった[*6]。当時の選挙公約は「財政赤字に反対！ 高い物価に反対！ 政府の職権乱用に反対！ 拙速で高くつく国有化に反対！ 共産党の権力奪取に反対！」と謳っていた[*7]。

第一回投票が終わった時点で、ジスカール゠デスタンは二二・五八％と、ミッテランに二％の差をつけたものの、マルシェの一二・二％、緑の党ラロンドの三・〇％、トロツキスト・ラギエの一・八％が加われば、第二回投票でミッテランが優位になるのは明白だった。一七・九％を得ていたシラクは、個人的な敵対関係から、第二回投票ではジスカール゠デスタン支持を熱心に表明しなかった[*8]。

ジスカールの敗北は彼自身の人気の凋落も手伝った。一九七六年以降、不支持率が毎月のように更新され、選挙直前の八一年二月には支持率三七％に対して不支持率五一％、三月には四一％に対して五五％と、現職大統領としては過去最悪となっていた。八一年の選挙後の調査で、ジスカール不支持の最大の理由は失業問題（四四％）とされた。これに加えて、緊縮政策を担っていたバールの不人気が加わる。一九七九年に露呈したボカサ中央アフリカ共和国大統領とのダイヤモンド贈収賄疑惑事件は、不支持の理由としては、意外にも一三％と低かった。ジスカールはそれまで基盤としていた大家族や農村といった保守層から、社会経済変化にともない勃興した新中間層へと、自由化やコンセンサス政治を打ち出す

ことで新たな中道へシフトしようとしていた。しかし、そのため政党政治空間で右の位置が空白になり、逆にシラクのRPRの台頭を許してしまったのである。これに対してミッテランは、自らの資源を、共産党との戦略的関係と、明確な左派的ディスクールと政策に求め、左派陣営を一体化することで、新中間層を魅了することができた。

ミッテランの選挙キャンペーンは戦術的にも用意周到だった。まず、社会党綱領をあくまでもベースとしつつも、自らの選挙公約を別個に掲げた。社会党選出の候補ではあるが、特定政党の代弁者ではないという、フランス大統領候補としての地位を保つことを目的としたのである。これは、彼の選挙ポスターにも反映されている。第一回投票時には「もうひとつの道――もうひとつの政治、もうひとつの大統領」と謳い、三色旗を背景に社会党議員に囲まれたミッテランのポスターが用意された。しかし第二回投票の前には、「静かなる力（La force tranquille）」あるいは「もうひとつの生き方（Vivre Autrement）」と印字され、地方の農村都市を遠景にミッテランの顔がアップになったポスターが用意された。[*9] 社会党党首の顔とフランス共和国大統領候補の顔を使い分け、二回投票制の鉄則である自陣の結束と中道への移行という戦術に忠実だったのである。これに対してジスカールのポスターは「フランスには大統領が必要だ」とあって、顔には技術的加工も化粧も施されてないきわめて貧弱なものだった。ル・マタン紙が「実際には大統領がいないと言っているにすぎない」と揶揄するのも仕方のないことであった。[*10]

ミッテランは、広告代理店出身のジャック・セゲラを補佐官に据え、さらにシンクタンクCOFREMCAの調査をもとに、徹底的なイメージの刷新を図った。アドバイスに従ってスーツをアルニスからラサンスへ変え、それまで嫌がっていた犬歯の矯正を行い、若いジスカールとの一〇歳の差を埋めよう

と熱心になった。[*11]ポスターが張り出された翌日の三月一六日に、選挙戦が始まってから初めてのテレビ番組に出演し、自分の年齢を過去の経験と実績の表れと言い換え、ジスカールのコミュニケーションスタイルを批判し、経済情勢の悪化を切々と訴えた。このとき、ミッテランが手を身体の前で組んだり、ポケットに手を突っ込んだりする癖を見せなかったのも、セゲラのアドバイスによるものだった。権力の追求にかけて、ミッテランは手段を選ぶところがなかった。

国民は何をミッテランに期待したのか。一九八一年六月に行われた世論調査では、ミッテランを選んだ理由として「フランス社会に大きな変革をもたらすから」(四二%)が第一位で、続いて「左派政党が支持しているから」(三四%)、「ジスカールに対する幻滅」(二九%)、「労働者の保護者だから」(二五%)、「失業解消への期待」(二〇%)となっている。[*12]この調査をみる限り、ミッテランが大統領に選出されたのは、「社会主義プロジェ」が掲げた「生活を変える」というスローガンが支持されたからだった。当選翌日のル・モンド紙には、「社会党の大統領なのに、エッフェル塔がそのままある」と驚いてアパルトマンから外を見るパリ市民の風刺画が掲載された。「冷徹さ」と「改革精神の欠如」がイメージされるジスカールに対してミッテランは、その長い政治キャリアにもかかわらず、斬新な大改革をもたらす者として期待されたのである。[*13]選挙綱領「フランスのための一一〇の提案」のうち、最も期待されたのは「六〇歳定年制」(八八%)であり、続いて「月最低賃金三〇〇〇フラン」(八一%)、「有給休暇五週制」(七六%)、「富裕税導入」(七二%)などであった。これらは、保守層の間でも過半数の支持を集めていた。

2　社会党の「革命的武装」――派閥の戦略的動員

このように、構造的・戦術的要因によってミッテランが優位だったことは確かだが、最大の勝因は時の潮流が社会党候補に有利に働いたことにある、という点で分析者は一致している。「ミッテランが就任の際に『フランスの政治的多数派は社会の多数派と同一となった』と述べたのは的を射ている。都市化、給与所得者の増大、第三次産業化、女性の労働市場進出、中等・高等教育の拡大、社会層を問わない非キリスト教化と反権威主義的イデオロギーの伝播といった、二五年前から生じたフランス社会深部での変化は左派に大きく有利に働いた」[*14]と政治学者ランスロは分析している。社会学者マンドラスはこうした変化を「第二次フランス革命」と命名した。[*15]その時代区分によれば、一九六五年は戦後復興が終わり、大量消費（文庫版の登場、スーパーマーケットの開店）と文化開放（映画や雑誌でのヌードの登場、快楽主義的価値の受容）、政治的には大統領直接選挙に特徴づけられるような「革命」が開始された年だった。一九六八年革命はその象徴的な現象だった。しかしこの第二次革命の過程で唯一足りなかったのは、新しい世界を説明する新しいイデオロギーであり、ミッテラン社会党は「左翼的でエコロジカル」、「地域主義的で平和主義的」な層から「革命的武装」を与えられたのである。[*16]「六八年世代」も例外ではなかった。この世代の共産党離れが進み、結果的にオルターナティヴとしての社会党への期待が増していった。ミッテラン支持に回ったUEC（共産主義学生同盟）の幹部だったロラン・カストロは「五月一〇日に覚醒した。五月一一日には『すべてが変わる』という詩を書いた。（中略）私は五月八日までは彼の

ことを嫌っていたが、それでもナントでのマルロー風の選挙演説は転向するのに十分だった」と回顧している。[*17] ミッテランも、六八年運動に無理解ではあっても、彼らの支持を求めた。一九七三年には、機密文書を盗んだかどで立件されたLCR（共産主義革命リーグ）のクリヴィンヌを社会党本部に招待し、匿うことを提案している。翌年の大統領選では選挙戦が始まるや「社会主義に期待をかける男女」に結集するよう呼びかけた。七〇年代とは私的領域が政治化され、政治の境界が拡張して「すべてが政治的である」という期待が広まった時代だった。[*18] 古参のミリタンの言葉を借りれば、社会党はこのころはまだ「水晶が持つ清らかさを記憶していた」[*19]のである。

社会党が「革命的武装」を授かることができたのは、党諸派閥の組織化と支持者の動員、そしてこれらを党のプログラムに反映したためだった。七一年以降、党はかつてのようにSFIOのノタブル（有力政治家）主体ではなく、多様な派閥体が自主管理や国有化、地方分権、ジェンダーをイデオロギーとして新たなミリタンのリクルートメントを活発化させ、それぞれがミクロ・コスモスを形成する組織へと変貌していった。[*20] これは、党のキャッチ・オール化を意味するものではなく、先鋭的な時代の思想潮流を貪欲に取り入れていく過程だった。一九七一年から八一年までの一〇年間で、党員は八万人から二〇万五〇〇〇人にまで膨らんでいった。[*21] とくにエピネーの結党大会以来の急進路線がこれを可能にした。派閥はミリタンを獲得する機能を果たし、イデオロギーをぶつけ合うことでアイディアを生む、党にとっての重要な「資産」となった。[*22] もちろん、派閥首領どうし、そして彼らとミッテランとの争いは党の求心力を低下させる原因だった。しかし、多様化と個人化、世俗化が進むなかで、社会各部に派閥が自由に網を張っていったことは、マイナスではなくプラスとなった。

たとえばブルターニュ地方の社会党支部は、主にカトリック層によって指導されていたが、ここでは私立学校の禁止という宗教的争点が七〇年代から徐々に意味を失っていき、代わって地方分権や農村地区の教育機関の維持などが重視されるようになった。ここで運動の基盤を提供したのが、地方分権を眼目とするロカール派と、ライシテ（政教分離）をテーゼのひとつに掲げるCERESだった。[*23] 本来、カトリック色の強いCFDTを後ろ盾にするロカール派と、共和主義思想を戴くCERESの主張は対立するが、両者の競合はいずれにしても母体としての社会党の躍進につながる。CERESが国家主義的な自主管理路線を主張しミリタンの離反を招いたとしても、ロカール派が受け皿の役目を果たすからである。派閥イデオロギーの幅から生まれる共鳴が、好循環を生み出していったのである。こうして、同地方の党員は七三年の八〇〇〇人から、七九年には六五〇〇〇人にまで膨れ上がり、八一年の総選挙では選挙区二五議席中一九議席を社会党が占めた。共産党勢力や保守勢力の強弱によって程度の差はあるにせよ、派閥の各地方（当時の県連は一〇〇を数えた）の活発なミリタン動員は、党勢の拡大を実現した。[*24] 一九六八年時点での党員の社会層分布は、労働者三一・八%、農業従事者二一・五%、経営者一九・六%、中間管理職一二・二%であり、共産党員のそれが労働者四九・四%、UDR党員のそれが経営者二九・二%だったことを考えると、特色に欠けた。[*25] しかし、就労人口と価値観の変化にともなって、構成比率は変化していき、公務員や中間管理職層が過半数を占めて、労働者・農業者は低下するようになる。[*26] 労働者階級出身の両親を持ち、自らは中・高等教育を受けたホワイトカラーが中枢を占めるようになったことはとりわけ大きな変化であり、社会党は、社会の発展と社会階層の変動に合わせて成長していったのである。

ミッテランは一九八一年六月一一日の結党一〇周年の記念式典に寄せて、「いまや社会党は変革の只中にあって遅れをとるフランス社会の第一党となったのであり、変革を求める社会的運動を把握し、導かなければならない」というメッセージを送った。[*27]

3 政権の準備と専門家群――取引的リーダーシップ・スタイルの継続

政権奪取の実現を前にして党内ではすでに、組閣と省庁編成を視野に入れて各派の立場の違いが顕在化していた。

すでに首相職を提示されていたモーロワは、何よりも社会党政権の民主的正統性を擁護し、ミッテランが左派の統一候補であると同時に、フランス全国民の大統領であることが重要と考えていた。選挙後には「政権交代は不可能だといわれてきた。(中略)しかし同じ権力が同じ場に留まるような憲法は良い憲法とはいえない」との見解を述べた。[*28]

ドロールは新内閣の課題として、まず経済状況を一刻も早く的確に把握するための専門家会合の召集、次に経営者団体・労働組合との協議(ダイアローグ)、最後にミッテランの選挙綱領の実施と、優先順位を付けた。それは「社会団体との深みある協議なくして繁栄ある経済を築くことはできない。(中略)国家は魔法使いのようにあらゆる問題を解決することはできない」からだった。彼の関心はバール政権の失策をいかに立て直すかにあった。

シュヴェンヌマンはCERESのイデオロギーをようやく反映できるようになった状況を歓迎した。

自らのプロジェを実現するときが訪れたのである。

ミッテランと大統領候補の座を争ったロカールは、労組・アソシアシオン・協同組合・共済組合・職能団体・町内会・地方自治体との対話を通じて新たな社会を創ろうと訴えた。「夢と現実との間で折り合いをつけることから開始しなければならない」。ロカール派のアイデンティティはあくまでもアソシエーショナルな社会経済の実現にあった。

当選翌日、ミッテランはパリのビエーヴル通り二二番地にある屋根裏の個人事務所兼書斎で、組閣準備を指示した。これは、総選挙が行われるまでのいわば臨時内閣だった。ミッテランはモーロワに首相職を提示したが、「フランスで首相は大体二～三年しか持たない。だから五年満期務められなくても私のせいではない。すべては何が起きるかによるだろう」という条件付きだった。[*29] モーロワは、首相付き担当大臣（secrétaire d'Etat auprès du Premier Ministre）となるル＝ガレックの任命以外、口を挟む余地はなかった。ミッテランは入閣を希望していたベレゴヴォワに大統領府事務総長を命じた後、モーロワに閣僚名を明らかにした。従来テクノクラートが任命される事務総長職にベレゴヴォワが指名されたことは異例なことと捉えられた。ベレゴヴォワは一六歳から機織工場で働き、戦間期にSNCF（フランス国有鉄道）、戦後にフランスガス公社（GDF）入りした、労働組合畑出身の生粋の党派人であった。[*30] その後、ドフェールやクレッソンを迎えて担当の大臣職を言い渡した。ドロールは経済財政相という、本人が予期せぬ地位をあてがわれた。当初、ドロールは政府事務総長もしくは計画相となることを望んでいたが、ラジオを通じて自分の職を知らされた。[*31] 中道保守にも評価の高いドロールを責任者とすることで、政権に対する信頼度を高めようというのが理由のひとつだった。しかしミッテランは、大臣就任の条件

として自派のファビウスを予算担当相に据えることを、ドロールに承諾させた。自派はおろか、いずれの派閥にも属していないドロールのスピンオフを恐れたのである。党首時代から、ミッテランは「同じ命令を複数の人物に下すという悪い習慣」を身に付けていた。[*32] ミッテランによるこうした分割統治の術は、そのリーダーシップ・スタイルの核ですらあった。

人事任命権を利用して、自身および自派との距離をもとに担当省庁を決定したのは、ミッテランの巧妙な戦略だった。第四共和制時代からの側近だったエルニュ、ドフェール、バダンテールはそれぞれ政権の要職である国防相、内相、司法相に任命された。その上で、外相に任命したシェイソンに対しては、モーロワ派の欧州問題担当相のシャンデルナゴールを、また大統領外交補佐官のヴェドリーヌを介入させる布陣を敷いた。公共部門担当相となるル゠ガレックに対しては、やはり大統領補佐官であるブーブリルの二重チェックを可能にする体制を整えた。

閣僚名簿が出来上がると、ベレゴヴォワのほか、CERESのフルニエやヴェドリーヌ、クエスチオーなどの「大統領のアンテナ（antenne présidentiel）」と呼ばれる組織が社会党本部の近くに設置され、ミッテランの正式な就任まで大統領府との調整を担った。この「アンテナ」が大統領府チームの原型となる。

大統領府チームのコア・メンバーは、そのまま九〇年代までエリゼ宮（大統領府）をとり仕切ることになるが、彼らはおおまかに二つのグループに分類できた。ひとつは、ミッテランの個人的ネットワークで、長年「取り巻き」を形成してきた五〇歳代以上の集団、もう一つは主に官僚出身の三〇歳代の若いテクノクラート集団である。ミッテランは、大統領府事務総局から官房を独立させ、官房長には、第

四共和制時代にもミッテランの官房長を務めていたルスレを任命した。大統領府事務総局というフランスの「第二の政府」さえもが[33]、大統領権力によってバイパスされることになった。さらに特徴的なのが、官庁出身の若い専門家を、数多くの直属担当者（chargé de mission）に任命したことだった。これに、ミッテランの特別補佐官であり、二人の部下を従えたアタリが加わった。ミッテランの大統領府は伝統的なヒエラルキーを崩して「より柔軟で複雑なもの」へと改組されていった[34]。その結果、政党政治家ベレゴヴォワを中心としたフォーマルな大統領府事務総局と、ミッテラン個人をサポートするインフォーマルな専門家集団との連携は乏しくなり、多くの重要な決定は「数人のメンバーのみで決められる」ようになっていく[35]。大統領府内のヒエラルキーは緩やかになったが、逆にミッテラン個人を頂点としたピラミッドが創り上げられ、大統領と構成員の関係はとりわけ垂直的で一方的なものへと改組されたのである。

こうして、一九七四年の大統領選で票の取りまとめを任されていたメルマズは、ミッテランが当選した途端に見知らぬ取り巻きによって退けられ、「国家装置が新たなリーダーを迎えた瞬間」を感じた[36]。党執行部のエリートにも「車、エスコート、ボディ・ガード、資金、オフィス」、すなわち権力の手段が与えられ、一般党員との差別化が図られた[37]。こうして、大統領府と社会党との間に明確な一線が引かれるようになった。その後、ミッテランは実に一九九〇年まで社会党本部を訪れることはなかったのである[38]。

閣僚の官房にはグランコール（高級官僚団）出身の多数の専門家も登用された。彼らの多くはパルテイザン的志向ではなく、「政府の政策に強い執着」を持つのが常だった[39]。そして八二年以降、彼ら専門

家グループはEMS離脱に大きな防波堤の役割を果たすことになるのである。

4　フラン危機下の大統領セレモニー――人民戦線の教訓

政権の交代とは関係なく、通貨問題は緊急度を増していた。経済政策の円滑な実施を求めるミッテランの命を受け、特別補佐官アタリはガルブレイスやN・カルドア、ティンバーゲンといったノーベル賞経済学者にアドバイスを求めていた*40。大統領選から二日経った五月一二日付のル・モンド紙は早くもフラン下落が始まったことを一面で報じた。フランは、パリ為替市場で一マルク二・三六七〇フランから二・四〇九三フランと、すでにEMSの底辺に向かい、ロンドン市場ではドルに対して二・四%、ポンドに対して二・二%価値を失って、ナポレオン金貨は週末を挟んで五〇〇〇フラン近く上昇した。パリ証券市場も、社会党大統領の誕生と社会党政権の政策の提示を受けて一一日に二〇%近く下落、この日だけで約一〇億フランが失われた。ポンピドゥー大統領府の事務総局長を務めたことがあり、ミッテランとの個人的関係から貿易担当大臣となるジョベールは、フランの状況に敏感だった。一一日のミッテラン宅の会合で、彼は「フラン相場が変動するなら、すぐにでもスネークから離脱したほうがよい」と進言していた*41。彼は、その後すぐにロカールとともに対策を検討している。仏中銀はまだ大規模な介入を始めておらず、大蔵省国庫局長のアベレールは、通貨切下げか為替管理強化のどちらかを選択するのかをミッテランのチームに打診するものの、ミッテラン側は正式な職務交代は二一日だとして取り合わなかった*42。ドロールも、一〇日の時点でミッテランにバール内閣と共同で対処するよう求めたが、政権

交代の最中に「共同管理（cogérer）するのは論外」と一蹴された。[*43] バール首相は資本逃避に備えて税関に取り締まり強化を指示するものの、それ以上の決断を下せる状況にはなく、ミッテランの署名入り要請書がない限り抜本的な措置は採れないと明言した。[*44] 国庫局も再三大統領スタッフに対策を講じるよう打診したが、回答は得られなかった。

ミッテランは決断を下すことを拒みつつ、現状維持を模索した。一一日には、友人の銀行家を通じて、アラブ資本家に資本撤退を控えるよう依頼している。一七〜一八日にはベレゴヴォワとヴェドリーヌがアラブ首長国連邦をはじめ中東諸国大使館詣でを行っている。[*45] しかしこのような「外交努力」が実ることはなかった。一一日から一五日にかけて三〇億ドル、さらに一六日から一八日にかけて二一億から三〇億ドルの資本が逃避し、中銀はフラン買い支えのため外貨準備高の約三分の一、五〇億ドルを費やした。[*46] 中銀は一四日に金利を過去最高の一八%、二二日には二二%にまで引き上げなければならなかった。権力の空白を迎えて、状況は悪化していったのである。しかし政権が正式に発足する前に決断を下すのは、ミッテランにとって危険に思われた。自らのリーダーシップを発揮できる条件はまだ揃っていなかった。

五月二一日には盛大な大統領就任式が用意されていた。それは、ミッテラン自身が望んだように「歴史」に登場するための舞台装置だった。ジスカールの任期は五月二〇日の水曜に切れるため、当初ミッテランは同日の引継ぎを望んでいたが、前任者が毎週水曜の閣議開催にこだわったため、翌日に持ち越された。引継ぎの内容についてはミッテランとジスカールで証言が食い違うが、この時ジスカールは大統領職の孤独を語ったという。一方ミッテランは、ジスカールの失敗は再立候補したことにあり、もし

今回立候補していなければ七年後に自分は負けていただろう、と語ったとされる。[*47] 核ボタンの委譲や国家機密事項の伝達など、引継ぎは四七分で終了した。ジスカールは、出口でミッテランを歓迎する社会党支持の市民に揶揄されながら、エリゼ宮を徒歩で後にした。これはジスカールが「離任を印象づけるため」の最後の演出だった。[*48]

引継ぎ直後に家族、党関係者やジャーナリスト、新旧政治家ら一〇〇〇人を集めて開かれたエリゼ宮の祝賀会で、ミッテランは四分間の短いスピーチを行った。「束の間の栄光しか与えられなかったが、フランスの歴史を彩り、過去二世紀の平和と戦争のなかで血と労働によって民衆の基礎となった数百万の男女に想いを馳せざるを得ない。私は今、彼らの名において発言する。権力は実際には彼らのもとにあり、それを行使するのは彼らなのである。（中略）すべてのフランス国民、将来に確信と希望を持とう」。[*49] 話しかけられて、一九五四年にミッテランを閣僚として従えた老齢のマンデス＝フランスは涙を流したという。[*50] 就任演説の終了に合わせて、チュイルリー公園では二一発の祝砲が鳴った。正午近くにエリゼ宮の「栄誉の中庭」で、事務総局長のベレゴヴォワが新政府首相としてモーロワの名を読み上げる。ベレゴヴォワはフランスガス公社出身であり、モーロワは科学教師である。「〔前政権との訣別に〕これほど適したシンボルはあっただろうか？」。[*51]

その後ミッテランは、市民の喝采を浴びながらシトロエンのオープンカーでシャンゼリゼ通りから凱旋門へ向かい、無名戦士への献花と黙祷を捧げる公式行事をこなす。[*52] 招待された社会主義インターのメンバーがインターナショナルを謳って静寂を破る。西ドイツのウィリー・ブラント、スウェーデンのパルメ、イタリアのクラクシ、スペインのゴンザレス、ポルトガルのソアレス、デンマークのヨルゲンセ

ンといった、ヨーロッパ社民主義政党のリーダーが招待された。フランスの国民的歌手であるダリダによれば、この時「空気がより軽いものに感じられ何かが変わった」。昼食会の後、エリゼ宮の主人となったミッテランは、ジスカールと同じ一階ではなく、ド・ゴールと同様二階に自らの執務室を設置した。パリ市長シラクへの表敬訪問を済ませ、午後六時を過ぎてバレンボイムが指揮する第九が流れるなか、舞台はパンテオンに移った。文化相ラングは、六八年革命の震源地となったカルチエ・ラタンでのセレモニーを考え、ミッテランは同地区のパンテオンに祭られるジョレスとムーランの墓への献花を提案した。[*53] ミッテランが右手にバラの花を一本もって先頭を歩き、その後ろをベレゴヴォワ、デュマ、ドフェールといった党幹部らが腕を組んで進み、さらにその後ろには数千の市民が続いた。パンテオン周辺は混乱の極みにあった。ミラン・クンデラはこの時の様子を次のように記述している。[*54]

一九八一年に、大統領選挙のあと行われた忘れがたい儀式のことを私は覚えている。パンテオン広場には熱烈な群集が集まっていたが、彼はそこからひとり離れていった。薔薇の花を三つ手にもって、〔パンテオンの〕広い階段をのぼっていった（ゲーテの描写した舞台裏の、《栄光の殿堂》に向かうシェイクスピアとまったく同じように）。それから、民衆の眼から姿を消して、六四人の名だたる死者たちの墓にかこまれてただひとりでたったが、その物思わしげな孤独のあとを追うのは一台のカメラと、撮影のチームと、ベートーヴェンの「第九」のひびきわたるなか、テレヴィの小さな画面をじっと見つめる数百万のフランス人だけ。彼はすべてのなかから選んであった三人の死者の墓に、つぎつぎに薔薇の花を置いた。測量士のごとく、彼は三つの薔薇の花を三つの目じるしのように、永遠を

つくる広大な工事現場の上に置き、こうしてその中心に彼の宮殿を建てるべき三角形の区画を定めたのである。

クンデラにとって「不滅（L'Immortalité）」とは「死後も後世に残るひとびとの記憶にとどまる人物たち」にのみかかわるものであり、そしてミッテランこそは「現代のヨーロッパの政治家すべてのなかで（中略）おそらくその心中で不滅にもっとも大きな場所をあたえている政治家」であった。

もっとも献花式は入念に練られており、ミッテランがそれぞれの墓にバラを捧げるのにカメラマン一人が追跡し、さらに見栄えをよくするために――カメラに写らないよう――バラを一輪ずつ手渡す人間が手配されていた。パンテオンから出てくるミッテランを、今度はプラシド・ドミンゴの謳うラ・マルセイエーズと市民が迎える。ラングは市民こそがミッテランを守る、として必要最低限の警備しか要請していなかった。パンテオンから車に乗り込むまでミッテランは二〇分をかけなければならなかった。パンテオンの式典はラングにとって「左翼の登場を伴奏するセレモニアルな感覚が有効だった時代のものであり（中略）時代に刻印を押すもの」だった。ミッテランはパンテオンの式典を「歴史と知性と文化と若々しさのもとに就任を記す」[*55]ために望んだのである。

一方、モーロワはその日の昼になって、首相府副官房長に任命された銀行家ペイルルヴァドから、同日だけで一五億ドル相当のフラン売りが記録されたとの中銀報告書を手渡されていた。モーロワはロカールとドロールに相談して、ミッテランへ同日中にフラン下落に何らかの対応をするよう求めた。[*56]中銀は下落を受けて政策金利を一三・五％から二〇％へ、貸付金利を一二・七五％から一七％へと引き上げ

ていた。無名戦士への献花式に向かう車中、モーロワはミッテランに再度切下げの可否を確認するが、「信任を受けたばかりの国の通貨の切下げは行うものではない」と拒否された。[*57] ミッテランを含め社会党幹部は、ＥＥＣの慣習と主要なアクターについて無知だった。[*58] 通貨問題はまだ関心を集めない政策争点だった。

モーロワも一四％程度の切下げを考えていたが、西ドイツを中心に多国間交渉が必要となるため、すぐに行うのは困難とわかっていた。[*59] 就任式直後、ロカールはモーロワに対し、ＥＭＳから離脱してまでも七～八％の通貨切下げを早急に宣言するよう進言していた。[*60] シュヴェンヌマンも、フランへの圧力緩和のためには早期の切下げが必要とミッテランに指摘した。[*61] この時点でモーロワは、ミッテランに連絡をとって切下げの可否を再度打診するが、ミッテランは一週間の猶予を確保するよう返答したため、モーロワは代わりに為替管理を提言し、これが了承された。[*62] 二一日夕方には、ド・ラ゠ジェニエール中銀総裁がフラン切下げのゴーサインを待って首相府で待機し、モーロワとドロールとともに状況の確認と対策をすでに話し合っていた。ド・ラ゠ジェニエール総裁は、この時辞表を懐に忍ばせており、切下げとともにＥＭＳ離脱の責任をとって提出するつもりだった。[*63] 前政権から留任した政府事務局総長のロンは、為替管理制度の変更を予見し官報の発行に待ったをかけた。しかしモーロワはド・ラ゠ジェニエールを慰留するとともに、切下げはせず国庫局による為替管理強化策を続行するつもり、と説明した。大統領に続き首相の公務引継ぎも二一日午後になされたが、組閣はまだ行われてなかったため、モーロワは夜中までかかって関連法案に必要な署名をしなければならなかった。経済の知識を十分に持たず、部下やドロール、ロカールのアドバイスに耳を傾けるだけだったモーロワは、同日の晩には「われわれの

再興策は、産声をあげる前に消えてしまうかもしれない」と思うようになっていた。[*64]
こうしてみると、モーロワは切下げに積極的だったようにみえる。首相はミッテランと同様、早期の切下げに終始曖昧な態度をとっていた。それは、新首相に指名された昂揚感に包まれていたからだけではないだろう。彼自身が回顧するように、そこには「政治的理由以上に、人民戦線と左翼カルテルによる失政の悪循環の記憶」があったからである。[*65] 左派政権の記憶は、一九二四年と一九三六年の経済失政につらなる。[*66]
一九二四年の急進社会党やSFIOなどを中心とする左翼カルテル（Cartels des Gauches）政権（エリオ内閣）は、労働者階級に支持され、とくに公務員のスト権を認めたことで現在にまで名を残している。しかし戦後の混乱のなかで、ドイツからの賠償取立てに失敗したことから、経済建て直しのために一〇%の資本課税と国防債の強制的なコンソル化を企て、中間層に基盤を持つ急進社会党の反対にあって、カルテルは分裂する。財政赤字も深刻だった。三三五億フランの赤字は毎年一割のペースで増加していき、三〇〇億フランの税収のうち、政府は一一五〇億フランの債務と一二〇億フランもの金利を、海外銀行を含む金融機関に支払わなければならなかった。問題は、これらの大部分を国債の発行で賄い、その償還を中銀の銀行券発行に頼っていたことにあった。しかし、銀行券の発行の上限は四一〇億フランと法律で定められており、さらに二三〇億二〇〇〇万フラン以上を償還に当てることも禁止されていた。エリオ内閣はこれを民間金融機関からの短期融資で乗り切ろうと企てた。[*67] こうした政府の資本調達は当然違法だったが、当時の慣行でもあった。[*68] しかしその結果、フランに対する信任が揺らぎ、外国人のフラン売りと、フランス人の英ポンド買いが生じた。[*69] 一九二四年に一ポンド＝九六フランであったのが、

二年後にはこれは二四〇フランにまで下落した。さらにフランス中銀がインフレ対策として国債引受けを停止したために、エリオ内閣はわずか一年で倒れた。貸し付け銀行からの償還要求と資本逃避、フランの急落、フランス銀行の債券発行拒否など、エリオのいう「金力の壁（mur d'argent）」を前に、左派政権は敗れたのである。その後二六年に第二次エリオ内閣が復活するが、同内閣はインフレ抑制のため大々的なデフレ政策を実施せざるを得なかった。国家を建て直すために登場したはずの左翼カルテルは、与党となった途端に、自らの公約の囚われの身となったわけである。

エリオ内閣への入閣を拒みつづけたブルムが首班となった一九三六年の人民戦線政府（社会党と急進社会党の内閣、共産党は閣外協力）も、選挙公約「人民連合綱領」において、国有化、購買力拡大、公共事業支出、年金制度の拡充と労働時間短縮を謳い、労働者の支持を集めた。この時ブルムが着想を得たのは、同時代の米国のニューディール政策であり、デフレを購買力拡大と内需回復で克服しようとした。そして政権誕生直後にストに突入した労働者側と約束したのが、四〇時間労働制や二週間有給休暇制だった（マティニヨン協定）。しかし、時短と賃上げのコストがかさみ、景気は結局回復することはなかった。就労人口が少なく、経済開放度が高いフランスでは、米国と前提条件が異なる。国際収支の悪化に直面して、想定しうるこの時の選択肢は保護貿易、デフレの続行、もしくは英米との折衝による切下げだった。[*70] 結局、三六年九月にイギリスと米国との協調をオリオール財相が引き出し、財政均衡の必要性から選挙公約に反して平価切下げを優先する。[*71] しかし、切下げによっても根本的な解決をみず、三七年二月にブルム首相は「改革の一時休止」を宣言して、失業基金や年金制度の確立を断念、さらにインフレ緩和のためにフランの通貨管理を断念することになった。ブルムの協力者だったマンデス＝フランス

は、人民戦線の経済政策を次のように評した。「一九三六年のフランスは、いま思われているより危機的な状況にあった。当時は自由主義経済の雰囲気が蔓延しており、左翼は危機的な状況を修正するのに多くのことを為し得ると信じてはいなかった」[*72]。こうして、同年六月にブルムは辞任を表明し、三八年一月の第二次ブルム内閣を挟んで人民戦線政府は崩壊した。

この二つの左翼の試みは、公共部門の拡大による経済危機突破と、フラン管理をめぐる対立が結果的に内閣崩壊につながったという二点で共通している。したがって、モーロワが社会党内閣の誕生を前に、切下げという政治的リスクを負うべきか逡巡したのも無理はなかった。人民戦線は一九八一年の社会党政権にとって最大の引照点であり、有給休暇の拡大、労働時間短縮、国有化、労働者の経営参加等々、類似性は容易に見出せた[*73]。

しかし、ロカール派のペイルルヴァドが「社会党の専門家は国内消費を盛り上げることで成長を達成するという明快なドクトリンに固執しており、われわれの仕事は候補者ミッテランの選挙公約をすべて実現することだった」というように[*74]、経済問題に専念していたドロール、彼らの報告を受けていたモーロワとそのスタッフを除けば、通貨問題はそれほど切迫したものではないと認識されていた[*75]。党の中核に長年いつづけ、第二次モーロワ内閣で社会党議員団長となるジョックスですら「ドロールは問題を早期に悟っていたが（中略）私個人としては何の間違いも感じていなかった」という程だった[*76]。

ミッテランが国民議会の解散を決断したのは就任式当日、昼食会が終わってすぐのことだった[*77]。翌二二日には閣僚の最後の選定が行われた。大枠はすでに決定されていたが、派閥の均衡、党内の役職、そして地域的な偏向がないことが考慮され、こうして四三名からなる第一次モーロワ内閣が正式に確定し

た。[78]社会党は、七一年の結党以来、モーロワやドフェールといった地方都市の市長、シャンデルナゴールやラバレールといった地方議会議長、さらにファビウスやクエスチオーなどの高級官僚、ドロールなどのエコノミストといった多様な人材で実質的な影の内閣を構築しており、ここから多くの閣僚が実際に任命された。もちろん、すべての希望が受け入れられたわけではなく、教育相を希望していたロカールは計画・国土整備相に、最後まで経済相を希望していたシュヴェンヌマンは科学技術相に任命された。首相に次ぐポストである国務大臣級は、内務・地方分権相のドフェールをはじめ、党内の主要派閥のリーダーが占める派閥均衡型内閣だった。[79]ミッテランがかつて率いた旧CIRのメンバーも、主要ポストではないものの、一五人が入閣した。また、社会党の政策に沿って女性権利担当相、[80]自由時間担当相が新設されたのも特徴だった。しかし、官僚や大臣官房出身者は一割弱であり、かつて閣僚を経験したことのある者は、ドフェール、ジョベール、M・フォール、サヴァリーの四人のみだった。「国家装置としての未経験と無知」を象徴する人事であると、エリゼ宮スタッフがいうのも無理もなかった。[81]

大統領府内も徐々に組織化されていった。二六日には、行政府との調整を担うベレゴヴォワ、そして大統領の特別補佐官で個人的なワーキング・チームを率いるアタリとその部下がエリゼ入りした。

第一次モーロワ内閣の初めての閣議は二七日、この水曜が大統領主宰の閣議日となった。ミッテランは、自分が閣僚だった第四共和制下の閣議では出入りが自由なうえ、際限なく議論がされたといい、これとは違って「全員が出席して、政府の一体性に注意を払うこと」[82]、「メモをとらないこと、メモを読まないこと、閣僚どうしで会話しないこと」[83]を規則とした。大統領は主宰者であり、コンセンサスで意思決定が行われる閣議では、大統領の決定とその指針が閣僚を拘束する。[84]さらに閣議での討論や大統領へ

の反論も許されなかった。[*85] ミッテランにとっては「権威の問題が生じない内閣のほうが社会党の指導委員会を率いるよりもはるかにやさしかった」。[*86] ジスカール下で外務相を務めた経験のあるジョベールにミッテランは「閣僚たちはまだ党の指導委員会にいるつもりだ」と素人ぶりを皮肉った。[*87] 閣議はまず、外相による世界情勢分析から始められた。大臣が定期的に一堂に会する機会は他にない。このため、ミッテランとモーロワが開始の三〇分前（午前九時半）から議題調整を行い、それから閣議を始めるという形式をとるようになった。それまでの間に大臣どうしのコミュニケーションがとれるように、という配慮からである。モーロワ政権最初の閣議は、今後大統領と政府が署名する法令、コンセイユ・デタ（行政裁判所）長官の任命、最後にさらに検討すべき法案が議題となった。

5　国民議会選挙での勝利

ミッテランは六月三日の閣議で、大統領選での公約こそが「あらゆる領域の」政府の行動綱領であると主張していた。[*88] 閣議では、法令で施行できるＳＭＩＣ（全業種一律最低賃金）の一〇％引上げ、七月一日からの老齢最低保証（minimum vieillesse）二〇％増、家族手当の二五％増、住宅補助手当の段階的な五〇％引上げが決められたほか、一〇日と一七日には、公共部門での五万四二九〇人の雇用創出、二億六〇〇〇万フランの企業貸付け基金の創設、企業経営者所得に対する特別税、石油企業売上に対する課税や少年の職業訓練政策の策定など、九〇億フラン規模の財政支出を決定した。[*89] これらは社会的不平等を是正するための象徴的措置であり、「生活を変える」というスローガンの政策への翻訳でもあった。[*90]

一〇日には、八一年度補正予算案が閣議決定されたが、一切の追加的な財政支出は認められず、富裕層（納付額八万フラン以上）の所得税を引き上げて賄うこととなった。ファビウスは、財政赤字を最小限（五六九億フラン）に留めて、フランスの主要貿易相手国の年内中の経済回復を待つ、と説明した。[*91] プロジェの正当性がまずは優先されたのである。

社会党が直面する当面の課題は、六月一四日と二一日に行われる国民議会選挙にあった。ミッテランが大統領に選出されたことで社会党が多数派となると想定されたが、大統領選から下院選挙までの間が空くほど、社会党の優位は失われる可能性があった。モーロワは、一九三六年のブルム内閣のように、選挙から組閣まで約一カ月かかるのは避けたいと考えた。[*92] モーロワ内閣はミッテランが国民議会を解散して二日後に組閣されたため、議会による信任投票にさらされることはなかった。八一年五月五日に行われたミッテランとのテレビ討論で、仮にミッテランが当選して社会党内閣をつくるとしても、議会の信任を得られないのだから、完全な政権交代は無理だろうとするジスカールに対して、ミッテランは憲法にのっとって議会を解散するだけであって、社会党内閣は議会の信任を得る必要はない、と返答していた。社会党大統領の誕生によって、大統領と議会多数派のねじれが生じたために、ミッテランはド・ゴール以降初めてとなる議会解散権を行使し、「先制的解散」を行って完全な政権交代を企んだ。仮に右派勢力が再度多数派となれば、それは単なる敗退のみならず、保革共存（コアビタシオン）という前代未聞の制度的危機を招くことになる。ゆえに、議会選挙での勝利は至上命令だった。

国民議会選挙は、大統領選に続くいわば「第三回目の投票」である。[*93] 選挙は、全般的に社会党に有利な情勢で運ぶものと予測された。党は七九年から県連組織に常勤職員を配置、独自財源を与えて組織化

を進め、七六・七九年の州選挙と七七年の市町村選挙で大挙誕生した地方議員を軸に、党勢を拡大させていた。[*94]

加えて、共産党との一方的な選挙協力が社会党に有利に働いた。一九七二年の社共共同政府綱領以降、社会党は共産党の票田を、徐々にではあるが、確実に取り込んできた。五月の大統領選決戦投票に際してミッテラン投票を呼びかけた共産党の柔軟な態度は、社共の協力体制の好材料になると思われた。六月二日に開かれた三年ぶりとなる社共共同会合の冒頭で、党首ジョスパンはいう。「共産党の態度の変化が状況をみての判断でも、短期的利己心によるものでもなく（中略）自らの過去の政策を真剣に検討したためであることを願う」。[*95] 共産党が新政権の一員となれるかどうかは選挙協力の交渉次第、とのメッセージを送ったのである。ジョスパンは「共産党が変われば交渉するといったのではない。共産党が変化しなければ合意はない」と念押しした。[*96] 結局、社共は、①失業対策と職業訓練の充実、②賃下げなしの週三五時間までの労働時短、③労働条件と職の安定、④五週間の有給休暇、⑤早期退職制度の拡大、⑥ＳＭＩＣ、家族手当、老齢最低年金、身体障害者手当、年金の引上げ、⑦企業内での労働者の権利拡大、⑧公共企業内での民主化促進、⑨比例代表選挙の導入、などで合意し、選挙に臨むことになった。

六月一四日の国民議会選挙は、ル・モンド紙の表現を借りれば「大津波以上」の社会党勝利だった。[*97] 第一回投票で社会党は得票率三七・五一％（ＭＲＧ含む）で第一党となり、二〇・八％のＲＰＲに大差を付けた。モーロワは「史上初めて左派は『継続』という新たな次元に突入した」と安堵のコメントを漏らした。共産党候補が第一回投票でトップに立ったのは四六六選挙区のうち六五選挙区のみだった。七八年の議会選挙では、社共が立った四三六選挙区中一四四で共産党が首位だったことを考えれば、共

産党の衰退は明らかだった。第二回投票の前に出された両党の宣言はこの事実を踏まえた上で、立候補取り下げ協定を遵守するよう支持者に呼びかけた。第一回投票で過半数をとって選出が確定しない限り、支持者は第二回投票で一位候補者に投票しなければならない。第一回投票で選出が確定した共産党候補者は七人にすぎなかった。社共協力に積極的なシュヴェンヌマンは、共産党の過度の後退を憂慮して、同党に譲歩すべきだと提案するほどだった。共産党は同日のコミュニケで、当面「全左派による政府の実現に努力すべき」と掲げるしかなかった。

二一日の第二回投票で社会党は、一六二議席増の二六九議席と単独過半数を達成した。[*98] 逆に共産党は四二議席を減らしてわずか四四人にまで落ち込んだ。[*99] 社会党が下院をここまで独占したのは、一九三六年の人民戦線内閣を入れても史上初めてであり、六八年以降のゴーリスト政党すらもが望めなかった記録であった。

6　第二次モーロワ内閣——派閥均衡と政党の自律性問題

下院での圧勝を受けて、ミッテランは直ちに第二次モーロワ政権の組閣に着手し、六月二四日に社共政権が誕生した。今回の目玉は共産党員の入閣だった。大統領候補者討論で、共産党を本当に内閣に迎え入れるつもりか、と迫るジスカールに対してミッテランは「共産党員は生産、労働、納税、戦争で死ぬことに貢献するのであり、すべての物事に貢献するのです。しかし、これまでフランスの多数派を形成するのに貢献はできなかった。（中略）人民の結集である国民議会選挙の多数派となれば、もちろん、

のである。問題はその数とポストだった。前年のインタビューでミッテランは丁寧にも、共産党の閣僚数は得票率ではなく、当選者数に応じて決めると宣言していた。[*101]

選挙の翌日から早速、社会党と共産党の駆け引きが開始された。しかし、モーロワは比較的大きな予算配分をともなう省庁を共産党に割り当てるのには最初から消極的であり、共産党は運輸、公務・行政改革、保健、職業訓練の四つを得たにすぎなかった。[*102] MRGからはアバディー観光担当相のほか二名が入閣した。国会議員の資格を持たない閣僚は第一次モーロワ内閣の四三人中一三人から、四四人中一〇人へと圧縮された。

共産党の入閣を嫌って、フラン売りとマルク・ドル買いがさらに進み、中銀は当然ながら介入を迫られた。ミッテランが当選すれば、コンコルド広場でソ連の戦車が行進することになるだろう、とまでいわれたのである。[*103] とりわけ米国がどう反応するかが最大の懸念だった。ミッテランは六月に入りシェイソン外相を特使としてワシントンDCに派遣、レーガン大統領と会談させ、ブッシュ副大統領とヘイグ国務長官の来仏を決定させている。ミッテラン－ブッシュ会談は二四日と、まさに第二次モーロワ政権の閣僚名簿を発表する日に設定された。この場でミッテランは、共産党は同盟を危機にさらさないポストを得たのであって、同党の支持者はますます減少するだろうと説得した。「フランスでは、戦中のヒロイックな行動もあって共産主義は過度に支持された。（中略）政府に彼らを置いて社会党のあらゆる決定に巻き込めば彼らの独自性は失われる」[*104]。ブッシュはのちに「ミッテランはわれわれが共産主義に対して過敏になっていると感じていた。（中略）国務省はミッテランが共産党にただ乗せられているだ

けと懐疑的だったが、ミッテランが正しいことがじきに証明された」と述べている。[105]

ニューヨーク・タイムズの記者から米仏の「対照的な」経済政策について質問されて、ミッテランは次のように答えた。「違いばかりではなく、国民の期待には似たようなものすらあるでしょう。米国人も自らを誇りに思い、世界の中で特別な地位を占めたいと思い、そしてインフレと失業と戦わなければならないと感じている。（中略）違いが生じてくるのはその手段、政治的選択、問題に対する解答の仕方にある。（中略）いずれにせよ、私はフランス経済を集産化したいのではなく、国民が本来有しているものを返したいと考えているだけです。これがどうしてレーガン大統領と私の違いになるというのでしょうか[106]」。

ミッテラン社会党政権の外交姿勢は、外相職が「外務相（Ministre des Affaires Etrangéres）」から「対外関係相（Ministre des Relations Extérieur）」へ改称されたことにも表れていた。任命されたシェイソン曰く、フランスには外交政策ではなく「国内政治の対外的な反映、国内政治の国際政治における優越、すなわち要求の統合」が必要との認識からであった。[107]

組閣に際しては共産党の入閣に加えて、党内の派閥力学から生じた問題があった。国民議会選挙で選出された議員を派閥別にみると、ミッテラン派一二九人、モーロワ派四二人、CERES三六人、ロカール派四五人、ドフェール派五人だった。[108]政権交代直前のメッス党大会の動議別獲得票数は、ミッテラン派四六%、モーロワ派一六%、シュヴェンヌマン派一五%であるから、党組織構造がそのまま当選者の比率に反映されたことになる。第二次モーロワ内閣には、ミッテラン派から二四名、モーロワ派から六名、CERESから四名、ロカール派からは三名が入閣している。党執行部は、各派閥のサブ・リー

ダーであるジョスパン、キレス、ポプラン、モッチャンの四人による集団指導体制となった。このなかで唯一割を食ったのが、ロカール派であった。ロカール派はメッスで二〇%もの動議を得たにもかかわらず、自派候補者を擁立できず、落下傘候補を党本部から押し付けられた。ロカール自身、国務相のプロトコールを得たとはいえ、処遇されたポストは権限と機能が著しく低い計画・国土整備相にすぎなかった。これはミッテランに対抗して大統領候補に挑戦したロカールへの制裁措置だったが、結果的にロカール派との間にしこりを残すことになった。

二三年の空白があり、さらに政治制度が根本的に変わったため、政権と党の関係も新たな問題として浮上した。ミッテランが指摘したように、第五共和制で単独の政党が議会の圧倒的多数を占めたのが例外的であることから、党機能の再定義が迫られたのである。

党幹部は大統領府の優位性に早くも警戒感を示した。執行部のバシーは、党のアイデンティティはエリート政党ではなく、あくまでも大衆組織政党であるとし、野党であっても政権政党であってもその目的は「階級闘争、企業、アソシエーションなど変革を求めるあらゆる現場で存在すること」だと早々に主張した。[*109] 社会党は、「英労働党のような失敗や西独のSPDが抱えている困難」を回避して、階級政党、大衆政党、政権政党の均衡を成り立たせなければならないという。

同様に、全国書記の一人であるキレスもまた、社会党が「ド・ゴールやポンピドゥー政権下のUNR(共和国国民同盟)やUDRのように、政権のための汚れ役(guodillot)となったり、ジスカール政権下のUDFのような単なるクラブにならないためには、重要決定の際に影響を与えられるだけの能力を発揮しなければならない」と注意を呼びかけた。[*110] ここから彼は、一九七五年に党で決定された「自主管理に

関する一五テーゼ」の文言に着目する。同宣言では、「社会主義への移行期において、党は人民の運動と政府の行動を媒介する基本的な場となるのであり、（中略）政治組織は民主的討議に付託される戦略的計画の形成と政治的選択のための優先的な場でもある」とされていたからである。キレスの問題提起を受け、今度はCERESのシャルザが「〔社会党は〕人民の運動と政府の行動の一体性を保障しなければならない。社会党の不変であっても移ろいやすいアイデンティティは、着手される政治的・経済的刷新によって規定される。政権政党かつ社会変革の党として、党は国民と権力の紐帯でなければならない」と応えた。[*111] シャルザは党内の各委員会と各省庁を直接的に媒介するポストの創設を提案した。この提案は、九月に行われた社会党議員団と党との会合で討議され、国有化や地方分権、エネルギー政策、女性地位向上などに関する専門部会が設けられることになった。

フォロワーの突き上げに対して、ミッテランは自らの権限を用いて政府と党を拘束しようとした。ミッテランは、五月二七日の閣議で早くも「各人のアンガージュマンに忠実でありつつも、閣僚は党の代表ではなく、フランス国民の代表となるのだ」と釘をさしていた。[*112] さらに議会に向けた声明で、「私は、自身のコミットメント（engagement）こそが政府行動の憲章になると繰り返し述べてきた。二度目の選挙を経た今、これは議会の行動憲章ともなったことを付け加えておきたい。（中略）五月一〇日と六月二一日以来、われわれとフランス国民が交わした契約を忠実に履行するために議会がどのような手段を保持しているのかは首相が開示することになるだろう」[*113]と、議員団に睨みを利かせた。六月三〇日、議員団長を選出する総選挙後初の社会党議員総会では、同職に固執するポプランに対してミッテランは、立候補を取りやめるよう同日朝に圧力をかけた。旧UGCS（社会主義集団クラブ連合）を率いてモレ派

と合流し、選挙対策の重鎮であるポプランが団長に就任してしまえば、自派議員に対するコントロールが低下してしまうからだった。

それでも一〇月に入ると、下院議長のメルマズは「党こそがわれわれにとっての要である。共和国大統領、政府と左翼多数派は（中略）権力という名のブロックを形成している。（中略）このブロックが機能するためには、党が存在しなければならないし、党は熟慮の上、イデオロギーを担う役割を果たさなければならない。イデオロギーのない左翼政党は存在しない」と気勢を上げた。[*114] 党と政府の関係についての相違は、一〇月に行われるヴァランスの党大会に持ち越されることになった。しかしヴァランス大会は後にみるように、それまでの「民主主義による混乱の極みとリーダーどうしによる〝策略〟の真骨頂を示す場」ではなく、政府方針を追認するだけの大会にすぎなかった。[*115] 社会党はミッテランの大統領選出と国政選挙での勝利を契機に、「政権政党（parti du Gouvernement）」としての一歩を踏み出していた。

7　モーロワの施政方針演説——政策指針の枠組み化

モーロワによる七月八日の施政方針演説（déclaration de politique générale）は「五月一〇日、フランソワ・ミッテランは歴史と遭遇した」という言葉で始まった。[*116]「共和国の議会多数派が、ここまで困難な状況とここまで大きな希望を託されたことはなかった。紳士淑女の皆様、われわれの責務は共同的かつ歴史的なものである」。それまでは閣僚や党幹部の要望や政策は、メディアを通じて表明されていたのに対し、この演説は「政策の最初の枠組み化」を試みるものであり、その意味では国民だけでなく閣内

にも向けて発せられていた。

演説は五つの内容から成り立っていた。①生産力の回復と失業率の低下、②所得水準の平準化と税体系の見直し、③民主主義と市民権の自律性強化、④経済の安定と投資促進、⑤社会政策領域における欧州共同体強化と第三世界諸国との関係強化、である。

まず、生産力回復のためには「フランス総出で仕事に取り組むこと」が必要であるとした。失業者数は一八〇万人を超え、さらに高インフレと五〇〇億フランの財政赤字を前政権はもたらした。これを克服するには、購買力拡大と雇用創出、職業訓練を通じた生産投資の拡大をしなければならない。なかでも雇用創出は長期的な課題であり、公共部門と地方自治体で一八万の雇用を確保する計画が策定される。一九八四年までの二カ年計画によって雇用情勢は持ち直すはずであり、こうして初めて「持続的に、生活を変え、フランスを変えることができる」。その一方で、これら諸政策は財政規律（rigueur budgétaire）とフランの価値を維持したままに遂行される。失業対策はさらに、労働時短と退職年齢引下げによって強化される。「雇用を創出することで、われわれは連帯的なフランスを作り上げることができる」。

所得の平準化を通じた「連帯的なフランス」の実現には、きわめて不平等な賃金体系を修正する必要がある。そのため公共部門と国有化企業は、賃金水準と労働時間について早急に交渉に入るべきである。また、社会保障支出の抑制は好ましくなく、老齢者保護のためにも新たな財源の確保が緊要である。よって課税強化を含め財源にかかわる政策策定に着手する。こうして一九八二年度予算案では、連帯富裕税（ＩＳＦ）の創設、所得税の見直し、脱税の監視強化、家族係数制度（quotient familial）の見直し[*117]が盛り込まれる。

第三は、民主主義にかかわる、より規範的な市民の権利についての主張である。これは、個人の欧州人権裁判所への提訴を認めるほか、国家公安法院、軍事常時法廷（tribunaux permanents des forces armées）、死刑制度の廃止などを含む。また、地域圏会議長を州の代表とする代わりに知事制度を廃止するといった地方分権政策が盛り込まれた。さらに個人の自由は情報メディアが支えているとの認識から、ラジオ・テレビ局の当局・金融機関等からの保護、地方分権に沿う放送、情報・文化番組の拡充などが謳われた。その他、消費者・借家人保護の強化、レジャー・休暇取得の促進、労働組合活動の強化などが挙げられた。これらが「新たな市民権」を創設することになる。

第四は、民間部門の活性化、すなわち起業、イノヴェーション、雇用創出などの事項である。金融政策は現下のドル高政策によって行き詰まっているため、その是正を米国に求めるとともに、国民の貯蓄を活用する融資制度を考案する。現在の企業投資水準はあまりにも少なく、経済活性化のためにもこれを引き上げる必要がある。その手段が国有化政策である。国有化政策は次の指針によって進められる。すなわち、①「拡大された公共セクター」以外の企業は、共和国大統領のもと民間部門に留まる、②小規模の銀行は国有化されない、③国有化された大企業は国際的な競争部門で生存をはかり、これを通じた融資経路の適正化を使命とする。この基準に従って、ダッソー・グループとマトラ（航空宇宙）、ユジノールとサシロール（鉄鋼）、CGE、ペシネー、ローヌプーラン、サンゴバン、トムソン゠ブラントの五大産業グループが国有化される。「われわれは国家が、国有化によって産業起点を管理し、投資と雇用のダイナミックな政策を打ち出せるよう望む」とモーロワはいう。同時に「世界に対するフランス経済の開放」の抑制にも注意が払われる。そのためにエネルギー依存度の低減と国内市場におけるフラ

ンス企業のシェア拡大が優先される。

最後の外交政策では第三世界の問題、欧州共同体の失業対策と産業再編、エネルギー対策が重要とされた。フランス外交の指針は、世界の中での自国の地位の維持、法の支配の貫徹、国際的連帯精神の促進であると定められる。

施政方針演説には二つの特徴があった。ひとつは、政府指針を穏健にする試みだった。これはモーロワがいうように、「最大数の大臣の賛同を得つつ」「ときたま過剰になる逸脱を」抑え、どう演説に反映させるか、というむずかしさを生んだ。[*118] 総選挙から演説までの約二週間で、モーロワは閣僚に対して政策案を提出するよう求めたが、あわせて「五〇〇ページ以上に及んだため」、演説直前まで草稿を削らねばならなかった。[*119]「私は長らく欧州の社会民主主義政党に馴染んだために、改良主義を選ぶようになった。（中略）他方でフランス社会主義からは、革命的神話（mythologie révolutionnaire）と革命的鼓吹（inspiration révolutionnaire）の流れに位置しなければならないということも学んだのだった」。二つの伝統をいかに両立させるかが首相としての任務だった。

もうひとつは、社会勢力との協議や交渉を重視したことだった。労働時間の短縮策は労働組合と、国有化は関係企業経営者と、産業力の強化は公共企業・民間企業の協議委員会とによって推進される、といった具合である。これは社会主義インターを通じて社会民主主義のミリューに馴れ親しんでいたモーロワにとって、フランス社会党がまず超えるべきハードルであった。「いまだに交渉が例外的と見られる状況から脱しなければならない」。なぜなら「一般的にフランスの、とりわけ左派の構造的弱点は」、労組組織率の低さとナショナル・センター間の対立にあるからである。[*120] 大規模かつ急速な社会改革、社

会党の組織化の経緯からしても、社会勢力との連合を何よりも必要とモーロワは考えた。このことは、八一年九月に彼が、オーストリアは低い失業率、高い成長率、安定した通貨価値と低インフレを実現している目標とすべき国、と言及したことからもわかる。[*121] フランスにおけるコーポラティズムとその克服の必要性、そしてその困難さはモーロワが一番認識していた。

8　ミッテランの欧州との遭遇——国内類推の発露

モーロワが施政方針演説を行う一週間前に、ミッテランにとって初の欧州外交舞台となるルクセンブルク欧州首脳会議（欧州理事会）が開かれていた。議論が中東問題に集中するなか、ミッテランは米国の高金利を非難するとともに、欧州各国による国内需要創出と「欧州社会空間（Espace Social Européen）」の創設を訴えた。すなわち、欧州共同体が新規融資枠を創設し、各国の技術革新・ハイテク産業への投資、情報技術・エネルギー・研究開発に携わる企業の協力、労働時短の共同検討を欧州という枠組みで促進することを提案したのだった。首脳会議の直前には、シャンデルナゴール欧州担当相が欧州議会で「われわれは〔米国の〕ドルやエネルギー政策、あるいは世界規模での再編の影響を一方的に被るような自由貿易圏を望んではいない。（中略）われわれが欲しているのは共同の政策を実施して危機を乗り切ることのできる主意主義的な欧州である」と演説していた。[*122] シャンデルナゴールは「欧州社会空間」を、労働時間の再編を通じて失業問題とリストラに対処するため、労働者がつくりあげる欧州、と定義している。[*123] サミット当日、ミッテランは失業問題に関して労組ＦＯ（労働者の力）書記長ベルジュロンへ次

のように答えている。「この惨事と恒常的に効率的に戦うには欧州規模の対策、労働時間の編成、労組との対話、欧州的次元の十全な活用が必要である」[*124]。ミッテランの欧州イメージそのものは六〇年代から変わっていなかった。一九六九年に彼は「フランスの社会主義政権は実施主体に、尖兵となる産業・情報・原子力・石油化学・航空宇宙政策の権限を与えて欧州の自律を可能にする柱を打ち立てる。自由主義的な欧州のなかで力関係はすぐには変わらないとしても、こうしたイニシアティヴを持てば共同体においてフランスが政策を持つ余地は確保される」とル・モンド紙に寄稿していた。

もちろん、パートナー国が共同歩調をとることはフランスの「社会主義プロジェ」にとっての必要条件でもあった。大統領選第一回投票の直後にはすでに、プロジェに基づく需要喚起によって輸入が急増しないよう「主要パートナー国が同様の経済政策をとること」が望ましい、とミッテランに対して補佐官らからアドバイスがなされていた[*125]。ルクセンブルク首脳会議の終了後、フランスは社会・産業投資、研究開発の共同スキームなどによる欧州統合の再興を、メモランダムを通じて訴えた[*126]。ベルギーとデンマーク、イタリアはフランスの提案に前向きな態度を示したものの、西ドイツと英国は失業問題よりもまずはインフレ対策に力点を置くべきであり、フランスの経済構造に問題があるという姿勢を崩さなかった。「社会主義プロジェ」に基づく国内類推的な対外政策はあまりにもイデオロギッシュであり、各国はマクロなビジョンよりも、英国の還付金問題とCAP（共通農業政策）という、政策的問題への明確な態度を要求した。ミッテランの知る欧州はすでに、昔のそれではなかった。ミッテラン自身、当時を振り返って「〔欧州社会空間という〕非常識は、ナンセンス、もっと言えば挑発だと他国の首脳は考えた。彼らの目には、私が左派政権という、足元で火が燃え盛る不吉な星からやってきた人間にみえたは

ずだ。しかし、世界のざわめきも、街頭の騒音も聞こえない空調の効いた館で私はどんな火を焚きつけられただろうか」といったほどだった。[*127]

七月一五日には、政権誕生後初の独仏首脳会談も行われた。ここでミッテランは西独シュミット首相に、ドル高に向けて両国の足並みを揃える必要性を強調した。彼はシュミットに「ナショナルなエゴイズムに道を譲りたくなければ、政治的な意志を示すことが必要だ。そうして初めて世界的な危機を克服できるだろう」と同調を求めた。[*128] 五日後に開催されたオタワ先進国首脳会議でも「危機は米国の高金利政策に由来し」、フランスの消費喚起と公共投資の政策は「それ以外の選択肢が許されていない状況にあるため」と演説し、帰国後「他の欧州諸国とともに、高金利政策とドル高政策が世界経済にとって有害であることを米国に知らしめた」と閣議で説明した。[*129] プロジェ路線はあくまでもナショナルな地平で機能するものでしかなかったが、この時はまだ社会主義と欧州統合が鋭く対立するものであるとは認識されていなかった。

9　ヴァランス大会での党の結集

政権が誕生した後の一九八一年一〇月二三〜二五日に開催されたヴァランス党大会の論点は、急進路線が決定的になったメッス党大会の結果を追認するものとなった。もっとも政策路線で党内は一致したものの、党の役割と執行府との関係が再び問題となった。大会に際して提出する文書で、各派閥は党の機能と政府との関係について一章をわざわざ割いた。前述のように、初めて与党となった社会党は新た

なアイデンティティを自らの手で定義する必要に迫られたのである。メッス大会ともうひとつの大きな違いは、開会前に、派閥間の決着がついていたことであった。単一の動議に基づいて決議がなされるのは七一年のエピネー結党大会以来であり、さらに大会でたった一つの動議しか提出されなかったのは党にとっての初めての経験だった。

新たな第一書記ジョスパン率いる主流ミッテラン派は「ヴァランス大会における課題」と題した議題案（contribution）で、「メッスは非常に攻撃的な議題案をもとに後味の悪い議論がされた大会だった。（中略）そこで――ミッテランが書いたように――、政治的選択の明晰さとある戦略の勝利が問われた。ヴァランス大会はこれと異なり一体主義（unanimisme）、（いくつかの問題を抱えつつも）明らかな内部的調和、外部に対する真の一体性の場である」として、政権与党としての自覚を求めた。[*130] その上で「党の手段――『権力の獲得から権力の実践へ』」と題した第二部で、政党内部組織や政党と政府の関係を規定した。ジョスパンはミッテランの後継者に相応しく、プログラムの適用の仕方については慎重だった。「社会主義プロジェ」は「宿命の否定、忍従の否定」であるとともに「ひとつの熟慮の結果であり、来る一〇年の提案の枠組みにすぎない」とした。[*131]

社会党自身については、「党は弁論部ではなく、社会主義の方向に社会を導く行動の手段である」と政党のあり方を定義した上で、党内多元性と政権与党という二面性は矛盾を生じさせる、とした。これについては、諸派閥による多様性を尊重した均衡を訴えた。「理念が混乱したなかで」各支部の任命を争うよりも、メッス大会以来存在する「安定的な集団」、すなわち自派を中核として「開かれた統合」を目指すべき、としたのである。

政党と政府の関係は、かなりの程度、曖昧なままにされた。その理由は「参照する基準がないため」だった。つまり、第五共和制において議会多数派を左派の大統領政党が占めた前例がなく、またイデオロギー的偏重、組織構成、労組との関係からいって「フランス社会党は、SPD、英労働党、北欧の社民政党と比較できない」。ここから二つの原則が適用されるとしている。ひとつは、前出の「自主管理に関する一五テーゼ」であり、社会党は国家権力のひとつであってはならず、自律性を失うべきではないとされた。もうひとつは、英労働党と異なって政府綱領を独占的に定義はしないという点である。そうではなく、党はむしろ「最重要の決定に際して、脅迫することなく、提案と原動力を用いて影響を及ぼすこと」を目標にしなければならないとする。したがって、各省庁と定期的に協議し、閣僚は指導委員会に籍を残したまま「社会主義プロジェが謳うように」、党は短期・長期にわたる戦略を策定し、伝えなければならない。

議題案の最後には、「社会主義への移行」のプログラムが具体的に挙げられた。このプログラムは「資本主義との訣別」を核としているものの、主要国の「エゴイスティックな自由主義経済政策」に妨げられる可能性があるため、フランスは他国よりも経済的・技術的革新をよりよく統御しなければならない。そして目標はあくまでも「資本主義を近代化させたり、深刻な害悪を和らげたりすることではなく、期限を区切って社会主義に代替させることである」とした。ここでは当然、諸外国との経済関係によって社会主義への移行がスムーズに運ばないことが十分に認識されていた。そのために、欧州諸国とのより緊密な協力と関係の推進がプロジェを成功させる要諦とされていた。こうして「新しいインターナショナリズム」が目指され、これが実現して初めて「アメリカの帝国主義とソヴィエト型社会から逃

れ、真に社会主義的なオルターナティヴを求める者に応える」ことができると締め括られた。

ＣＥＲＥＳからの議題案は以下のようなものだった。[*132] ＣＥＲＥＳは、経済政策の主要課題をまず失業の解消とし、公共投資と技術革新による国内企業の市場シェアの回復は、競争力回復を意味するとした。しかし、その間にはタイムラグが生じる。だからこそ、「左派は一年、あるいは〔市町村選挙のある〕八三年の初めまで雇用情勢が回復するのを待ってはならない。この時期までが市場の法則が失業に対して効果をもたらす最終的な期限となるだろう」と述べた。党の機能については「大衆と階級に立脚する組織である社会党は、人民の運動と政府の行動との一体性を確保しなければならない」、また「政権政党であり社会変革の党でもある社会党は、人民と権力との活きたつながりであるべき」と、ミッテラン派よりも積極的だった。

このように、社会党が権力を奪取した後では、経済政策では従来の路線で一致したものの、党と政府との関係に関しては、各派に大きな差があった。

九月一二〜一三日にもたれた指導委員会と、続く決議委員会、さらに各派責任者による討議において、ヴァランス大会での共同動議の採択が決まった。社会党規約第五条により、個別問題のみに言及する議案を却下し、「総合指針（politique générale）」だけが正式な議案として受理され、討議の対象となったのはミッテラン派とモーロワ派（社会主義者アクション〔Action Socialiste〕へと改称）、ＣＥＲＥＳの案だけだった。政府からはモーロワ首相とベレゴヴォワ大統領府事務総長が出席して調整作業をフォローした。

各派の内容をすり合わせた「全国指針動議（motion nationale d'orientation）」の後に正式に採択された大会動議は、ミッテラン派の議案とほぼ同一の内容となった。[*133] 大会の前月に党スポークスマンに任命され

たデラノエは、各派の個別動議が提出される可能性は残る、と述べていた[*134]。しかし、ミッテランが大統領となった現在、ミッテラン派以外の動議が採択される余地はなかった。ロカールがミッテランに正面切って挑戦することも、もうあり得なかった。ロカールは党を分断する異端者として名指されるような、メッス党大会の二の舞は避けなければならなかったからである。

入党者が増加したため、比例に基づいて指導委員会の代表権が各派閥に再配分され、ミッテラン派に五一・五％、モーロワ派に一七・五％、CERESに一六％、ロカール派に一五％が割り当てられた。このうち、メッス大会と比べて唯一席を減らしたのがロカール派だった。これはまた、動議が一つしか提出されないという、党紀が予定していなかった事態に便乗した取引でもあった[*135]。ロカール派はこの決定を知らされていなかった。指導委員会で議席が減ったため、ロカール派は七つの県連のうち、三つで代表権を失うことになった。ロカールが閣僚辞任をほのめかしている、との報道までなされた[*136]。急進路線に対抗するためにメッス大会で協調姿勢をみせたモーロワが、ヴァランス大会でロカールとの調停に動かなかったのも、ロカールが政府の国有化一〇〇％路線を九月五日の閣議で大っぴらに批判したためではないかとされた[*137]。政治学者デュヴェルジェがヴァランス大会を指して「ミッテランが全フランス国民の大統領たらんと努力していた時期に社会党は、潮流（tendances）、派閥（courants）、思想集団（sensibilités）の間で際限ない報復合戦をやっていた」と論説で皮肉ったのも仕方のないことであった[*138]。

ただし、各派とも派閥政治の激化を恐れ、党の急進路線に従うようになったという点は重要であった[*139]。党内の多元主義をまとめるには、「社会主義プロジェ」というアイデンティティに回帰するしかなかった。大会の急進化にミッテランは苛立ち、ジョスパンを叱責するとともに、メッス大会に続いて党が足

手まといになるのではないかと恐れた。

後にみるように、二年後の党大会では、また異なる力学が働くことになる。社会党のミリューに近い政治学者ポルテリの、党内再編という意味では「過渡期のヴァランス大会は何の役にも立たなかった[*140]」という分析と、大会直前にインタビューを受けたパリ支部のミリタンによる「現在の政治状況からいえば必然的かつ例外的な結果に過ぎず、派閥政治はまた再燃する[*141]」という予言は、ともに正鵠を射ていた。

10　社会主義へ――「ミッテランディズム」の開始

モーロワは就任早々、プロジェが掲げた政治、経済、社会といった多領域の政策に取り組まなければならなかった。その課題の大きさを前に、首相は困難を感じていた。「われわれは一九三六年のように、政府で決定したことを粛々と進めればよいという時期にはいない。この方法はわれわれの時代の社会システムにはもはやそぐわなくなっていた[*142]」。

七月三日、経済財政相のドロールは議会の国家会計委員会（Commission des comptes de la nation）に対して八一年の経済成長率は〇・五%と予測されるものの、米国のインフレ沈下にともなう金利引下げ、さらにSMIC改定など一連の社会政策によって〇・二%程度の底上げが期待でき、西ドイツ向けの輸出増から、第4四半期に景気は回復基調となると報告した。上院の財政委員会での補正予算説明では、八二年の成長率は三%に達するだろう、とも予測している。この時点でドロールも為替水準を憂慮しておらず、六月には英タイムズ紙で「現在のフランのレートはフランス経済の競争力を担保している」と

の認識を示していた。[*143] 大統領府でも、世界の経済情勢は八二年には好転するだろうとの見方が強かった。七月一〇日にアタリはミッテランに「八二年と八三年の景気回復はほぼ確実」と報告し、一五日には経済政策補佐官の中心的存在であるスタースも、「経済活動の回復を予測できるいくつかの兆候が現れてきている」と報告していた。[*144] 八月にはモーロワ自身がフラン切下げは予定にない、と市場の噂を一蹴し、バカンス明けのインタビューで一連の経済政策の効果は一八カ月で現れる、との見解を表明していた。[*145] ただし、エコノミストの多くが指摘したように、国有化がまだ着手されておらず、予算額も策定していない状況での経済予測には無理があった。六月一七日に、予算担当相に宛てられた官房スタッフのメモは早くも次のように述べていた。「わが国の主要貿易相手国の成長の持ち直しは一九八一年第4四半期には現実のものとなりそうである。（中略）しかしこの予測は、物価と為替水準（年末までにフラン／マルクの平価調整を考えた方が現実的である）と、とくに雇用水準（第2四半期中に横ばいと考えるのは超楽観的であると思われる）について楽観的過ぎると思われる。（中略）財政支出増による所得上昇は輸入を促進し、（国際収支が耐えがたいものとなって）きわめて危険な状況を生むことになる[*146]」。

それでも政府は六月に購買力拡大策を実施し、予定通り大規模な経済政策に着手することとなった。夏を迎えて、経済実績はすでに芳しくなかった。購買力の上昇は非競争部門（化学、薬品、自動車、家電、木材）の業績を改善させたものの、繊維、衣服、皮革産業はむしろ海外からの輸入攻勢にあっていた。[*147] 貿易赤字は八〇年の五二〇億フランから六五〇億フランへ拡大すると予想され、なかでもエネルギー部門の入超は八一年第1四半期に七七二億フランと最大のシェアを占めていた。サービス収支の黒字によって、国際収支は第1四半期の一四七億フランの赤字から第2四半期に一六億フランの黒字へ転じたも

のの、フランは相変わらず対ドルで三割近くも価値を減じていた。企業経営者の景況判断も、八一年の企業投資は一二％増、八二年は四％程度に留まるとした。政府の懸念はインフレ悪化と財政赤字の拡大にあった。前者は、政府見通しでは八一年中は一四・一％に留まると推測されたにもかかわらず、第1四半期にすでに一五・六％に達しており、後者は七〇〇億フラン、八二年には九五〇億フランが見込まれた。これに加え、社会保障会計で七〇億フランの赤字が累積し、労使双方が運営するASSEDIC（地域商工業雇用協会）の赤字六〇億フランを補填しなければならなかった。つまり、八一年末から八二年春頃にかけて深刻となる経済財政問題は、この時期からすでに兆候が現れていた。

この時の社会党政権の経済政策は一貫したロジックのもとにあった。政策上の最優先課題は失業対策にあった。そのために、給与所得者の購買力を喚起して総需要を創出し、同時に低金利政策と財政支出を行って投資水準を高めることで雇用創出を後押しするという経済戦略だった。老齢年金、家族、住居、身体障害者、SMICといった六月の各種社会保障手当ての引上げ分は、GDP比の約一％（三五〇億フラン）相当に上っていた。[*148] さらに公共部門で五万～六万人の雇用を創出し、労働時間を週三五時間まで段階的に短縮する予定となっていた。このころの戦略は、六月の購買力拡大策の効果が現れるまでに国有化政策を実施し、続いて次年度予算で大々的な財政出動と中小企業の負担軽減策を実施して、本格的な経済回復を図るというものだった。[*149]

こうした具体案は、大統領府の補佐官たちによってまとめられていた。事務総長ベレゴヴォワをトップとするヒエラルキーの下に、事務次長であるフルニエが一二の政策領域の専門補佐官を束ねて、毎週会合を持った。[*150] 経済問題に直接かかわったのは、スタース（経済計画）、ブーブリル（産業）、モロー（社

会問題）、ソテール（国際経済）、ルノン（エネルギー）、ナレ（農業）の五人である。もっとも、彼ら補佐官は直接官庁に働きかけることは原則としてなく、ミッテランにメモを毎日提出して政策提案を行った。ミッテランは補佐官と集団でも個人でも接することは滅多になく、連絡も文書を通じてなされた。ミッテランが好んだのは、一ページ以内の短い、「熱のこもったかつ具体的提案を含む」メモだった。[*151] しかし、青インクで「済み（vu）」と記された補佐官のメモが短期間で差し戻されることはあっても、果たしてその政策が承諾されたのかどうかは必ずしも明確にはされなかった。ミッテランは、重要問題に関して補佐官のメモを熱心に読み込んだが、それだけに頼ることは決してなかった。ミッテランは、「問いをみつける者は好きだが、答えを出す者は怪しいと思うこと」にしていた。[*152] 基本的な政策を伝えるスピーチの前には、草稿を作成するチームをアドホックに任命したが、最終的にその草稿が採用されるとは限らなかった。多数の部外者を含むインフォーマルなネットワークに支えられ、長く複雑な省察の後に決定が下される彼のスタイルは、野党時代からのものだった。アタリと首相を除いて、ミッテランと日常的に連絡をとれたのは、長きにわたって政治キャリアをともにしてきたデュマやエルニュ、実業家のジャン・リブーやド・ヴェヌヴィルといった、党と直接関係しない人たちだった。補佐官では、ヴェドリーヌ、ソテール、グラヴァニー、コリアール、それに八二年九月にドロール官房から新たに通商担当として任命されたギグーが重用された。[*153]

大統領府におけるこうした専門家群の多くは、ミッテラン派に近い官僚や研究機関の出身者だった。大学人だったアタリは七〇年代に入党していたものの、ミッテランの個人的なアドバイザーの域を出ず、党の表舞台に出ることはなかった。六〇年代末からサヴァリーの協力者であった事務総長ベレゴヴォワ

を除けば、事務次長のフルニエ、官房長のルスレ、副官房長のコリアールを含め、党活動家とは異質なキャリアの持ち主である。[*154]

一方、党からのインプットの回路は限られていた。大統領と社会党の公式的な接触は、毎週火曜日に開かれるジョスパンとミッテランの一時間半程度の朝食会だった。月曜日に代議士は地元選挙区に戻っており、パリで仕事を始めるのが火曜だったため、野党時代にミッテランは火曜に党幹部と朝食をとるのを慣習としていたからである。火曜の朝食会には、ベレゴヴォワと大統領府・首相府スタッフも参加した。毎週水曜日、閣議の前に行われる朝食会もあった。こちらにはミッテラン、モーロワ、ジョスパン、ベレゴヴォワに加えて、ファビウス、メルマズ、ポプラン、ドフェール、ジョックスといった、党と政府をつなぐ重鎮が参加した。八二年末まではさらに木曜に、ジョスパン、メルマズ、キレス、ジョックス、ポプラン、ファビウスなど党幹部に限定された朝食会が催されていた。[*155]もっとも、これらは協議というよりは、内輪のコミュニケーションの場であり、ミッテランが指示を下したり、あるいは他が政府方針に注文を付けるのではなく、一般情勢について意見交換をするためのものだった。自らが認めるように、ジョスパンにとって「ミッテランの言葉は金科玉条」であり、党首は政策の「証人」に留まった。「ミッテランはいまだ実質的な第一書記であるからそれは当然のこと」だったのである。[*156]意見交換の場は、ジョスパンや社会党議員団が「余計なことを口外しないように」、最低限の情報を与えるのが目的だった。[*157]もっとも、ジスカール゠デスタンやド・ゴール、ポンピドゥー時代には、このような党と政府の準公式的な会合が持たれたことはなかったことを考えれば、初期のミッテラン政権には組織政党の面影がまだきわめて色濃く残っていた。

八一年八月一九日の閣議では、秋に打ち出す経済政策として四つが挙げられた。①雇用創出の担い手となる中小企業（PME）の自己資本増強を図るための社会保障負担の軽減、開発投資に対する優遇措置、融資枠組みの強化、②国内市場シェア拡大のため新規製品の市場投入の支援、③雇用促進を目的とした労働法制の見直し、④技術開発体制確立のため地方自治体による技術開発特区の創設、である。*158 閣議後の政府コミュニケでミッテランは、雇用情勢の悪化を食い止めることが喫緊の課題であり、雇用の創出が可能なセクターの成長が重視されるべきと強調した。翌週の閣議後には、これまでの政策は「フランスの新たなイメージと歴史の新しい時代を印象づけた」が、財政赤字、インフレと失業はあくまで前政権の遺産であって「失業者一人たりともわが政権によるものではない」との声明が出された。*159

具体的政策をなかなか示せない政権に対してミッテランは二五日の閣議で檄を飛ばした。「あなた方の言説はあまりにもナラティヴでダイナミズムに欠ける。（中略）国民との蜜月があってもなくとも、われわれを信頼した人たちを裏切り、われわれを拒否する人たちの信頼を得ることなどできない」*160。しかし、ミッテランは秋になるまで経済財政問題に直接介入しなかった。五月の就任時から九月まで、ミッテランが裁断を下した案件は五本の指にも満たないと補佐官は証言している。*161

失業率の上昇は止まるどころか深刻な状況になっていた。九月早々、モーロワ政権は最大の懸案である失業問題に取り組む。一五日、首相は国会で、八五年までに週労働時間を三五時間に削減すること、パートタイム労働と早期退職の促進、中小企業への補助拡大などを約束した。

ミッテランは九月二四日に、就任後初となる記者会見を行った。首相以下の閣僚を従え、テレビで生中継されたこの会見で、ミッテランは具体的な経済政策を初めて公にした。彼は「フランスを最先端の

工業先進国とするような、よりよく公正な社会関係、より適切な資源配分、よりよい所得配分と労働時間編成に基づく新たな発展の形を目指す」とした上で、国民と各セクターの努力が「国家的跳躍」をもたらし、欧州と世界に冠たるフランスのための基盤となると訴えかけた。記者会見は経済問題、外交、社会問題の三部からなる質疑応答もあったため、二時間三七分にも及んだ。経済政策に関する二〇あまりの質問では、政策の正当性が強調された。まず、景気は内需の回復によって上向くが、これは危険水域にあるインフレを加速させる。したがって企業投資をともなわなければならず、「イデオロギー的影響に基づかない」国有化が実施されるべきと説いた。ミッテランは国有化を進める理由として、戦後から現在までの資本の蓄積と集中は多国籍化しつつあり、そのため企業が「フランス国家と対となる」必要があること、「フランスよりも強力な国のチェスの駒」に成り下がって国際分業の一端となることを避けるため、そして国内市場のシェアを取り戻す必要性を挙げた。「フランスでは国有化はうまくいく。それは、ことフランスの公共セクターに関する限りよい結果をもたらすのであり、外国とは状況が異なる」のである。そして、インフレの克服は、社会的成長、不平等の削減によって初めて達成されると述べた。

フランの状況については次のように答えた。

通貨に関しては、これまで多く指摘されたように、私は学校の教室で習ったにすぎないが、それはある種の経済状況を、写真のように映し出しているにすぎない。(中略)五月二一日の就任後に首相は通貨問題についての情報を精力的に集め、交渉せねばならなかった。私が公職についていない

時期、すなわち前政権のもとで五〇億ドル、〔当選した〕五月一〇日の前後で五〇億ドル、計一〇〇億ドルが今までに失われた。それに対してこれまで六億ドルがフラン維持のために投入され、散発的に投機が起きているという状況にある。投機で誰が利益を得たのかは徹底的に調査される。フランはEMSの枠内にあるのであり、フランス経済にとって不可欠な、守らなければならない要素としてそれ相応の行動を採るつもりでいる。

「ミッテランディズム」は一国だけで機能するものなのか、それとも「輸出」の対象となるのか、との問いには、

少なくとも短期的には多くを期待してはいない。しかし、フランスがフランスであることに私は幻滅していない。フランスは規則に基づいた国家間交流だけに満足するのではない。提案を行い、国力を動員し、歴史的な模範として、欧州の権威としてのフランスはミッテランディズムなどではなく、あくまでもフランスである。そしてフランスは伝播させることのできる徳（vertus contagieuses）を持っているのである。隣国の数々の経験を観る限り、あらゆる出口が塞がれるのなら、最終的にはわれわれの方を向いて、フランスが提案している突破口もそう悪いものではない、というかもしれない。ルクセンブルクでパートナー九カ国に対して、うぬぼれからでも、虚栄心からでもなく、法的根拠に基づいて「あと七年が私にはある」と私は言った。内緒で言ったので、どこにも報道されなかったが、各国の首脳のうち、同じように言える者はどれだけいるだろうか。

ミッテランは、サッチャー首相がミッテランディズムに転向する、あるいは転向させられると考えることは非現実的だとしつつも、社会党政権として政策を遂行すると宣言した。この記者会見で明らかになったのは、ミッテランにとっての欧州共同体はまだ「外部」に、少なくとも欧州の地位は相対的に控えめなままに、[*162]総じてその態度が「冷淡なもの」でしかなかったということだった。[*163]

ミッテランは目新しい政策を打ち出したわけではなく、同時期に政権が国会に提出した一連の経済政策を擁護し、説明したにすぎない。具体的な指針は、八二年度の経済成長率の目標を三%とすること、租税負担率を変更しないこと、貯蓄促進のために非課税貯蓄性普通預金（Livret A）の金利を八・五%とすること、富裕税の創設などに留まった。悪化しつつある経済情勢についての補佐官からの忠告は、ミッテランの耳に届かなかった。「今のところ、私は政治をやっているのだ。緊縮政策が必要だとしても、それは後でやることだ」と、経済指標を挙げて心配するアタリに言い渡したのも、[*164]「西欧世界で一般的になってしまった政策に対抗して」不況に打ち克つ「意志の力」をまだ信じることができたためだった。ル・モンドの経済記者はミッテランのスタイルはド・ゴール流だとしつつも、ド・ゴールの経済政策は右でも左でもなかった、と指摘した。「インフレ対策には右も左もない。（中略）インフレ抑制は赤字の縮小と、金融改革でしか達成できない」。[*165]

しかし、社会党政権が拒否したのは、このような経済理性のパラダイムそのものだったはずである。ミッテランが目指していたのは「ド・ゴールが核でもってなし得たのと同じように、フランスに経済的な攻撃能力を与えること」だった。[*166]この大統領の初の公式会見を国民は高く評価した。大統領府が密かに行った世論調査では七五%が「説得力があった」と評価し、四二%が「イメージがさらによくなっ

た」とした[*167]。

「社会主義プロジェ」は、社会党内の派閥のアイディアとイデオロギー間の争いを経て、政権獲得のために一〇年余にもわたって準備されてきたものであり、実現の過程がユーフォリア（陶酔）に包まれたのも無理はなかった。党内に残っていたプロジェへの懸念を薄れさせたのは、勝利の酔いだけでなく、派閥の個別的利害を突出した形で認めないミッテランの「取引的リーダーシップ」にも拠っていたことに留意する必要がある。第一次および第二次モーロワ内閣が、野党社会党が作り上げてきた組織構造の再現、つまり派閥均衡型という形式をとったのには、こうした理由があった。ミッテランのリーダーシップにとって、この多元的な構造は、野党時代の急進的な言動とその土台である社会主義プロジェによって安定する均衡点となっていた。

注

＊1　*Le Monde*, 12 mai 1981.

＊2　フランス大統領選の制度的効果については、差し当たり Maurice Duverger, *Le Système Politique Français*, Paris: Presse Universitaire de France, 1985, pp. 507–511 を参照。

＊3　大統領選の分析は主に次による。Machin, Howard and Vincent Wright, "Why Mitterrand Won: The French Presidential Elections of April-May 1981," in *West European Politics*, vol. 5, no. 2, 1982; Lancelot, Alain, "Introduction: 1978–1981: Les Rendez-vous Manqués de la Structure et de la Conjoncture,"; Grunberg, Gérard, "Causes et Fragilité de la Victoire Socialiste de 1981," in Alain Lancelot（Etudes Réunies par）, *1981: Les Elections de L'Alternance*, Paris: Presses de la Fondation Nationale des Sciences Politiques, 1986.

＊4　Cited in Wright, Vincent and Howard Machin, "The French Socialist Party in 1973: Performance and Prospects," in *Government and Opposition*, vol. 9, no. 2, 1974, p. 56.

＊5　Lacouture, Jean, *Mitterrand. Une Hisitoire des Français*, t. 1, Paris: Seuil, 1998, p. 138.

＊6　Duhamel, Eric, *François Mitterrand. L'Unité d'un home*, Paris: Flammarion, 1998, p. 22.

＊7　Lacouture, Jean, *Mitterrand. Une Hisitoire des Français*, t. 1, *op. cit*., p. 147.

＊8　第二回投票に際してジスカールはシラクに積極的支持を求め、五月三日の選挙大会に出席するよう要請するが、拒否された。Machin, Hayward and Vincent Wright, *op. cit*., p. 21.

＊9　これらのポスターは、Noël Nel, *Mai 1981. Mitterrand Président*, Paris: La Documentation Française, 1995で確認できる。

＊10　*Le Matin*, 30 avril 1981, Cited in *Ibid*., p. 39.

＊11　Giesbert, Franz-Olivier, *Le Président*, Paris: Seuil, 1990, pp. 65–66.

＊12　*Le Nouvel Observateur*, 1 juin 1981.

＊13　Machin, Howard and Vincent Wright, "Why Mitterrand Won: The French Presidential Elections of April-May 1981," *op. cit*., p. 15.

＊14　Lancelot, Alain, "L'Alternace sur l'air de la vie en rose," in *Projet*, no. 158, sep-oct. 1981, p. 938.

＊15　Mendras, Henri, *La Seconde Révolution Française. 1965–1984*, Paris: Gallimard, 1994.

＊16　*Ibid*., p. 20, p. 397.

＊17　Hamon, Hervé at Patrick Rotman, *Génération. 2. Les Années de Poudre*, Paris: Seuil, 1988, pp. 623–624. その後彼はパリ郊外の地域整備をミッテランに進言し、「郊外89（Banlieues 89）」計画として採用された。六八年世代の思想と時代状況については差し当たりキース・A・リーダー、本橋哲也訳『フランス現代思想：一九六八年以降』講談社、一九九四年、第一、二章参照。

＊18　Hatzfeld, Hélène, "Les Années 1970 entre Politique et Histoire: La Construction d'une Période de Transition," *communication présentée aux journées Association Française de Science Politique*, 4–6 mars 2004, p. 3.

＊19　Seligmann, Françoise, *Les Socialistes aux Portes de Pouvoir*, Paris: Editions Michalon, 2005, p. 107. 〝ミリタン〟（militant）はここでは「政党や労働組合、様々な結社のメンバーのうち、単に党費（組合費、会費）を払い、党員証（組合員証、会員証）を持つに留まらず、宣伝などの活動に積極的に参加し、組織の維持・運営を支えている人たち」と定義する。中山洋平「〝ミリタン〟：フランス民主主義の基層へ」『創文』第四〇六号（一九九九年一～二月）、二六頁。

＊20　Lewis, Steve, C. and Serenella Sferza, "French Socialists between State and Society: From Party-Building to Power," in

George Ross, Stanley Hoffman and Sylvia Malazacher (eds.), *The Mitterand Experiment: Continuity and Change in Modern France*, Oxford: Oxford University Press, 1987.

＊21 Philippe, Annie et Daniel Hubscher, *Enquête à l'Intérieur du Parti Socialiste*, Paris: Albin Michel, 1991, p. 43.

＊22 Sferza, Senerella, "Party Organization and Party Performance: The Case of the French Socialist Party," in Richard Gunther, et al. (eds.), *Political Parties. Old Concepts and New Challenges*, Oxford: Oxford University Press, 2002, p. 172.

＊23 *Ibid*., pp. 180–183.

＊24 一九七六年と七九年の地方選挙で社会党は一〇六一人のカントン議会議員と三〇人のカントン議会議長を輩出するまでに至った。Jouteux, Thomas, *Le Parti Socialiste dans la Campagne de François Mitterrand en 1981*, Paris: Les Notes de la Fondation Jean-Jaurès, 2005, p. 193.

＊25 Lagroye, Jacques et al., *Les Militants Politiques dans Trois Partis Français*, Nancy: Pedone, 1976, p. 22. この分布はジロンド県をサンプルとしている。

＊26 Rey, Henri et Françoise Subileau, *Les Militants Socialistes à l'épreuve du Pouvoir*, Paris: Presses de la Fondation Nationale des Sciences Politiques, 1991, pp. 63f.

＊27 *Le Monde*, 13 juin 1981.

＊28 以下の発言の引用は *Le Monde*, 12 mai 1981 による。

＊29 Giesbert, Franz-Olivier, *Le Président*, *op. cit*., 81.

＊30 Pfister, Thierry, *Les Socialistes*, Paris: Albin Michel, 1977, pp. 92–93.

＊31 *Entretiens avec Jacques Delors*, Paris: Michel de Maule, 2005, pp. 24–25.

＊32 Paul Quiles, cited in Thomas Jouteux, *Le Parti Socialiste dans la Campagne de François Mitterrand en 1981*, *op. cit*., p. 56.

＊33 Elgie, Robert, "Staffing the Summit: France," in Guy Peters, B. et al. (eds.), Administering the Summit: Administration and the Core Executive in Developed Countries, New York: St Martin's Press, 1999, p. 236.

＊34 Stevens, Anne, "The President and his staff," in Hayward, Jack et al. (ed.), *De Gaulle to Mitterrand. Presidential Power in France*, London: Hurst & Company, 1992, p. 88. なお、大統領府の構成について法的規定は存在しない。

＊35 アタリへのインタビュー（パリ、二〇〇四年一月一二日）。もっとも、その後アタリと個人的に関係の深いビアンコが八二年に事務総局長に異動すると連絡が密になったとされる。Stevens, Anne, "The President and his staff," *op. cit*., p. 88.

＊36 Cited in Fabrice d'Almeida, "L'Etat de Grâce: De l'avènement à l'image," in *La Nouvelle Citoyeneté. La Déclaration de Politique Générale du 8 Juillet 1981*. Les Notes de la Fondation Jean-Jaurès, no. 22, mai 2001, p. 100.

＊37 Seligmann, Françoise, *Les Socialistes aux Pouvoir*, Paris: Editions Michalon, 2005, p. 21.

＊38 *Ibid*., p. 77. 他方でミッテランは「党との関係を綿密にすること」と指示して、政権運営からの完全な排除を当初は意図していなかったのも事実である。See, Jean Glavany, *Mitterrand, Jospin et Nous*, Paris: Grasset, 1998, p. 163.

＊39 Dreyfus, Françoise, "Les Cabinets Ministriéls: du Politique à la Gestion Administrative," in Birnbaum, Pierre, *Les Elites Socialistes au Pouvoir. 1981–1985*, Paris: Presses Universitaires de France, 1985, p. 89.

＊40 Bauchard, Philippe, *La Guerre des Deux Roses*, Paris: Grasset, 1986, p. 29.

＊41 *Ibid*., p. 26.

＊42 Attali, Jacques, *Verbatim. 1*, Paris: Fayard, 1996, p. 17.

＊43 Favier, Pierre et Michel Martin-Roland, *La Décénnie Mitterrand*, *t. 1*, Paris: Seuil, 1990, p. 49.

＊44 *Le Monde*, 12 mai 1981; Favier, Pierre et Michel Martin-Roland, *La Décénnie Mitterrand, t. 1*, *op. cit*., p. 50.

＊45 Favier, Pierre et Michel Martin-Roland, *La Décénnie Mitterrand, t. 1*, *op. cit*., p. 50.

＊46 Mauroy, Pierre, *C'est ici le Chemin*, Paris: Flammarion, 1982, p. 18.

＊47 Favier, Pierre et Michel Martin-Roland, *La Décénnie Mitterrand, t. 1*, *op. cit*., p. 55. 当事者による証言として Veléry Giscard d'Estaing, *Le Pouvoir et la Vie,* t. 3, *choisir*, Paris: Compagnie 12, 2006, pp. 501–506 参照。

＊48 *Le Monde*,10 mai 2001 におけるジスカールの証言。

＊49 *Le Monde*, 5 novembre 2001.

＊50 Favier, Pierre et Michel Martin-Roland, *La Décénnie Mitterrand, t. 1*, *op. cit*., p. 57.

＊51 *Le Monde*, 11 mai 2001.

＊52 以下の記述は、*Le Monde*, 11 mai 2001 および Giesbert, Franz-Olivier, *Le Président, op. cit*., pp. 80–90 による。

＊53 実際にはこれに奴隷解放の象徴としてショエルシャーとレオン・ブルムへの献花が加わった。

＊54 M・クンデラ、菅野昭正訳『不滅』集英社、一九九二年、七二～七三頁。なお、ここでクンデラは「薔薇の花を三つ手にもって」としているが、新聞や複数の伝記は一輪としており、また当日の写真画像でも確認できない。*L'Album du 10 mai*, Paris: Club socialiste du livre, 1981 を参照。

*55 Giesbert, Franz-Olivier, *Le Président, op. cit.*, p. 85.

*56 Bauchard, Philippe, *La Guerre des Deux Roses, op. cit.*, p. 9.

*57 Giesbert, Franz-Olivier, *Le Président, op. cit.*, p. 87.

*58 *Le Monde*, 15 mai 1981.

*59 Mauroy, Pierre, *Mémoires*, Paris: Plon, 2003, p. 168. 一九八三年八月にミッテランは次のように回顧している。「一カ月後に総選挙を控えて、選挙の勢いを削ぐことになるため〔切り下げは〕不可能だった。モーロワ第二次内閣の発足後がひとつのタイミングだったが、切下げであろうが、ＥＭＳ離脱だろうが、あるいはその両方であろうが、問題として提示されなかった。それはドロールがフラン価値は維持されるだろう、と言っていたからでもある」。Cited in Stépahane Denis, *La Leçon d'Automne*, Paris: Albin Michel, 1983, p. 15.

*60 Favier, Pierre et Michel Martin-Roland, *La Décénnie Mitterrand, t. 1, op. cit.*, p. 57.

*61 Chevènement, Jean-Pierre, *Défis Républicains*, Paris: Fayard, 2004, p. 103.

*62 Attali, Jacques, *Verbatim. 1, op. cit.*, p. 23. 具体的には、輸入業者による為替のリスクヘッジ支払い期間と輸出業者の決済期間を短縮する措置だった。

*63 Mauroy, Pierre, *Mémoires, op. cit.*, p. 172.

*64 *Le Monde*, 11 mai 2001.

*65 Mauroy, Pierre, *Mémoires, op. cit.*, p. 168.

*66 「左派政権」といった場合、第四共和制における中道ＳＦＩＯの政権参加を通常は含めない。ただし、一九四六～七年の社会党、共産党、ＭＲＰ（人民共和運動）による三党体制を含めることもできよう。

*67 当時の中銀理事会は、「二〇〇の家族（les deux cent familles）」と呼ばれる民間大企業出身者で占められていた。

*68 エリオはそのメモワールで「確かにわれわれは上限を超えたが、それは初めてではなかった」としている。Herriot, Edouard, *Jadis, d'une guerre à l'autre*, Paris: Flammarion, 1952.

*69 Rémond, René, *Le Siècle Dernier. 1918–2002*, Paris: Fayard, 2002, p. 100. エリオもまた、経済問題に比較的無関心であったとされる。

*70 Simmons, Beth, A., *Who Adjusts? Domestic Sources of Foreign Economic Policy During the Interwar Years*, Princeton: Princeton University Press, 1994, p. 257. 社会不安と経済情勢の悪化から、約三〇〇億フランの金が国外に流出した。

＊71 ブルム内閣はエリオの失政から中銀の定款を改正し、理事会を国家任命によるものとした。
＊72 Mendès-France, Pierre, "La Politique Economique du Gouvernement Léon Blum," in Fondation Nationale des Sciences Politiques, *Léon Blum, Chef de Gouvernement*, Paris: Presse de la FNSP, 1981, p. 233.
＊73 Amouroux, Henri, *Ce que vivent les Roses*, Paris: Robert Laffon, p. 36, p. 57.
＊74 Mauroy, Pierre, *Mémoires, op. cit.*, p. 11.
＊75 Peyrelevade, Jean, "Témoignage: Fallait-il dévaluer en mai 1981?," in *Revue Politique et Parlementaire*, no. 916–917, 1985, p. 128.
＊76 Joxe, Pierre, *A Propos de la France*, Paris: Flammarion, p. 190.
＊77 Attali, Jacques, *Verbatim. 1, op. cit.*, p. 22.
＊78 Mauroy, Pierre, *Mémoires, op. cit.*, p. 173.
＊79 Quermonne, Jean-Louis, "Un Gouvernement Présidentiel ou un Gouvernement Partisan?," in *Pouvoirs*, no. 20, 1981, p. 71.
＊80 同ポストにはジルー以来二人目となる女性大臣のルディーが就いた。
＊81 Cited in *La Libération* 5 juillet, 1991. ミッテランの軍事補佐官だったソルニエ将軍の弁。
＊82 Mauroy, Pierre, *Mémoires, op. cit.*, p. 180.
＊83 Attali, Jacques, *Verbatim. 1, op. cit.*, p. 26.
＊84 Chagnollaud, Dominique, et Jean-Louis Quermonne, *Le Gouvernement de la France sous la Vᵉ République*, Paris: Fayard, 1996, pp. 283–285.
＊85 一九八四年より内務相となったジョックスの証言。Joxe, Pierre, *Pourquoi Mitterrand*, Paris: Philippe Rey, 2006, p. 55, p. 85.
＊86 Cited in *Le Nouvel Observateur*, 25 juillet 1981, p. 28.
＊87 Favier, Pierre et Michel Martin-Roland, *La Décénnie Mitterrand, t. 1, op. cit.*, p. 67.
＊88 Déclaration du Président de la République, Palais de l'Elysée. Conseil des ministres du 3 juin 1981.
＊89 *Le Monde*, 4 juin 1981. このほか第一次モーロワ内閣で決定されたものとしては、死刑囚に対する恩赦、プロゴフ原子炉の建設中止、ラルザック軍事演習場拡張の禁止、国家公安法院（Cour de Sûreté de l'Etat）の廃止（八二年四月）などである。
＊90 Perraudeau, Eric, "l'Esprit de l'Alternance," in *La Nouvelle Citoyeneté. op. cit.*, p. 114.
＊91 *Le Matin*, 11 juin 1981.

＊92 Mauroy, Pierre, *Mémoires, op. cit.*, p. 182.

＊93 Chagnollaud, Dominique and Jean-Louis Quermonne, *Le Gouvernement de la France sous la Vᵉ République, op. cit.*, p. 195.

＊94 *Le Monde. Dossiers et Documents. Les Elections Législatives de juin 1981*, p. 10. 七七年の市町村選挙で社会党は二三一市町村（住民三万人以上）中一五六議会で多数派となった。

＊95 *Ibid.*, p. 18.

＊96 *L'Express*, 16–21 mai 1981.

＊97 *Le Monde. Dossiers et Documents. Les Elections Législatives de juin 1981*, p. 59.

＊98 最終的に社会党の議席数はＭＲＧ一六議席、諸派六議席、ゴーリスト左派一議席、無所属二議席などを加えた計二八九議席となった。*Le Monde*, 2 juillet 1981.

＊99 共産党の凋落については Pierre Martin, *Comprendre les Evolutions Electorales. La Théorie des réalignements revisitée*, Paris: Presses de Science Po, 2000, Chapitre 7; Ranger, Jean "Le Déclin du Parti Communiste Français," in *Revue Française du Science Politique*, vol. 36, no. 1, 1986.

＊100 *Le Monde*, 7 mai 1981.

＊101 Favier, Pierre et Michel Martin-Roland, *La Décénnie Mitterrand, t. 1, op. cit.*, p. 83.

＊102 当初逓信相となるはずだったル＝ポールが公務・行政改革相へ移動した代わりに同氏を国務相クラスとすることで両党は合意した。

＊103 ジスカール政権の内務相ポニアトウスキーの言葉。Cited in Thierry Pfister, "Entre Cadrage et Débordement," in *La Nouvelle Citoyeneté, op. cit.*, p. 79.

＊104 Attali, Jacques, *Verbatim. 1, op. cit.*, p. 46.

＊105 Bush, George W. and Brent Scowcroft, *A World Transformed*, New York: Knopf, 1988, pp. 75–76.

＊106 Interview accordée par M. François Mitterrand, Président de la République Française a M. James Reston: New York Times, jeudi 4 juin 1981.

＊107 Cited in Lequesne, Christian, *Paris-Bruxelles*, Paris: Presse de la Fondation Nationale des Sciences Politiques, 1993, p. 60.

＊108 Hanley, David, "Les Députés Socialistes," in *Pouvoirs*, no. 20, 1981, p. 56.

＊109 *Combat Socialiste*, 10 juillet 1981.

*110 *Combat Socialiste*, 2 juillet 1981.

*111 *Le Matin*, 30 juillet 1981.

*112 Cited in Quermonne, Jean-Louis, "Un Gouvernement Présidentiel ou un Gouvernement Partisan?," *op. cit*., p. 72.

*113 Cited in Avril, Pierre et Jean Gicquel, "Chronique Constitutionnelle," in *Pouvoirs*, no. 19, pp. 184–195.

*114 Club de la Presse d'Europe 1, 25 octobre 1981, cited in Quermonne, Jean-Louis, "Un Gouvernement Présidentiel ou un Gouvernement Partisan?," *op. cit*., p. 80.

*115 Pfister, Thierry, *Les Socialistes, op. cit*., p. 35.

*116 Discours Prononcé par M. Pierre Mauroy, Premier Ministre, à l'Assemblée Nationale, le 8 juillet 1981.

*117 世帯単位で所得を合算し、それを扶養家族の有無や世帯規模に応じた「家族除数」で割った各所得に対して課税するのが「家族係数制度」である。

*118 "20 ans après. Entretien avec Pierre Mauroy," in *La Nouvelle Citoyeneté, op. cit*., pp. 135–136.

*119 Pfister, Thierry, "Entre Cadrage et Débordement," *op. cit*., p. 84. このため、首相府の広報部は直後にプレスに対して演説草稿を公表できなかった。

*120 Mauroy, Pierre, "La Gauche et le Pouvoir," in *Revue Politique et Parlementaire*, no. 916/917, mai-juin 1985, p. 7.

*121 Cited in Amouroux, Henri, *Ce que Vivent les Roses,* Paris: Robert Laffon, 1983, p. 102. ミッテランもまた、オーストリア経済視察にアタリを派遣している。Attali, Jacques, *Verbatim. 1, op. cit*., p. 58.

*122 *Le Monde*, 18 juin 1981.

*123 *Le Monde*, 11 août 1981.

*124 Attali, Jacques, *Verbatim. 1, op. cit*., p. 50.

*125 Saunier, Georges, "François Mitterrand, un projet socialiste pour l'Europe?," in Gérard Bossuat（dir.）, *Inventer l'Europe*, Bruxelles: P.I.E.-Peter Lang, 2003, p. 439.

*126 Saunier, Georges, "Le Gouvernenement Français et les Enjeux Economiques Européens a l'heure de la Rigeur. 1981–1984," Intervention aux Comitée pour l'Histoire Economique et Financière de la France（CHEFF）, octobre 2005, mimeo, p. 4.

*127 Mitterrand, François, "Lettre à tous les Français," in *Le Monde*, 8 avril 1988.

*128 Attali, Jacques, *Verbatim. 1, op. cit*., p. 57.

＊129 *Ibid*., pp. 61–65.
＊130 *Le Poing et la Rose*, août 1981.
＊131 *L'Express*, 16–21 mai 1981.
＊132 *Le Poing et la Rose*, août 1981. ここにはシュヴェンヌマンの名はなく、モッチャン、ギドニ、シャルザなど七名による提出となっている。
＊133 一九八一年一一月二日号の『ル・ポワン』誌は、この動議文書をコンピューターにかけて分析を行っている。これによると、動議は一万四七〇六字あり（戦後社会党の動議で最長）、繰り返し使用される用語は「党」がトップで一三五回、続いて「政治」が八五回、「社会主義／社会党（socialistes）」が六〇回、「権力」が四六回、「労働」が三四回、「政府」が三三回となっている。これに対してメッス大会では「われわれ」が七五回でトップ、続いて「党」、「私たちの（notre）」、「政治」、「労働」、「社会主義／社会党」となっている。*Le Point*, No. 476, 2 novembre 1981.
＊134 *Le Figaro*, 11 septembre 1981.
＊135 通常であれば大会ごとに提出される動議案の得票数に比例して、各委員会・事務局の席が配分されるからである。*La Vie Française*, 26 octobre 1981.
＊136 ＲＴＬのアレクサンドル記者。See *Le Quotidien de Paris*, 3/4 octobre 1981.
＊137 *Le Monde*, 23 octobre 1981.
＊138 *Le Monde*, 24 octobre 1981.
＊139 *L'Unité*, 31 octobre 1981.
＊140 Portelli, Hugues, "Un Congrès de Transition," in *La Vie Française*, 26 octobre 1981.
＊141 Cited in *Le Figaro*, 22 septembre 1981.
＊142 Mauroy, Pierre, *C'est ici le Chemin, op. cit*., p. 41.
＊143 Amouroux, Henri, *Ce que vivent les Roses, op. cit*., p. 65.
＊144 Jacques Attali, 10 juillet 1981; François Stasse, 15 juillet 1981（AFC）.
＊145 *La Libération*, 3 septembre 1981.
＊146 MINEFI（1A/481）.
＊147 *Le Matin*, 11 août 1981.

＊148 *Le Monde*, 11 mai 1982.

＊149 *La Libération*, 3 Septembre 1981.

＊150 *Le Nouvel Observatoir*, 25 juillet 1981 および *La Libération*, 2 septembre 1981. 政策補佐官が受け持った各領域は以下の通りである。商業・小売、司法、産業、国会、健康福祉、農業、アフリカ問題、エネルギー、情報技術、経済計画、国内経済、二国間関係。さらに補佐官の下に八人の担当者（Chargé de Mission）が割り当てられた。それぞれの担当は教育、国際関係、文化、女性労働、文化、本国送還問題、広報である。

＊151 Attali, Jacques, *Verbatim. 1*, *op. cit.*, p. 79.

＊152 Cited in Schifres, Michel et Michel Sarazin, *L'Elysée de Mitterrand*. Paris: Alain Moreau, 1985, p. 115.

＊153 *Ibid.*, pp. 120–121.

＊154 フルニエはコンセイユ・デタ出身の研究者、ルスレはミッテランの内務相時代の官房長でタクシー会社の社長、コリアールは七四年大統領選で選対入りした大学人であった。

＊155 メンバーは、その時々によって流動的であった。また水曜の朝食会はファビウス内閣になって廃止された。火曜の朝食会はミッテランの第二期になって例外的にしか行われなくなった。ジョスパンへのインタビュー（パリ、二〇〇四年一〇月七日）。

＊156 Favier, Pierre et Michel Martin-Roland, *La Décénnie Mitterrand, t. 1*, *op. cit.*, pp. 536–537. 後段はポプランによる証言。

＊157 アタリへのインタビュー（パリ、二〇〇四年一月一二日）。

＊158 *Le Monde*, 21 aôut 1981.

＊159 Déclaration de Monsieur François Mitterrand, Président de la République Française. Palais de l'Elysée. Conseil des ministres du 26 aôut 1981.

＊160 Mitterrand, cited in Pierre Favier et Michel Martin-Roland, *La Décénnie Mitterrand, t. 1*, *op. cit.*, p. 113.

＊161 *La Libération*, 2 septembre 1981.

＊162 Robin, Gabriel, *La Dipolomatie de Mitterrand ou le Triomphe des Apparences. 1981–1995*, Paris: Ed. De la Bièvre, p. 69. 著者はポンピドゥーおよびジスカール大統領の外交補佐官を務めた外交官である。

＊163 Olivi, Bino, *L'Europe Difficile*, Paris: Gallimard, 2001, p. 290. 著者は欧州委員会の当時のスポークスマンだった。

＊164 Favier, Pierre et Michel Martin-Roland, *La Décénnie Mitterrand, t. 1*, *op. cit.*, p. 404.

*165 Fabra, Paul, "Une Déclaration d'Intensions," in *Le Monde*, 26 septembre 1981.

*166 Mitterrand, cited in Pierre Favier et Michel Martin-Roland, *La Décénnie Mitterrand, t. 1, op. cit.*, p. 132.

*167 Note de Charles Salzmann, 25 septembre 1981 (AFC).

第四章　挫折――モーロワ・プランの開始
リーダーシップ・スタイルの継続

フランスの社会主義路線は、すでに撤回できるようなものではなかった。最大の目的は企業の国有化によって資本フローをコントロールし、需要を創出して現下の失業問題を解決することだった。経済危機が収束しないのはプロジェに問題があるのではなく、その実施が不完全であるためと政権多数派は考えていた。プロジェは、社会党政権にとっての聖域であると同時に、その実現と成功こそが政権与党としての持続を約束してくれるはずのものだった。しかし、八二年に入ってからプロジェ路線はフォロワーたちに拒否されるようになっていくのである。

1　国有化と八二年度予算案をめぐるサブ・リーダー間の軋轢

政権発足後の国民との蜜月期（Etat de Grâce）が終わりに近づき発表された一連の法案のなかで、最大の目玉は国有化法案だった。対象となる九つの企業・金融グループと銀行部門だけでＧＤＰの一七％、

工業部門売上高の三二％（二五〇〇億フラン）、総輸出の一五％、産業部門における国内投資の六〇％、従業員の一五％（七六万人）を包摂した。金融機関にいたっては、総貯蓄の九四％が対象となった。さらに、国有化は経済政策という意味合いだけでなく、企業内民主主義という自主管理の思想とも合致する政策だった。国有化法案は八一年九月一三日に閣議に提出され、二三日に方針が決定した後、一〇月八日から国会で審議される予定となった。

閣議提出された法案の提案理由説明書（exposé des motifs）は、次のように謳っている。[*1]

一九七四年から一九八〇年まで、実質的な産業政策を欠いたためにわが国は生産力の多大な損失を経験した。国民的な要請に基づく主意主義的政策を施行し、国有化される領域の拡張が求められている。（中略）公共部門はフランスの経済的発展のための主な要素だった。公共企業の投資水準は民間企業と比べて一貫して高かった。一九七四年から八〇年にかけて、公共企業は九一％増だったのに対して、民間は五％増にすぎなかった。（中略）時代を問わず、国家が効率的に介入し、計画的な発展の指針を示すことが重要である。そのための第一義的な手段が、活力があって競争力を有し、新たな産業のダイナミズムを生み出せる自律的な企業と強力な公共部門の拡張である。

国有化法案は全部で四章五〇条からなり、五大企業グループ、三六銀行、二金融グループの国有化が提案された。[*2]そこでは国有部門は、労働人口の七・五％から一一％へ、GDPの一〇％から一七％へ、国内投資の三〇％から三五％へと比重を高めることになる。[*3]株式取得の評価基準は、五〇％が七八年一月から八〇年一二月までの平均株価、二五％が企業の資産評価、二五％が平均利潤とされ、[*4]五大グルー

プの取締役会は、国の代表、労働者代表、専門家の三者から構成されると定められた。
説明書で、国有化は一九三六年のブルム内閣と一九四四年のド・ゴール臨時政府の伝統に連なるものと再三強調された。そして両内閣は「フランス経済の技術的・金融的資源をよりよく動員させるため」国有化を行ったものの、金融部門の完全な国有化を怠ったため不完全な結果しか生まなかったという共通点を持ち、その経験と失敗から包括的な国有化は正当化されるとした。事実、三六年には中央銀行の根本的な制度改革は行われず、戦後解放期にも四つの預金銀行のみが国有化の対象になったにすぎなかった。[*5] 政府主導で産業再編を行うには、資本も管理下に置かなければならない。人事面でもド・ゴール期との共通点がみられた。一九四五年に工業生産省事務次官（secrétaire général）を務めたピエットは、今度は産業省で国有化担当官となり、またラコスト産業相の官房長として国有化を手がけルノーの代表取締役だったドレイフュスは、第一次モーロワ内閣で大統領府担当官、さらに産業相に任命されている。[*6]
下院の国有化問題に関する特別委員会は、法案検討報告書で次のように指摘した。「国家はネオ・リベラリズムの一部の階級（多国籍企業を財政的に支配する個人）に完全に支配されてしまっている。これは国家の将来、国際社会での分業的な体制、未来を統御する能力そのものも支配している」。国有企業はこれに対抗して「国内経済の原動力となり、国際経済における尖兵となる」よう期待されたのである。[*7]
具体的な施策は、政権発足直後の七月から入念に準備されていた。[*8] 大統領府のアタリ、ブーブリル、スタース、ベレゴヴォワが調整役となり、法案は首相官房のペイルルヴァドを中心に作成され、産業別、株式償還、株主対策の三つのグループが組織された。問題はきわめて多くのアクターが関係することだった。国有化の範囲や具体的方法はドレイフュス率いる産業省が担ったが、金融機関の国有化やそのた

めの株式取得予算は経済財政相と予算担当相の権限下にある。国有化の目的のひとつである技術開発は研究技術省の監督下にあるが、具体的な技術のノウハウは国防省、都市問題省、運輸省の現場エンジニアに頼らなければならない。マトラやダッソーといった軍需企業には国防相も関与する。さらに経済計画という観点から計画相も加わる必要がある。その上、国有化に対しては関係閣僚の間に温度差があった。このため、政府内のコンセンサスは関係閣僚会議（conseil restraint）に限定された。法手続き上の問題もあった。憲法との整合性を図るため、法務省の法案精査後、事業弁護団が国際法上の問題点を調査した。また、念を期して憲法院に事前付託も行った。政府は、海外法人の国有化に対する外国政府と投資家の反応を、とりわけ懸念していた。

社会党執行部会は九月二三日に、「失業対策の根幹をなす国有化政策」を一部の経営者が非難し、中小企業融資を渋るといった「危険なゲーム」が行われているとするコミュニケを発表した。[*9] 国有化に消極的だったのは経営者だけではなかった。[*10] 経済省内部、とくに国庫局は社会党が本当にスエズとパリバという二大金融機関を国有化するわけがないと踏んで、他省庁との連携に消極的だった。[*11]

所轄大臣であるドロール経済財政相、ロカール計画相およびバダンテール法務・国璽相も、株式の一〇〇％取得、とりわけ金融機関の国有化には最後まで反対していた。[*12] しかし国有化企業への融資・信用供与にはシュヴェンヌマンが主張するように、金融機関の国有化も必要だった。[*13] 七月初旬の段階で、ドロールはモーロワに対してこの方針が維持されるなら辞任するとの意向を示し、政権の「夢想を止めること」を訴えた。[*14] モーロワが国有化のスケジュールを提示した九月二日の閣議では、ロカールが国有化路線に反対する論陣を張った。翌週火曜の首相府での会議で、モーロワはしかし「結論はすでに出てい

る」としただけだった。「いつどこで」とロカールは食い下がるものの、モーロワは「解決済みの問題」と取り合わなかった。ミッテランは、「貴殿は私の意見が変わっていないことを知っていると思うが、一〇〇%の国有化が必要なのだ」とモーロワに念を押していた。[*15]

もうひとつの対立点は、株式の取得方法にあった。議決権なしの株式との交換を経済財政省は主張していたが、これも最終的に退けられた。[*16] 九月八日の閣議では国有化一〇〇%の路線が改めて確認されるとともに、銀行・金融機関の国有化資本を上限一〇億フランにすることを決定した。この月は、サッチャー政権が大々的な民営化政策を発表した時期でもあった。「ここにわれわれがいるのは外国に喜ばれたいと思うからでも、既存のものを動かすことに満足するためでもない。そうではなく、われわれを選び、欧州と世界での成功を期待する国民が待ち望む新しい社会を造るためだ。国有化は第一期目を象徴する法案だ」とモーロワは締め括った。モーロワはミッテランの公約の忠実な履行者であり、「近代人」たるドロールやロカールなどの反対派閣僚は、「古代人」のシュヴェンヌマンやル゠ガレック、ドフェール、ファビウス、共産党の閣僚、さらに党内の一〇〇%国有化論者に囲まれる少数派にすぎなかった。[*17] ミッテランは国有化でクワイ河に自分なりの橋を架けたかった。建築物の完成度に気を使うあまり、それがどこに位置しているのかに無関心なままだった。

モーロワ政権は、次年度予算案審議が始まる一〇月二二日までに国有化法案の第一読会を終わらせる算段だったが、最終的な成立は翌八二年二月を待たなければならなかった。法案は一〇月二六日に国民議会の第一読会を三三二票対一五四票で通過したものの、野党が多数を占める上院で否決され、両院合同議会でも決着がつかず、年末になって野党が国有化法の違憲性を指摘して憲法院に提訴したためであ

る。さらに身内の社会党議員団も、法案内容は不十分だとして政府批判に加わった。その過程については、次章で再度立ち戻ることにする。

九月末には八二年度予算が策定されたが、ここにきて政権内でのドロールの孤立が際立つようになった。三〇日の閣議後に、政権にとっての最初の予算案概要を発表したのは財務相ドロールではなく、予算担当相のファビウスだった。ドロールは自ら発表することを望んだが、ミッテラン大統領はファビウスに発表の権限を与えた[*18]。ファビウスは、政府はあくまでも景気回復を目指すのであって、インフレか失業率かの二者択一はしないと記者団に宣言した[*19]。「インフレが一ポイント下がれば、失業に対する勝利に近づく。失業者が職をみつければインフレの沈静化に役立つ。経済再建はこの二重の行動から始まる」。経済学的には疑わしい説明だった。むしろ、ドロールの「インフレが一ポイント下がれば五万人の雇用が維持ないし創出される」[*20]という発言のほうが、実現性はともかく、経済理論上は一貫していた。しかし、失業者数はすでに八月末に一八四万九〇〇〇人と、前年同月比で二六％も増加していた。ミッテランは、失業問題をとにもかくにも優先課題にしなければならない、と閣僚たちをせっついた[*21]。

八二年度予算案は経済財政省をバイパスして、ファビウスとミッテラン、エリゼ宮スタッフによって策定されていた[*22]。閣議では七月二三日になって初めて討議されたが、雇用対策が最重要課題であるという点では、ファビウス、モーロワ、ミッテランの見解は完全に一致していた[*23]。予算の圧縮を求めるドロールに対して大統領府スタッフは、削減は経済政策を一八〇度転換することになると冷たく答え、ミッテランにも応じないよう求めた[*24]。国際会議に出席している間に予算案が決定され、急遽帰国したドロールが、執務室にいるモーロワの前で目に涙を浮かべたのを、首相官房のペイルルヴァドは目撃している[*25]。

経済的リアリストであるドロールの手が入っていない予算は、概略として次のような内容となっていた。まず、歳入面での大きな目玉が富裕税（Impôt sur les Grandes Fortunes: IGF）の創設だった。「金持ちに払わせる」税として鳴り物入りで新設されたこの税はしかし、単にジェスチャー的なものにすぎなかった。というのも、同税の対象となる納税者はわずか一％、約二〇万世帯しかなかったからである。いずれにせよ、富裕税で五〇億フランの税収が確保された。次に、家族手当の対象となる子供一人当りの控除範囲を半減し、九〇〇〇～一万フランの所得を持つ世帯対象に失業保険のための税が年度限りで設けられた。その他、農業融資銀行であるクレディ・アグリコルの控除枠廃止、銀行・石油企業の課税枠引上げ、企業交際費への課税、車輌税・タバコ税・酒税・ガソリン税引上げなどが大枠である。

項目別にみると、歳入で一番多くを占めるのが当然ながら付加価値税であり、次いで所得税、伸び幅が一番大きいのは富裕税（二六・一％増）とタバコ税などの間接税である。租税負担率は四二・五％から〇・八ポイント増えた。歳出面では、まず失業対策として公共部門（郵便、警視庁、教育省）で六万一〇〇〇人を直接雇用する費用が大きく増加した（前年比四五％）。これに病院・保健関連施設等の雇用を加えると、一二万五〇〇〇人以上が公共部門で採用されることになった。次に支出増となったのが産業支援策で、なかでも産業発展のための融資が前年比五・九倍となり、関連予算は五二・四％増となった。国有化関連では二〇億フランが計上された。予算増加率を省庁別にみると、五一二・二％とずば抜けて増えたのが研究技術省で、続いて文化（一〇一・三％）、国民連帯・保健・労働（五一・四％）、経済・財政（三七・九％）、都市・住宅（三六・四％）だった。文化予算の大幅増はミッテランに近いラング文化相の要請だった。失業対策で主要なものは、公共部門の雇用（五六〇億フラン）、ＡＮＰＥ（国立雇用局）の

予算（四一％増）、若年雇用促進費（四九億六二〇〇万フラン）、職業訓練（六五億九〇〇万フラン）であり、また、投資促進策としては公的部門投資（六三九億フラン、二一％増）、設備投資融資枠（五四〇億フラン、二五％増）、産業省予算（一〇億フラン、三一・六％増）およびANVAR（フランス国立イノヴェーション局）予算（五億五七〇〇万フラン、五一％増）が盛り込まれた。[*26]

エネルギー政策も重要課題だった。原油価額の高騰で輸出入バランスが悪化し、自国エネルギーの増産が喫緊の課題となっていたためである。そこで、原子力発電所六基の新設やガス・石炭発電向けに九〇〇億フランの特別融資枠が設けられることになった。

八二年度予算は総額で前年比二七・六％増（六九二七億フラン）となり、こうして財政赤字は対GDP比二・六％にまで膨らんだ。バール内閣は八一年の財政赤字を四八〇億フランと見積もっていたから、規模は二倍以上となった。それでも、大統領府スタッフが確認しているように、七五年のシラク内閣の予算と比較すれば、それほど大きな支出だったとは言いがたい。[*27]問題は、この予算が八二年の成長率を三・三％、個人消費を二・五％、民間投資を三％、インフレ率を一二％と想定していたことだった。一一月時点で八一年度の経済成長率見通しが〇・五％だったことを考えても、あまりにも楽観的な数字なのは明らかだった。計上された財政赤字は九五四億フランだったが、これも七月末にファビウスが編成した一八〇〇億フランもの赤字額を、モーロワがシーリング・レターを出す前に削るよう指示して再計上された数字だった。政権が発足してわずか数週間で閣僚たちは「予算省からいかに多くの予算を獲得するかの『トリック』をすでに身に付けていた」とファビウスは弁明する。[*28]

ドロールは、大統領府とファビウスが主導した予算案への署名を拒否した。「ファビウスはミッテラ

ンの完全な信任を受けて、私の見張り役ではないかと思うほどだった」[*29]。赤字幅をめぐって孤立したドロールは、またもや辞任をほのめかすが、ミッテランはこれを真剣に受け取らなかった[*30]。ロカールも、ドロールと共闘して閣議で予算案に異議を申し立てたが、ミッテランは遮りもしなかった。閣僚の一人は「大統領はあまりにも皮肉な表情を浮かべてロカールが墓穴を掘るにまかせていた」と観察した[*31]。ジョベールとバダンテールという経済政策に直接に関与しない二人のほかは、ドロールとロカールを明確に支持する閣僚などいなかったのである。

2 フラン第一回切下げと幻のドロール・プラン——均衡点移動の試み(1)

ミッテランの経済政策は、八一年一〇月頃まではまだ政治的期待に彩られ、「社会主義プロジェ」の息吹を色濃く残していた。国有化法案と八二年度予算はその象徴だった。ミッテランとモーロワのいう政治による主意主義の余地は、しかし徐々に狭まっていく。その予兆が一〇月五日のEEC経済財務理事会（ECOFIN）で決定された、EMSの平価調整だった。その四日前の八二年度予算案発表とともに、フランへの攻撃は再び激化していた[*32]。いわばプロジェが本格化した途端に、社会党政権は欧州の壁にぶつかり、第一回切下げをきっかけとして、段階的に「転回」を強いられていく。そしてこの壁を利用しようとしたのが党・政権内で基盤を欠くドロールその人だった。

予算発表後のフラン投機をみて、ドロールはその日のうちに切下げをミッテランに提案、一〇月二日に大統領と首相から了承された。ロカールも第一回切下げの前後に、EMSを離脱するほどの大幅な切

下げが必要という持論を撤回していた。ドロールは大統領府のスタース、首相府のペイルルヴァドとともに、緊縮案の策定に取り掛かった。[*33] ドロールがそれまでに画策していたのはEC内で、国内居住者に限った金利制度を実現することだった。これは、ドルの上昇に対しては高金利で自国通貨を守り、他方で高金利で苦しむ国内企業には低金利をとる内外金利の分離案だった。しかし、デンマークをはじめとするハードカレンシー国は同案を相手にせず、西ドイツ連銀総裁のペールからは、「非現実的提案」と一蹴されていた。[*34] ドロールは西ドイツが動かないことを早々に悟ると、国内政策の調整に乗り出したのである。

確かにフランス経済が好転する兆しはなかった。フランスの貿易赤字は九月に八五億四〇〇〇万フラン、輸入は前年同月比一九・七％増となり、フラン安とは関係なく輸出の伸びは五％以下に留まった。国内市場では高価格であるにもかかわらず外国産自動車の販売高が一六％も増え、国内市場の二二％が海外製品に食われていた。[*35] フランは八〇年第4四半期の平均一ドル四・四二フランから、八一年第2四半期には五・四二フランまで跳ね上がり、これにともなって石油価格は一バレル一一三二フランから一五〇五フランまで上昇した。市場でのフラン切下げの噂をドロールは再三打ち消し、政府は九月二〇日に閣議決定として、為替管理のさらなる強化と政策金利引上げを発表しなければならなかった。政権は国有化と予算案の策定に力を傾けており、通貨政策にまで手が回っていなかった。この時首相府が財政省の協力を得て用意したのは「六ページの短い、それも手抜きの」メモにすぎなかった。[*36]

すでに六月のECOFINで、欧州委員会はフランスのインフレ傾向を警戒して、各国は財政状況と所得を引き締める「確固とした政策」を採用しなければならない、と警告していた。[*37] ドロール官房は八

月の時点から切下げを検討していたが、一方的な切下げはさらなるフラン安につながるとの判断から、マルク切上げをともなうEMS内での通貨間の平価調整を目指すようになっていた。[*38]

一〇月四日に開かれたECOFINで、フランスはEMS内でフラン切下げを行うことを不意に提案した。これが発表されると、市場の圧力が盛り返してフランはリラとともに三％下落、逆にマルクとギルダーは五・五％上昇した。ドロールは九月末に中銀総裁、国庫局長と平価調整の段取りをつけており、ECOFIN前日に開催された各国の国庫局（財務局）長と中銀副総裁が出席する通貨委員会でも合意されていた。この場でカムドシュス国庫局長は、九月一五日以降ドル高とマルク高、さらに独連銀の高金利政策によってフラン安が続いているため平価調整は不可避だと各国を説得したのだった。[*39] 数日前にはワシントンでIMF（国際通貨基金）総会が開かれており、市場がそちらを向いている間隙を突くため、通貨委員会が土曜日午前に召集されたことは、直前まで明らかにされなかった。もっとも、原油高とマルク高が重なる一方で、フラン安が進み、予算案発表でその動きが一気に加速したことから、再度の調整は時間の問題と市場はみていた。前回の平価調整から丸二年経っていることも、調整は不可避と予測された要因だった。そして切下げの実施は輸出回復、国内市場におけるフランス企業の収益改善、高金利政策の緩和など、好材料をもたらす可能性を含んでいた。

フランのマルクに対する切下げ幅は、最低でも一五％が必要と市場は判断していた。フランスの最大の貿易相手国（輸出入の一六％）である西ドイツとの貿易赤字は過去最高の一九五億フランに達しており、消費者物価指数はフランス一〇％に対して西ドイツはその半分以下だった（一九七五〜一九八〇年平均）。いくらフランを切り下げたとしても、高付加価値製品（電気製品、家電製品、機械）の大幅な輸入が西ド

イツとの貿易赤字を生んでいるのであれば、収支改善は望めない。だから切下げは、仏独の経済関係を暫定的に等しくしても、フランスの輸出競争力そのものを回復するものではなかった。

フランスと西ドイツの呼びかけで実現したECOFINで、フランはイタリア・リラとともにパリティを三％下げ、ドイツ・マルクはオランダ・ギルダーとともに五・五％上げることが、九時間かけて合意された。[*40] 八一年三月に続きリラ引下げに合意したイタリアのアンドレッタ国庫相は「理事会はドロール氏によるインフレ率の一四％から一〇％への引下げという国内安定化策を了解した。したがって理事会の決定は、国内の経済引き締めを果敢にも提示したドロール氏に対する信頼の証である」と述べた。[*41] ドロールは会議後の記者会見で、平価調整は「EMS内で時計の針を元に戻し、フランスと西ドイツの物価の差を考慮した結果」とし、「西ドイツ市場の、とくに自動車市場でフランス製品は苦戦しており、切下げは競争力回復に寄与するだろう。平価調整は景気回復の一助となり、これは雇用創出にもよい影響を与えるだろう」と締め括った。[*42] EMSの平価調整とともに、週明けには農産物支持価格となる通貨変動調整金（montants compensatoires monétaires）も各国間で修正された。

大統領府は切下げについて、コミュニケで「政府は、過去から引き継いだ荷物を下ろすための最も適切と思われる時期を選んだ」とした。就任直後からフラン切下げの決断をずっと回避していたミッテランも、この時ばかりはドロールの政策に従ったのである。[*43] EMSの平価調整としては四回目、フランス共和国としては、一九三六年、一九五八年、一九六九年に次ぐ史上四回目の切下げだった。しかし今回のフランの切下げ幅は、西ドイツの協力なくして実現し得なかった。[*44]

既述のように、ドロールが西ドイツに差し出した取引材料は国内のインフレ沈静化だった。ドロール

は党内基盤の脆弱さを補完するために国際舞台での公約を梃子として、経済路線の転換を狙ったのである。平価調整が済んだ七日の閣議で、ドロールは三〇分にわたって切下げにともなう自らの包括的なプランを提示して、プロジェ路線にブレーキをかけようとした。この時ドロールの提案は四つの柱からなっていた。まず、直接的なインフレ対策として、物価を半年間凍結し、さらに公共価格の据え置き、賃貸料の抑制を行う。次に所得政策として、賃金インデクセーションを取りやめ労使交渉によって給与水準を決定させ、農産物価格の上昇幅を一・五%に抑える。また財務政策として、公共投資二五〇億フランの凍結、最後に投資促進のための企業融資枠の拡充、研究開発支援、割戻し融資枠の拡大などである。ドロールの動きは素早かった。彼は閣議の前日に、各労組トップを集めて自らのプランを説明する会合を開き、賃上げ要求の緩和を訴えた。使用者側が賃金上昇に、労働者側が物価上昇にインフレの原因を求めるのであれば、インフレ・スパイラルを強制的に止めるしかない。記者団に対してドロールは「私は大統領から完全な信任を受けている」と、プランの正当性を訴えた。[*45] 続けて閣議の前に行われた国会討議でも、「切下げが成功するには、経済政策を通じた国内の労働者の信用と対外的な信用を得ることが不可欠」と所得政策に踏み込む必要性を野党に説いていた。[*46]

同日の閣議でファビウスは、自ら編成した予算案が撤回されることを恐れてドロールのプランに反対し、一五〇億フランの削減に留めるよう主張した。[*47] わずか一週間前に採択された予算案を反故にすれば、政権基盤を揺るがしかねないと多くの閣僚は判断し、シュヴェンヌマンのように積極的な産業政策こそが経済再建の鍵と考える者もいた。経済政策では、それまでドロールと二人三脚で協力していたロカールの助け舟もなかった。七〇年代から、ドロールとロカールの政治姿勢は一致していたにもかかわらず、

ミッテランにどう影響を及ぼすのかの戦略面で食い違っていた。[*48] ドロールは「今のような状況で自分の職務が果たせるかどうか自信がない」と発言して、辞任を再度ちらつかせた。首相は、ドロールとファビウスの意見対立を目の当たりにして、住居賃貸料の凍結は土木事業に影響を与えると反対したものの、予算の一部凍結に賛成し、調停役を買って出た。しかし、ミッテランはドロール案、ファビウス案いずれにも賛意を示さず、結果としてドロールの計画は中途半端な結果を生むことになった。アタリは大統領に対して、ドロール案が採用されれば欧州各国の命令に従ったように国民は受け取るので、すでに発表した政策を撤回せず、サービス部門の価格だけ凍結し、財政赤字を九五〇億フランに抑制するのに留めるべきとアドバイスしていた。[*49] 閣議は通常よりも長引いた。「この時期のドロールは孤立していた。（中略）国有化の議論が政治と経済すべてを支配していた赤い社会主義の時代だったからだ」とドロール官房長のラガイエットがいうように、ドロール案は閣僚からも、大統領からも、支持を得られなかった。[*50] 財務省官僚からみても、ドロールの経済政策は非の打ち所がなくとも、政権内のマージナルな立場が致命的だった。シュヴェンヌマンは「われわれに必要なのは指針を変えるのではなく、深化させることだ」と言い放ち、ファビウスも「インフレ対策は大事だが、失業との戦いも大事だ。（中略）そのためには残念だが、経済成長を優先せざるを得ない」と追従した。共産党のフィテルマンは「人民戦線での改革の休止をわれわれに期待するのは間違っている」とにべもなかった。ミッテランは最後に、こうした意見の食い違いはそれほど重要なことではない、丸く治めよう、と締め括った。[*51]

ドロールは、ミッテランの非決断に業を煮やし、自らの権力資源である対外交渉の場を活かして、社会党政権の方向転換を試みた。しかし、派閥首領ですらないドロールは、ミッテランのリーダーシップ

に揺さぶりをかけることに失敗したのだった。ミッテランの判断では、プロジェ路線から離れる時期ではまだなかった。

結局、同日の閣議では、予算のうち一五〇億フランが「景況行動基金（Fonds d'Action Conjoncturelle）」という名称のもとに凍結され、半年間のサービス部門での価格凍結、公共料金の制限（年八〜一〇％）、三カ月間の基礎的食料品（パン、牛乳、砂糖など）の価格安定化（実質的には凍結）、企業間取引（産業部門）価格の据え置き要請、農産品買い取り価格の一・五％増、住居賃貸料の抑制、中小企業融資枠の拡充・条件緩和などが決定された。[*52] ミッテランは、ファビウスが提示した削減案をとることにした。このファビウス案は、インフレ対策の要となる物価の直接凍結を含まないという意味で、ドロールの素案よりもきわめて穏やかなものだった。各労組は賃金切下げの危険に直面して、ドロールとの会談で購買力の維持を求めて圧力をかけ、他方で経団連は価格の凍結はインフレ対策として効果はなく、早急な解除が望ましいとの声明を発表した。[*53] 政府発表は、一五〇億フランの「凍結」には直接触れず、「経済的な拡張と雇用創出のため、必要に応じて支出される」と、実質的に縮小させた印象を与えないよう配慮された。この時に敗れたいわば「幻のドロール・プラン」が翌年、今度は大統領の間接的支持を得て、より暴力的な形で再現されることになろうとは誰も考えていなかった。

閣議の後、ミッテランは別荘地ラッチュでシュミット西独首相と非公式会談を持った。パーシング・ミサイルの配備問題、中東情勢と英国のＥＣ還付金問題が話し合われた後、シュミットは西独の現状に触れながら、フランスの高インフレ体質を問題視した。ミッテランは反論した。「インフレを抑制する対策はすでに講じた。（中略）確かなことは、バール氏の理論、すなわち企業収益が投資を生み、投

資が雇用を生む政策は失敗したということだ」。「われわれは、九五〇億の赤字を一二〇〇億にしてしまったと非難される。今後追加的な財政支出をしないと約束して一五〇億を凍結したというのに、今度はCNPF会長が凍結に文句をいっている。(中略) 購買力を引き下げろというのは無理な話であり、これを維持することこそが勝利なのだ」[*54]。

平価調整後の長いインタビューのなかでモーロワは、このタイミングで切下げを行った理由を三つ挙げている[*55]。一つは、EEC各国の協力を得られたこと、二つ目にドル高基調が反転するタイミングを待っていたこと、最後に経済政策の重要なメニューが一通り出揃い、ここ数カ月間で経済指標が底を打ったこと、である。その上で、インフレ対策か雇用対策かという経済理論家や前政権のような二分法ではなく、この二つに同時に対処することが重要だとし、そのためにも「成長を可能とする漸進的な経済の自律性の確保」が必要だとした。「貴方は厳密な意味でユートピア的でない政治ドクトリン、つまり個々人の仕合せのためにすべてが完璧に用意された想像的な統治の計画はないとでもいうのですか。その点、社会主義はユートピア的です」。

モーロワとドロールは、方向は異なってはいても、かろうじて未来に希望をつないでいた。モーロワは一一月九日の地方遊説で「回復の兆しはすでにある。(中略) パートナー国にはわが政策を一時的なものと思ってほしくない。われわれは経済回復と成長、労働の分担の路を簡単に諦めて逃げ口上をいうようなことはしない」と、プロジェ路線を擁護した[*56]。切下げ直後にドロールは八二年には景気が回復するだろうと宣言し、一〇月下旬のインタビューでも、依然として三・三%の成長は達成可能と答えた[*57]。楽観的でいられる事情もあった。消費者購買力は二・五%増と、需要創出の効果が現れはじめ、国際収

支も八一年の第1四半期には八〇億の赤字だったものの、第2四半期に黒字へ転じた。消費者物価も、九月には月率一・一%と沈静化する傾向にあった。さらに、OECDはフランスの八二年の成長率を二%と予測していた。中銀は、一〇月一五日までにFECOM（欧州通貨協力基金）の借り入れ債務二〇億ドルを返済し終えた[*58]。第一回目の切下げを機に、プロジェ路線を貫徹するための軍資金は再び充足され、形勢は立て直されたかにみえた。

3　プロジェ路線への疑念

かろうじて維持されていた楽観的観測は、八一年の年末に向けて急速に様相を変えていく。主要労組のひとつFOの書記ベルジュロンは、あまりにも多くの政策上の負担を政権が抱える現状を懸念していた[*59]。ドロールが痺れを切らして「改革の休止」を宣言したのは一一月末だった。ドロール官房は一一月早々から、各産業内で場当たり的な賃金交渉が行われ、医療・電話通信の価格凍結が免除されただけでなく、生産性が向上しないまま時短交渉が進んでいることもインフレを促進しており、一〇月七日の閣議決定事項が事実上骨抜きになっていると警鐘を鳴らした[*60]。ドロールはラジオで「フランスでは二つのスタイルが可能だ。ひとつは現実に合わせて認識を持つという、私が採る立場。もうひとつは、現実から三キロメートル離れたところで話すという、南欧的でフランスでは素晴らしきアジテーターを生み出したスタイルだ」といって、「改革が宣言されているなかで休止を主張する必要」を訴えた[*61]。ドロールは各経済指標を前に危機感を募らせ、首相府が路線の転換をバックアップしないことに苛立っていた。

そして他の閣僚の支援が受けられないと大統領に泣きついた。ミッテランはモーロワに、ドロール発言に厳しく反論するよう指示しつつ、[62]ドロール本人には「改革の象徴であって欲しい。貴殿だけが経済を理性的なものに、社会改革を大胆なものにできるのだから」と言い渡した。[63]ミッテランの能力のひとつは、相手の意見に常に丁寧に耳を傾けて、重要な人物であるかのように感じさせることができることだった。[64]

ドロールが使った、この「改革の休止」という言葉は、フランス政治においては特殊な意味と響きを持っている。一九三七年二月に改革を断念する際にブルム首相自らがラジオで発した言葉だったからである。共産党のフィテルマンはドロールに対して「君は何を言ったかわかっているのか？ 言葉には重みがある。君は古くからの情熱に触れたんだ！」と非難した。[65]人民戦線政府を意識するモーロワにとっても、今度は容認できないドロールの発言だった。モーロワはとりわけブルムの伝統に忠実だった。彼は首相就任直後にパリ郊外のブルムの墓を訪れて献花し、未亡人に頼み込んで演説草稿のオリジナルを預かっている。「私の人生の意味はすべてにおいてレオンとともにある」[66]。

ドロールの一方的な宣言をモーロワは無視することにした。翌三〇日、グルノーブルで首相は「共和国大統領が指示した改革と変化は継続される。われわれは拙速にも性急にも事を進めず、常態的かつ継続的に行う」と述べて、「改革の休止」を打ち消した。同日、モーロワ-ドロール会談がもたれたが、モーロワはファビウスが目下職業税と住民税の廃止の準備を進めている、と返答した。

認識と言説の溝は埋まらなかった。ドロールは税制改革は時期尚早との認識を示したが、モーロワはファビウスが目下職業税と住民税の廃止の準備を進めている、と返答した。

ドロールの意図は政治的タブーを打ち破って、左派全体に衝撃を与えることにあった。[67]彼はそのため

に欧州という枠組みを対置させた。欧州は三つの課題を抱えている、とドロールはいう。[*68] まず、米国の経済政策によって生じている金融危機、米日に「五年は遅れている」第三次産業革命への対応、そしてアジア新興国の国際市場への参入である。もしEMSを離脱してフランを切り下げても、フランスの競争力を減ずる効果しかないのであれば、むしろインフレという麻薬を止めて競争力を復活させるほうが重要である。だからこそ、フランスは社会党的な「サプライサイド・エコノミクス」を必要とする。しかしこれを現実のものとするためには「共和国大統領が進める対外政策と国内経済政策に関連性がなければ」ならなかったのである。

モーロワとドロールの対立によって、ミッテラン政権は短期的だが政治的危機に見舞われたといえる。インフレの克服に失敗し、失業率は改善しないばかりか深刻度を増し、ドロールとシュヴェンヌマン、ファビウスの対立にみられるように、政権内で政策の一貫性を確保できなかったからである。モーロワをして「CERESのマルクス主義とドロールの社会民主主義は、ゴーリズムと〔中道〕共和党あるいはCDS〔社会民主主義センター〕以上に原理的に異なる。確かに権力はとても硬いセメントの役割を果たしているから、党が一枚岩でないにしても、分解することはないだろう。しかし、権力は障害と障壁の原因でもある。私は人間の本性にも関わるこの原理的な対立から、社会党の一体性が反故にされる日が来ることを認めないわけにはいかない」といわしめたのである。[*69] 自ら招く一体性の反故は「一九二四年、一九三六年、一九五六年と、エリオ、ブルム、モレのいずれの左派政権も金融危機の犠牲となる法則」[*70] をも意味した。メディアは「需要創出策はサプライサイド政策に代替されるのか」[*71] と疑いの目で政権を見始めた。

この時、政治的にはドロールが薦める反インフレ路線か、それとも過去四カ月間進めてきた「社会主義プロジェ」路線の貫徹かという二つの選択肢が存在した。経済政策のロジックとしてはそれぞれ正しかった。問題は政策を決断するはずの政治が、新たに争点として浮上した二つの選択肢に対してまだ優柔不断だったことにある。その間に、選択の余地はますます狭まっていった。

経済的苦境が深刻になるほど社会党政権への期待は高まっていた。ミッテランは一〇月一二日からロレーヌ地方を皮切りに地方遊説に出かけている。「大統領閣下、ロレーヌ地方の繊維産業、鉄鋼業、炭鉱業は失業問題に非常に敏感です。ここは社会の弾薬庫、火にかかる鍋ではありませんか？」という記者の問いにミッテランは、「われわれが統治する時期がきたということだ。もしこれまでの状況が続いていれば来年はどうなっていただろうか。山積している課題と責任は重大である。国民の信頼を勝ち得て確実なものとし、国家独立の基本である経済を建て直すことは非常に困難で大きな課題だ」と答えた[*72]。一一月一〇日の閣議で、ミッテランは社会保障会計の赤字補填のために保険料を一%引き上げるべきとするドロールとロカール両者の主張を退けた。「私としては、それはあまりよくない解決法だと確信している。公約に反し、実施すれば、私たちの政治的、社会的支持層を失う[*73]」。

一一月二六〜二七日には、ロンドンで欧州理事会が行われていたが、フランスが提示した社会的政策、農業政策、共同体予算の三つの議題では合意を得られなかった。ミッテランはサミット後の記者会見で、共同体の経済再建が将来の討議課題に据えられたことに満足しているかとの質問に対して、「ルクセンブルク・サミットからロンドン・サミットまで多くのことが合意された。（中略）これからもより大きな関与を求めて努力していくつもり」と答えるしかなかった[*74]。確かにロンドン・サミットでは約三〇億

エキュ（European Currency Unit）を産業政策に投じることが決定されはしたが、フランスが掲げた政策アジェンダが真剣に検討されるような状況にはなかった。サミットでは、英国がとりあげた予算拠出問題、CAP予算のシーリング、スペイン・ポルトガルの加盟を前提とした農産物支持価格の問題で紛糾していたのである。共同体全体として新たな政策を推進することよりも、現下の各国利害にどう折り合いをつけるかが優先されたのは当然だった。首脳理事会の準備会合となる一六日の外相理事会で、外相シェイソンはすでに「現在の状況ではロンドンでは何も決まらないだろう」と失望を隠さなかった。[*75] 一〇月末に持たれたドロールと西独経済相との会談でも、西ドイツはもっぱら共同体の予算問題に腐心しており、フランスのいう「共同体規模での産業政策」には関心を示さなかった。[*76] この状況は、年が明けた一月一四日の外相理事会でも変わらなかった。欧州をフランスが動かすことで、「外的拘束」を緩めることなどできなかったのである。

一二月九日、ミッテランは就任後初めてのテレビ・インタビューに応えた。エリゼ宮の書斎からの生中継番組で、ミッテランは社会主義の定義から会見を始めた。[*77] 彼によれば「フランス流の社会主義」とは「社会民主主義とは異なる経済的次元におけるひとつの懸念の表明」である。だからこそ、経済政策はドロール路線であろうが、モーロワ路線であろうが、特定の閣僚の提案に傾くことなく、「私が決定した政策を最も忠実に履行できる私が選ぶところの社会主義」に沿って進められるべきだとした。「私にはフランスの多数派が望んだ政治を行う義務があり、それこそが民主主義である。（中略）私の目標は、国民全員が私の職務を通じて歴史の中に自らを確認することにある」。

ミッテランがこの日改めて表明した政策路線は、それまでと大きく異なるものではなかった。失業対

策があくまでも最重要項目であり、そのために生産力を拡大すること、生産量の拡大には経済成長が必要であり、経済成長の実現には内需の拡大が必要であり、そして内需の拡大には企業投資を要する。また一〇月に実施した平価調整は、フランス企業の競争力を回復させるきっかけとなったともした。さらに八二年に失業率は横ばいに転じ、八三年には減少するだろうと予測した。「私の過去七カ月を総括すれば、歴史的には肯定的なものになるだろう。もちろん、私自身は『多くのことに対してもっといろいろできたのに』と思ってもいるのだが」。

年末に近づき、対外バランスが大きく崩れているとの報告が、大統領府スタッフのスタースや貿易担当相ジョベールから相次いだ。八一年第2四半期に一五億八五〇〇万フランだった貿易赤字は第3四半期に二二億一〇〇〇万へと拡大、国際収支分も合わせれば八〇億フランの赤字となった[*78]。年率換算で輸出は七％増となったが、輸入も二七％増を記録していた。同時に一〇月以降、失業者が二〇〇万人を超えたことが明らかになった。

八二年の見通しも暗かった。景況感調査で八二年を「明るい」とした経営者はわずか六％、生産拡大を見込む者が六％、投資増を見込む者は八％にすぎなかった[*79]。つまり失業者減も、これに必要となる投資増も、八二年には見込めないことを意味した。

ミッテランが経済閣僚に限った会議を毎週火曜に開催することを決定したのは一二月に入ってからだった。一二月二日のこの閣議は、フランス製品の国内市場シェアを回復するためのタスク・フォース（「経済政策委員会」（comité de politique économique））を首相府内に設置する旨を決定した。インフレ要因となっている輸入超過を改善することが当面の目標だった。ロカール計画相やシェイソン外相が、ローマ

条約の規定に反する可能性を指摘したものの、こうした主張は受け入れられなかった[*80]。年始早々に公刊されたOECD報告書は、入超は購買力拡大策が採られるなかで、企業投資が伸び悩んでいることに起因すると分析した上で、次のように予測していた。「危機にある産業セクターを刷新するにしても、国内需要を減らし、海外市場シェアを獲得するまで数年かかると推測される。そのため、さまざまな形で保護主義的措置が採られる可能性が強まる。しかしそのような政策は、フランス経済に損害を与え（国際競争に曝されないセクターでのインフレの進展）、国際社会においては保護主義的競争を促進することになるため有害である[*81]」。

社会党政権が誕生した八一年、フランスの実質経済成長率わずか〇・五％であり、一方国際収支赤字は二〇六億フラン、消費者物価上昇率は一三・四％、そして失業率は七・六％を記録した。ミッテランは大晦日の国民に向けたテレビ演説で「経済回復はすぐそこまで来ている。それは私たちの努力が実を結びつつある証拠だ」と、未来に希望を託した[*82]。

政権内サブ・リーダー間の力関係を均衡させせてリーダーシップを確保していたはずのミッテランの戦略は、経済パフォーマンスの悪化からこの勢力のバランスが崩れていくことで障害にぶつかっていた。ミッテランのリーダーシップ・スタイルの核である「取引的リーダーシップ」は、複数の選択肢を残しておくためにも、派閥の均衡が崩れることを嫌う。したがって、ドロールのイニシアティヴがプロジェ路線を変更して、結果として政権内の勢力配置が変わることは回避しなければならなかった。そのためにモーロワを使って、プロジェ路線修正への圧力を和らげる必要があった。彼はリーダーシップを回復するために再び均衡をつくる戦略を模索するようになっていく。

4　社会党の「サバルタン化」

年が明けた八二年一月一七日の四つの補欠選挙のうち三選挙区で、社会党は議席を失った。しかし選挙直後の朝食会を兼ねた合同記者会見で、ミッテランは危機感を少なくとも露わにはしなかった。「経済の均衡とされるものが崩れかけているとの警告が出ているのは知っている。〔六月の〕ヴェルサイユ・サミットを終えれば事態は好転するだろう」。出席したジャーナリストは会見の印象を、「就任から八カ月たって、社会主義者ミッテランのプログラムも、エリゼ宮に落ち着いてから決められた政策の優先順位も、変わっていなかった。ミッテランにとって、体制は順調だった」と皮肉気味に述べている。[*83] 同日には、労働時短に関するオルドナンス（法令）が官報に公示され、週三五時間労働の第一歩となる一時間の短縮と有給休暇五週間制が正式に始動した。労働時短は、雇用創出と労働者の余暇を確保する党の目玉公約だった。雇用増にどれだけ結びつくかは内部でも異論があったが[*84]、社会改革は着実に進んでいった。ミッテランは、選挙結果を受けて、二〇日の党との会合で不満を漏らした。「われわれはプログラムを実施しているし、求められる改革にも着手している。その結果がこれだ。国民は何を望んでいるのだ、そもそも何を望んでいるのかわかっているのか。私には理解できない[*85]」。

もうひとつの目玉である国有化法案に対しては、むしろ党議員団のほうが積極的であり、政府は守勢にまわった。

国有化法案は、右派が多数を占める上院によって憲法院に付託され、八二年一月一六日と二月一一日

の二回にわたって計七つの違憲判断が下された[*86]。国有化企業の株価評価の時期、外資系金融機関の国有化除外措置、フランス企業の海外子会社の扱い、相互融資扶助銀行（banque centrale des coopératives et des mutuelles）や協力融資銀行（banque française du crédit coopératif）の国有化除外措置、非上場企業の国有化などについて条文の修正が必要と判断されたのである。下院社会党議員団長のジョックスは数回にわたってモーロワと会談し、新法案の作成、条文の修正、もしくはオルドナンスによる修正を選択肢として提示した。ジョックスは「われわれは九人の賢人〔憲法院裁判官〕と対峙する人民を代表している」と述べ、ジョスパンも「大統領が推進する政策の柱である法案に憲法院が待ったをかけるのは、第五共和制始まって以来のこと」と憲法院判断と野党を非難した[*87]。議員側は、国有化法案を政治的道具にされたと感じ、政府の強行突破を求めた。ジョックスと下院の国有化問題特別委員会のメンバーは、憲法院の判断に政府が従えば、法案と政策目的そのものが変更されると表明、国家機構に政府が従う構造自体を問題視した。

結局、政府は憲法院の見解にしたがって、海外資本の国有化には政府の同意を必要とすることや取得株価を時価評価によって補填することなど、条文を修正し、憲法第四九条第三項を用いて一月二〇日に法案を成立させてしまった[*88]。このまま議員団の介入が続き、野党を挑発し続ければ、法案の成立そのものが危うくなると判断したためである。モーロワは翌日記者会見を開き、国家機構との「制度的紛争」を回避し、早期に政策を実現させるための最善の判断だった、と釈明した。社会党は、野党時代に行政府の強権発動だと非難した条項を、与党になるといわば身内の争いを終息させるために利用したのである。

三月にはカントン議会選挙が行われた。地方分権の第一歩となる「市町村・県および地域圏の権利および自由に関する法律（loi n. 82-213）」が可決した直後の三月一四日と二一日の投票で、社会党は一〇議席を失い（共産党は四五議席減）、野党RPRは一四九議席、UDFは四五議席を増やした。社会党は計五一五議席を有して地方議会で第一党の地位を守ったが、共産党の凋落も手伝って、左派陣営の劣勢は明らかとなった。これまで、共産党の議席減は社会党の議席増に反映されていた。しかし、今回はともに得票率を減らし、共倒れの兆候がみられたのだった。

「政府は単独で政策を策定し実施して、決定と手段と構想までも独占している。急ぐあまり、議論を全国で喚起し、反対者に討議されるのを拒否している。官房が選んだ専門家に諮問したがり、誰も知らない指針に基づいて政策を決定している」[*89]。社会党内部の不満が指摘されるなか、三月の選挙が視野に入った二月一四日、党の指導委員会、社会党議員、県連第一書記を集めた全国大会（convention nationale）が開かれた。ここで、ジョスパンは政府の政策を現場でもっと説明すること、議論を社会勢力とともに喚起していくこと、現場のミリタンの意見を政府に伝えることが党の役割だとした。そしてモーロワに直接掛け合って、法案提出以前に情報を共有する約束をとりつけた。四月末にはさらに、党執行部会の総意として「経済と社会秩序のあり方」のプログラムについて、政府は党に諮問するよう要請した[*90]。五月二一〜二三日に開催された企業セクションを集めた党大会では、モーロワは約一六〇〇人の党員から、経済政策の迷走と先に公表された職業税減税の責任を問われた。ジョスパンは政策転換の匂いを嗅ぎ取って、「議論もなく、諮問もなければわれわれの経済社会政策は変わらないと考えるのが当然だ。政策の修正があるとすれば、その前に議論されねばならない」と同大会で釘を刺した[*91]。

「社会主義プロジェ」の守護者であると同時に統治権力であることとの間で引き裂かれる社会党のジレンマを、前出のポルテリは「サバルタンとしての党」と、うまく表現した。「市民社会に浸透する手段を奪われて、圧力団体を左派に組み入れることに失敗した社会党指導者たちは危険な賭けに出た。それは過去一〇年間に社会党を勝利に導いた文化的、イデオロギー的、組織的要素を賭金にして、経済政策と社会政策の成功で国と左派陣営での社会党の影響力を永続させるという不確実な賭けである」[*92]。

党の要請を受けて六月三日にジョスパン、ポプラン、キレスの党代表三人とモーロワと閣僚による会合がセッティングされたものの、これは「党の分裂を印象づける」として延期されたままになった[*93]。

5　EMSをめぐる衝突と緊縮策への助走

政権内では政策路線をめぐって意見対立が続いていた。八二年になって政府が最初に取り掛かったのは、財政赤字をGDP比三％以内に抑制し、税負担率の現状維持を確認することだった。九五四億フランと見積もられた八二年度の赤字が、税収悪化や政府債務の増加、UNEDIC（全国商工業雇用協会）の赤字補填額拡大などによって一三〇〇億フランにまで膨らむことが明らかになったためである[*94]。八二年の成長率予測を三％に設定したつけが廻ってきたのだった。その他にも、繊維産業への補助金（二五億フラン）、国有化されたブルの米株式補填（一七億五〇〇〇万フラン）、公的部門への補助金などが会計を圧迫した[*95]。ドロールは、このままでは八三年には二二〇〇億フランもの赤字によって金融危機が生じる、と警鐘を鳴らした[*96]。メモランダムの余白に書かれた大統領府スタッフの言葉を引けば、「ドロール、そ

れは超悲観主義者（hyper péssimiste）」であった[*97]。ミッテランは、財政赤字が予定よりも大幅に増えたことに驚き、赤字を対ＧＤＰで約一％ポイント削減するよう関係閣僚に求めた[*98]。

経済閣僚を集めた二月の閣議で、ドロールは改めて経済政策の方針を確定するよう訴えた。この時彼が掲げた選択肢は以下の三つだった。まず、ベルギーやイタリアのように、経済危機は世界経済が好転すれば克服できると想定して、財政支出を継続する策。次に、英サッチャー政権流のマネタリズム政策。最後に、バール前政権が採ったような国際収支の均衡を目標に据える政策である。その上でドロールは、国際収支赤字を拡大させないこと、財政赤字を抑制すること、経済成長を確保して失業率を抑えることを当面の目標にするべきだとした。まさに「ドロールがバールに化けた瞬間」であった[*99]。政府は原油高から、三月以降重油・電気・ガス料金価格を引き上げざるを得なかった。前年同月比で、ジャガイモは六三％、散髪代は五〇％、コーヒー豆は三八％、クリーニング代は一九％も値上がりしていた。他方ではＳＭＩＣが二五％引き上げられ、同時に労働時短が実施されたことから、一時間当りの給与は一年で二二％上昇した[*100]。物価と給与の相互上昇により、インフレのスパイラルは加速していったのである。こうして、八二年第１四半期に、フランスと他ＥＣ加盟国のインフレ格差は三・五％から五・五％へと拡大し、輸入は一二％増、企業のキャッシュフローの一・五％が失われた。フランは対マルクで二・五七フラン、対ドルで六・三一五フランと最安値を記録した。肝心の失業問題は、依然悪化の一途をたどっていた。特別補佐官のアタリは、ミッテラン宛ての「現在の雇用情勢は政治的に受け入れがたい状況」と題した珍しく長いメモで、仮に成長率三％が実現しても一五万人の雇用増にしかつながらず、雇用コストと企業投資の停滞から失業率の漸減は見込めないとし、労働コスト削減を早急に講ずるよう提案し

た。[101]

翌週の関係閣僚会議では、付加価値税対象品目の変更、所得税枠の変更、住民税引下げ、職業税の対象変更などが討議された。しかしこれらの措置は財政赤字対策として歳入増や支出減と結びつけて設定されたのではなく、前年末から積み残した政策で、「社会正義と経済効率の実現、国民世論の期待、大統領の指示に応えるもの」（ファビウス）にすぎなかった。[102]

注目されるのは、税制改革が主要議題となるはずのこの閣議で、EMSに関する見解が初めて衝突したことだった。いつものように、ドロールは経済財政相としてフランスの経済状況を報告した。そして、総貯蓄が不足するなかで通貨供給量を増やし、インフレ、財政赤字、国際収支赤字が拡大すれば、フランの減価は止まらず、EMSからの離脱を余儀なくされ、結果として景気後退と失業者増を招くことになると主張した。[103]これに対してシュヴェンヌマンは、高金利や投資水準といった「大きなパラメータ」は「外部」からもたされているのであって、果たしてEMSに留まることは正しい判断なのか、と反論した。そして、むしろEMSから離脱して、まだ低水準にある赤字を増やしてでも、国有産業へ投資したほうが経済政策上正しい、と主張したのである。[104]

この他、税制改革ほど注目されなかったものの、二月下旬に入って国民貯蓄口座（livret d'épargne populaire）の創設が急遽決定された。この非課税貯蓄預金は、既存のA貯蓄（Livret A）と青色貯蓄（Livret Bleue）に次ぐ第三の預金制度で、納税額一〇〇〇フラン以下の世帯を対象に物価連動金利を保証し、消費を抑制するとともに貯蓄を促進して、公共部門投資の資金を確保するのが狙いだった。これは、公共部門の肥大化に引きずられて歳出が増大するのを避けたい蔵相ドロールと、より大きな資本供与を

必要とする科学技術相シュヴェンヌマンの両者の利害を調整するための制度だった。

この時期には、モーロワとシュミットの首相会談がボンで持たれていた。モーロワは、西独首相に迫った。[*105]「前年六月に、われわれは他の欧州諸国と異なる道を選択した。方針は明快だ。デフレと緊縮政策を排して、経済を刺激し、内需を拡大させ、不平等を是正して成長を促す。その目標は雇用の創出にある。今その成果は表れつつあるようにみえる。八二年末には三％近くの成長が見込まれる」「われわれも西ドイツ経済の成長を望んでいる。方針を明確にしてもらいたい」。モーロワは、「社会主義プロジェ」こそが欧州社民政党にとっての「グランド・デザイン」になると信じていた。そのためには「議論し、そしてまた議論することが必要」と早くから認識していた。[*106]しかし、フランス側の説明でシュミットが関心を示したのは早期退職制度だけで、公共部門の規模や労使関係から西ドイツとは状況が異なる、とにべもなかった。「国内市場を経済刺激策によって獲得されようとしているのは理解できる。しかしどう実現できるのかはわからないところだ」。[*107]シュミットは、四月にハンブルグで「フランスの現政権による経済政策は（中略）物価を抑えるために財と資本貿易での保護主義を誘発させる可能性が高い。八二年度の財政赤字はドイツと比べて少ないとはいえ、八三年以降もフランスが今のポリシーミックスを継続するとは考えにくい」と演説するようになる。[*108]ドイツを動かして自国経済への逆風を和らげようとするフランスの目論見ははずれ、逆に自閉した政策空間へと追い詰められていくことになった。

フランの状況は日を追うごとに悪化していた。直接的な原因は、八二年三月一〇日の閣議で討議した八三年度予算案の一部がマスコミに漏れたためだった。この時点で二一二〇億フランの赤字がすでに見込まれており、これはＧＤＰの約五％に相当した。[*109]ファビウスは各大臣が予算要求を一向に減らさない、

との私信をミッテランに送って泣きついた。[*110]ドロールは慌てて各閣僚に数字を漏らさないよう要請したが、予算局のリークによってフランは三月一六日に一ドル六・一二三フランにまで下落した。この前後一週間で中銀は一三億ドル相当のフラン、つまり外貨準備金のうち約四分の一を失った。[*111]フラン投機が活発化した八一年七月と八月の二カ月の投入額が八〇億ドルに上ったことを考えても、[*112]外貨準備不足することは明らかだった。カントン議会選挙翌日に、フランはEMS内のグリッド上限にまで、八一年五月と一〇月に続き張り付いた。投機を抑えるため、財政赤字を三％に留めると政府はマスコミに宣言した。外貨準備金が目減りするのに備えて、二度目の切下げが具体的に検討されるようになるのも、この頃からだった。[*113]

しかし、三月二〇日に持たれた首相府内の「経済政策委員会」で意見はまとまらなかった。フラン投機の対策として切下げを提案するドロールに対して、大統領府の経済・予算問題補佐官のスタースは「フランの一％下落は輸入総額を八〇億フラン膨らませる」と反対し、モーロワは政府の経済金融政策は順調に推移していると判断した。[*114]党内でも、社会保障負担の一％引上げを除けば、「国民と交わした契約には忠実であり続けている」と危機感は共有されていなかった。[*115]差し当たり、大統領府内では対外金利と対内金利の分離案が再度検討されはじめ、[*116]またフラン防衛策として輸出支払い金の決済の短縮、一〇〇〇万フラン超の海外投資の制限、一五万フラン以上の海外不動産取得の禁止、政策金利の一八％への引上げなどが決定された。ドロールは、モーロワが自案を支持しないことを省庁間会議で非難して、彼の辞任を大統領府に求めた。[*117]これに対してモーロワは、四月一九日付のインタビューで、社会経済政策の認識に関して改めて閣僚間で一致を求めるべき、と圧力をかけた。[*118]ミッテランは外遊先でこの記事

をみて「公にされる議論を閣僚の間でしてはならない。大臣は自分の省庁に責任を持たなければならない。もし今後も議論が続くようなら、全員更迭してやる」と苛立ちを隠さなかった[*119]。プロジェ路線の続行を決めたものの、現実と乖離し、すでにミッテランのリーダーシップのあり方は破綻をきたしはじめていた。それがＥＭＳをめぐる党内・政権内不和となって表れ、以後欧州統合は不可避な争点として浮上することになる。

6　補佐官ネットワークの始動とＥＭＳ離脱派の結集

大統領府、首相府を問わず、経済担当補佐官のメモランダムが激しく行き来するようになるのもこの頃からだった[*120]。そして同時期から、経済閣僚だけでなく、大統領府・首相府の補佐官といった政権内のアクターが、ＥＭＳ離脱派と反対派に徐々に分化していく。ＥＭＳ離脱は、論理的可能性として確かにミッテランの大統領選出直後から検討されていた[*121]。しかし、補佐官たちの態度は当初明確ではなかった。彼らは、少なくとも八二年後半までは政治家に「諮問」されて初めて意見を述べる立場に留まっていた。だが、大統領のイニシアティヴによってＥＭＳ離脱が現実味を帯びるようになってから、補佐官は反対意見（ないし賛成意見の無表明）を提示するようになる。ＥＭＳの残留と離脱はあくまでも高度の政治的判断とされた。他方で彼らはＥＭＳ離脱の是非をイデオロギー的理由ではなく経済的合理性から判断した。この二つの事実は、「転回」が決定的となった八三年八月になって、インフレ率と対マルク為替水準を判断基準にして「今こそダモクレスの剣を抜くべきである」と、それまで離脱に反対していたスタ

ースとギグーの二人の経済補佐官が大統領に提案していることからも証明できる。[*122]逆に、政治家はこうした補佐官のさまざまな専門情報や経済指標をよりどころにして、政策路線を決定しようとした。

大統領府事務次長のフルニエは、二律背反的な状況を四月に改めてミッテランに指摘した。[*123]八一年一〇月の平価調整をきっかけに、市場はフランスが緊縮路線に転じるのではないかとみているが、社会の高齢化や早期退職制度、さらに失業を第三次産業に吸収するための公的支出の必要性から、完全な緊縮路線に転じるのはむずかしい。問題は、この相反する期待にどう対処するかである。そのため政策路線の整合性を図り、突破口をみつける戦略を練るべきだと事務次長は進言した。「政策の最優先課題は雇用情勢の改善にあります。しかし、一〇月の平価調整以降、金融市場の圧力で力点がインフレ対策と緊縮財政に移っているように見受けられます。当初の目標を見失ってはなりません」[*124]。

社会党政権が誕生して約一年が経つと、早くも選挙が意識されるようになった。五月に入ってアタリは、市町村選挙（八三年）、総選挙（八六年）、大統領選挙（八八年）を見据えた経済政策の策定をミッテランに求めた。[*125]まず地方選挙までに失業率を安定させ、総選挙では減少に転じさせ、大統領選挙では一〇〇万人の水準にまで引き下げる。そのためにも、八二年秋には新内閣を発足させるべきだと提案した。

EMSでの平価調整が望ましいとの再度の指摘は、五月の段階から多くの補佐官から提出されていた。モーロワは首相府の経済補佐官、さらにド・ラ゠ジェニエール中銀総裁に説得され、ミッテラン宛てに切下げを提案するメモを五月二八日に提出した。このメモの作成には、ドロール官房のラガイエット、ヴィニヨン、さらに大統領府のスタース、ソテールが参加し、フランの一二〜一四％の切下げとともに、前年六月には実施されなかった給与と物価の全面凍結、賃金の物価スライド制廃止、予算削減、社会保

障会計赤字を補塡するタバコ・アルコール税、中間所得層への増税が盛り込まれていた。[*126]「政策知識」を核として、経済指標に敏感な政策集団が一致団結しつつあった。そしてドロールはこの政策形成ネットワークをフルに利用しようとした。

新たな緊縮政策に向けて、今回のドロールは用意周到だった。四月に入るとすぐに、八二年度中にインフレを一〇%以内に抑えるため小売価格、農産品価格、公共部門料金の維持ないし抑制、さらに給与引上げを二～二・五%に留めるべきだと提案した。[*127]四月末にはすでに平価調整の探りを西ドイツ側に入れ、早急にフラン切下げを行うようミッテランに進言した。[*128]ドロールの頭には前年に実現できなかった切下げにともなう緊縮策が政策パッケージとして描かれていたのである。五月末にはテレビ番組に出演して緊縮政策（austerité）を訴えた。「経済成長が三～四%しか見込めないなかで社会保障関連予算は年六%の割合で増加している。これは持続可能ではない」ゆえに、「緩やかなディスインフレ政策に着手しなければならない」。[*129]自らの派閥を持たずに政権内で確固とした基盤のないドロールによる、欧州首脳とのパイプと世論に訴える、常套手段だった。

ドロールがテレビに出演した翌日、折しも通商担当相のジョベールが四月の貿易赤字が「史上最悪の」一〇〇億フランを超えたと発表した。前年にドロールの手法に反発したモーロワは、今度は緊縮路線に傾きつつあった。社会党の企業セクション担当者大会で、モーロワは「わが国と貿易相手国とのインフレ格差は、われわれが新たな踊り場を見つけなければならないことを意味している。所得と給与の上昇を緩めなければならない」といって、政策の転換を示唆した。購買力の維持を第一にしていたモーロワの思考の転換だった。モーロワは依然として首相であったが、かつてのような言葉も思考も持たな

くなっていた。彼はドロールのように喋り、思考するようになった。つまり「フランスでは知らぬ間に首相が変わっていた」[*130]。ロカールもモーロワの支援にまわった。「政権内で、緊縮と経済状況に現実的認識を持つ必要性を説いているのは私一人だけではないことは確かであり、喜ばしいことでさえある。（中略）フランスは今、能力以上の社会保障水準にある」[*131]。「社会主義プロジェ」からの離反がミッテランの足元から始まっていた。

こうして五月を境に、これまでの経済政策が原因でフランは下落しているとの認識が広がりはじめ、大統領に決断を迫る提案書が増えていく。六月四日にフルニエ大統領府事務次長は大統領宛てに「いまやわれわれは経済政策の戦略的岐路に立っている」と再び指摘した[*132]。現路線が継続されるならば、八三年の経済パフォーマンスはさらに悪化するだろうとし、保護主義的措置によらない輸入制限策（エネルギー節約、開発投資、バイ・フランセーズ運動など）、財政赤字三％枠の絶対維持、一〇％程度の対マルク切下げ、そして七月一日からのサービス・食料品の価格凍結を提言した。フラン切下げと国内経済政策の連動は必須である。「フラン切下げは、わが国の輸入の四分の三相当の決済通貨であるドルに加え、すべての通貨に対して行われる。したがって、フランの下落はわが国GDPの二五％を占める輸入額を膨らませる。これは、フラン下落と国内の物価上昇という悪循環を生む。EMSから離脱すればフラン切下げに対する障害がなくなるため、このリスクはさらに高まる」ためである。他方でフルニエは、切下げにともなう緊縮政策は、「単なる逃げ道、あるいは古典的自由主義の道として捉えられるものではなく、オリジナルな政策を遂行する」左派政権の政策的特徴を備えたものでなければならない、と忠告することも忘れなかった。

切下げ案が実行されるとしても、事前に市場に情報が流れては効果が半減してしまう。五月二八日に、ミッテランは米プレスとの朝食会で政策の方針転換はないと述べたにもかかわらず、翌日のインターナショナル・ヘラルド・トリビューン紙は「大統領はフランの切下げもＥＭＳ離脱の可能性も排除しなかった」と報じた。アタリは、すかさず大統領府のコミュニケでこの報道を打ち消すとともに、ニューヨーク・タイムズ紙特派員に電話をかけて、大統領はそのような話はしなかった、と反論の記事を載せるよう依頼した。[*133]

しかし、六月三日には、中銀は一日で五億二三〇〇万ドル、すなわち外貨準備高の一〇％をフラン防衛のために投入しなければならなかった。[*134] 上記のメモからもわかるように、ＥＭＳ離脱のシナリオが真剣に検討され、政策上の争点となるのも、この時期からである。ＥＭＳ離脱に前向きだったソテールは、[*135]離脱をやはり検討していた大統領府事務総長ベレゴヴォワ宛てに「ＥＭＳ離脱のフランへの影響」と題したメモをまとめている。[*136] このメモは、ＥＭＳ離脱は、経済的のみならず政治的な圧力を一気に解消する効果があるとする一方で、一〇〜二〇％程度のフラン安を招く可能性があるだけではなく、現下の国際経済環境にそぐわず、輸入価額も上昇し、さらにフランスが日米に対してＥＭＳの利点を説いてきた信頼性が損なわれるといった欠点を挙げている。ＥＭＳ内での平価調整が早急に実現されないなかでフランの水準を維持するためには、ＥＭＳ離脱か財政規律と税制改革の二者択一をするか、さもなければ小手先の為替管理政策を細々と続けるしかない、との認識が経済補佐官たちに共有されるようになっていた。[*137]

政策路線の修正圧力が高まれば高まるほど、これに対する抵抗力も強まる。以下に引用するのは「社

会主義プロジェ」路線を擁護する、大統領府の産業担当補佐官ブーブリルのメモである。[*138] 緊縮政策推進派に比べて情報に乏しいEMS離脱派の理論的、心理的根拠が垣間見られる。

数週間前から政権内では、財政問題と国際金融問題に対処するため、バール政権の施策に接近しているように見受けられる。このメモは、社会党が野党時代に培った批判的論拠をあえて想起させることを目的としている。

「財政赤字それ自体は善でも悪でもない」――フランスは一九七七~八一年にかけて西側諸国で最も財政赤字が少なかった。しかしその経済パフォーマンスは、物価上昇率、国際収支、雇用に限れば平凡だった。反対に西ドイツ、日本とオランダ、米国は、いうまでもなく財政赤字を拡大させた。西ドイツは一九八二年に八〇〇億マルク(二〇〇〇億フラン)の赤字を経験している。オランダに至っては、EMS内で最も強い通貨を保持しているにもかかわらず、財政赤字はGNP比一五%に及んでいる。

「フランの為替水準は経済政策の手段であってはならない」――政策の実施はすべてとはいわなくても、心理的、状況的な要因に大きく左右される。政治的な現実が押し寄せるなかで、国際的な信任は自らに対する信頼、目指すべきものの指針がいかに振れないか、変わらないかによる。このような総合的尺度に基づいて、過去数週間に採られた政策は評価されるべきである。(中略)国際社会の不信は、二〇〇〇億フランの赤字が原因なのではなく、一〇月七日に一五〇億フランを凍結してその半年後に赤字を倍増させるといった政策の迷走から生じる。不確実性ほど、国際金融筋を不安

に陥れるものはない。一〇〇〇億の赤字を公表して二〇〇〇〇億を計上し、最終的には一五〇〇〇億しか支出しないよりも、最初から二〇〇〇〇億フランの赤字を抱えたほうが心理的にはプラスなのである。

近い将来を占う上で引き出せる教訓とはどのようなものだろうか。

一九八二年度と八三年度の予算編成の指針は明らかである。より有効な支出を行って成長を促し、雇用増を目指すことである。そのためには第2四半期に二五%を上乗せし、住宅関連予算と国営企業による投資促進を確保すべきと思われる。（中略）為替水準でも、説明不足と政策の迷走の影響が指摘できる。フランスは以下の二つの理由から、再度の平価調整をすべきである。

―フランスと西ドイツとのインフレ格差

―ドルが下落すれば、マルク高が導かれる。投資家は資産をマルク建てに移転するためにEMS内での緊張が生まれる

以上から、政府の指針は次のようなものであるべきと考える。

―短期的にはフランのパリティを維持すること

―今夏、一〇%程度のフラン／マルク平価調整を粛々と行うこと

―そして、米国の金利引下げにともなって国際金融市場が混乱し、対独収支がきわめて悪化するようであればEMSから離脱すること

EMS離脱は、国際関係で欧州の協力体制が失敗した結果であって、フランスの経済政策の失敗によるものだと提示すべきではない。わが国には、世界経済の混乱に引きずられて外貨準備高

を枯渇させるほかに方策があるはずである。

以上が、フランスの経済政策に対する海外の反応、とりわけアングロ＝サクソン諸国の報道を考慮した上で導かれる結論である。行き先を決めて航路から外れないこと、確固とした舵取りで、われわれが何を欲してどこに向かっているかを説明し、国内と国際世論を納得させること、これこそがわが政権が優先すべきことだと考える。フランの価値がどれほど乱高下しようとも、財政赤字がどれだけあっても、毅然とした態度こそがこれに打ち克つのである。

このメモが明らかにしている点は次の通りである。ひとつは、政策路線のぶれ（経済成長路線と緊縮政策）が、メディアと金融市場の政府政策に対する不信の源泉であり、政権内の争いの火種となっていること。次に、EMSを成長路線を継続する上での足かせだとしていること。そして、経済理論からみても、財政赤字を拡大させてもなお「社会党が野党時代に培った批判的論拠」に立ち戻ることが、市場に対する有効なメッセージになると主張していることである。

政策の修正を唱える補佐官群がモーロワとドロール官房のもとに結集するなかで、このように異なる処方箋を持つ、別の政策形成の場も形成されていった。その中核となったのがコングロマリットのシュランベルジェールの社長でミッテランの側近でもあるリブー、スエズ・グループ会長のプレスコフ、研究開発政策案の作成を政権から依頼されていた政治家・ジャーナリストのセルヴァン＝シュレイベールである。彼らは経済状況を危惧し、EMSを離脱した上で給与と物価を凍結し、輸入供託金制度を設けて貿易収支を均衡させる施策こそが有効だと信じていた。この集団はミッテランの執務室に夕方出入り

して、EMS離脱の選択肢を繰り返し提示したことから、モーロワから「夜の訪問者（visiteurs du soir）」と呼ばれるようになった[*139]。そのなかには、自家用車のシトロエンでやってくるファビウスもいたが、怪しげな一団として大統領府内で話題になった[*140]。EMS残留と離脱は閣僚・党政治家ではなく、互いに関連性を持たない、まずは少数の取り巻きから争点化していった。この頃から、メディアもEMS離脱の可能性を報道しはじめた[*141]。離脱派がミッテランと接触しているとドロールはいち早く察したが、しかし彼らと直に会うこともコンタクトをとることもなかった[*142]。判断はミッテランに任されていた。

EMS離脱の立場を採っていたものの「夜の訪問者」とは見なされていなかったシュヴェンヌマンは、閣内不一致の責めを負わされないよう政策修正に慎重に苦言を呈した。「もし閣僚たちが政治を行わず、着手すべきグランド・デザインの実現に邁進しなければ、左派が権力の座に留まることも、社会的変革と国家的再興を成し遂げることもできないだろう[*143]」。そして、「自ら草稿を書いた社会主義プロジェ」に言及して、このグランド・デザインは代替不可能であることを、やんわりと指摘した。

連立相手である共産党の反応は冷ややかだった。五月二七日にミッテランと会談したマルシェ総書記は「緊縮とは、政府や国営企業の無駄遣いも含めて、企業経営全般に慎みが求められているということだろう。（中略）われわれは〔大統領が選出された〕五月一〇日のフランス国民の要求に沿うような、的確な緊縮だけに賛成である[*144]」。共産党閣僚であるル＝ポールは、さらにはっきりと「〔政策上の〕対応は必要であっても、政策の変更には反対する」と主張した[*145]。CFDTも五月二五日に開かれた全国大会で政府の路線の明確化を求めた。メール書記長は「もし、政府が安易な政策を採るならば、影響を被るのは実体経済であり、貧困層である」と政府に釈明を求めた[*146]。

モーロワは説明に追われた。「新たな政策などはない。しかし、新たな政策の段階に歩を進めなければならないのは確かである。西側経済の回復が六月までにはないと判明した今、この事実を踏まえることが重要である。（中略）購買力の維持と低所得者層の底上げには八一年に着手したのだから、今となっては行き過ぎた政策にブレーキをかけなければならない」[*147]。モーロワの歯切れが悪かったのは、まだ正式にミッテランから了承を得ていなかったためである。ミッテランはその頃、ハンブルグ商工会議所で次のように演説していた[*148]。

私は社会主義の潮流の中から生まれた大統領として（中略）たとえばケインズだけを参照しているわけでも、ケインズに精神を支配されているわけでもないが、（中略）同様にフリードマンの熱狂的な支持者でもない。（中略）風邪も引かない、咳もしない、熱も出ない、精神的な悩みもなく、馬から落ちるでも自動車事故にも遭わないというような、何の問題も起きない理想的な国家、すなわち通貨も下落せず、通貨切下げもない国家というのは死を意味する。経済の行く末を考慮する強力な政策と、経済を管理下に置き、不況を実際に招く緊縮（rigeur）とを混同する誘惑を避けなければならない。（中略）エコノミストたちがわれわれの社会を空調の効いた部屋か、あるいはまったく真空のビンであると前提して緊縮政策の効果を唱えている事実には警戒しなければならない。だから、私はリスクにかけられるのは人々の人生であるということを主張したい。（中略）私はシュミット首相に、インフレ率を一三、一一、一〇、八％程度に抑えたいと話した。彼は「なぜ五％ではないのだ」と尋ねたので、「五％でもいいでしょう」と答えた。しかし、国境というものが存

在する。われわれの社会は何でも受容するわけではないという事実をわきまえる必要がある。(中略)フランスのインフレは確かに高すぎる。(中略)しかし同時に、失業者数が受容可能な水準を超えないようにしなければならない。それは五年や一〇年以内ではなく、すぐになされなければならない。成功すればわれわれの産業が今日よりも早いペースで競争力を獲得するというだけで、反インフレ政策の単なる実行を私は望んでいないのだ。

ミッテランは新たな勢力配置が明確にならぬうちに、政策路線の明確な修正、すなわちリーダーシップ戦略の変更を望んでいなかったのである。

7　ヴェルサイユ・サミットでの挑戦

ＥＭＳの平価調整を機に顕在化した路線対立によって、再び政権内で政策路線をめぐる軋轢が生じた。しかしミッテランの関心は、六月四日にヴェルサイユで開かれる先進国首脳会議に向けられていた。ミッテラン宛てのメモの余白にも「大統領は今サミットで忙しい」と、補佐官たちの諦め気味の言葉が踊るようになる。*149 サミット前日に緊縮政策の実現を求めるモーロワに対し、ミッテランは「私のサミットを無事に済ますことが先決だ。〔切下げの話は〕その後でよかろう」と耳を傾けず、サミット後まで切下げを実施しないという四月末の決断を翻そうとしなかった。経済的緊急性よりも政治的理由が優先された。ミッテランは切下げによって政治的コストを負うよりも、サミットを利用してむしろ米国と西ドイ

ツの経済政策を変更させる可能性を追求すべきであり、フランスが率先して政策を変更する道理はないと考えていた。[*150]サミット前に路線変更すれば、時間という政治的資源を放棄することになる。元来、ミッテランはこの種の国際会合には批判的だった。一九七五年、ジスカールがホストとなったランブイエの第一回サミットに際して「決然としてはいても滑稽な口約束だけのためにこれだけの大司祭が集まっているわけではないことを祈る」とシニカルなコメントを寄せている。[*151]しかし今度は自らがホストとなって、この「口約束」を何とか実現させなければならなくなったのである。五月早々、ミッテランはレーガン大統領に「ホスト国、つまりフランスの決定を尊重するように」と念押ししていた。[*152]

「経済の均衡が崩れているのは知っている。それもサミットの後には改善するだろう」とミッテランは楽観的だった。[*153]しかし、事前にシュミットとの会談を済ませていたモーロワは、サミットによって何らかの変化がもたらされるとは考えていなかった。[*154]モーロワはサミットの最中にも、フランの切下げと物価・給与凍結を早急に決断するようミッテランに迫った。[*155]「フランは確かに問題のようだ」と白ける大統領にモーロワは、「もしこのような状況が続くようならわれわれは年内に崩壊して歴史の単なるひとこまになってしまうでしょう。一九三六年の再現です」と食い下がった。ドロールもこれに追いうちをかけた。ドロールはサミットの初日、大統領の外交補佐官ヴェドリーヌに「外貨準備高も底をついて、切下げ目前だというのに、これだけの芝居を打つとは」と漏らした。[*156]ドロールは、サミットという「栄光と栄誉の日」にではなく、「ミッテランの外交と欧州政策の前提そのものを損なうことになる」国内の社会経済問題に集中していた。[*157]サミットと並行して行われたG７蔵相会議の後、ドロールはテレビカメラの前で「通貨政策の合意が早急に求められている。通貨の安定は目前にある」と宣言し、あえてミ

ッテランにプレッシャーをかけた[*158]。ミッテランは、国営企業の負債をどう補填するかで対立していたモーロワとドロールが、異口同音に切下げと緊縮を進言するのを訝しがり、三人の夕食会を開いて真意を確かめようとした[*159]。勢力は分断させておかなければ自らの主導権が危うくなる。野党期から続く勢力の均衡が崩れることは本意ではなかった。政策的立場が異なるはずのモーロワとドロールが共同戦線を張ることは、ミッテランにとっては危険であったが、自らの戦略が変更に値するかの判断材料としても重要だった。

ミッテランの二度目となる先進国首脳会議は、国際社会に社会党政権の正統性を改めて認めさせる場であるだけでなく、西ドイツと協調して米金利政策に圧力をかける目的があった[*160]。サミットの議題作成は、アタリの率いるチームに全面的に委託された[*161]。議題はアタリの新しがり屋の性格が反映された内容を含むと同時に、「社会主義プロジェ」の重要な側面である産業主義が強調されていた。

ミッテランは、サミットの開会演説の冒頭で、失業の増大、生産投資の停滞、保護主義と金融システムの混乱、南北の不平等を指摘し、「エゴイズムがルールとなりつつある」と述べた。これらは、しかし、「時間、空間、物理的障壁」を超越する技術でもって解決可能である。たとえば、「海洋学の進歩によってまだ開拓されていない天然資源やエネルギー源、鉄鋼を発見することができる」し、ロボット技術の発達で「雇用の問題は根本的な解決に向かう」。その上で、共同計画のもと技術を通じた効果的な経済成長、雇用と労働条件を共通の優先課題とすること、文化の後退に一致して対処することを目的に据えた。「われわれに必要なのは安定した通貨システム、低コストな企業向け資本の提供、大陸間の平等な政治経済関係の構築、貿易障壁の除去である。そして、何よりも大切なのは、進歩によってもたら

される自由な時間を個々人が享受できることだ。これこそが統治する者の責務である」[*162]。

ヘイグとリーガンの二人のシェルパに耳打ちされ、レーガン大統領はルーズヴェルトの逸話を語って、ミッテランの構想を嘲った。曰く、ルーズヴェルトは三〇年代に未来技術に関する報告書を作成するよう命じた。その内容は輝かしい希望に彩られていたが、テレビも、プラスチックも、レーザー光線も、あるいはボールペンにすら言及していなかった、とボールペンをミッテランに掲げてみせたのである[*163]。「米国では、研究開発はほとんど民間に任されるもので、この場で何かを決定できるとは思わない」[*164]。結局、「愛嬌たっぷりな保守派の説教師」と「冷静にものを考えるインテリ社会主義者」の溝は埋まらず[*165]、外交補佐官ヴェドリーヌがいうように「オタワから、ヴェルサイユ、ウィリアムズブルクのサミットに至るまで」両者が世界観を共有することはなかった[*166]。

産業主義と技術主義とヒューマニズムを混ぜ合わせたミッテランの演説を他の国が支持することも、またなかった。サミット二日目午後の会議で、ミッテランは再び国際金融市場の安定化を訴えるが、同席したモーロワによれば「トルドーは胸に飾ったバラを無造作に弄り、サッチャーは自分の靴先をみつめ、シュミットは石像のように微動だにせず、鈴木は目を半分閉じて消極的な態度だった。無関心を前にしてミッテランは明らかに苛立っていた」[*167]。記者会見でも、ミッテランは自らの路線を再度強調した。「受容可能な失業率を超えない範囲で、インフレ対策が必要なのはわかっているつもりだ。具体的にいえば、インフレ率を四%下げれば大きな成功と手段を手にするということだ。しかしインフレを抑えても、すでに労働市場から排除されている者に加えて四、五〇万の失業者を増やすのであれば、それは拒否しなければならない。（中略）私が大いに関心を持つこの人間の尊厳（problème humain）にかかわる事

柄は、われわれの社会のあり方に関係するのであって、私がインフレの問題と同じように注意を払うのは当たり前のことだ」[*168]。しかし国内類推によって他国との協調を目指し、二〇〇〇万フランをかけたサミットは、前年のルクセンブルク欧州理事会と同様に、ミッテランの社会主義にとって空振りに終わった。フランスですでに困難に突き当たっている社会主義の試みは、世界はおろか、欧州のモデルになりようがなかった。共同宣言は「成長および雇用は、拡大されなければならない」という文言で始まるものの、それは「慎重な金融政策を追求し、財政赤字の一層の抑制」によって達成される、というに留まった[*169]。

さらに、同年五月のG5蔵相会議で下準備された「国際通貨面での約束に関する声明」が同時に発表され、通貨安定こそがインフレ低下・雇用増・成長の前提となることが盛り込まれた。そしてIMF体制を強化するとともに「EMS構成国は、われわれが交わしたこれらの約束は、EMSの枠内ですでに負っている安定化義務を補完するものである」と、通貨制度の目標が通貨の安定にあるとした。また、フランスにとって都合の悪いことに、会議初日にリーガン財務長官がドル高を是正するつもりはなく、フランの一〇％切下げを期待するとプレスに公言してしまい、模索されていたサミット後の平価調整の効果を削いでしまった[*170]。「〔レーガンとミッテランの〕両大統領の自制の無さは、おそらくどちらの場合も自分自身の交渉の立場についての過剰な楽観論と相手のしぶとさにたいする過小評価に基づいていた」[*171]。フランスと米国の双方が譲歩しなかったことで、ヴェルサイユ・サミットは失敗と評されるに至った。

サミット最終日の六月六日、昼食会の後にヴェルサイユ宮殿の「鏡の間」でミッテランをつかまえたモーロワは、フラン切下げと続く緊縮政策の許可をようやく得た。「いいだろう、ピエール。しかし、

緊縮政策そのものを政策とは呼べない。当初の政治目標と方向を維持したままで実行できる自信があるのか」。「もちろんです。左派はまだ人気があります。労組は反対するでしょうが、持ち直す自信がありますと」とモーロワはミッテランを説得した。[*172] サミットの後、米国の八三年度予算案が可決されてドル安が続伸したためマルク高となり、フランは対マルクで二・五二フランと、再びERMの最大乖離幅に張り付いていた。

八二年三月からヴェルサイユ・サミットに至るまで、欧州レヴェルではEMSの制度改革が討議されていた。欧州委員会案として、EMS内の中銀間協力の強化、経済政策の調和、エキュ市場の発達・促進、米日両国との通貨政策協力の四点が提出されたが、これは、八一年七月から仏経済財政省内で検討されていた事項でもあった。[*173] しかし、フランスがとりわけ望んだ第一点目は西ドイツの強固な反対にあった。五月のECOFINでは、超短期ファイナンス（VSTF）向けのエキュ建て介入資金の決済期間延長と限度額引上げを求めるフランス側に対し、西ドイツ側はフランスのインフレ対策と国際収支均衡を達成するのがまず先だと反論した。[*174] ECOFINの討議は事前に中銀総裁委員会に付託されていたが、ここでも「収斂（convergence）の強化は、将来のEMSの発展にとって必要不可欠な条件である。あらゆる経済政策（とくに財政政策）で強化されるべきであり、EEC加盟国間の不均衡を是正するため各国政府の実施する政策で実現されるべき」と、インフレ抑制がEMS制度改革の取引条件にされてしまった。[*175] 八二年二月、フランスのド・ラ＝ジェニエール総裁は、制度改革のために経済政策の変更が必要との結論は性急に過ぎ、求めているEMS改革がなければ、「心理的過失（maladresse psychologique）」の誹りを免れない、とフランスの立場を総裁委員会で強固に押したものの、オランダのダウセンベルヒ

総裁と西独のペール連銀総裁は反対の立場を貫いた[*176]。フランス経済省は、政治的解決を図って西ドイツ財務省と接触したものの、独財務相からは連銀の姿勢を変化させるのは無理であって、中銀総裁委員会の場で解決を目指すしかないとの返答しか得られなかった[*177]。セントラル・バンカーたちの前で、経済を好転させられない政治家は無力だった。結局、六月になってフランスは従来のEMSの制度設計のまま切下げを受け入れざるを得なくなり、ヴェルサイユの勝負に負けたミッテランは、モーロワとドロールの処方箋に従うしかないという構図が出来上がっていたのだった。

8　モーロワ・プランの開始――「転回」の第一歩

サミットが終了した三日後、ミッテランは記者会見に臨んでいた。切下げにともなう、少なくとも暫定的な政策の変更を前もって宣言しなければならなかったためである。大統領が「政治的意志、個人的意志、国家的意志を表明」しようとした、この四五分間の演説には二つの特徴があった。ひとつは、言葉は慎重に選ばれたが、フランス経済の混乱と経済失政を明確に認めたこと、もうひとつはサミット直前まで力点を置いていた失業対策と雇用創出の強調が消えたことである[*178]。しかし経済政策の明確な転換までは宣言されなかった。緊縮策が成果をあげる前にこの路線にコミットするわけにはいかなかった。冒頭にミッテランは経済再建の条件を提示した。国内市場を取り戻すこと、産業建て直しを図ること、エレクトロニクス産業の技術革新を促進すること、そして社会正義の追求、貯蓄の奨励、地方分権のさらなる推進である。

ミッテランは過去一年の取り組みが「成長、連帯、世界の中のフランス」の三つに集約されると総括した。[*179] ところが、この目標は世界経済危機によって達成が困難になっているという。

もちろん、外的拘束があると指摘するのは簡単である。外的拘束を緩めることができるならば国内的拘束、つまり国民的連帯、国民とともに努力することも大切であると私は常に考えてきたし、今も考えている。(中略) しかし、もし厳密かつ率直に分析するならば、より深刻な世界経済危機が生じているといわざるを得ない。それだけでなく、調整や目標設定、調和、本質的な目標を見失わないまま物事を進められる精神と行動を計画できる時間という問題もあった。(中略) ツール・ド・フランスを見てもわかるように、第一行程が終われば第二行程が始まるのは当たり前である。そして第二の行程でも当初の目標、つまり勝利に向かって突き進んでいるのである。勝利に向かう道中で、平原や山脈など風景が変わるのは自然である。ただし行き先はみな同じである。(中略) インフレ対策というものはインフレか、自由の尊重ないしは失業対策のいずれかに重点を置かなければいけないものなのだろうか。こうした問いには意味がない。失業者ほどインフレに貢献するし、失業を減らすためにインフレを抑制しなければならないのであれば、この二つは分かちがたく、片方を退治しないでもう一方を退治することはできない。(中略) つまり新たな次元が必要とされている。インフレと失業を対立させるのではなく、並立させることが重要である。

それまでの雇用創出という目標は「国民的連帯」と言い換えられ、インフレの抑制が政策目標にはっ

きりと据えられた。失業とインフレを天秤にかけてはいないものの、それでも前者の比重は相対的に下がった。ソテールは、ミッテランにメッセージを工夫するよう進言していた。「安易な解決策や、自由主義的原理に回帰する策などと解釈されてはなりません。オリジナルな政策を進める政府に必要な手段として提示するべきです。（中略）左派政権らしい特徴ある政策方針も含めるべきです」[*180]。

政権内ではミッテランは大々的な政策転換を記者会見で表明するはずだと予測されていた。六月四日にベレゴヴォワ大統領府事務総長宛てに提出されたメモでは、会見は「緊縮政策の継続が宣言される」と前提した上での政策の選択肢を挙げていた[*181]。しかし、ミッテランは政策の転換を明確には表明しなかったのである。

質疑はサミットに関連した外交政策に集中し、経済政策に関する質問は二つしか挙がらなかった。「よりラディカルなインフレ対策を採るのか」との質問にミッテランは「ラディカルな対処は、他の政策が失敗したときだけに適用される」と短く述べ、「EMS内でのフランスの立場は変わらないか」との質問には「離脱するかという意味ならば、われわれは前政権のときに何度も離脱しているとしか言いようがない。私は、安定のためにはシステムが必要であると主張したい。ブレトン・ウッズ体制は完璧ではないが、しかし強い通貨を持つ先進国どうしが野蛮な戦いを繰り広げることほど悲惨なものはない。財政と目標に強い規律が必要な時に経済戦争をするつもりなのだろうか。既存のシステムに強い愛着を持たないまでも、私のように合意と調和を重んずる人間にとって、これは非合理的としか思えない」と、明確な意思表明はしなかった。

切下げを嗅ぎ取った市場ではフラン売りが殺到し、六月一一日の金曜日に対マルク二・六五フラン、

対ドル六・三五フランとさらなる圧力に曝され、中銀は三〇億フランを費やさなければならなかった。ミッテランの記者会見が行われた週末、ドロールはドーヴィルで青年実業家団体との会合に出席していた。この場でドロールは、CNPF会長にフラン切下げとともに緊縮政策が実施されることになると伝え、聴衆に対して「われわれの政策の第二行程は平原を歩くというよりは峠越えに近い。国民にとっては電気ショックに等しいものになるだろう」と言明した。*182

ドロールは緊縮策実施に際して、省内の予測局に切下げの可否と効果についての意見を事前に提出するよう求めていた。ミユロン予測局長は、EMS離脱は世界市場からの影響を緩和し、外貨準備高の水準を維持できる経済的なプラス面に加えて、切下げが自由になることでEMS平価変更前後の投機が回避できるような政治的プラス面を指摘しつつも、国際収支の不均衡化とフランの乱高下が起きるため、推奨できないと結論づけた。その上で、むしろ必要とされるのは「強力な付随的政策」だと主張した。*183

平価調整は一二日午後にECOFINで決定され、フランは五・五％、リラは二・七五％切り下げられ、マルクとギルダーがともに四・二五％切り上げられた。*184 フランスと西ドイツのインフレ格差は約一〇％ポイントあり、その差を再び埋めるものだった。当初、西ドイツはマルクの三％切上げとフランの七％切下げを提案していた。ミッテランとの電話会議でドロールは、EEC諸国と「何も」約束はしていないと答えた。しかし今回の切下げでもドロールは、前年一〇月の平価調整の時と同じように、フランスのインフレ対策を交換条件に、より大きなマルク切上げ幅を実際には得ることに成功した。フランス経済の脆弱性を、逆に交渉の取引材料にしたのである。*185 欧州委員会は、平価調整について「フランス・フランのパリティの合意は、フランス政府がすぐにでも着手する重要な政策である、来る一八カ月

の間での公共・社会支出の削減、所得・物価上昇の抑制によるインフレ圧縮を考慮に入れた結果決定された」とのコミュニケを発表し、切下げの有効性を反故にしないよう釘を刺した。[*186]

ドロールがECOFINから帰国するや、異例の休日の閣議が開かれ、切下げにともなう諸政策が決定された。この閣議でドロールは、現在の通貨変動は部分的にはドル高に起因するが、八一年五月以降の政策で企業の負担増から生じたインフレに直接的な原因を求め、ブリュッセル会合の成果を披露した。[*187]「フランスは重大な危機に直面している。私は平価調整を行うべく委任を受け、これを成し遂げた。そして今こそ、成長を回復し、底なし沼になりつつある失業を食い止め、経済政策を遂行する手段を備えなければならない。第二フェイズに相応しい手段を持たなければならない。（中略）優先順位はまずインフレ対策に置かれるべきだ」[*188]。次いでモーロワが八二年のインフレ率を何としても一〇％に抑え、八三年には八％まで引き下げると強調し、物価と給与凍結、凍結解除の手順を説明した。八一年一〇月にドロール案が提示された時と異なり、モーロワとドロールの共同戦線は滑らかに機能し、首相と蔵相が一致団結して政策を進めることになった。しかし、これにシュヴェンヌマンと、今度はロカールが反対した。ロカールは緊縮路線をとれば成長率と雇用にとってむしろマイナスになると反対し、シュヴェンヌマンは国際経済による拘束が緊縮政策をもたらしたのだから、EMS離脱と輸入制限を実行に移し、外部環境と国内金融政策を切り離すべきとの従来の主張を繰り返した。ミッテランは、ロカールの主張は「経済理論上は」正しいが、緊縮政策に取り組めるよう、まずは国民の政権に対する信頼を得なければならないとし、「それを理解しなかったことがバール政権の命取りになった」と意見を退けた。[*189]

シュヴェンヌマンとロカール以外の閣僚からは、緊縮政策への声高な反対は出なかった。モーロワ―

ドロールの進める政策にミッテランの暗黙の同意があったためである。シュヴェンヌマンは、むしろ切下げの効果はＥＭＳ離脱をともなったほうが高いと指摘して、所得と価格政策の鍵を握る公共部門の予算枠削減に危惧を表明した。「そもそも西ドイツの財政赤字は五％にも達している。フランスが同じ程度の赤字を出しても問題はないはずだ」。緊縮案が既定路線となったいま、「外的拘束」であるＥＭＳそのものを攻撃することが「社会主義プロジェ」路線の擁護につながると判断したのである。シュヴェンヌマンは続けて国内金利と対外金利の分離を唱えたが、ドロールから導入不可能として反論された。これに対してミッテランは、ＥＭＳ離脱をすでに検討したものの、十分な切下げ幅が得られたために選択しなかったと説明し、産業建て直しに必要な予算を確保するとだけ約束した。ミッテランは、プロジェ路線と緊縮路線の片方には加担せず、最後に長い演説をぶった。

「われわれは国内でも世界でも典型的な階級闘争の局面にいる。われわれは孤立できない一方で、どの資本主義国からも支援を受けられないという意味で、前政権とは異なる立場に置かれている。（中略）われわれは国際的な、経済的というよりは政治的な戦争の只中にあるのである。（中略）もしこの第二フェイズが失敗したら、その時はＥＭＳ離脱もあり得るだろう。それまでインフレ率を下げる努力をしよう。すべては心理的なものであるのだから、柔軟性を持って対処しよう。通貨そのものは関係ない。心理と信頼こそがすべてなのだ」。

翌週の閣議では同じように「確かに状況は厳しい。どの国にも期待できないことは明白だ。もし状況が悪化するようなら、われわれの敵とつながるＥＭＳからの離脱も考えられる。しかし、自由経済に生きようと考えるならば、その結果を受け止めなければならないだろう」と述べた。[*190] この段階において、

ミッテランはひとまずモーロワ－ドロールのコンビが進める政策路線に決定したかにみえた。

しかしモーロワが回顧するように、ミッテランはこの時、まだ緊縮政策を規定路線とするつもりはなかった。「歴史家がこの瞬間をもって大統領が緊縮政策にコミットしたとするならば、事実はもっと複雑であったと指摘しておこう」[*191]。「夜の訪問者」の存在を認めていたモーロワはミッテランの「浮気」に十分感づいており、そして、ミッテランもモーロワがこのことを知っていると、気づいていた。CNPF会長のガタズがいみじくもいうように、『内縁の妻』は一家の主人に持っている魅力以上のものを発揮しなければ、意見を聞いてもらえはしなかった」というわけである[*192]。確かに、大統領府の経済政策担当者ビアンコも指摘するように、八一年一〇月の切下げは「微修正」にすぎず、八二年六月の経済政策こそが大きな「転回」となった[*193]。しかしモーロワとドロールの進める緊縮策が着手されたこの時はまだ、ミッテランの判断は固まっていなかったと解釈するのが妥当である。それは八三年三月まで待たなければならなかった。モーロワ自身が自嘲気味に「昼間のミッテランは一九八二年六月に政府が決定した政策をよしとしていた。しかし夜になるとまったく異なった政策を提案する浮気者を迎えいれていた」と語る所以である[*194]。

六月二一日付のモーロワ宛ての珍しく長い手紙のなかで、ミッテランは「第二フェイズの経済政策を補完する重要な四つの政策」を指示している。インフレの「構造的原因」の排除、公共部門を梃子とした産業投資の促進、国際収支の均衡、そしてＡＮＰＥの機能改善と失業保険適用条件の見直し、である[*195]。この段階で、モーロワ－ドロール路線に反対の立場をとる者は、政権が産業投資を促進して国民の貯蓄が生産活動に振り分けられる「二段階作戦」に期待していた。しかし、投資を活性化するために金融資

本を市場に流せば、インフレを加速させる要因となる。[196]経済原理からみれば、明らかに異なる路線が並列させられていた。

ドロールが終始リードした閣議が終了すると、モーロワは直ちに記者会見を開いて新たな指針を説明した。首相の声明は、大統領よりも「インフレと失業」の関係に注意を払っていた。「過去一年間の政策は成長と社会正義の必要性、失業とインフレに同じ程度配慮してきたが、この方向は新たな状況に対応するとしても変わらない」[197]。しかし、当然ながら、反対意見も漏れた。閣議を退出したシュヴェンヌマンは「社会主義の緊縮とそのための動員は悪くないかもしれない。閣議では多くの意見が交わされて民主的な雰囲気だった。つまり、全員が賛成したわけではなかった」と暴露した。ベレゴヴォワは慌てて、記者団に閣僚への質問を控えるよう指示しなければならなかった。[198]

ところで緊縮政策に関してドロールは物価のみの、それも一五日から一カ月間という短期の凍結を提案していた。しかし今度はモーロワが、物価だけでなく給与の三カ月間の凍結を訴え、より強力な緊縮案を提案した。[199]手段についても、ドロールはまず労使交渉によって枠組みを設定しようと考えたが、モーロワは法的措置で行うよう主張した。[200]ミッテランはモーロワに対して「首相、あなたがそこまで確信しているならば、四カ月を予定したらよいだろう」とゴーサインを出した。[201]モーロワの強みは「エコノミストが持ち得ない大胆さ」にあり、「専門家にない能力こそが徳」であった。[202]ドロールはモーロワの政治的意思に経済的な根拠を与えた。こうしてモーロワはドロールに代わって改革の旗手となり、そしてミッテランはモーロワにリスクを負わせた。

「モーロワ・プラン」と命名されるこの八二年六月の緊縮政策は、かなり大規模で直接的なものだっ

た。まず物価は、農産物、鉄鋼製品、輸入原材料・完成品、石油製品を除き四カ月間（六月一一日から一〇月三一日まで）完全凍結し、生産者物価は六・五〜七・〇%内に収めるよう定められた。[*203] 株式配当も、七九〜八一年の最高配当額に八%を加えた額が上限とされ、家賃、水道料金、交通料金なども凍結対象となった。付加価値税（TVA）については、七月一日から軽減TVAが七%から五・五%に引き下げられる一方で、標準TVAは一七・六%から一八・六%に引き上げられることが確認された。給与については、労使合意による規定、SMIC引上げ分、公的補助対象部門を除いて官民問わずボーナス・手当てを含めて凍結された。仮に給与凍結が破られた場合、労働者一人当り六〇〇〜一二〇〇フランの罰金を科す罰則規定も設けられた。「一九五〇年二月一一日法」、すなわち労使合意のための自由交渉の法律は、一〇月末まで一時的に停止されることになった。インフレ抑制のために、ドロールが理想としていたような労使交渉の自律性は反故にされたのである。併せて、一九八三年度の予算赤字もGDP比三%を上限とすることが再確認された。また、法案には盛り込まれなかったが、通貨供給量は八二年に前年比一二・五%が上限とされた。八二年の物価上昇率は一〇%、八三年には八%に収めることが至上命令だった。政策の貫徹のために、社会党政権は国家主義に傾いていった。

緊縮案が確定すると、モーロワは労組の説得に出向いたものの反応は冷ややかで、支持したナショナル・センターはCFDTだけだった。[*204] そのCFDTでさえインフレ抑止という政府目標には賛意を示しつつも、「法に頼る画一的な」方法に異議を唱えた。[*205] また、一五日にはCNPFの特別総会が開かれたが、ガタズ会長も物価凍結は企業の体力をさらに損なうと反対を表明した。[*206] ガタズは一二日のドロールとの会談でも、切下げにともなって原材料価格が上昇することから物価凍結に反対しており、一六日の

ミッテランとの会談でも同様の主張を貫いた。CNPFの試算によれば、価格凍結は企業の五〇億フランの収益減につながり、これは企業の負担を増やさないという四月の政府協約に反していた。一七日午後に、労使双方を集めて行われた三者会合でも各自の立場は変わらなかった。労働者側は労使交渉での攻撃材料を、企業は価格政策の自由を失ったのだから、当然のことだった。モーロワはインタビューに答えて、前バール政権と左派の所得政策の違いを社会勢力との協議の有無にあるとしたが、しかしそれは手法の違いであって、理解を得たわけではなかった。サミット後のミッテラン演説を支持した連立パートナーの共産党も、給与凍結には反対した。[207] 一般国民にも、インフレ抑制の必要性は理解されなかった。急遽実施された世論調査で、国民の四七％が政府の措置に反対し、過半数がインフレ・失業対策としては無効と判断した。大統領と首相の不支持率も四割を超え、革命記念日の大統領パレードでは群集から野次が飛んだ。[208]

物価・給与凍結措置は六月二二日の閣議で正式に決定され、法案として議会に付託された。その六日後に、政府は再び憲法第四九条第三項を利用して法案を通過させた。[209] 法案を提出する際の演説でモーロワは、冒頭で公共部門の雇用創出と国営企業による投資計画を説明し、給与・物価凍結については終盤に言及するに留めた。「フランス人がソフト・ドラッグのように消費し、依存しているインフレ中毒を治療しなければなりません。(中略) インフレは社会正義に反していることを、いま認めるべきです。インフレ対策は政策の柱となります。年金生活者、金利生活者、不利な立場に置かれている借家住まいの人にとって、インフレは不平等な税金と同じなのです[210]」。

ジョスパンはミッテランと相談して、党内で「モーロワ・プラン」を議論の対象としないことを内諾

していた。ジョスパンにとっても「社会党のこの『転回』はあまりに性急で、公約と矛盾していることは明らかだった。モーロワはいまやミッテラン以上に緊縮政策を推し進める人間に映ったし、それまでの政策を撤回してはいなくとも緊縮政策はまったく異なる政策だった」ためである。[*211]

ロカールはここぞとばかりル・モンド紙に長文を寄稿して、緊縮案への全面的支持を表明するとともに、「社会主義プロジェ」を再び批判した。[*212]「よりよい雇用水準を達成し、古い文明に相応しい社会保障を維持するにはインフレを食い止め、生産活動と成長を促すことが必要であり、そのためには外科手術を要する」。さらに、そもそも社会党の失敗は、「二世紀も前から、富の生産よりも再分配をもって経済問題を捉えてきたことにある」と攻撃した。そしてこれを糺すには、再分配の前提となる企業の生産活動に理解を深める「知的革命」を起こすべきと説いた。また、政治統合を進めるには経済的な一体性が前提だとEMS離脱派を牽制した。「欧州建設に参加するためには、フランスは力強くなければならず、技術革新の先端に位置し、経済的自立性を確保しなければならない。この点、われわれの産業計画は経済再建の条件であり、EMS残留はわれわれの欧州への意志の証である」。

仏政治外交史の権威、グロッセールも同紙に寄せて、社会党が「内と外の敵を指摘して、高所からの言説に逃げるという誘惑にかられ、とりわけ社会的現実の厳しさを覆い隠すのは、実際には逃避にすぎない。フランスが敵対的な階級によって分断されているという間違った思考こそが、実際は既得権益を必死に守ろうとする集団を統治するむずかしさを生んでいるからである。（中略）厳しい真実を前に、呪文を唱えて逃避することこそ慎まなければならない」と糺した。[*213]

補佐官らによる首相モーロワの取り込みが成功したことで、反プロジェ路線はミッテランの「取引的

リーダーシップ」の均衡点を移動しうる十分な対抗勢力となった。だからミッテランはサミットでの失敗とフランの二回目の切下げを機に、政権内に形成された反プロジェ派勢力（「近代人」）にリーダーシップの資源を振り替え、形勢を逆転しようとしたのである。それは野党期に状況に応じて、ＣＥＲＥＳからロカール派へ、またロカール派からＣＥＲＥＳへと資源を振り替えていった取引的リーダーシップ・スタイルの継続であり、コミットと離脱の反復過程でもあった。したがって、表面上は政策路線の変更があったようにみえても、「近代人」への依存は確定的ではなく、ミッテランにとってはそれまでの戦略を一層追求しただけにすぎなかった。そして経済という外部環境要因を考慮しないこの戦略ゆえ、「モーロワ・プラン」の緊縮は不徹底となり、八三年に採られる最終的な「転回」では、さらなる強力な内需引き締め策が実現されることになる。

注

＊1　全文は以下で確認できる。*Le Monde*, 25 septembre 1981.

＊2　改めて確認しておくと、五大企業グループは、ＣＧＥ（Campagnie Générales d'Electricité：電気）、サンゴバン（Saint-Gobain：ガラス・鉄鋼）、ペシネー・ユジーヌ・クルマン（Pechiney-Ugine-Kuhlemann：鉄鋼）、ローヌ・プーランク（Rhône-Poulanc：化学）、トムソン・ブラント（Thomson-Brandt：電気）を指し、二大金融グループとはパリバ（Compagnie Financière de Paris et de Pay-Bas）とスエズ（Compagnie de Suez）である（以上一〇〇％国有化）。その他銀行については法案で具体名は挙がっていないが、パリバやスエズ銀行のほか、クレディ・デュ・ノールやロスチャイルド銀行、ＣＩＣ（工業商業融資）など三六銀行が固有化の対象となった。加えてユジノール（Usinor）とサシロール（Sacilor）の製鉄企業が九五％国有化、その他アネウェル・ブル（CC Honeywell Bull）、ＩＴＴ（International Telegraph and Telephone）、ルーセル（Roussel-Uclaf）の外資系企業資本参加が行われる。マトラとダッソーの国防企業については五一％の過半数株式の取得となった。国有化の対象や方法の詳細については André G. Delion et Michel Durupty, *Les Nationalisations 1982*, Paris: Economica,

1982が欠かせない。

＊3　Delion, André, G., “La Place des Entreprises Publiques dans l'Economie,” in *Revue Politique et Parlementaire*, janvier-février 1983, p. 11.

＊4　この方式は、一二月に野党の提訴により憲法院で訂正され、一九八〇年一〇月から八一年三月までの一カ月の株価最高出来高を平均とし、これに一四％（インフレ率）を加えた額を乗じることとなった。

＊5　玉村博巳『フランス企業と国有化問題』同文館、一九七九年、三三～三四頁、七〇頁。

＊6　Margairaz, Michel, “Les Nationalisations: La Fin d'une Culture Politique?,” in Serge Berstein et al.(eds.), *François Mitterrand. Les Années du Changement 1981–1984*, Paris: Perrin, 2001, p. 346.

＊7　*Le Monde*, 14 octobre 1981.

＊8　以下は Zinsou, Lionel, *Le Fer de Lance. Essai sur les Nationalizations Industrielles*, Paris: Olivier Orban, 1985, pp. 71–76 による。

＊9　実際、パリバは国有化が実施される前の一〇月にスイスやベルギー子会社に資産を移転していたことが報道によって明らかになった。

＊10　六月一八日にはローヌ・プラン社長で、後にCNPF会長となるガンドワは抗議の意から辞任を表明している。パリバのムサ頭取はアタリとドロールを介して、完全な国有化を最後まで回避しようとした。Pierre Favier et Michel Martin-Roland, *La Décénnie Mitterrand*, t. 1, Paris: Seuil, 1990, p. 142. このため、ミッテランの側近でパリバの取締役でもあるリブーが介入し、一〇月一六日に解任させた。Attali, Jacques, *Verbatim. 1*, Paris: Fayard, 1996, p. 117. 後を継いだのは国庫局長のアベレールである。

＊11　*Le Monde*, 25 septembre 1981. そのため、八二年一二月から国庫局の産業担当課を産業省付けとする改組案を政府は出したが、ドロールや労組を含め、現場の大きな反対にあったため、撤回された。See, Yves Mamou, *Une Machine de Pouvoir*, Paris: La Découverte, 1987, pp. 205–206.

＊12　Delors, Jacques, *Mémoires*, Paris: Plon, 2004, pp. 137–138.

＊13　シュヴェンヌマンへのインタビュー（パリ市、二〇〇四年一〇月一四日）。

＊14　Amouroux, Henri, *Ce que vivent les Roses*, Paris: Robert Laffon, p. 71.

＊15　Attali, Jacques, *Verbatim. 1, op. cit.*, p. 115.

*16 Margairaz, Michel, "Les Nationalisations: la fin d'une culture politique?," *op. cit.*, p. 352.

*17 Cited in Philippe Bauchard, *La Guerre des Deux Roses*, Paris: Grasset, 1986, p. 69.

*18 Attali, Jacques, *Verbatim. 1*, *op. cit.*, p. 96.

*19 *Le Monde*, 1er octobre 1981.

*20 *Les Echos*, 6 octobre 1981.

*21 Attali, Jacques, *Verbatim. 1*, *op. cit.*, pp. 75–76.

*22 Bauchard, Philippe, *La Guerre des Deux Roses*, Paris: Grasset, 1986, pp. 53–54.

*23 Comptes Rendu de Conseil des Ministres du 23 juillet 1981（AFC）.

*24 Note de François-Xavier Stasse, 5 octobre 1981（5AG4/6135）.

*25 Favier, Pierre et Michel Martin-Roland, *La Décénnie Mitterrand*, *t. 1*, *op. cit.*, p. 116.

*26 MINEFI（1A/481）.

*27 Note de François-Xavier Stasse（5AG4/2164）.

*28 Fabius, Laurent, *Les Blessures de la Verité*, Paris: Flammarion, 1995, pp. 66–67.

*29 Delors, Jacques, *Mémoires*, *op. cit.*, p. 141.

*30 Attali, Jacques, *Verbatim. 1*, *op. cit.*, p. 68. ドロール、ロカールだけでなく、この時期はフィテルマンもコンコルド旅客機の開発予算をめぐって辞任圧力をかけている。こうした戦略は、発足したばかりの政権では内閣の不協和音が大きな打撃になるとの判断によるものだろう。

*31 貿易担当大臣ジョベールの証言。Cited in Pierre Favier et Michel Martin-Roland, *La Décénnie Mitterrand*, *op. cit.*, p. 120.

*32 それ以前の八月一五日にフランは対ドルで六・一八フランの市場最安値を更新し、九月一八日の段階で、中銀はすでに八〇億フランもの介入をしていた。*Le Matin*, 5 octobre 1981.

*33 Attali, Jacques, *Verbatim. 1*, *op. cit.*, pp. 98–99.

*34 See esp., *Handelsblatt*, 17 August 1981. 他方、欧州委員会のトルン委員長は同案を支持したといわれる。*Le Monde*, 19 août 1981.

*35 Amouroux, Henri, *Ce que vivent les Roses*, *op. cit.*, p. 116.

*36 首相府補佐官のペイルルヴァドの証言。Cited in Philippe Bauchard, *La Guerre des Deux Roses*, *op. cit.*, pp. 56–57.

＊37 *Europe*, 15 Juillet 1981.

＊38 Note de Christian Sautter, 11 août 1981（5AG4/6135）.

＊39 BdF, 1489200205/1357.

＊40 イタリアに対してはこの時、暫定的な輸入制限措置と六％へのＥＭＳワイダーバンド移行（維持）が認められている。

＊41 *Le Nouveau Journal*, 6 octobre 1981.

＊42 *Le Monde*, 6 octobre 1981.

＊43 Delors, Jacques, *Mémoires, op. cit.*, p. 147. 同書で八一年一〇月の平価調整は「マルクとともにデンマーク・クローネが切り上げられた」とドロールは回顧している。クローネも当然調整の対象だったが、マルクに次いで切上げ対象となったのがギルダーであることからも、これはオランダ・ギルダーの間違いである。

＊44 *Le Monde*, 6 octobre 1981. もちろん、西ドイツも切上げにより対ドルポジションが強化されるため、原油価格の圧縮とインフレ抑制を達成することができる。

＊45 Denis, Stéphane, *La Leçon d'Automne*, Paris: Albin Michel, 1983, p. 43.

＊46 *Le Monde*, 9 octobre 1981. 一一月中旬からドロールは小売業など各方面との交渉の場を設けて、協力を要請した。また給与水準に関する労使交渉については、消費者物価を指標として、購買力維持を前提としつつも、それまでのように四半期ごとにではなく一年ごとの年初に労使合意の実現を提案した。See, *Les Echos*, 16 novembre 1981.

＊47 Comptes Rendu de Conseil Restraint du 7 octobre 1981（AFC）.

＊48 Rocard, Michel, *Si la Gauche savait…*, Paris: Robert Laffon, 2005, p. 215, p. 235.

＊49 Note de Jacques Attali, 6 octobre 1981（AFC）.

＊50 Bauchard, Philippe, *La Guerre des Deux Roses, op. cit.*, p. 61. 他方ドロールは、経済財政相の座にあっても必要な情報を手にしていなかった。たとえば、八二年三月に労働時間短縮が決定された際、彼はそれが給与引下げなしの措置であることを決定後に知っている。Delors, Jacques, *Mémoires, op. cit.*, p. 149.

＊51 Giesbert, Franz-Olivier, *Le Président*, Paris: Seuil, 1990, p. 109. ミッテランはこの時、ベレゴヴォワに対して「われわれは左派の政治を行うために選ばれたのであって、右派の政治を行うためではない」と伝えている。

＊52 *Le Monde*, 9 octobre 1981.

＊53 *Le Monde*, 8 octobre 1981; *La Croix*, 9 octobre 1981. ドロール自身、閣議で自らが要求した事項を完全に受け入れられるこ

とはなかった、と回顧している。

＊54　Attali, Jacques, *Verbatim. 1, op. cit.*, pp. 112–113.

＊55　*Le Monde*, 6 octobre 1981.

＊56　Amouroux, Henri, *Ce que vivent les Roses, op. cit.*, p. 59.

＊57　*Le Nouvel Observateur*, 24 octobre 1984.

＊58　Denis, Stéphane, *La Leçon d'Automne, op. cit.*, p.43. ＦＥＣＯＭ（英語略記ではＥＭＣＦ）は一九七三年に、通貨価値維持オペのために導入された各国中銀どうしによる短期ファイナンス制度である。

＊59　*Le Monde*, 10 septembre 1981.

＊60　MINEFI（1A/481）.

＊61　Amouroux, Henri, *Ce que vivent les Roses, op. cit.*, p. 71.

＊62　Favier, Pierre et Michel Martin-Roland, *La Décénnie Mitterrand, t. 1, op. cit.*, p. 410.

＊63　Attali, Jacques, *Verbatim. 1, op. cit.*, p. 140.

＊64　ソテールへのインタビュー（パリ市、二〇〇四年一〇月八日）。

＊65　Delors, Jacques, *Mémoires, op. cit.*, p. 148.

＊66　Mauroy, Pierre, *Mémoires*, Paris: Plon, 2003, pp. 177–179.

＊67　Delors, Jacques, *Mémoires, op. cit.*, p. 148.

＊68　*Le Nouvel Observateur*, 24 octobre 1984.

＊69　Cited in *La Vie Française*, 7 décembre 1981. 共和党（ＰＲ）とＣＤＳはジスカールが率いた中道右派政党である。

＊70　*Quotidien de Paris*, 12 octobre 1981.

＊71　*Les Echos*, 12 octobre 1981.

＊72　Interview accordé par M. François Mitterrand, Président de la République Française à FR 3-Metz.

＊73　Comptes Rendu de Conseil des Ministres de 11 novembre 1981（AFC）.

＊74　Conférence de Presse à l'issue de Conseil Européen à Londre, 27 novembre 1981.

＊75　*Le Monde*, 18 novembre 1981. また一〇月末に、西ドイツとの折衝で同国成長率が八二年に一％程度となることから、フランスの成長率三％はもはや達成不可能とソテールは判断している。なお、この時点でフランスがその方法とタイミングにつ

いてはともかく、英国の還付金問題に理解を示してこれを認めるべきとの立場にあったことは特筆されよう。Note de Christian Sautter, 5 novembre 1981（5AG4/2141）.

* 76 Note de Christian Sautter, 29 octobre 1981（5AG4/2141）.

* 77 Entretien télévisé de M. François Mitterrand, Président de la République Française avec Mme Michel Cotta et M. Pierre Desgraupes, Palais de l'Elysée.

* 78 OECD, *Economic Surveys 1981–1982. France*, Paris: OCDE, pp. 25–28.

* 79 *Journal des Finances*, 14 janvier 1982.

* 80 Comptes Rendu de Conseil des Ministre du 12 décembre 1981（AFC）.

* 81 OECD, *Economic Surveys 1981–1982. France, op. cit.*, p. 67.

* 82 Allocution prononcée par M. François Mitterrand, Président de la République Française, Palais de l'Elysée, Jeudi 31 décembre 1981.

* 83 Denis, Stépahane, *La Leçon d'automne*, *op. cit.*, p. 54.

* 84 二月一一日付のアタリの大統領宛てのメモでは「労働時間の短縮が雇用創出の十分条件ではないということは」「すべての調査で明らかである」と指摘している。Note pour Monsieur le Président, 11 février 1982（AFC）.

* 85 Giesbert, Franz-Olivier, *Le Président*, *op. cit.*, p. 147.

* 86 *Le Matin de Paris*, 20 janvier 1982.

* 87 *Le Monde*, 20 janvier 1982.

* 88 *L'Humanité*, 21 janvier 1982. 憲法四九条第三項を利用した場合、法案提出から二四時間以内に政府不信任案が可決されない限り、法案は採択されたものと見なされる。

* 89 *Le Nouvel Observateur*, 6 février 1982.

* 90 *Le Monde*, 30 avril 1982.

* 91 *Le Matin*, 24 mai 1982.

* 92 *La Croix*, 19 mars 1982.

* 93 *Le Monde*, 5 Juin 1982.

* 94 François Mitterrand, 7 janvier 1982（AFC）.

* 95 Séminaire sur les Finances Publiques du 2 février 1982（AFC）.
* 96 Attali, Jacques, *Verbatim. 1, op. cit.*, p. 169.
* 97 Christian Sautter 日付不明（5AG4/4324）。
* 98 しかしこの決定は三月一〇日の全体閣議まで公にされなかった。See, Pierre Favier et Michel Martin-Roland, *La Décénnie Mitterrand*, t. 1, *op. cit.*, p. 470.
* 99 *Figaro Magazine*, 28 mai 1982.
* 100 *L'Express*, 28 mai 1982.
* 101 Note pour Monsieur le Président, 24 février 1982（AFC）. このメモに対しミッテランは「四月中旬に再度提出するように」との指示を加えている。
* 102 Note de Laurent Fabius, 8 février 1982（AFC）.
* 103 Comptes Rendus de Conseil des Ministres, 10 février 1982（AFC）.
* 104 確かに、その他先進国のGDP比財政赤字（社会保障会計含む）は西独四・五%、日本四%、イタリア一〇%（八一年度実績）と、フランスが突出して高かったわけではない。
* 105 Tête à Tête Helmut Schmidt , Pierre Mauroy. Verbatim, Bonn, 29 janvier 1982, 12 février 1982（AFC）.
* 106 Mauoy, Pierre, *Héritiers de l'Avenir*, Paris: Stock, 1977, p. 297.
* 107 一方でシュミットは米金利の引下げ、繊維と鉄鋼部門、日本製自動車に対する保護主義政策を採ることに同意している。
* 108 Cited in Jacques Attali, *Verbatim. 1, op. cit.*, p. 202.
* 109 Jacques Attali, Note pour Monsieur le Président, 8 mars 1982（AFC）.
* 110 *La Libération*, 25 mai 1982.
* 111 Jacques Attali, Note pour Monsieur le Président, 16 mars 1982（AFC）. 同時期の西ドイツ経済の好転や米金利引上げなども要因とされた。
* 112 Jacques Attali, Note pour Monsieur le Président, 8 mars 1982; 22 mars 1982（AFC）.
* 113 Attali, Jacques, *Verbatim. 1, op. cit.*, p. 189.
* 114 Note de François-Xavier Stasse, 19 Mars 1982; 20 mars 1982（5AG4/2141）. 社会党内でも、この時期はまだ経済が順調に推移しているためEMSの平価調整は日程にない、としていた。*Le Poing et la Rose, Spécial Résponsables*, 3 avril 1982.

*115 *Le Poing et la Rose, Spécial Responsables*, 9 avril 1982.
*116 Jacques Attali, Note pour Monsieur le Président, 8 mars 1982; 22 mars 1982（AFC）.
*117 Attali, Jacques, *Verbatim. 1, op. cit*., p. 194.
*118 *Le Monde*, 19 avril 1982.
*119 Attali, Jacques, *Verbatim. 1, op. cit*., p. 209.
*120 Bauchard, Philippe, *La Guerre des Deux Roses, op. cit*., p. 97; Pierre Favier et Michel Martin-Roland, *La Décénnie Mitterrand, t. 1, op. cit*., p. 443. 後者によれば、八二年三月から八三年三月までの一年間に大統領府内で作成された経済・金融政策に関するメモは約七〇〇通あるという。
*121 たとえば François-Xavier Stasse, Note pour le SG（Présidence de la République）22 mai 1981（5AG4/6135）. これによると、二一日に中銀総裁はEMS離脱をしてでもフラン切下げを提案したが、国庫局長が反対したと指摘されている。その上で「離脱は外貨準備高を食い止めるが、復帰可能な水準で下げ止まるかどうかは不明」としている。
*122 François-Xavier Stasse, Note pour le Président, 1er août 1983（5AG4/6135）. ギグーもまたインタビューで、この提案が自主的なものだったことを認めている（パリ、二〇〇四年一〇月一二日）。
*123 Jacques Fournier, Note pour monsieur le Président, 4 juin 1982（5AG4/4324）.
*124 Jacques Fournier, Note pour le Président, 6 avril 1982（5AG4/4324）.
*125 Jacques Attali, Note pour Monsieur le Président, 26 mai 1982（5AG4/2164）.
*126 Favier, Pierre et Michel Martin-Roland, *La Décénnie Mitterrand, t. 1, op. cit*., p. 415; Jacques, Attali, *Verbatim. 1, op. cit*., p. 234.
*127 Propositions de Jacques Delors（5AG4/6135）.
*128 Bauchard, Philippe, *La Guerre des Deux Roses, op. cit*., p. 92; Attali, Jacques, *Verbatim. 1, op. cit*., p. 216.
*129 *Le Quotidien de Paris*, 22–23 mai 1982.
*130 July, Serge, *Les Années Mitterrand*, Paris: Grasset, 1986, p. 66.
*131 *Le Point*, 31 mai 1982.
*132 Jacques Fournier, Note pour monsieur le Président, 4 juin 1982（5AG4/4324）.
*133 See, Pierre Favier et Michel Martin-Roland, *La Décénnie Mitterrand, t. 1, op. cit*., p. 417; Jacques, Attali, *Verbatim. 1, op. cit*.,

p. 236.

*134 Christian Sautter, Note pour Mr. Bérégovoy, 4 juin 1982（5AG4/4324).

*135 アタリへのインタビュー（パリ、二〇〇四年一月一四日）。

*136 Christian Sautter, Note pour Pierre Bérégovoy, 5 mai 1982（5AG4/4324).

*137 Michel charasse, Note a l'attention de M. le Président de la République, 7 avril 1982（5AG4/4324). 以上の結論はベレゴヴォワが組織した補佐官会合による結論とされている。他方で、国庫局長のカムドシュスはメモで六月のサミットまで、フラン介入によって為替水準は維持できる、との判断を示していた。Michel Camedessus, 17 mai 1982（5AG4/6135).

*138 Alain Boublil, Mimeo, 5 avril 1982（5AG4/4324).

*139 Pfister, Thierry, *La Vie Quotidienne à Matignon au temps de la Gauche*, Paris: Hachette, 1985, pp. 243–244; Pierre Mauroy, "La Nuit de la Rigueur," in *Le Nouvel Observateur*, 18–24 mai 1995. なお、「夜の訪問者」に誰を具体的に含めているかは論者によって異なる。たとえば、首相府報道官だった前者は、リブー、ベレゴヴォワ、ファビウス、シュヴェンヌマン、さらにはアタリを含めており（p. 243)、後者は「最低でも二名、すなわちリブーとセルヴァン゠シュレイベールが挙げられる」と、政治家の名を明示的には記していない（Pierre Mauroy, *Mémoires, op. cit.*, p. 263)。また、大統領府補佐官であり自らもメンバーに数えられたサルツマンはこれにベレゴヴォワの官房長ナウリを加えている（Charles Salzman, *Le Bruit de la Main Gauche*, Paris: Robert Laffon, 1999, p. 99)。ドロールは「閣僚が含まれていた」と証言している（インタビュー、パリ、二〇〇四年一月二二日）。内部関係者ではないが、歴史作家ラクチュールは、以上に加えて、リブーの仲間である経済学者デニゼやコルム、大統領府のブーブリル、下院金融委員会委員長のグーを挙げている（Jean Lacouture, *Mitterrand. Une Histoire des Français, t. 2*, Paris: Seuil, 1998, p. 86)。ＥＭＳ離脱論を丁寧にフォローし、本書も依拠するボーシャールはシュヴェンヌマンとグーを「夜の訪問者」とは見なしていない（Philippe Bauchard, *La Guerre des Deux Roses, op. cit.*, p. 120)。また、シュヴェンヌマン自身は、自分は「夜の訪問者」には入らないと答えている（インタビュー、パリ、二〇〇四年一〇月一三日）。いずれにしても、「夜の訪問者」と言った場合は非公式ルート、つまりミッテランとの個人的関係を通じてＥＭＳ離脱策を進言していた人間を指すといえる。

*140 ソテールへのインタビュー（パリ、二〇〇四年一〇月八日）。

*141 See, *La Vie Française*, 29 mars 1982.

*142 ドロールへのインタビュー（パリ、二〇〇四年一月二二日）。

*143 *Le Matin*, 28 mai 1982.

*144 *Le Monde*, 29 mai 1982.

*145 *Le Monde*, 1er juin 1982.

*146 *La Libération*, 29/30 mai 1982.

*147 *Le Nouvel Observateur*, 27 mai 1982.

*148 Discours prononcé par M. François Mitterrand, Président de la République Française, à la chambre de commerce de Hambourg, devant l'Ubersee Club, vendredi 14 Mai 1982.

*149 Christian Sautter 日付不明（5AG4/4324）。貿易相のジョベールは、大統領がサミットに専念できるよう、補佐官が重要な情報を意図的に渡さなかった、としている。Jobert, Michel, *Par Trentes-Six Chemins*（*je n'irai pas*...）, Paris: Albin Michel, 1984, p. 218.

*150 Bauchard, Philippe, *La Guerre des Deux Roses, op. cit*., p. 89.

*151 Cited in Jean Petot, "Les Débuts de la Ve Bis," in *Revue du Droit Public*, novembre-décembre 1982, p. 1529, fn. 41. ヴェルサイユ・サミットの後の記者会見でこのコメントを引用されたミッテランは、「そのようなことを書いたのは忘れていた」と答えた。

*152 Attali, Jacques, *Verbatim. 1, op. cit*., p. 227.

*153 Cited in Stéphane Denis, *La Leçon d'Automne, op. cit*., p. 54.

*154 Favier, Pierre et Michel Martin-Roland, *La Décénnie Mitterrand, t. 1, op. cit*., p. 416.

*155 Mauroy, Pierre, "La Nuit de la Rigueur," in *Le Nouvel Observateur, op. cit*.

*156 Giesbert, Franz-Olivier, *Le Président, op. cit*., p. 142. この時、外貨準備高は三月の三七〇億フランから一六〇億フランにまで減少していた。*Le Monde*, 13–14 juin 1982.

*157 Cited in Jean Lacouture et Patrick Rotman, *Mitterrand. Le Romand du Pouvoir*, Paris: Seuil, 2000, p. 132.

*158 Bauchard, Philippe, *La Guerre des Deux Roses, op. cit*., p. 95; Jean Lacouture et Patrick Rotman, *Mitterrand. Le Romand du Pouvoir, op. cit*., p. 132.

*159 Giesbert, Franz-Olivier, *Le Président, op. cit*., pp. 146–147; *Entretiens avec Jacques Delors*, Paris: Michel de Maule, 2005, p. 35.

*160 Denis, Stéphane, *La Leçon d'Automne, op. cit*., pp. 60–61.

＊161 チームは大統領府のモレル、ロワイヤル、メナージュ、外務省のロトで編成された。*ibid.*, p. 59.

＊162 Rapport de Monsieur François Mitterrand, Président de la République Française au Sommet des Pays Industrialisés, Chateau de Versailles, 5 juin 1982.

＊163 Giesbert, Franz-Olivier, *Le Président, op. cit.*, p. 141.

＊164 Attali, Jacques, *Verbatim. 1, op. cit.*, p. 240.

＊165 パットナム、ロバート・D、ニコラス・ベイン、山田進一訳『サミット：「先進国首脳会議」』ＴＢＳブリタニカ、一九八六年、一九二頁。

＊166 Védrine, Hubert, *Les Mondes de François Mitterrand*, Paris: Fayard, 1996, p. 189.

＊167 Mauroy, Pierre, *Mémoires, op. cit.*, p. 219.

＊168 Conférence de Presse de M. François Mitterrand, Président de la République Française, lors du sommet des pays industrialisés, le 5 juin 1982.

＊169 日本経済調査協議会編『サミット関連資料集』日本経済調査協議会、一九八四年、一六七〜一六九頁。

＊170 Attali, Jacques, *Verbatim. 1, op. cit.*, p. 242.

＊171 パットナム、ロバート・D、ニコラス・ベイン、前掲書、二一五頁。

＊172 Mauroy, Pierre, *Mémoires, op. cit.*, pp. 219–220.

＊173 Direction Général du Service Exterieur, 16 juillet 1982（BdF, 1489200205/287）。ここでは他にも、エキュを通貨バスケットではなく、各国エキュ建て通貨で換算すること、各国中銀の準備資産のＦＥＣＯＭによる管理、中銀間スワップの期間延長、中銀間の決済通貨のエキュ建てなどが提案されている。

＊174 Ministère des Economies et des Finances, Direction du Trésor, Note pour le Ministre, 15 Mai 1982（BdF, 1489200205/33）. See also, *Bulletin Europe*, 15 mai 1982; 19 mai 1982.

＊175 Comité des Gouverneurs des Banques Centrales des États Membres de la CEE, 15 mars 1982, Note verbale au Conseil ECOFIN du 15 mars 1982, "sur l'avenir du SME"（BdF, 1489200205/33）.

＊176 Extrait du Procès verbal de la 163ème séance du Comité des Gouverneurs, 9 février 1982（BdF, 1489200205/350）.

＊177 Ambassade de France, Note pour le Directeur du Trésor, 20 avril 1982（BdF, 1489200205/33）.

＊178 See, Pierre Favier et Michel Martin-Roland, *La Décénnie Mitterrand, t. 1, op. cit.*, p. 422.

＊179 Conférence de Press de M. François Mitterrand, Président de la République, Palais de l'Elysée, Mercredi 9 juin 1982.

＊180 Christian Sautter, Note pour le Président, 3 juin 1982（5AG4/4234）.

＊181 Christian Sautter, Note pour Mr. Bérégovoy, 4 juin 1982（5AG4/4324）.

＊182 Bauchard, Philippe, *La Guerre des Deux Roses*, *op. cit.*, p. 101.

＊183 Note pour le Ministre, Objet: Modalités d'un adjustement du Franc, Ministère de l'Economie et de Finances, Direction de la Prévision, Le Directeur, 10 juin 1982（5AG4/2164）.

＊184 二月二一日、ベルギー・フランとデンマーク・クローネはEMS内での平価調整をすでに実施済みであった。

＊185 Bauchard, Philippe, *La Guerre des Deux Roses*, *op. cit.*, p. 102.

＊186 Communauté Européenne, Bruxelles, 12 juin 1982, Communiqué de Presse. 同時に各国中銀から仏中銀へ二〇億エキュの融資が決定された。

＊187 Compte Rendu de Conseil Restreint, 13 juin 1982（AFC）.

＊188 Attali, Jacques, *Verbatim. 1*, *op. cit.*, p. 251.

＊189 Compte Rendu de Conseil Restreint , 13 juin 1982（AFC）. See also, *Le Nouvel Observateur*, 19 juin 1982.

＊190 Attali, Jacques, *Verbatim. 1*, *op. cit.*, p. 254.

＊191 Mauroy, Pierre, *Mémoires*, *op. cit.*, p. 220.

＊192 Gattaz, Yvon et Philippe Simmonot, *Mitterrand et les Patrons*, Paris: Fayard, 1999, p. 168.

＊193 Lacouture, *Mitterrand. Une Histoire des Français*, *t. 2*, *op. cit.*, p. 77.

＊194 Cited in Pierre Favier et Michel Martin-Roland, *La Décénnie Mitterrand*, *t. 1*, *op. cit.*, p. 441.

＊195 François Mitterrand, 21 juin 1982（AFC）.

＊196 See Paul Fabra, "Le Dirigisme," in *Le Monde*, 9 juillet 1982.

＊197 *Le Monde*, 15 juin 1982.

＊198 Denis, Stéphane, *La Leçon d'Automne*, *op. cit.*, p. 68.

＊199 Bauchard, Philippe, *La Guerre des Deux Roses*, *op. cit.*, pp. 99–100.

＊200 Favier, Pierre et Michel Martin-Roland, *La Décénnie Mitterrand*, *t. 1*, *op. cit.*, p. 426.

＊201 Mauroy, Pierre, "La Nuit de la Rigueur," *op. cit.*

＊202 Favier, Pierre et Michel Martin-Roland, *La Décénnie Mitterrand, t. 1, op. cit.*, p. 412.

＊203 物価・給与凍結の詳細については、*Le Monde*, 24, 25, 26, 28 juin 1982; *Le Nouveau Journal*, 23 juin 1982; *Le Matin* 23 juin 1982 などを参照。なお、法案採択に際して第一条から第四条まで、期間や基準価格についての微修正が施されたが、法案の枠組みは変わらない。*Le Monde*, 11/12 juillet 1982.

＊204 *Les Echos*, 18 juin 1982. ＣＦＤＴは六月一三日の総会にモーロワを迎えて政策を支持するため、これに反対した県連書記であるブールとランベールの二名を除名している。*Le Nouvel Observateur*, 19 juin 1982.

＊205 CFDT, "L'Attitude de la CFDT dans la Période," secteur action revendicative, 17 juin 1982（CFDT, 8H848）.

＊206 Bauchard, Philippe, *La Guerre des Deux Roses, op. cit.*, p. 104.

＊207 *Le Point*, 26 juillet 1982; *Le Monde*, 25 juin 1982.

＊208 もっともこれは野党が組織した集団による行為でもあったとの説もある。*Le Monde*, 6 août 1982.

＊209 法案は上院で否決されたため、最終的な可決は七月二〇日を待たなければならなかった。緊縮案とともに、ＵＮＥＤＩＣの黒字化のために企業と個人の社会保障負担の引上げもまた可決されていることも指摘しておく必要があるだろう。

＊210 Assemblé Nationale, 2e séance du 23 juin 1982, seconde séssion ordinaire de 1981–1982, compte rendu intégral.

＊211 Cited in Pierre Favier et Michel Martin-Roland, *La Décénnie Mitterrand, t. 1, op. cit.*, p. 424.

＊212 Rocard, Michel, "De bon usage de la rigueur," 1/2 in *Le Monde*, 15 et 16 juillet 1982.

＊213 Grosser, Alfred, "Vive l'Idéologie Dominante!," in *Le Monde*, 8/9 août 1982.

第五章　転回——緊縮の決断

リーダーシップ・スタイルの変容

一九八二年六月から実施された「モーロワ・プラン」はしかし、ミッテランが期待したような成果を上げられなかった。確かに、「社会主義プロジェ」路線の修正によって、インフレの抑制は達成された。しかし、通貨の安定などインフレ抑制以外の目標は達成できなかったことが明らかになると、ミッテランはそれまでの「取引的リーダーシップ」から「変革的リーダーシップ」へとそのスタイルを変更し、ＥＭＳ離脱という目標に向けてフォロワーの動員を図っていくことになる。

ミッテランの「取引的リーダーシップ」は行き詰まりをみせていた。経済情勢の悪化につれて、まず政権右派のドロールから、徐々に中道のモーロワまでプロジェ修正派が戦線を拡大させていった。これは、分断統治で党内覇権を確保してきたミッテランにとって歓迎されざる事態だった。そこでミッテランは、プロジェの修正を暫定的に許可した後、今度は反対勢力との結びつきを強めて、均衡と求心力を取り戻そうとする。これが「変革的リーダーシップ」による政策変更の試みとなるのである。

1　モーロワ・プランの失敗――取引的リーダーシップ戦略の行き詰まり

緊縮策である「モーロワ・プラン」が逆風を受けると、ミッテランは早くも逡巡しはじめた。そもそも勢力配置を大きく変える緊縮策に消極的であり、彼にとって「モーロワ・プラン」は取引的なリーダーシップをもう一度とるための暫定的手段でしかなかった。それ以上に、緊縮策の余波が長引けば、社会党が間もなく行われる地方選挙で苦戦することは必至だった。ミッテラン派のファビウスは、緊縮案に明確な反対の意思を閣議でみせなかったが、後日ミッテランに「大統領、私は不安に駆られていますと始まる手書きのメモを提出した。[*1]「切下げにともなう関係閣僚会議で示された経済予測は間違っており」、緊縮政策は成長にマイナスを及ぼすので失業率の改善に寄与せず、物価凍結もきわめて実効性に乏しい、とファビウスは疑問を投げかけた。さらに地元選挙区で「われわれに対して初めて大きな疑いの目が向けられていると感じた」と述べ、八三年三月の地方選挙を前に必要なのは、「経済と金融以外の領域」で闘いを遂行することであるとし、政権のイメージ改善のための内閣改造を訴えた。

ミッテランは「モーロワ・プラン」の着手と同時に、小幅な内閣改造を六月末に実施した。閣議で指摘されたように、EMS内の平価調整によりやむなく経済政策を変更したのではなく、政権の新たな段階という印象を国民に与えなければならなかったためである。失業問題の責任をとらされる形でクエスチオー国民連帯相が辞任し、さらに高齢だったドレイフュス産業相に代わってシュヴェンヌマンが科学技術相兼任の産業相となった。こうして、内閣にはデフレ政策・EMS残留を推すモーロワ－ドロール

二名と産業主義・ＥＭＳ離脱の立場をとるプロジェ派二名が対峙する図式になったのである。ミッテランは選択肢を常に残しておくため、閣内の勢力をシャッフルして、ゲームを仕切りなおす必要があった。

この内閣改造はエリゼ宮の人事異動を前提としていた。ベレゴヴォワ事務総長の離職を、モーロワが望んだからである。モーロワは、ＥＭＳ離脱を唱える人物がミッテランの側近であり続けるのは危険と判断し、社会問題連帯相として自らの監督下に置くことを望んだ。[*2] 急務である社会保障会計の建て直しを、党の有力者であり、労組との関係もよいベレゴヴォワに任せれば、政策の実効性が上がるだけではなく、ＥＭＳ離脱派を切り崩すことも可能になる。政策形成の主導権は、この段階ではまだ緊縮派にあった。

事務総長のポジションには当初アタリが興味を示したが、エリゼ内で人望に欠ける彼の就任にヴェドリーヌやグラヴァニーが反対したため、ミッテランの経済担当補佐官ビアンコが採用されることになった。[*3] 労組出身のミリタンかつＥＭＳ離脱派であるベレゴヴォワの代わりに、党員ですらないビアンコが事務方のトップに据えられた意味は大きかった。[*4] 彼をそもそも大統領府にリクルートしたのは高校の同級生だったアタリであり、折り合いの悪かったベレゴヴォワから盟友ビアンコへの交代は、大統領府の補佐官にＥＭＳ残留派が圧倒的影響力を少なくとも持つことを意味した。玉突き人事で、大統領府事務次長でＣＥＲＥＳのフルニエが政府事務総長（secrétaire général du gouvernement）へ異動し、後任には国際経済問題担当補佐官だったソテールが任命された。七月二日から給与・物価凍結が解除されるまでの間、閣議後に経済関係閣僚の集まりをもつことが決定され、ビアンコとアタリだけでなくソテールとスタースの二人のエコノミストが参加することになったのも、その後の方針に大きな影響を与えた。[*5] アタ

リ、ビアンコ、ソテール、スタースの四人に、八二年一〇月よりドロール官房からエリゼ入りしたギグーが加わり、EMS残留を強く推す彼らは「五人衆（club des cinqs）」と呼ばれるようになる。[*6] ジスカール時代の専門家支配から、政権交代によって党人の政治を取り戻した政府は、再び専門家の時代を迎えていた。[*7] こうした専門家は、閣議をバイパスして官僚機構との「冷ややかな収斂」を可能にする。

緊縮政策の決定とともに、政府と党は翌八三年三月の地方議会選挙を意識するようになっていた。そしてこの選挙準備の圧力を前にして、緊縮派は不利な状況に追いやられていく。

六月にはドフェール内務相のもと、地方選挙の制度改革が決まり、三〇日の閣議では、小選挙区と比例代表を併用することが正式に決定された。これは、まず第一回投票で過半数を得た政党（候補者リスト）がそのまま議席の半数を総取りし、残る議席の半数がさらに与えられ、後は完全比例代表によって配分される。過半数を得る政党がなく、第二回投票にいたった場合、第一党に第一回投票の得票率に基づいて議席が配分され、残りはやはり比例によって配分されるという複雑な制度である。社会党は、八一年の勢いを駆って議席の独占を画策するとともに、連立パートナーである共産党の議席を一定数確保しようとした。[*8] また、候補者認定の方式も変更され、各地区の推薦に加えて県連による追認が必要となり、住民二万人以上の都市では指導委員会が最終的に認定することとなった。[*9] 政権与党となった社会党内の意思決定過程の集権化である。九月にもなると、党は「インフレを抑制できなければ、われわれの恒常的な目標である失業率の低下もあり得ない」（九月一二日、指導委員会最終決議）と、緊縮策に完全に賛意を示すようになっていた。[*10] 政策路線の変更に加えて選挙の到来は、党から余裕を奪っていった。

ミッテランは公共部門拡張担当相であるル゠ガレックに、八三年三月の選挙まで失業率を上げないよ

う約束させた。この使命を受けて、ル＝ガレックは雇用問題関係機関の政策調整だけでなく、失業統計の見直しにも着手した。[*11]八二年九月一〇日にミッテランに提出されたメモは、「五〇〜六〇万と見積もられる」「闇失業者」を統計から除外するために、求人登録名簿の点検を頻繁に行い、求職条件を厳格化することを確認した。これにミッテランは「①その方針で一刻も早く作業を進めること、②失業者が怪しむような方法はとらないこと、③ANPEにあまり期待しないこと」と手書きで返答した。[*12]ミッテランは明らかに地方選挙を意識していた。アタリが物価・給与凍結解除後の社会経済政策をまとめたメモを見て、UNEDICの赤字解消のため企業・個人負担増を訴える箇所に下線を引き、「これが地方選挙四カ月前に行うことなのか？」と書き込んだ。[*13]大統領府の情報通信担当補佐官だったサルツマンは「〔内閣改造を経て〕この頃の政界は一九八三年三月の地方選挙に目を向けていた」と証言する。[*14]

八月に入ると、ミッテランはモーロワの更迭を真剣に検討しはじめた。八一年一〇月以来の経済政策が成果を上げず、政治的支持も得られていないことに苛立って、内閣入れ替えの可能性を本格的に探るようになる。[*15]モーロワの進める政策が採用された現在、彼の残留はもはや「取引的リーダーシップ」にとって資源とはならない。仮に緊縮路線を撤回するにしても、モーロワが首相のままでは転換は困難となる。モーロワ自身もまた、切下げと同時に新内閣を任命するほうが政治的判断として望ましい、とミッテランに辞任の覚悟があると告げていた。[*16]しかし、ミッテランはモーロワに猶予を与えることになり、これが後にミッテランの決断を制約することになる。

八月二〇日、ミッテランはモーロワを別荘に招待して尋ねた。「この政策は本当に成功すると思うのか。緊縮は長期にわたる政策だ。その成果はいつ頃出るだろうか。ベルジュロン〔FO書記長〕もクラ

スキ〔CGT書記長〕も反対しているし、ある意味では八一年六月に私を支持してくれた人々と絶縁することにつながる。緊縮政策を実施するにはそれなりの理由があるだろうが、他の抜け道はないのだろうか」。[*17]「物事が悪い方向に向かい続ければ、年内に君と袂を分かつことになるだろう」とミッテランは、もしもの場合はモーロワを「憲法上の措置に訴えて」罷免すると伝えたのである。[*18]その判断基準のひとつとして三月の地方選挙を挙げ、三〇市町村以上で敗退するかどうかを据えた。モーロワはこの二人きりの会談で、現下の路線に対するミッテランの深い懸念を感じとった。[*19]

失業率は、ミッテランの命令にもかかわらず、月を追うごとに悪化していった。六月一七日、アタリからミッテランに報告されたフラン切下げ後の八二年度経済予測では、失業者数の八万人の増加が見込まれた。[*20]失業率が悪化すると、社会保障会計の赤字はさらに膨らむ。[*21]モーロワはしかし、その後の四時間にも及ぶミッテランとの会談で緊縮策の徹底を訴え、八三年末までの総合的な経済政策を提示してみせた。まず、価格・物価凍結をスムーズに解除し、物価スライド制の廃止といったインフレの構造的要因を取り除き、財政赤字の三%枠の絶対維持、社会保障会計と貿易収支の均衡、金利引下げと給与水準の抑制による資本フローの拡大、職業訓練制度とパートタイム制の拡充による雇用対策などを政策メニューとして掲げた。[*22]

実施されていたインフレ抑制策は徹底していた。物価については、二万五〇〇〇人を動員して二二〇万カ所で調査を行い、消費者団体の協力を得て情報収集に努めた。[*23]七月末には首相名で全国紙に広告を打ち、「インフレの退治は購買力の拡大を意味する」と、国民に理解を求めた。[*24]閣僚も対応に追われた。内務相には各県の物価統制と雇用関連部局の調整、経済財政相には物価と給与水準の監視とスケジュー

ル調整、予算担当相には脱税対策の強化、産業技術開発相には公共部門の給与・物価水準の監視、消費問題相には物流改革が任された[*25]。毎週開かれるようになった経済関係閣僚会議では、コーヒー豆からパン、野菜の価格に至るまで、商品ごとの細々とした市況が討議された。実際、それまで月率一%超を記録していた消費者物価は七月と八月に〇・三%にまで急落した。

しかし物価・給与凍結解除の日が近づくにつれて、インフレをコントロールするむずかしさが露わになった。民間部門が四カ月間の物価凍結の損失をとり返そうとすれば、それまでの努力が水泡に帰してしまう。この点については、新規の労使合意はデクレの追認がなければ効力をもたないとする予防措置が六月にとられた。

給与上昇率は、六〜一〇月期の物価に連動して決まるとされていたが、これは労働者にとって実質賃金の横ばいないしはマイナスを意味した[*26]。政府は凍結解除後の給与交渉で上限を設けて、六月から一一月までの購買力減退分を取り戻すことを禁止した。これが一九七〇年以来となる賃金の物価スライド制の廃止（désindexation）だった。フランスにおける賃金とインフレの非連動化は、インフレ抑制のためだけに実現されたわけではない。インフレ抑制措置解除を視野に入れ、インフレが再燃することを回避するために採られた手法だった。

モーロワは改めて九月に緊縮政策の正当性を訴え、「左派は成長や進歩、社会正義に関して大きな野心を抱いて政権についた。（中略）しかし、一八カ月間の統治の後にバランスをとることが必要となった。（中略）われわれは魔術師ではない」と前置きして、凍結解除に向けた枠組みを発表した[*27]。まず、物価については、凍結解除はあっても統制は残るとし、価格の詳細は、産業部門ごとに交渉した上で決

められるとした。そして、給与については物価スライド制を廃止し、八三年一二月までの物価目標である八％を超えてはならないと定めた。[*28] 所轄大臣のドロールは、凍結が決定した時点で、解除後の給与は三％を超えない範囲に収め、企業の組織再編にかかわる労使交渉を並行させる方法を提案していたが、[*29] モーロワの方針はそこまで踏み込んだものにはならなかった。

政府が八三年のインフレ率を八％と、八二年よりも低く抑えることを目標としたのも大きな意味があった。つまり、凍結期間は四カ月であっても、その後もあらゆる手段を使ってインフレを抑制し続けることが求められたのである。ドロールは、インフレ抑制を半年弱で終了させるのではなく、八三年末までの一八カ月間を計画していた。[*30] 新聞は、「モーロワとドロールがスライド制をとりやめて凍結解除できれば、戦後で最も輝かしい成功となるだろう」と誉めそやした。[*31]

インフレの急ブレーキは強い副作用をともなった。それまで成長を牽引してきた内需が引き締められたため、八二年度成長率の見通しは一・五〜二％弱に留まり、失業者が二〇〇万人を超すことは確実だった。物価の凍結は、市場競争を一時的に停止するため、価格競争に耐えうる企業にはプラスに働き、そうでない企業の体力を削ぐ。社会学者トゥレーヌがいうように「物価凍結は、保護主義と同様に経済の非常に原始的な運営方法」なのである。[*32] またドル高は原油を高騰させて、給与・物価凍結の効果を相殺しただけでなく、貿易収支を悪化させた。[*33] 七月末になると、成長率見込みはさらに一・五％へ下方修正され、失業者数は二二〇万人、貿易赤字は八〇〇億フランにまで膨らむ一方で、企業投資は前年比一％ポイント減となると予測された。[*34]

もちろん政府は失業問題に対して無策だったわけではない。モーロワが誇ったように「連帯協約」と

呼ばれる社会保障負担減で雇用インセンティヴを企業に提供し、公共部門の雇用を進めて六月末までに一〇万四〇〇〇人、年末までに一五万人を吸収しようとした。[*35] しかしバカンス明けに労働市場から新卒者があふれるのは明らかだった。事実七月に入ると、購買力の停滞による国内消費の低下とドル高、主要貿易相手国の経済低迷で、年内の見通しが悪化していることが大統領に相次いで報告された。アタリは七月二二日に、購買力が八二年に二％、八三年には三％減少すると指摘して、ミッテランに「失敗を認めないためにも、今からより控えめな目標を提示すべきです」とアドバイスした。[*36]

こうした状況を打破する政策は二つ考えられた。

ひとつは、緊縮支持派も期待していた公共部門への投資であり、これは国有化された企業と、八三年度特別予算による公共事業を中心とするものだった。[*37] 有効需要の主要素である消費と投資のうち、前者がブロックされるならば、後者にその分比重を置けばよいとの考えである。

新たに所轄大臣となったシュヴェンヌマンの戦略は明白だった。EMS離脱派のなかでまとまった政策構想を示していたのは、CERESを政策抗争の資源としてきたシュヴェンヌマンくらいだった。[*38] 彼は国内産業が、とくに技術開発の領域で日独に大幅な遅れをとっていると認識し、日本の通商産業省をモデルに、川上（技術・研究開発）から川下（製品化と販売）をカヴァーするフィリエール（関連産業）政策を展開する構想を持っていた。[*39] そして、八五年までに科学技術研究費をGDP比二・五％まで増やし、官民の協調的投資の必要性を説いた。各産業グループの国有化を梃子に、「ナショナル・チャンピオン」を育成、低迷する企業投資を牽引する傾斜生産方式を徹底できれば、外国製品が国内市場に占める割合を引き下げられる。彼は、産業政策の目標は「通商戦争」を勝ち抜くことにあるとした。そのためには、

国内産業の競争力向上が欠かせず、製品価格の抑制と国民の貯蓄をベースとした信用供与を高めることで工業部門の生産力を拡大し、この付加価値化は雇用対策にもなるという。「エゴセントリックな」米ソ両国に挟まれて、「フランスモデルを創り上げるのは（中略）公共部門と民間部門の分離ではなく、両者の補完性を認める混合経済の意識」なのである。[*40] CERESの思想の特徴は、産業近代化を是とするマンデイズム（マンデス主義）と、国家主権を掲げるゴーリズムとを、マルクス主義で混合させたところにあった。

ところが、まさに国営企業への大々的な投資が必要となった頃から、同部門の大幅な赤字が明らかとなった。五大産業グループに鉄鋼産業と化学部門（CDF Chimie）を加えると、八一年度で四五億フラン、八二年度には六五億フランの赤字が予測されたのである。[*41] シュヴェンヌマンは担当大臣として七月二七日の閣議で、赤字に対する予算措置を求めた。[*42] しかし資本増強と事業費、さらに赤字補填の要求にドロールは難色を示した。八三年度予算には国営企業分として九〇億フランが計上されたが、うち六〇億フランが銀行のコンソーシアムによって賄われることとなっていたため、強く反対したのである。ドロールはモーロワに書面で「このように象徴的かつ先例として大きな意味を持つ決定に、私は全面的に反対します」と直訴した。[*43] ドロールは金融機関の自己資本の目減りを懸念しており、むしろ職業税を軽減して企業財務を建て直すよう提案していた。[*44] 建て直し案について協議は紛糾するのが常であった。[*45] シュヴェンヌマンとドロールは、産業部門への予算手当てをめぐって度々衝突した。[*46] ドロールは辞任を再度ちらつかせて要求の撤回を求め、最終的に融資額は三〇億フランにまで圧縮された。[*47] 八月の閣議では、国有部門を中心とした産業再編と近代化を求めるシュヴェンヌマンに対して、ドロールは国際分業は不可

避であり、まずは民間企業の負担を減らし、資本は新たな貯蓄性金融商品を導入して賄うべきだと反論した。[*48] この閣議でミッテランは、緊縮策のバランスをとるかのように、「近代化への情熱に息を吹き込む」必要を説いて、シュヴェンヌマンの立論に賛成した。劣勢側に加担しなければ均衡は保てないからである。

国債発行額を水増ししてでも産業投資が必要というシュヴェンヌマンに、ドロールは「貴方の口をついて出るのは借金のことばかりだ。ＩＭＦの介入に責任をとらねばならないのはこの私だ。金もなければ、借り入れもできない」と激怒し、二人の溝が埋まることはなかった。[*49] 翌月一〇日、ドロールはＩＭＦが作成した機密扱いのフランス経済予測をミッテランに提出する。そこでは「物価と所得凍結という新たな政策がもたらす短期的成果についてＩＭＦは懐疑的である」との結論が導き出されていた。[*50] このＩＭＦの報告書は大統領府のスタッフにとってもショッキングであり、ソテールは「然るべき時に、フランスは英国やイタリアのように、ＩＭＦの監視下に置かれるでしょう」とミッテランの危機感を煽った。[*51]

他方のシュヴェンヌマンは、フランスの対外債務残高は他の先進諸国と比べても少なく（約二〇〇〇億フラン）、財政赤字を一時的に膨らませてもリーディング産業の振興を優先し、成長路線を採るべきと考えていた。ＥＭＳから離脱しても、フランを安定させる体力はまだ残っており、ＩＭＦの介入も非現実的で、ＥＭＳ残留派のはったりにすぎないと判断していたのである。[*52] シュヴェンヌマンの主張する産業投資ＧＤＰ比二・五％への引上げは、関連予算の年一七・八％増を意味した。[*53] 後にみるように八三年度予算案では、研究開発投資二一％増、産業政策二四％増、公共設備二二％増を予定しており、総額が

前年比一二％増のなか、顕著な伸び幅を実現した[54]。しかし経済政策が緊縮案に傾きつつあった状況下で「産業投資の再興」という戦略のタイミングの悪さは明白だった[55]。バール前首相が「一国経済の構造を魔法の杖で変えることはできない」といったように、ひとつの限界が明らかになりつつあった[56]。

時間が経つにつれて、国営企業の経営状態は悪化の一途をたどっていることが明らかになった。国営企業のうち、CGE、サン＝ゴバン、マトラとダッソーの四企業のみが黒字を計上しており、その他は鉄鋼、中間財製造、情報産業企業に至るまですべて赤字だった。トムソンだけで八二年度に一〇億フランの損益を出すと見積もられた。もはや、政府は国有企業の赤字の面倒をみるだけで手一杯であり、これらを梃子として投資を民間部門へ波及させる余力を残していなかった。

もうひとつの需要減への対策は、輸入を制限し、国内消費を仏企業に振り向けることだった。これにより、貿易収支の改善も期待された。緊縮政策のもとで物価指数は安定しはじめたものの、貿易赤字は六月に一三三億フラン、七月に入っても八九億フランと劇的な改善はみられず、前年と比べて赤字額はほぼ倍となっていた[57]。

自国企業が国内シェアを伸ばせないなかで、収支を均衡させるには輸入制限しか方策は残されていない。そこで貿易相ジョベールは輸出強化とともに、輸入制限策を提案した[58]。これによると、自動車・オートバイを中心とした消費者ローンの禁止、輸入製品に対する付加価値税の引上げ、消費者表示の徹底、外資系企業のコマーシャル制限、ライセンス製品の契約更新の制限などが検討事項に挙がっている。またジョベールは、米国のドル政策を非難し続けたが、しかしこれは国際交渉の場で真剣に討議されることもなかった[59]。

ファビウスは、閣議で原油決済をドル建てからエキュ建てに変更すること、産油国への武器売却はフラン建てを条件とすることなどを提案して、ジョベール案に賛同した。[*60] ミッテランの指示によって八月には、ジョベール貿易相のもとに危機管理グループがつくられ、シュヴェンヌマンとドロールも参加したが、ここでは小売向け家電製品の課税引上げ、大型バイクのローン金利引下げ、外国製自動車輸入業者の融資枠制限、公共調達での原産地基準の導入など、小規模な対策が検討されたにすぎなかった。[*61] 通商問題がテーマとなった八月一八日の関係閣僚会議では、これらの提案をめぐってやはりシュヴェンヌマンとドロール、ロカールが激しく対立した。[*62] ドロールがいうには、海外家電製品の価格引上げは物価沈静化に逆行するだけでなく、仏企業への保護措置にも等しく、また融資制限は政府権限の対象外であるはずだった。欧州問題担当相のシャンデルナゴールは原産地規則の徹底はＥＥＣの政策に反する可能性があるとやんわり指摘し、モーロワは、大型バイクを購入しやすくすると、若者の交通事故が増える、と頓珍漢な発言をする有様だった。結局、ジョベールの輸入制限策は具体化されずに終わった。

赤字と国際経済という制約のなか、内需引き締めによるデフレの負の側面を補う産業投資と輸入制限の二つの方策はしかし、ＥＭＳ離脱派の主要な論拠となっていった。モーロワが緊縮路線の継続に傾き、「社会主義プロジェ」が一時的な休止などではなく撤回されそうになると、ＥＭＳ離脱派の攻勢は強まった。ＥＭＳ内でフランを安定させるために緊縮政策が必要だったのであれば、ＥＭＳから離脱してしまえば問題は解決するというわけである。しかも、九月のバカンス明けからドル高に引きずられてフラン売りが再燃し、対ドルでついに七フラン台（七・〇四五〇フラン）に突入して過去最悪を記録、フランはＥＭＳのグリッド限界にまたもや張り付いた。八月最終週に仏中銀は市場から四〇億フラン相当を買

い増ししたため、その頃には四〇億ドル程度の外貨しかなかった。[*63] 一九八一年に介入に費やした資金が総額八九億ドルに上ったことを考えれば、[*64] 十分な額ではなかった。

切下げと対になった緊縮案は、フラン安定と国際収支の均衡を実現させるはずであり、その限りにおいて「モーロワ・プラン」は支持されるものだったのが、早くも綻びを見せはじめたのである。こうして八二年半ば以降、再び「もうひとつの政治（l'autre politique）」のデッサンは具体性を帯びはじめるようになった。[*65] 肝心の消費者物価指数は緊縮策の効果もあり、七・八月に〇・三％、九月に〇・四％、一〇月には〇・五％と、一％台で推移していた前年と比べて沈静化していた。緊縮策がある程度の効果を収めれば、ＥＭＳからの離脱と方向転換はより容易になるかに思われた。

緊縮政策の解除が視野に入った八月末から、「夜の訪問者」たるリブーは、改めてミッテランに働きかけた。「フランスはＥＭＳを離脱し、政策に自由を取り戻さなければなりません。（中略）財政赤字そのものがインフレの原因ではありません。そうではなく、放漫財政がインフレの絶対的な原因となっているのです。企業は、投資の判断ミスではなく、経営の失敗や放任によって倒産するものなのです。国家についても同じことがいえます。（中略）フランス一国でもって世界経済を建て直すことはできません。しかし、フランスの計画が成功すれば、国際金融システム、開発途上国の債務問題、世界経済の復興について、よりよい条件で交渉を進めることができます」[*66]。大企業の社長であり、国際経済界とミッテランの橋渡し役であるこの人物は、当初からドロールの政策に反対していた。「ドロールの言うとおりにバールと同じ政策を採れば、フランスは近代化する最後のチャンスを逃して、リベラルな欧州というマグマの中に消え去るしかない」と彼は確信していた。[*67] 当時、リブーはシュヴェンヌマンが省内に組

織した鉄鋼計画委員会の座長を務めており、経済政策は産業振興と技術開発に力点を置くべきと二人は意見の一致をみてきた。[68]リブーは、シュヴェンヌマンとミッテランの媒介役でもあった。[69]

アタリからリブーの提案を聞かされていたミッテランは、ＥＭＳ離脱と企業債務の軽減を、緊縮政策に対する現実的なオルターナティヴとして検討しはじめた。[70]ＥＭＳ離脱オプションを検討するよう求められたアタリは、フランがフロート（ＥＭＳからの離脱）した場合の利点をまとめた。[71]①中銀の外貨準備高と資本流出について気にしなくてよい、②対独貿易収支が改善し、対マルクでフランの上昇が中期的に望める、③物価の安定と六月以降の外貨準備高の積み上げが見込め、そして政治的にもサミットで欧州の連帯意識を宣言したばかりのためタイミングがよい、とした。その上でアタリは、今後の三つのシナリオを提示した。①インフレ抑制と貿易収支が均衡して現行の政策が成功するか、②西独との五％のインフレ格差が埋まらず、国際収支赤字も減らず、マルク切上げないしはフランの単独フロートが要請されるか、③投機から外貨準備高を守るためにフランをフロートさせたという政治的表明をしてＥＭＳから離脱するかである。とくに最後のシナリオについては、「為替メカニズムを強化し、イタリアの事例にみられるように輸入業者に供託金を求める以上の政策変更は必要ない」としている。そして「フロートは決してカタストロフィーではありません」と付け加えた。

八月三〇日になるとリブー、ベレゴヴォワとファビウス、セルヴァン゠シュレイベールに加えてルスレとサルツマンが政策連合を再形成し、ミッテランに詳細を示して決断を迫った。[72]ＥＭＳから離脱したらどうなるかと問うミッテランにリブーは、中銀の外貨は守られ、資本流出について懸念する必要もなくなり、また対マルクで割安になることで貿易赤字は減少するだろう、と返答した。[73]

この日を境に「夜の訪問者」と大統領との会合から外されたアタリが指摘したように、ＥＭＳを離脱して大幅なフラン安を認めれば輸入価額も増加するため、貿易赤字は一時的であれ膨らみ、そうなればさらにフラン安になるという悪循環に陥る可能性は無視できなかった。ＥＭＳ離脱は両刃の剣であり、一か八かの賭けでもあった。賭けに出ないでフランの通貨価値を守るには、「モーロワ・プラン」以上の財政と金融の引締めが必要となりかねない。

したがって「もうひとつの政治」を薦める「夜の訪問者」たちの処方箋には、とくに離脱後の対応に違いがあった。リブーはあくまでも企業家の視点から、フラン防衛のための高金利と輸入増が企業債務を膨らませ、インフレを招く要因だと分析した。ゆえに、ＥＭＳから離脱して自律的な金融政策を採っていったん企業体力を回復し、景気が上向いたところで輸入の解除とＥＭＳ復帰を模索するべき、という論理をとった。

党派人ベレゴヴォワは、ＥＭＳ離脱とセットになった緊縮策を提案していた。そうすれば、「外部の敵を論難し、共産党を味方につけて『ドイツ人とアメリカ人のせいだ』と名差しすることができる」からである。[*74] ベレゴヴォワは「宿命を否定し、既存の思考から来る権威を否定し、対象がなんであれ自分の頭で理解すること」を常とする政治家だった。[*75]

シュヴェンヌマンとファビウスは、産業政策の観点からＥＭＳ離脱を唱えた。需要に供給が追いつかないからインフレが生じるのであり、積極的産業政策によって供給サイドを強化すればこれは抑制できる。そうすれば経済主権を維持し、国内産業の再興と国際競争力の獲得という政治目標を達成できるのである。そのためには、ＥＭＳを離脱するだけの大幅な切下げを行い、対西独貿易収支を改善する、と

いうのが彼らの戦略だった。「政治で重要なのは、自らの企図に如何なる意味を付与できるかである。外部環境に逆行した国有化政策は、高度な技術を持続的に発展させられなかった。短期的にみれば為替相場からの離脱に成功がかかっていた。それができないため、EMSによる拘束がフランス経済をますます締め上げていた」（シュヴェンヌマン）と認識していたのである。[*76]

大統領府補佐官のサルツマンと、ミッテランの個人的ネットワークにいるブーブリルが離脱派をバックアップした。ブーブリルは、一七％もの名目金利によって企業倒産が相次いでいるが、その処方箋は需要減というマクロ経済政策ではなく、供給の強化というミクロ経済政策にあると、毎週のようにミッテラン宛てのメモをまとめていた。[*77] ミッテランが党組織を離れて築いたネットワークは、ここに始動されることになったのである。

しかし、EMSの離脱という方策は共有していても、その後に採るべき方向は、先にみたようにリブー＝ベレゴヴォワ・ラインとシュヴェンヌマン＝ファビウス・ラインでは大きく異なっていた。また、ベレゴヴォワとファビウスはミッテラン派に属し、シュヴェンヌマンはミッテラン派とは距離をおく自らの派閥を率い、リブーやサルツマンは党内基盤を持たない。補佐官を介した情報の流通と共有を通じてモーロワ＝ドロール・ラインがきわめて強固な戦線を形成していたのに対して、離脱派内部の異質性はミッテランを動かす際の大きな弱点となっていた。政策課題の解決を提示する「政策知識」は、凝集性の高い集団にとって有利に働くのである。

ミッテランは自らを情報の交差点に置いて、緊縮派とEMS離脱派の優位性を競い合わせた。リブーが企業債務の過多について説明し、救済策として中銀による貸し出しを提案すると、モーロワはこれを

官房のペイルルヴァドに伝え、リブー案は「通貨供給量を増やすだけだ〔ゆえにインフレを悪化させる〕」との反論を用意させてミッテランに提出した。[*78] モーロワは、理論武装のために、首相府スタッフに徹底的な議論を求めた。ペイルルヴァドはこれに応えて、リブーの立論は「シュヴェンヌマンとロカールが繰り返してきた議論を切り貼りしたもの」で、国家の債務を企業の債務に置き換えるだけであって「実現するのは無理」と説明した。[*79]

モーロワは、大統領がEMS離脱を選択肢に入れたのを知って、改めて反対を主張した。「フランの新たな切下げやEMSからの離脱で諸問題が解決されるとは思えません。インフレは再燃し、輸入の三分の一を占めるエネルギーと原材料の価格高騰で貿易赤字は手がつけられないほど増大します。より深刻なのは、結果として外部からわれわれに対する要求が増え、社会正義と連帯という政府の目標が放棄させられることです。したがって、フラン価値の維持が第一義であるべきです。フランの安定はインフレの圧縮と生産コストの抑制、通貨供給量の漸減にかかっています。だからこそ、財政赤字を三％に抑え、予算に大きな影響を与える社会保障費の赤字をなくすことが大事です」。[*80] こうして首相府から大統領府に正式に手交されたペーパーの社会経済政策「優先一二項目」のトップには、「EMS離脱の拒否(refus sortie de SME)」が据えられた。[*81]

大統領補佐官の一人スタースは、EMS離脱は「政治的コストを度外視したとしても、切下げ→輸入増大→インフレ→切下げという悪循環を招く恐れがあり、これは生活水準の大幅な低下と回復不可能なまでの競争力低下を意味する」と、首相と同じ論理で離脱の危険性をミッテランに訴えている。[*82] 残留派補佐官らの立論は概ね以下のようであった。[*83] ①EMS離脱によってフランは一〇～二〇％下落する、②

スネークからの離脱は、国際金融市場のさらなる締め付けを意味する、③原油価額上昇と開放経済のもとでは通貨切下げは貿易収支を均衡させられない、④対ドルのフラン下落はインフレの再燃と輸出競争力減となる、⑤為替水準の乱高下は輸出部門の調整コストを増大させる、⑥米日両国に対抗してEMSを推進してきたことの信頼を損なう、である。

六月の平価調整によるフラン切下げと続く緊縮政策、そして財政赤字のシーリングと物価安定にもかかわらず、フラン投機は止んでいなかった。これを、緊縮策が不十分であったためと判断するか、失敗と認めて「社会主義プロジェ」を貫徹させるか——どちらの路線に定めるかは、大統領の決断にかかっていた。

経済的にみればそれぞれに利点があった。残留を前提とすれば、EMS内の信用供与によって外貨を調達できるだけでなく、ECの経済協力も推進できる。そしてインフレを抑制し、対西独物価上昇率との格差を埋め、際限ない切下げに終止符を打ち、構造的なインフレ体質を克服し、市場による競争力獲得が期待できる。ただしその過程には「痛み」がともなう。一方、離脱をすれば、外貨準備高の減少を食い止めることができ、社会的犠牲を強いるデフレ策を行わずとも輸出は回復し、金融政策の自律を取り戻して企業債務の軽減が見込める。また、一時的な輸入制限を行えば、国内企業は自動的に国内市場を収益源とするだろう。*84

経済政策上の優劣がないのであれば、政治的影響が考慮される。残留を選択すれば、第一に自らを大統領に押し上げたプロジェ路線そのものの破棄を意味し、二年弱進めてきた政策を自己否定するだけでなく、国際経済環境に屈したとの印象をもたれて政治的ダメージにつながる。当初ドロールが主張し、

モーロワも賛同するようになった政策は正しかったと認めることにもなり、耳を貸さなかったミッテランの過ちが責められる。逆にEMSを離脱すれば、自分の路線の一貫性は保てるが、経済的なリスクをともなうばかりではなく、国際経済からの自主的撤退と欧州統合のサイクルに乗り遅れることになる。

国内経済はいずれにしても危機的な状況にあり、明確な政治的判断が必要という点では、少なくとも離脱派も残留派も一致していた。欧州統合の地平を挟んで、二つの相異なる政策論理の間で、ミッテランは依然、逡巡し続けていたのである。

九月一日には、緊縮政策の効果が明確にならないまま、いよいよ八三年度予算案が閣議に正式に提出された。[*85] 財政赤字三%枠厳守のもと、同年度予算は主に軍事費を圧縮して前年比一一・八%増に抑えられた。[*86] 八二年度の当初予算の伸び率が二七・七%であったことを考えると、かなりの急ブレーキだった。赤字規模は約一二〇〇億フランと、前年の九〇〇億フランから増えたものの、その内容は産業関連・研究技術開発に力点を置きつつ、高額納税者を対象とした標準課税額の引上げなど内需抑制を志向した。[*87] 前年には五万人を見積もっていた公共部門による雇用は一万三〇〇〇人にまで引き下げられ、代わりに企業負担軽減措置が盛り込まれ、民間生産部門の雇用増が目指された。

この八三年度予算も編成過程で、いまだ緊縮路線を受け入れない「担当閣僚の強力な圧力」のせいで膨らむ一方だった。[*88] 八月三日時点でファビウスは「予算均衡が崩壊しつつあります。このままでは、大統領の公約を反故にするだけでなく、際限なく膨らんでいく赤字を手当てするための債務とマネーサプライを増加させて受け入れがたい状況に陥ります」と大統領の介入を書簡で求めた。しかし、ミッテランはファビウスが赤字削減のために新規雇用関連予算や購買力の抑制を求めていることに触れて「地方

選挙まで何もしないのは許されない。あるいはあなた方全員が間違っていただけのことである。そうであれば私のとるべき判断はもう決まっている」と取り合わなかった。[*89] そもそも、八三年度予算案は成長率が一％以下と見込まれている状況で、二％成長のシナリオをもとに編成されるという、前年度と同様の過ちを犯していた。[*90] 予算当局者に「パンドラ」と呼ばれる年明けの予算審査で、八三年度予算は成長率をはじめ、各項目が誤った予測に裏打ちされていることが明らかになった。[*91] とくに、企業投資と輸出の増加、そして輸入水準の維持について楽観的に過ぎ、貿易赤字が毎月増えていくなかで、予算の前提そのものに疑義が挟まれるようになった。[*92]

社会保障関連予算はとりわけ頭の痛い問題だった。八二年の社会保障会計はすでに四〇億フランの赤字を計上していたが、八三年にはその一〇倍に膨らむことが予想された。[*93] このため九月に入って、入院費用の有料化、翌年から定年前退職者の社会保険料引上げ、自営業や地方公務員の保険料を民間給与所得者なみに引き上げることが決定された。給与・物価凍結の一方で老齢年金と家族手当の一部は引き下げられ、物価水準に連動させることも併せて決まった。老齢年金と家族手当の大幅増が左派政権の重要な成果であると、八一年六月にモーロワが誇ることのできた時期に終止符が打たれた。

失業保険基金を運営するＵＮＥＤＩＣも八二年度に六〇億フランの赤字を計上し、政府の支出は三〇〇億フランにも及んでいた。[*94] 付加価値税を引き上げて対処しようとしたベレゴヴォワ案は、ドロールに拒否されたため、公務員積み立て金の引上げ、保険料の段階的引上げ、積立期間の延長、保険支払いグリッドの細分化などに着手しなければならなかった。こうした措置によって黒字化の見通しは立ったものの、モーロワ政権は実質的な負担増を断行したのだった。

閣僚の多くは成長率二％という見通しを非現実的としたが、管轄部門の予算縮小には不満を表明した。モーロワは「昨年と違って今年度予算は政府総員で決めたものであり、閣僚それぞれが譲歩するということで妥協したはず」と閣内の一致を求めた。九月の閣議の目玉は、ドロールが強固に推進してきた「投資資金調達と貯蓄促進法案（projet de loi sur le financement et développement de l'épargne）」だった。これは所得税一〇〇〇フラン以下の世帯を対象とする一口一万フランの物価連動金融商品で、赤字に喘ぐ国有企業への投資増を目的としていた。[*95] ドロールは、経済財政相の権限をフルに活用して、一方的な予算手当てに頼らない国有企業救済策を提示し、党内左派からも理解を得ることに専念した。

企業経営者が政府にかねてより求めていた「業務用具（outil de travail）」を富裕税の対象外とすることが決定したこともあり、世論は政権の左への傾斜が止まったとみるようになった。「ドロールに対する信頼は増し、彼の影響力は以前よりも拡大した」[*96]。派閥政治から距離を置いたドロールの戦略が効を奏した。すでに国有企業経営者の報酬を月二万フラン以内に抑える政令が首相府で準備されており、産業近代化の尖兵となるはずの国有企業はその図体の大きさからお荷物になりつつあった。

ジョベールが率いる通商問題に関する危機管理グループの答申もこの頃出された。アタリは、フランス市場の二六・八％を外国製が占め、平均的フランス人の夏休みでも、その生活のほとんどが海外製品で占められている、という雑誌の特集記事をミッテランに提出していた。[*97] 国内消費をどんなに押さえ込んでも、消費が輸入品に向かうのであれば、貿易収支は改善しない。危機管理グループによる脱税の監視強化や原産地表記、設備財輸出融資枠の拡充といった細かな対策は了承されたが、輸入家電製品・農産品への課税、非居住者の短期投資への追徴課税制度整備といった保護主義的措置はすべて退けられた。[*98]

ジョベールは、直後にシュヴェンヌマン、ファビウス、ドロールの関係閣僚を集めてさらに厳しい輸入制限策を提案したが、協力を得られなかった[*99]。予算措置をともなわなければ、右派から左派を含む閣僚の間で一貫した対策をとるのは困難であり、両陣営が合意できる政策は限られていた。それでもミッテランは、チームの答申に「全面的に賛成する」と述べ、「フランスの貿易赤字をさらに減らせるような提案を期待する」と発破をかけた[*100]。

2　EMS離脱の誘惑

ミッテランは、EMS離脱に傾いていった。「モーロワ・プラン」は期待しただけの成果を生まなかったものの、インフレの沈静化という取りあえずの目標は達することができた。緊縮策路線から離れ、再び正反対の政策を採用するタイミングだった。その一端は八二年九月二七日に行われたフィジャックでの演説に窺うことができる。初めて訪れたミディ・ピレネ地方でミッテランは、政府の八三年度の課題は企業の税負担の軽減、金利の引下げ、企業債務の軽減にあると、前触れなしに宣言したのである[*101]。これは演説の骨子を準備し、企業経営環境の改善を求める「夜の訪問者」の意向を全面的に取り入れたものであり[*102]、それまでマクロ経済しか語らなかったミッテランにあって、革新的な響きを持っていた[*103]。離脱派のサルツマンはこの演説を聴いて「この時初めて自分のメモが役立っていると確認できた」という[*104]。ここでミッテランは、前政権の無策ぶりと社会党政権の実績を誇示しつつも、「人民勢力の意思によって達成できた目的はインフレによって失われてはならない」と述べた。しかし彼の関心は企業にあ

り、インフレを抑制できれば、企業の体力は改善し、最大の懸念である雇用も確保される、としたのだった。「〔対内外の〕金利を分離して改革を準備し、たとえばモラトリアムを設ければ企業債務を軽減できる」。離脱論者の方策の一つである内外金利の分離を打ち上げたのである。これは、「仏企業は借金体質に陥っており、低金利を求めて際限のない債務を抱えるとインフレを加速させてしまう」[*105]としていたドロールの認識とは大きく食い違っていた。ドロールは、フィジャック演説の内容を聞いて、裏をかかれたと感じた[*106]。モーロワ首相はミッテランの意向を受けて、政府が採り得る政策としては金利引下げと企業投資に対する優遇税制くらいしか思いつかない、と国民に苦しい言い訳をする破目になった[*107]。

プロジェ路線を反転させた「モーロワ・プラン」は政権の延命に寄与しそうになかった。八二年後半に入ってミッテランは、常套手段である「取引的リーダーシップ」から離れて、フォロワーの配置に注意しつつも、新たな目標と価値を立てて局面を変化させる「変革的リーダーシップ」へとスタイルを変えつつあったのである。それはもはや政策体系やイデオロギーへのコミットと離反を繰り返すというミッテラン固有のスタイルではなく、コミットする目標を主体的に提示し、フォロワーをいざなおうとするものだった。したがって、このフィジャック演説は、EMS離脱と対になっていたマクロ経済政策オプションに微妙な修正を迫った。これは、シュヴェンヌマンなどの党内左派が、EMS離脱こそが緊縮策回避につながると主張していたのに対して、リブーを中心とするバージョンアップされたEMS離脱論者による企業負担の軽減と緊縮財政の実現のために離脱を行う、という論拠に従ったためである。ミッテランは後者の意見を採用したのだった。こうして、EMS離脱論の力点は移動していった。

同時に、この演説は、行き詰まった現状に対するミッテランのもどかしさを表すものだった。

確かなことは、次世代が花開くような土壌を準備しなければならないということである。それゆえ、私が過去に幾度か言及したフランス流の社会主義を金科玉条としてはならない。私は、国家の健全なる意思を表明しなければならない。その多様性、多元性に私がどれほど愛着を持っていることか。それは思想や哲学の多元性、精神やイデオロギー、その表現の仕方の多元性である。フランスが多様で多彩で、矛盾しない程度の背反をその深部で保てればどんなによいだろうか。フランスに奉仕し、愛するという言葉を共有し、私に反論する人たちを、私はどんなに愛していることか。私の有する権力のもとでは、そんな多様性を削ぐようなことは再現されないし、実行されないし、企てられることもないだろう。

どのようなイデオロギーや政策路線に対しても、ミッテランが完全にコミットしたことはかつて一度もなかった。しかし、それは同時に、フランスと権力のためならどのようなイデオロギーや政策でも構わないということを意味した。

この頃までにミッテランは、ギグーが提出するメモを諳んじるほど外貨準備高とフランの為替水準に関心を払うようになっており、モーロワとジョスパンに対して、大統領ないし首相の許可なく通貨問題について公的・私的問わず発言してはならない、と箝口令を敷いた。*108 通貨問題、ひいてはEMSをめぐる争点こそが政権にとっての最重要課題と認識するようになったのである。

フランス中銀に対する各国からの特別融資と夏休みで一時下げ止まっていたフランは、九月中旬に一ドル七・一〇フランと最安値を更新し、対マルクと対フローリンでも価値を失っていった。一〇月第一

週で、中銀は約一〇億ドルを市場に投入したため、外貨保有は二一億二五〇〇万ドルまで目減りし、前年より六五〇億フランあまりを失った。[*109] フラン安が再燃したのは、一一月中にもフランが切り下げられるとの噂や、アラブ系銀行のドル買い、米連邦準備局の静観などのためだった。[*110] 政府は外貨準備高を補充するため、九月一五日にソシエテ・ジェネラルを主幹銀行とするコンソーシアムから四〇億ドルを借り入れざるを得なかった。[*111] 一国政府に対する融資額としては前代未聞の額だった。

社会問題担当相となったベレゴヴォワは機を捉えて、ミッテランの背中を押した。彼はEMS残留・離脱の二つのシナリオを示し、後者の有効性を説いた。残留すれば、「大統領の個人的なコミットメント」が市場に好感され、続いて高金利政策（二〇％）、為替管理の強化、西独とのERM変動幅拡大の交渉が想定されるが、西独とのインフレ格差は埋まらず、貿易赤字と企業債務の増大など、政治的・経済的リスクが大きく残る。それゆえ、むしろ離脱のシナリオに従って、まず外貨準備高を拡充するための借り入れを行い、次に西独とのスワップ協定を秘密裏に実行して、「EMSからの一時的ないし永続的離脱」を決断すべきだとした。ただし、ベレゴヴォワはシュヴェンヌマンとは異なり、ディスインフレ政策には反対ではなく、EMS離脱は「〔市場による〕拘束や規律（ディスインフレ政策は継続ないし強化されなければならない）、投資活動の再開（対内金利の低下をようやく実現することができる）、経済成長のための経済活動からの逸脱を意味しない」と強調している。[*112] ベレゴヴォワは、外堀を埋めようと、残留を唱える補佐官たちの説得も試みた。[*113] リブーも「サッチャー、レーガン流のリベラリズムへの回帰」とは異なる「厳しい態度で」貿易赤字を削減すべきと公言した。[*114]

フラン安の要因である貿易赤字について、九月二〇日付のブーブリルのメモは次のように記した。赤

字を拡大させているのは消費の過熱などではなく、市場戦略のなさと投資不足という供給側の構造的不適応にあり、国内シェアを開拓するには国内産業全体の再生をはかるべきである。[*115] そこでEMS離脱、企業負担の軽減、大々的な産業投資のセットを、オルターナティヴとして提示した。ミッテランは、先のベレゴヴォワ・メモを真剣に検討し、アタリには一九七四年のフランスのEMS離脱時の状況を、スタースには正確な外貨準備高と対外債務の数字を報告させた。[*116]

九月一五日の閣議は金融情勢の分析に当てられ、ドロールはフラン安の原因をEMS離脱の噂に求め、モーロワは反対に市場の緊縮政策に対する無理解を理由とした。これに対してミッテランは「政策に信頼がなく、持続するとも思われず、〔物価・給与の〕凍結解除の手段に疑問を持たれているという〔市場の〕心理的要因によるもの」と総括した。その上で、「フラン投機を仕掛けているフランス人も外国人も、フランスがあらゆる手段を行使すると覚悟すべきである。行使するとは限らないが、テーブルの上には準備してある。われわれは激烈な戦いに突入しつつある。私はいかなる選択肢も排除しないが、フランスが対外的な拘束を受けることだけは断じて許さない。この点を明確にするのが、君たちの役割だ。そのリスクは君たちだけが負うことができる」と含みを残した。[*117] EMSをめぐる判断を担保にして、争点管理によって自らの求心力を高めようとしたのだった。

路線変更に抵抗するドロールは同日、ミッテランに追加的な緊縮策を提案した。[*118] まず七五億フラン相当の国債発行を凍結し、さらに八三年度予算で二〇〇億フランを削るべきだとした。ミッテランの望む企業債務軽減は、インフレを継続的に抑制していくことで、達成できると説得を試みた。ミッテランは、この提案を反対陣営のリブーに検討させた。リブーは、輸入制限と金の売却でフランを安定させ、企業

の社会保障費を付加価値税の増税分で削減し、さらに社会保障会計の赤字補塡はCNPFに求めるべき、と答えた。「〔ドロールの〕計画案は単なるデフレ政策であり、十分ではない」というのが診断だった。[*119]ミッテランはリブーの案を支持することになる。

ミッテランからリブーの回答を渡されたドロールは、モーロワ宛てに反論のメモを作成した。「失業については成果が上がらないままだとしても、対インフレでは正しい道と考えます。〔中略〕われわれの『アキレスの腱』は貿易赤字です。〔中略〕大きなダメージがない限り、現在の路線からの逸脱は許されません。省庁を超えた政策が必要とされるならば、私は首相に最大限協力する用意があります[*120]」。ミッテランという山を動かすためには、ドロールとモーロワは依然コンビを組む必要があった。

同時期には西ドイツでSPDのシュミットからCDUのコールへの政権交代があったために、政策の選択肢はさらに狭まった。一〇月、コール新首相との首脳会談では、仏側から事前に、緊縮政策の絶対維持とEMSに価値を置いているとのメッセージが送られていたものの、マルク切上げを議題にするまでには至らなかった。[*121]直前に行われた局長級会合では、独仏で経済政策を収斂させることが必要との認識に立ちつつも、二国間貿易よりも自由競争の確保を求める西ドイツと、両国の景気の調和こそが大事だとするフランスの主張の差は埋まらなかった。[*122]収斂は双方向的というよりは、一方的なものだった。とりわけ独連銀は、EMS内のソフトカレンシーに影響されてドルに対する「自由裁量」を失うことを嫌っており[*123]、その独立性の制度的保証は政治家に変えられるものでもなかった。

フランは下げ止まらなかった。政府内の悲観的シナリオでは、国際収支は許容できないほどの赤字を抱え、固定資本形成も減退、購買力は横ばいのままとの警告が発せられた。[*124]失業者は八三年中に一七万

人増えると予測された。モーロワ自身も、六月来の緊縮策は不十分だったと認めざるを得なくなった[*125]。

ミッテランはこの状況に苛立っていた。ドロールとジョスパンには「レーガンとサッチャーが勝利を収めつつある」と漏らし[*126]、一〇月末の閣議ではモーロワを全員の面前で非難した。「私はサッチャーの政策を実行するために貴方を任命したのではない。万が一やる破目になったとしても、貴方に頼むつもりはない[*127]」。「モーロワ・プラン」はミッテランが期待しただけの成果を上げられなかった。これが、ミッテランが離脱に傾いた理由のひとつでもあった。

一〇月末日は、四カ月にわたる物価・給与凍結が解除される日となった。それまでの徹底した物価管理と、モーロワとベレゴヴォワという労組に太いパイプを持つ二人の閣僚の努力によって、八二年度のインフレ率見通しは八％まで下がった[*128]。月一％前後で推移していた物価上昇率は、七〜八月に〇・三％、九月に〇・四％、一〇月に〇・五％になった。この数字は、一九七八〜一九八〇年の保守政権が採ったデフレ政策でも〇・六〜〇・九％だったことを考えると大成功といえた。しかし、INSEE（国立統計局）の分析によれば緊縮策は家計の可処分所得を〇・五％減少させ、企業には総額六〇億フランの営業利益減を強いた[*129]。凍結解除後も、八二年は一〇％、八三年は八％以下に物価上昇率を抑えることが至上命令とされ、給与はセクターごと、物価はサービス・製品ごとに細かな規則が設けられた。たとえば公的部門の給与上昇率は八二年に一二％、八三年に八％を超えてはならないと定められ、民間部門でも労使間で交渉枠組みの「インフレ対策契約」を前提に、月収四一〇〇フラン以下の低所得層を除き、行政が過度の賃上げを監視することとなった[*130]。小売店に対しても、八二年中は一〇月一五日時点の価額に据え置くよう命じられ、翌年に入っても一％程度の値上げしか認可されないとされた。「モーロワ・プ

ラン」の時限的措置は、そのまま政府の社会経済政策を規定し、埋め込められることになった。消費の落ち込みを招いたにもかかわらず、予想と異なり継続的な内需引き締め策に世論は好意的だった。その理由のひとつには、ドロールの積極的な危機の喧伝――「肺炎と風邪なら、まだ風邪を引くほうがまし」[*131]――があった。六月のフラン切下げも、「国際的な経済不況のせい」と考える人（五五％）が、「過去一年にわたるミッテランとモーロワ政権の政策の結果」と考える人（二〇％）を上回った。[*132]しかし、フランスが「一九八一年五月以前に戻った」と考える国民も五七％に上っていた。[*133]社会保障会計の赤字を解消する策として、失業保険料の値上げと早期退職者の年金引下げが打ち出されたのも、国民の不安を煽った。

通貨の安定と貿易赤字の増大を除けば、インフレの収束という緊縮策の目標はとりあえず達成されたことで政権内には安堵の空気が流れた。しかしミッテランは、緊縮策はあくまでも改革を成功させるための手段にすぎず、その方向性は自らが定めると強調することを忘れなかった。[*134]確かに「モーロワ・プラン」は、インフレ・スパイラルを食い止めるための、いわば防御策にすぎなかった。ところが、通貨価値の維持という政策目標は達成できないままだった。したがって、次の一手についてのコンセンサスは存在せず、政策上の空白期が訪れていた。それを埋めようとしたのが産業主義と保護主義という「夜の訪問者」のテーゼだったのである。ミッテランのフィジャック演説は、この路線を支持する勢力にとってはもはやひとつの「憲章」だった。貿易担当相ジョベールは、貿易収支を少しでも回復するために、日本製ビデオデッキの輸入をポワチエの税関に限定し、八三年一月以後は付加価値税引上げの対象にすると宣言して、流通を抑制しようとした。ジョベールはEC加盟各国に「われわれはもはや待てない。

すぐにでも交渉を始めるか、フランスが単独で措置を講じるか、だ。欧州委員会は大事だが、関心を示さないならばポワチエに続く事件が起きるだろう」と圧力をかけた。[*135]

3　残留派と離脱派の攻防――均衡点移動の試み(2)

EMS残留派の危機打開策が優位性を失うと、ミッテランは資源を徐々に離脱派に振り替えていくようになる。自らのリーダーシップを確保するため、フォロワーとの関係から成り立つ均衡点を移動させようと試みた。

八二年一一月四日、モーロワは首相として異例の記者会見を開き、凍結解除後の大枠の政策を提示した。冒頭、モーロワは「われわれが政策を変更せざるを得なかったのは、国際的危機が続いているから、もっといえば深刻化しているからで、（中略）緊縮策はわれわれの政策を遂行するために採った」と実質的な路線転換を認めた。その上で、八三年に国際収支の赤字を三〇〇億フラン減らすこと、保護主義的措置を採らないこと、失業率上昇を止めること、企業の租税・社会保障負担率を現状より増やさないことなどを約束した。[*136]「緊縮はわれわれのルールである」と、「社会主義プロジェ」に帰るつもりはないと宣言し、ミッテランの機先を制しようとしたのである。

他方のドロールは、一一月八日付のミッテラン宛てのメモに次のように記した。「目に見えないままに低下するフランス産業の競争力は国内シェアの減少、そしてとくに輸出の意欲を失い、闘いを放棄する現象となって表れています。（中略）内需掘り起こしの波及効果はみられず、この一年で国内消費は

三・七％増となりましたが、国内生産は二・一％増に留まっています。その差は輸入の大幅増を生んでいます。フラン安によるハンディキャップを産業が克服できたとしても、二度の平価調整で状況が変わったとはいえません。もし生産コストを抑えられれば（これがインフレ抑止の主要目的です）、わが国企業は、新製品の開発、国内外の新規市場開拓、海外進出といった成長の他の要素へと向かうでしょう」[*137]。ドロールは、保護主義的措置や内外の二重金利という政治的コストをかけなくとも、「モーロワ・プラン」が継続されれば、輸入そのものは抑制されるとした。つまり、もはや断続的に平価調整を行うような経済政策は限界にあり、持続的な成長を可能にする選択肢をとるようミッテランに迫ったのである。続けて、「三月の市町村選挙までは、おそらくそれ以降も深刻な危機には陥らないでしょう」と加えるのも忘れなかった。モーロワとドロールのコンビは、双方の補佐官を動員して具体的な緊縮策の策定に取りかかったが、ミッテランに受け入れられるかどうかの確信はなかった[*138]。八三年の国際収支は経済に「心筋梗塞」に等しいダメージを与えるが、その回避策が自分にはあるというドロールのメモを、ミッテランは無視した[*139]。

他方「夜の訪問者」たちのミッテランへの働きかけは増えていた。一一月一三日の昼食会で、ファビウスは関税引上げと所得税・富裕税の引下げ、低金利の融資制度の設置、国有企業負債の引受け機関の創設による「欧州市場の競争から幼稚産業の三年間の保護」を訴え、リブーやセルヴァン＝シュレイベールは社会保障手当ての漸減や公共部門でのパートタイム労働の導入を大統領に求めた。さらに、これらを実現するためのＥＭＳ離脱の手順が、具体的に討議されるようになった。ここでは二つのシナリオが考えられた。ひとつは、一一月中にＥＭＳを離脱すると同時に財政赤字と社会保障赤字を抑制すると

宣言する案、もうひとつは市町村選挙が終わるまで離脱を待ち、内外金利の分離、輸入制限を実施し、国有企業の公社債の引受け機関の設置やVAT引上げによって、企業の家族手当負担を廃止する案だった。[*140] さらにこの時期、大統領府の求めに応じてDREE（経済財政省対外経済関係局）は、各国の貿易保護措置をリストアップしている。[*141] 反プロジェ派と同じ手段で、今度はプロジェ派が「政策知識」を形成し、均衡点を移動させようと試みたのである。

折しもモーロワによる緊縮策の続行宣言は、大きな批判を浴びていた。CNPFは、企業が負担する家族手当が八八年までに税源化され、失業保険の拠出額が増えることに「最大級の落胆」を表明し、労組側は労働者の増税につながると反発していた。[*142] お膝元の社会党も、モーロワの宣言の対応に追われた。同時期に実施された世論調査では、社会党の公約は守られているかとの問いには五九％が、改革の方向性に満足しているかとの問いに対しては五九％がノンと答えていた。[*143] ミッテラン派の党ナンバー3であるレニエルは「われわれは生産者団体の政策を実行するために政権に就いたわけではない」と政府方針を公然と批判した。[*144] 三月の市町村選挙について討議するはずの一一月二〇日の党指導委員会は、議題を政府の社会経済政策に急遽切り替えたために、党内の取りまとめに追われた。出席したモーロワは「仮に党は政府の施策を拒否して、より厳しい緊縮策が採られたとしよう。そうなれば党は状況をコントロールできないばかりか、状況があなた方を支配するだろう」と牽制した。[*145] 結局、委員会は「政府の採る政策以外に選択肢はあり得ない」（ジョスパン）とする一方、産業投資と競争力の強化をすべき（CERES）と提案して、内部批判を吸収した。[*146] 企業負担の軽減は、企業投資、雇用増進、輸出競争力の回復につながり、これを後押しするには「社会主義プロジェ」に盛り込まれていた国立投資銀行（BNI）

の創設が急務、との文言も最終決議に挿入された。これまで閣議で幾度となく議論されながらドロールに退けられてきたBNIの創設、つまり産業主義路線でしか党をまとめることはできなかった。CERESのシャルザは、「〔世界経済が回復するまでは緊縮策を進めなければならないという〕古典的自由主義から抜け出して産業に活力を取り戻すことが必要」と訴えた[*147]。

ミッテランは、シュヴェンヌマンが主催した「フランスの産業政策」シンポジウムに出席して、フィジャック演説を補足するとともにCERESの路線を支持した[*148]。経営者や投資家を集めたこのシンポジウムは、国有化企業に対して五〇億フランの追加投資を求めるとともに、エネルギーの自立（原子力政策）、一次産業の近代化、ロボット産業の競争力強化、農業への資本投下、エレクトロニクス産業の振興を謳った。ここでミッテランは「産業は将来の道具を発明するだけでなく、生産することで、われわれの生活様式にも、文明にも作用する。技術革新の力はわれわれの自立を支える」とし、企業の財政状況を改善すれば、国内市場は再び自国企業の手に取り戻され、最終的に強い経済をもたらす、とシュヴェンヌマンに同調した。ミッテランは一一月末のル・モンド紙のインタビューでも、「国民の所得が公正な形で再配分されるならば、投資を行い、儲ける企業ほど危機時に有効なものはない」と述べた[*149]。このミッテランの態度の変化は、内需削減ではなく、産業力の回復でもって危機を乗り越えようとする党内左派に勢いを与えた。一二月一二〜一三日には、社会党の公共部門全国事務局（Secrétariat National au Secteur Public du Parti Socialiste）による「国有化――フランスの道」と題する閣僚を集めたシンポジウムが開催され、BNIと国有企業の連携に基づいた戦略的な産業力強化策が討議された[*150]。責任者のシャルザのいうように、これは「社会主義と産業主義はともにあることを思い起こす」作業となった[*151]。

もっとも、ミッテランは公共部門に限らず企業全般の競争力に力点を置いたのに対し、CERESをはじめとする党内左派は国有企業を軸に産業を再編すべきとし、両者の間では力点の置き方が異なった。この距離は、かつてのように、自らの資源を単に党内右派から左派に切り替えるというミッテランの覇権戦略によるものではなく、経済的困難をいかに乗り越えるかという現実的な政策目標から生じたものだった。

既述のように、モーロワ＝ドロールが進めた四カ月にわたる給与・物価凍結策が成功し、デフレ策の継続をアナウンスしても、フラン安と貿易収支の不均衡が回復する兆しはなかった。早くも一二月にはインフレ率が九・七％と上昇に転じた。市場では三回目のフラン切下げが噂されるようになっていた。*152 EMS平価調整の圧力を嗅ぎ取って、一二月六日のコペンハーゲン欧州理事会の議長総括は「EMSが過去三年間円滑に機能したと判断する。さらに経済的収斂、システムのメカニズム、エキュの役割と第三国と共同体の関係を強めることで新たな推進力が与えられる」と宣言した。*153 各国中銀総裁で構成される金融委員会は、フランスの切下げに備え平価調整の方法の簡素化を議題に据えるとともに、事前協議を含むプロセスが十分に守られていないことを、ド・ラ＝ジェニエール総裁に注意喚起した。*154

切下げという選択肢が浮上してきたのは、そもそもこれを回避するはずだったモーロワ＝ドロールの緊縮策が行き詰まったことを意味していた。ドロールはアラブ首長国連邦と交渉して外貨準備高を補填するために二〇億ドルの借款の約束を取り付ける一方で、平価調整は日程に上がっておらず、フランスがEMSから離脱するようなことはあり得ない、と記者会見でアピールした。*155 しかし、一二月初旬だけで中銀は一六億ドルの介入を行っており、それも今度は対ドルではなくマルク上昇に追随し、ベルギ

ー・フランを買い支えてEMSのメカニズムを維持するための介入だった。八二年だけで買い支えに六〇〇億フランが費やされ、さらに九〇〇億フランが借り入れによって賄われていた。

ベレゴヴォワとファビウスから、ミッテランに念押しするかのようにまたメモが届けられた。ベレゴヴォワは「購買力を抑制すれば貿易収支が均衡に向かうという通念には全面的に反対です。この選択は政治的に危険であり、経済的に不確実です。購買力の低下は失業率を悪化させて社会保障の赤字を拡大させ（失業者二〇万人は一二〇億フランの負担を意味します）、フランの水準に影響します」と述べ[*156]、ファビウスは「企業投資を促すには安定した見通しとゲームのルールが必要であり、それには『一九八三年に企業の債務削減策が採られる』というメッセージが最も効果的です」と決断を迫った[*157]。ミッテランはファビウスに具体的なスケジュールと政策項目を提出するよう指示した。ドロールは逆に「過去六カ月の政策を続行すると首相はいち早く宣言すべき」とミッテランの転向を必死に諫めた[*158]。

年末になると、フランの危機的状況を知らせる多くのメモが今度は補佐官たちから提出されるようになる。ドロール官房から大統領府へ送り込まれていたギグーは、大統領宛てに「フランは非常に脆弱な状況にあり、来年初頭に再度投機にあう可能性が高い」と警告を発した[*159]。

アタリは、切下げも行わず、EMSも離脱しない方法をミッテランに提案してみせた。一九六七年に英ウィルソン政権に提案されたものの却下された経済学者カルドアのこのプランは、政府が輸入業者に対して輸出総額に相当する外貨を充当させ、貿易収支を人為的に均衡させ、さらに輸出業者の輸出額相当をオークション形式で輸入業者に転売するというものだった[*160]。アタリの判断では、輸出許可証の分類を、EEC諸国とその他で区別すれば、ローマ条約違反は回避されるはずだった。もっとも、アタリの

いうこの「画期的だが単純なアイディア」は、他補佐官の反対にあった。ソテールは「カルドア・プランは狂気につながる合理性」を持っており、フランスは共同市場から撤退を余儀なくされるとし、これに原油の安定輸入と先端産業への拡大投資という自らのプランを対置させた[*161]。ギグーもまた、イタリアの過去三回の経験を実例に、カルドア・プランは国際社会におけるフランスの地位低下をもたらすだけでなく、企業ごとに細かな規則を設けねばならず、貿易収支についても短期的な効果しか期待できない、と反論した[*162]。

こうしてカルドア・プランも幻に終わった。ＥＭＳ離脱／残留をめぐる政策論争は百家争鳴の様相を呈し、どの政策手段が信頼性を持つのか判断できない状況にあった。選択は、ミッテランの政治的決断に委ねるしかなかった。

大々的なデフレを敢行し、賃金と労働力の調整を市場に任せて、通貨価値を守ろうとするマネタリズムは、国家による再分配政策を相対的に弱める。他方で、輸出力がないまま経済成長を持続させるために内需振興に資源を集中すれば、貿易赤字は拡大しフランは弱まる。この状況を変えるには、輸入を制限しつつ財政支出と公共部門を軸とした資本投資が必要となる。しかしＥＭＳという制度的前提は、自由な経済政策を制約していた。コストとリスクが高くとも、ＥＭＳを離脱すると同時に輸入を制限して国際経済の縛りを逃れることができれば、低金利政策を採って、企業投資の振興と輸出競争力の回復が期待できるというのが離脱派の論理だった。ミッテランはこの論理に頼って、危機を打開しようとの態度をみせていた。残る問題は、どの局面とタイミングでこれを実施するかだった。

4　ＥＭＳ離脱への助走

ミッテランは、経済よりも政治が優越すると信じて疑わない政治家であった。「経済とは（中略）端的にいえば根本的には政治なのであり、経済学を含め人文科学は厳密な科学と異なり、仮説が正しいとか間違っているとかは導き出せはしない。反対意見を唱えることは、今日ではイデオロギー闘争に加わることを意味する*[163]」。経済の素養がないのを自覚して補佐官たちの意見に従うようになったモーロワと異なり、ミッテランは専門家の意見を鵜呑みにするようなことはなかった。「任期最初の一八カ月は補佐官たちを完全に信頼していた。ある政策が必要だといわれればその意見を尊重した。今ではしかし、ある政策が実現不可能だといわれれば、これを実施するために三カ月の猶予を与える。彼らはそれを三週間でやってのけるからだ*[164]」。

もっとも、ミッテランはリブーなどの財界人、政府内の補佐官やエコノミストの意見をつねに参考にしていた。「多くの意見を求めたことで、専門家たちは記者たちに自由に話を伝え、結果として私は大いに迷っている、と伝えられるようになった。第五共和制の大統領は完全無欠の知識を持たなければならないとの教訓を得た*[165]」。政権誕生から二年半が過ぎても、政策専門家たちが推す諸策は成果をみせられなかった。その一方で、政治の主体性を確保しようとするあまり、選択肢が狭められる状況が生まれ、ミッテランの戦術は通用しなくなりつつあった。外部的な危機に煽られたサブ・リーダーたちとリーダーの関係は変化し、野党期に培った「取引的リーダーシップ」は成り立たなくなった。そしてミッテラ

ンはＥＭＳでの三度目の平価調整という、この不可避的な状況をもって、最終的な決断を下すことになる。ＥＭＳという欧州統合の経済的制度による制約がフランス社会主義の喉元につきつけられ、ミッテランとはこれまで無縁な決断主義を迫ったのだった。

ミッテランは、ヴェルサイユ・サミットのときと同じように、八三年三月の市町村選挙の結果を待つよう望んだ。社会党政権が始まって最初の全国的な選挙であり、八六年総選挙の中間選挙としての意味合いがあったからである。大晦日の国民に向けた演説でも、ミッテランのトーンは変わらなかった。企業が「生産すること、より多く生産すること」が、八三年における重点項目になると訴えた[*166]。

ソテールとギグーの二人の専門家は、決断が近いことを知ってか、大統領にＥＭＳ離脱の危険性を再び説いていた。離脱してしまえば、フランは一五〜二〇％下落し、貿易収支はいま以上に悪化する。「ＩＭＦの介入を受けてフランス経済は不況に陥るでしょう[*167]」。ドロールのお膝元の経済省も警告を発した。予測局長は大臣宛てに提出したメモで、市町村選挙後に二回にわたって八％程度の切下げをすべきと提案するとともに、貿易赤字はあくまでもフランスの内需が近隣諸国より高い水準にあるためであり、ＥＭＳを離脱すると「フランは一五〜二五％下落」して内需を膨らませ、その副作用で購買力が落ちる、と予測した。スタースはこのメモをミッテランに転送し、「ＥＭＳという歯止めがなければフランが下げ止まる保証はありません」と書き添えた[*168]。

ドロールはデフレを貫徹してフランを安定させるべく、年初の経営者を前にした講演会と閣議で、八三年度予算のうちの二〇〇億フランの凍結および非課税貯蓄性普通預金（Livret A）の利息引下げを発表した。この措置と同時に、付加価値税引上げ案の却下も発表されたが、これは政権内のコンセンサスを

得ない、ドロールの再度の勇み足となった。[*169] 市町村選挙直前であったため、党の重鎮である内務相ドフェールが反対し、ミッテランもこれにならったのである。ドロールは、再び辞任をちらつかせたが、翌週には凍結と金利引下げ措置を延期することが政府の方針となった。長期の低金利融資制度（三年間で九・七五％）を歓迎すると思われたCNPFも、社会保障費は軽くならず、自己資本も増えないと冷たい反応しかみせなかった。ドロールはECOFINで「社会党政府は、バール政権でさえ政治社会的な問題ゆえに着手できなかった構造調整を続けている」と信頼の確保に努めることになった。[*170] 欧州で得られる信頼は、国内での影響力を拡大する。ドロールに残された資源は国外にしかなかった。

フラン危機に対処するため、この時大統領府では四つの選択肢が検討されていた。[*171] ①独連銀との共同介入によってフランをEMS下限に暫定的に留めておく、②フランを単独フロートさせてEMSを離脱する、③西ドイツの連邦議会選挙が済むまでEMS平価調整を保留する、④マルクの小幅の切上げを即刻実施するよう西ドイツを説得する、である。しかし西ドイツ側に打診しても返答はなく、④の可能性はなかった。ミッテランは、市町村選挙までいかなる行動も起こさない、すなわち①を選択すると決めた。選挙での社会党の苦戦はすでに予想されていた。状況を悪化させるよりは、現状維持に徹したほうが賢明と判断したのである。また経済政策を最終的に変更するならば、モーロワを含め内閣改造を行う必要もあったが、選挙前に実施はできない。経済情勢を好転させられなかったモーロワが、「左派政治家」であり続けることに固執して、辞任するのではないかとの噂も、年末から流れていた。[*172] 八三年一月二〇日に、ミッテランはドイツ連邦議会で仏独関係、安全保障問題、欧州統合の三部からなる演説を行った。大西洋同盟の堅持とパーシング・ミサイル配備を支持したこの重要な演説で、ミッテランはEM

Sの強化とともに、これまでと同じように汎欧州規模の産業協力と、失業対策を主軸とする「社会的次元」の導入を訴えた。[*173]

モーロワとドロールのコンビは選挙を待たずして、一二月から練っていた計画の実現を本格化させようとしていた。大統領府のスタースの協力も得て、より厳しい緊縮策を検討しはじめたのである。この案には、ドロールが八一年に失敗した予算の一部凍結に加え、高所得層に対する強制的貯蓄、社会保障負担の再引上げ、富裕税引上げ、給与引上げの制限などが含まれており、ミッテランに届けられた。[*174]二月一日に大統領と面談したCFDTのメール書記長は記者会見で、「もし第二の緊縮政策が必要ならば、失業者、低所得者層の不平等を是正する税制改革をともなわなければならない」と漏らし、政府与党を慌てさせた。[*175]メールとしては、モーロワ－ドロール路線の支持を間接的に表明したつもりだったが、選挙を控えた党と政府にとってはむしろマイナスに思えた。ジョスパンは、メールの発言は政府の公式見解ではないと政府をフォローし、ドロールはプラン策定の新聞スクープを否定した。[*176]モーロワは党内に対して「政府の政策は非常に脆弱な均衡の上に成り立っている。緊縮の行き過ぎは失業を増やすし、緊縮がなければインフレを悪化させる」と漏らしつつも、表向きには選挙を意識して「購買力をめぐる意見の対立は右派と左派の間にあるのであり、左派内ましてや政権内には存在しない」と新たな緊縮策の存在を認めようとはしなかった。[*177]彼は二月一六日のテレビインタビューでも「一九八三年に如何なる緊縮政策も検討されることはない。(中略)大きな問題はすでに遠のき、あらゆる指標が安全圏内にある」とまで宣言してしまった。[*178]ミッテランはこれを聞いて「余計なことを言ったばかりに、彼は自分の首を絞めた。そんなことは言うべきではなかった」と怒りを露わにした。[*179]

一方で、モーロワ＝ドロールに追従するはずのロカールは緊縮策に賛成しつつも、「貿易収支の黒字化は購買力減退と年間一〇万人の失業者を出すほどの価値はあるのだろうか」とEMS離脱に再び傾きはじめていた[*180]。CERESの重鎮サールは、EMSがフランスの足枷になってはならないといい、「限定的な貿易保護主義」の必要性を唱えはじめた[*181]。「財界人、保護主義者、社民主義者、近代主義者がEMS離脱を唱えるという奇妙な連合」（アタリ）が[*182]、選挙を前にした政治的な非決断の隙を突こうとしていた。

離脱派の主柱であったシュヴェンヌマンはドロールと同じように、辞任圧力をミッテランにかけた。直接的な原因は、一月九日に国有企業社長たちがミッテランに、監督官庁の長であるシュヴェンヌマンによる人事介入に不満を訴えたことだった。シュヴェンヌマンは、大統領府のブーブリルと国有企業の再編のイニシアティヴをめぐって争っていた。二月の閣議でミッテランは、シュヴェンヌマンの国内産業再建計画を了承した後で、「過度のディリジズムと官僚主義は慎んだほうがよい。（中略）とくに介入を試みる者が必ずしも有能でない場合は逆効果となって経営に支障をきたす」と咎めた[*183]。閣議の後、ミッテランはわざわざシュヴェンヌマンを呼び止めて彼を指した発言ではないと釈明したが、これは大統領特有の皮肉だった。シュヴェンヌマンは即刻辞表をしたためた。「大臣が責任を果たすためには、国家元首の完全なる信任が必要と私は考えます。（中略）大統領の発言は国有企業に対する私の権限を完全に取り上げるものです[*184]」。ミッテランはシュヴェンヌマンの辞表を預かるものの公表を市町村選挙後まで控えるよう指示し、さらに緊縮策を急ぐドロールに対して、シュヴェンヌマンのポストは自分の一存にかかっているから選挙を待つようにと説得した。

二月下旬になると、前月の貿易赤字が一一五億フランにも上ることが明らかになり、インフレ率も〇・九％と上昇に転じたため、危機感がさらに強まった。何とかして貿易赤字を縮小しなければならないという意識は大統領府内でも共有されていた。八三年春頃から、エリゼ宮内の事務消耗品はすべてフランス製にされ、質の悪い文房具にスタッフは不平をもらした。[*185]

しかし、経済危機の認識は各自の立ち位置によって異なっていた。ドロールは「もし八三年中に赤字額を半減できなければ、世界でフランスの立場はなくなる」と素早い対処を求め、ジョベールは「輸出と同程度の輸入」を貿易相手国に求めれば打開は可能と考えた。[*186] いずれにしても、新たな緊縮策が策定されないのであれば、再度のフラン切下げ、あるいは早急な輸入制限策が不可避との認識は広まっていった。[*187] 切下げは貿易赤字を短期的に拡大させるため、「モーロワ・プラン」以上の緊縮策とのセットが前提となる。逆に輸入制限策ではフラン下落が予想されるため、何らかの内需振興策が必要となる。政策の方向性は真逆だった。

ＥＭＳ離脱派は最後にもう一押しした。下院議員団長であるジョックスは新たな緊縮策に反対し、輸入制限策は「保護ではなく防衛」であるとして正当性を訴えた。[*188] 下院金融委員長のグーは「〔切下げと景気後退を比べれば〕フランのフロートはより小さな悪のはず」とモーロワの説得を試み、さらにミッテランに対して輸入セーフガードや輸入預託金制度を提案してみせた。[*189]「君はわかってない、すべては政治なんだ」とベレゴヴォワは、ミッテランを真似てアタリを説き伏せようとしていた。[*190]

大統領府の補佐官であるアタリ、ビアンコ、ソテール、スタース、ギグーの五人衆は連携して、ＥＭＳ離脱の危険性を唱え続けた。二月から三月にかけて、補佐官らはＥＭＳ離脱の危険性を訴えるメモを、

山のようにミッテランに送りつけた。「ＥＭＳを離脱した場合の経済的帰結」と題したメモをまとめたギグーは、離脱はまず対ドルでフランの一〇～一五％の下落をともない、結果として過去数カ月のインフレとの闘いを無駄にする輸入品の高騰と、毎月二〇億フラン規模の貿易赤字が生じる、次にすでに限界にあるフランスの対外債務をさらに膨らませ、最後にＥＥＣないしＩＭＦの融資に頼らざるを得なくする、と述べた[*191]。国際機関の貸付は「外部から押し付けられるコンディショナリティー」と結局セットとなる。スタースは「大統領閣下、ＥＭＳ離脱はＩＭＦ管理下に入ることを意味します」とメモの冒頭に手書きで記した。実際、ＩＭＦの介入も現実的な懸念だった。八二年にフランスは一五〇〇億フラン（二三〇億ドル）もの政府債務を新たに抱え、新規借り入れ国としてトップを走っており[*192]、翌三月二四日から協定第四条に基づいてＩＭＦの政策監視（サーベイランス）を受ける予定になっていた。理事会からドロールに宛てた事前の報告書には、「理事会は雇用とインフレの悪化の要因について疑問に思っており、（中略）ここ数年の実質賃金の上昇がインフレ率上昇の原因と考える者もいる。（中略）ＥＭＳ内におけるフランの価値は国際収支とフランス経済の抜本的改革にかかっていると考える」とあった[*193]。

三月一日には、ミッテランを囲んでエコノミストの政策討議が行われた。経済学者レオンチェフが提案し、米国の経済補佐官制度を真似たこの最初で最後の会合には、レギュラシオン学派のアグリエッタ、計画庁出身で社会党の経済政策にも深く関わったウリ、大蔵・中銀エコノミストのマランヴォーやドニゼ、そしてリブーも加わった[*194]。ミッテランは自由な発言を求め、それぞれ異なる立場から意見が述べられたが、一致した結論は結局出なかった[*195]。アタリ曰く、ミッテランは「所詮すべては政治である」ことを確信しただけだった[*196]。

ミッテランのEMSをめぐる判断は、新たな首相と内閣の人選にも関わってくる。大統領府内では人事をめぐる噂がすでに立ちはじめていた。EMS残留はモーロワ－ドロール組の続投ないしドロールの首相就任を意味し、逆に離脱はベレゴヴォワやファビウスを中心とした組閣を意味する。ミッテランはスタースの相談を受けて「どんなに唾棄すべき金融政策、経済政策にせよ、それを避けられないことはわかっている」と返答した。[*197] 渦中のモーロワは、切下げの噂を否定するのに躍起になっていた。「天気予報すら間違うことがあるのだから、将来を予測することはむずかしい。（中略）専門家は必要だが、政治責任と政治の意思こそが重要だ」[*198]。しかし、この言葉はもはや空虚に響いた。為替市場ではフランを筆頭に、ベルギー・フラン、イタリア・リラ、デンマーク・クローネの投売りが続き、三月七日にフランは対マルクで二・八九八五フランとEMS底辺にまたもや張り付き、仏独両国の中銀が買い支える状況となった。仏中銀はこの週だけで三四億フランを投入し、ロンドンとフランクフルト市場では、ユーロフラン債の金利が暴騰した。[*199]

ＥＣ首脳会議の日程が三月二一日に決まると、ドロールは温めてきた計画をすかさずミッテランに提示した。首脳会議直前にＥＣＯＦＩＮが開かれることから、ＥＭＳの平価調整と経済政策を変更するチャンスとなるためである。ドロールは、まずＥＭＳ内でフランの対マルク七～八％切下げを行い、続いて二〇〇億フランの歳出減、社会保障負担の一・五％引上げ、海外旅行者のフラン持ち出し制限、石油備蓄期間の短縮、企業が保持する外資の社債売却といった補完的措置をとることを提案した。[*200] ドロールは手書メモをミッテランに渡し、「貴殿が最終的な決断を下す前に、ＥＭＳを離脱しないよう強く主張します」と念押しした。[*201] これを補足するかのようなメモがすぐさまスタースとギグーから提出され、予

算凍結、貯蓄推進、社会保障負担引上げに関する具体案が添えられた。[*202] 他方アタリは、七四年と七六年にスネークから離脱した事例を解説するようミッテランから求められていた。ここでアタリは、フロートは短期的には金融政策の自律性を確保し、充分な切下げを対マルクで行うことが「現実のものとなれば」貿易収支は安定する、と渋々認めた。[*203]

ミッテランは市町村選挙とEC会合を前にして、判断材料を未来に託す戦術に再び出た。市町村選の第二回投票日の翌日一四日まで西ドイツの返答を待ち、マルクの十分な切上げ幅が得られない場合には一五日にEMS離脱を宣言、さらに一六日の閣議で新たな経済政策を発表すると決めたのである。そしてドロールには地方選第二回投票までは如何なる政策的変更も許さず、同時にブラッセルでマルクの最低でも「約七%」の切上げを実現するよう指示した。[*204] ミッテランはEMS離脱の判断を西ドイツの出方に託したのである。そのドイツでは三月六日の総選挙を終えた第二次コール政権が組閣の最中だった。交渉は難航することが予想された。

ミッテランは、決断の時が迫っているのを察知してアタリに「私は欧州建設と社会正義という二つの野心の間で迷っている。EMSは前者のために必要だが、後者のための自由を制約している」と漏らした。[*205] 新首相の任命、西ドイツ側の意思とマルクの切上げ幅、IMF介入の現実性、有権者による審判など、ミッテランの非決断のためにこの時期に集中したあらゆる要素が、離脱か残留かの最終決断にかかわることになった。二律背反の中でミッテランは追いつめられ、EMS離脱と輸入制限の政策案を各方面に求めた。ギグーにはECとGATT（関税と貿易に関する一般協定）の枠内でいかなるセーフガードが発動できるかを報告させ、[*206] アタリには七四年にスネークを離脱した際の政府発表の新聞切り抜きを持

ってくるよう指示した。

5　最後の決断——変革的リーダーシップ戦略の行き詰まり

ミッテランの最終決断、そしてモーロワ内閣の行方を占う市町村選挙の第一回投票（八三年三月六日）の結果は、政権にとって芳しいものではなかった。七八・四％という高い投票率のもと、野党は六一・七％と前回選挙（一九七七年）から得票率を約二割伸ばし、逆に社会党と共産党は合わせて六・二％得票率を減らした。[*207] 人口三万人以上の都市に限れば、社会党は八都市を右派に譲り、共産党を含め計一六都市の議会で過半数を維持できなかった。それだけでなく、ドフェール（マルセイユ市）、シュヴェンヌマン（ベルフォール市）、ベレゴヴォワ（ネヴェール市）といった閣僚級の市長が決選投票に持ち込まれる苦戦を強いられた。大統領府内の分析によれば、失業問題は皮肉なことに争点とはならず、むしろ治安や貧困、移民問題で社会党が確固たる政策を示せなかったため、青年層やホワイトカラー層の票を失ったことが敗因だった。[*208]

最終議席数を決める一三日の第二回投票は、共産党票の取りまとめが成功して得票率は増え、後退は最小限に食い止められた。主要都市四〇以上を奪う勢いだった右派は結局三〇市を得るに留まり、ドフェールをはじめとする閣僚も地元を死守できた。それでも、三万人以上の市町村で左派は二九都市を失っただけでなく、住民二〇万人以上の一一大都市で社会党はマルセイユとレンヌを押さえただけで、共産党が過半数となったル・アーヴルを入れても左派は三都市でしか議会多数派を確保できなかった。[*209] 得

票総計では、右派の六一・三％に対して三八・五％と劣勢は明らかだった。[*210] この結果は、前年八月にミッテランが、モーロワの進退の基準とした勝敗ライン上にあった。投票日にミッテランと電話会談したモーロワの言葉を借りれば、政権に就いて初めての全国選挙で社会党の「相対的な敗北」が明らかになったのだった。[*211] ミッテランは党関係者に対して「任期中に組織できる内閣は三つが精一杯だ。だからモーロワ政権を一〇月まで持たせる必要がある。問題は政権の機能の仕方、政策の実現の仕方、一体性にある。このすべてを一刻も早く修正すべきだ」と述べた。[*212]

ミッテランはEMS離脱へと決定的に傾いた。三月一四日からの一〇日間は、その離脱の試みと挫折、そして「社会主義プロジェ」の放棄という最終的な「転回」が集中してみられた短くも長い、決定的な期間であり、それまでのミッテランのリーダーシップ・スタイルが凝縮された期間でもあった。わずか一〇日間で、ミッテランは政策を三回、首相を四回変えようと試み、結局どれも実現しないまま終わるという悲喜劇を演じた。それは、フランス国内の経済政策とEMSを介した欧州統合という、もはや切り離すことのできない地平の両側で展開された。

地方選挙の最終結果が明らかになった一四日月曜日の朝、ミッテランはモーロワを大統領府に呼んで「緊縮策が有権者に多少なりとも影響したのは当然だろう。経済政策を現状に適応させることが必要だ。首相である貴方の判断でもって、EMSから離脱してもらいたい。それは貴方がすべきことだ。緊縮策、もしかしたらもっと厳しい緊縮策が必要になるかもしれないが、EMSから離脱して政策を調整してほしい」。[*213] ミッテランは、三度目の切下げという選択肢を退けて、「夜の訪問者」たちの処方箋をモーロワに提示した。西独の強硬な姿勢があり、社会党政権に逆風が吹くなかでは、EMS離脱だけが起死回生

の策だった。モーロワはミッテランのこの指示を予想だにしていなかった。彼が「〔過去二〇年間で〕ミッテランの考えがどう展開するかを完全に読み違えた数少ない時」だった。[*214] モーロワは「大統領、貴方のもとで首相であることを誇りに思っているのは確かですが、そのような政策は履行できません。（中略）本当にEMSから離脱したいとお考えならば、別の首相を任命するようお願いします」と即答した。[*215] ミッテランはこの返事に「とても驚き、呆然とさえしているようにみえた」。野党時代からミッテランに付き従い、忠実な下僕として彼のリーダーシップを支え、内閣の調和に力を注いできたモーロワが反旗を翻したことは、ミッテランの意表を突いた。

この五年前の七八年一月、大統領と首相の権限をめぐってテレビでミッテランと対論したドブレ元首相は、来るべき左派政権の党派性を憂慮して、大統領の間違いを指摘できる首相を任命すべき、とアドバイスしていた。[*216] ミッテランは期せずして、ドブレの忠告を実行したことになる。このドブレを従えたド・ゴールは、第五共和制憲法の「唯一の弱点」は、大統領と首相が反目すると大統領が「身動きがとれなくなる」ことだとしていた。[*217] ミッテランは、再び時間に頼ることにした。モーロワと「再考したまえ、また五時に会おう」という約束だけ取り付けた。

首相府に戻ったモーロワは、官房スタッフにミッテランの指示と自らの判断を伝え、辞表の推敲にとりかかった。「内閣は、過去二二カ月の間、貴方が国民に約束した指針に基づいて政策を推し進めてきました。（中略）今までの経済と政治に区切りをつけ、期待される新たな推進力に道を譲るため、首相および内閣の辞任をここに謹んで提出いたします」。[*218] EMS残留に尽力してきた官房スタッフも、モーロワに辞任を薦めた。[*219] EMSを離脱すれば首相の信頼が失われ、政策遂行の実効性がますます下がるこ

とは目に見えていたからである。

モーロワはペイルルヴァドやギヨームといった部下たちと昼食をとったが、大方はミッテランの判断に批判的だった。昼食に参加したクレディ・リヨネ銀行頭取のドフラシウーだけが離脱に賛成したが、モーロワとスタッフたちをいまさら説得することはできなかった[*220]。昼食会に合流したドロールは、EMS離脱を任とする内閣に参加するつもりはないとモーロワに告げた。モーロワはドロールの意向を確かめたかったのである[*221]。

ちょうど同じころ、ミッテランは第四共和制で首相を務めたエドガー・フォールと、その弟で第一次モーロワ内閣の国璽相を務めたモーリス・フォールと昼食をとっていた。ミッテランは、内閣改造が行われるだろう、と二人に予告した[*222]。ミッテランのこれまでになく忙しい一〇日間の幕開けだった。

ミッテランにとっては、常に忠実で考えを察知してくれるモーロワこそが自らのリーダーシップの支柱であり、EMSの離脱を遂行するに相応しい人物だった。モーロワが「一度か二度繰り返される示唆こそが、二人の間の会話の魅力と互いに対する友情の中味」といえるほどにだった[*223]。さらに選挙では欠かせないジュニア・パートナーである共産党を引き付けておくためにも必要な人物だった。地方選挙で惨敗した共産党は、モーロワの続投と緊縮策の撤廃をミッテランに要求していた[*224]。しかし、モーロワ続投とEMS離脱という組み合わせは、本人から拒否されたため困難となった。

次善の策として考えられるのは、EMS離脱派を新たな資源とすることだった。昼食を終えてミッテランは、ベレゴヴォワ、ファビウス、リブーの離脱派に具体的なアクション・プランをまとめるよう指示した。ベレゴヴォワはこの時ミッテランが、真面目で責任感のある人物を首相に採用するつもりだ、

と発言したことを記憶している。[*225]

午後になって、ミッテランはモーロワと再び会談したが、互いの考えに変わりはなかった。モーロワは口頭で辞任の用意があることを伝えた。この時、ミッテランは明らかに困惑していた。[*226]ミッテランは「貴方の政策は勇敢だし、貴方も勇敢だが、それはわれわれにとって政治的に高くつく」と述べ、「まあいいだろう、少し考えることにしたい。貴方はまだ首相の座にいる。貴方がマチニヨン〔首相府〕にいることは重要なのだ」と返答するに留まった。[*227]モーロワの意思が固いことを知って、ミッテランの機嫌は悪かった。[*228]この時をもって、少なくとも数日の間、大統領府と首相府の日常連絡は絶たれ、ミッテランの行動は首相府に伝えられなくなった。[*229]首相交替を嗅ぎつけた報道機関に対して「内閣更迭あるいは大統領のテレビ演説は予定されていない。（中略）しかし大統領は記者団の報道や発言に関心を払っており、何らかの形で来週水曜日の二三日に意見を表明する」とするエリゼ宮のコミュニケが、一四日の晩に発表された。[*230]

モーロワのもとでのEMS離脱という選択肢はなくなりつつあった。この選択肢は、現内閣の代わりが務まるだけの信頼ある内閣を編成できるかどうかによる。さらに、西ドイツが十分なマルク切上げを受け入れるかどうかも材料となる。二週間前に指示したように七％前後の切上げが可能となれば、少なくとも当面はEMSをめぐる問題を先送りできる。ミッテランは即日、西独側の感触を確かめにビアンコを派遣している。モーロワの意思が変わるかどうか、首相に相応しい新たな候補がいるかどうか、西独側の反応という三つの判断材料をもとに、欧州理事会を挟んで、二三日までに最適解を探ることになった。同日のアタリのメモには、セーフガード発動と輸入預託制をとって「西ドイツとの公的な紛争」

に突入するか、平価調整を「秘密裏に進めるか」の二つしか選択肢はないとあった[*231]。

その前日、ドロールは自らの初の市長選が終わった直後に「ドイツは欧州を真剣に考え、ＥＭＳのルールを守ろうとしていることを行動で示さなければならない」と、早くも通貨問題に関する声明を出した[*232]。ドロールが自分の路線を貫徹できるかどうかは、西ドイツを説得できるかどうかにかかっていた。西独外務次官のメルテスは、ＥＭＳの平価調整はアジェンダとして扱わず、フランスの要求は受け入れがたいと、インタビューに答えていたばかりだった。鈍い反応を前に、ドロールにはマルクの十分な切上げを実現することがフランスのＥＭＳ離脱を防ぐ唯一の手段だと悟っていた。しかしこの時、リブーが次期首相になるのではないかとの憶測がすでに流れていた[*233]。バールがそうだったように、政界出身ではない首相の任命は珍しくない。

翌火曜日、ミッテランはジョスパンとの恒例の朝食をキャンセルして、西ドイツから帰国したビアンコ事務総長の報告を受けたが、その内容は芳しくなかった。結局ビアンコはコール首相とも、首相府の事務方トップとも会見できず仕舞いだった。そもそも、この時コール政権も組閣に苦慮していたのである。ミッテランは午前中に、モーロワと翌日の閣議の準備のため再び会談を持つ。ここでミッテランは、モーロワに留任と離脱を持ちかけるが、またしても拒否にあったために、再度ベレゴヴォワ、リブー、ファビウスの三者と面談し、離脱のアクション・プランの進捗状況を確認した。ベレゴヴォワは自らが首相に、ファビウスが経済財政相に任命されるものと確信した[*234]。

しかし、離脱派グループに対するミッテランの信頼はいまひとつだった。野心家のファビウスはまだ若く、リブーには政治の経験がなく、ベレゴヴォワは経済問題に精通しているとは言いがたかった。離

脱派に政治的資源を預けてしまえば、自らのリーダーシップの源泉である微妙な勢力バランスが崩れることになる。そこでもうひとつの選択肢が浮上した。それがモーロワの代わりに残留派ドロールを首相に据えた上でＥＭＳを離脱するという、相反する要素の組み合わせだった。[*235] しかも、市場と欧州諸国の信任に厚いドロールによって離脱が宣言されれば、負の影響は最小限に抑えられる。午後に入り、ミッテランはドロールと面接して説得を試みるものの、もちろんドロールが聞き入れることはなかった。その時まで、ドロールはＥＭＳ離脱の非現実性を訴えるメモをミッテランに送り続けていたのである。権力への誘いを梃子として政策の変更を促すという、これまでの戦略は行き詰まった。

ドロールはたとえ首相職を提示されても、離脱を受け入れないことをモーロワに約束していた。[*236] ミッテランとの力比べは、モーロワとドロールが組んでいる限り五分五分に持ち込むことができた。

大統領がＥＭＳ離脱を模索していることを知ったアタリは、一発逆転を狙って相手陣営の切り崩しを画策した。ミッテランの同意のもとドロールに対して、カムドシュス国庫局長と面談するようファビウスを説得してくれないか、と持ちかけたのである。[*237] ファビウスがカムドシュスから外貨準備高についての正確な情報を得れば、離脱派のシナリオは再検討を余儀なくされ、その分信頼性が揺らぐと踏んだのである。外貨準備高の正確な数字が閣僚に知らされていなかったのは不自然ではない。外貨準備高は「秘密事項（confidentiel）」のヘッダーが付くきわめて機密性の高い情報であり、閣僚であるベレゴヴォワでさえミッテラン宛てのメモで、「わが国の外貨準備高の数字を正確に把握できないゆえ、情報は不完全です」と但し書きするほどだった。[*238]

翌朝には、ミッテランとモーロワによる三度目の会談が持たれた。その直前、モーロワは首相府でド

ロールと会い、首相の座に何としても留まるよう説得を受けていた。仮に離脱するとしてもモーロワの率いる内閣である限り、極端な政策は回避され、いち早いEMS復帰も可能になる。いずれにせよ、ミッテランの判断は西ドイツ側の出方に大きくかかっているだろうという点で二人の意見は一致していた。

新内閣はベレゴヴォワ、ファビウス、リブーの三人が中核になると報道されるなか、ミッテラン－モーロワ会談は、閣議を遅らせて二時間続いたが、両者の主張は平行線をたどった。モーロワは仮に自分が続投するとしても、ドロールを中心とした緊縮策支持派の新内閣が必要と要請した[*239]。その一方で、EMS離脱はやむを得ないとしても、まず西独の出方を待つべきとの結論に達していた[*240]。ミッテランの離脱の意思が固いのであれば、大統領が納得するだけのマルク切上げしか、判断を覆す材料はない。閣議では、EMS云々の議題は持ち出されず、地方選挙結果の確認と反省が主要議題となった。今度はモーロワがミッテランに注意を促した。「内閣は、ただ大統領一人の意向によっているものです。市町村選挙は海外領土と地方に関係するもので結果を考慮することは確かに大事ですが、内閣の問題は共和国大統領のみが関係することです[*241]」。つまり、選挙結果をそれほど深刻に受け止めるべきではないこと、そして内閣更迭の重みを熟慮するよう暗に示唆したのである。ミッテランはモーロワの心積もりを知ってか知らずか、そっけなかった。「あらゆる選挙が組閣に影響を与えるわけではない。それは制度運用の問題であり、権力と国民の正常な関係とは何かという問題だ。二八の市町村を失ったからといって政府を更迭する必要はない」。ミッテランは続けて、首相更迭や内閣改造の報道に言及して、「しかしそのような事実はないのだから、選挙と制度運用を無理に結びつけることはない」と、閣僚たちを安心させようとした。さらに「メディアの性急な報道と距離をとり、内政の問題だけでなく、対外的側面を十分に

考慮する必要がある」として、二三日の演説スケジュールを再確認した。モーロワとドロールの共同戦線に直面して、残る西ドイツの出方を確認してから判断を下すという方針が、かくして固まったのである。閣議中にシェイソン外相からミッテランへメモが渡され、ゲンシャー西独外相より、CDUは組閣で紛糾しているものの、コール首相に「長々と」主張した結果、シュトルテンベルグ財相が交渉に応じる旨、昨晩遅くに連絡があったと書いてあった。[*242]

ミッテランは閣議後、ファビウスを呼んでカムドシュス国庫局長から外貨準備高の報告を受けたかと尋ね、まだと知ると早急に確認するよう促した。[*243] それまでミッテランはファビウスに対して、ドロールと対峙できるような影の経済財政相であることを求めていた。だからこそ、残留派と離脱派の双方の議論に耳を傾けながらも、選択肢が一つだけにならないよう二つの陣営の直接的な接触を拒んできたのである。もし、経済財政相候補たるファビウスが中銀と国庫局の数字を把握せずに離脱を進言しているのであれば、提案の信頼性に疑問が生じる。ファビウスは慌てて、財務省にカムドシュスを呼んで説明を求めた。カムドシュスは、すぐに投入可能な外貨は中銀に四一〇億フランしか残っておらず、EMSから離脱してフランが一五％下がるようなことになれば買い支えは不可能になり、フランは完全なフロートに移る。そのため二〇〜二一％もの高金利政策を採る必要があるだろうと、残留派の予測を肯定した。[*244] 説明し終えたカムドシュスには、ファビウスの顔色が変わったようにみえた。[*245] 金利政策でしかフランを防衛できないとなれば、低金利でもって企業体力を回復させるという離脱派の目標そのものが成り立たなくなる。ファビウスは、EMS離脱論を撤回し、ミッテランに即刻その確信を伝えた。[*246]「大統領、率直に思うところを申し上げれば、EMSから離脱してはならないというのが結論です[*247]」。ベレゴヴォワ

もファビウスの報告を受けて、離脱に確信を持てなくなっていた。

ミッテランは、新内閣の主柱として考えていたファビウスとベレゴヴォワが残留に傾いたのを知って、自分の考えをも修正しはじめた。モーロワ－ドロールのみならず、自らの方針を支えていたはずのファビウスまでもが転向したのである。これはもはや他に選択の余地がないことを意味した。エリゼ宮での公務の最中、ミッテランは党のメルマズとエスチエに、新首相をすぐ任命するつもりはない、と打ち明けた[*248]。ファビウスの選好の変化を受けて、大統領を支えていた勢力バランスは雪崩のように崩れはじめていた。閣議中、ジョベールは辞表の校正に勤しんでいた。ジョベールが主張してきた輸入経済策はことごとく却下され、協力を要請したドロールとシュヴェンヌマンの仲をとりもつこともできず、貿易赤字の責任を負わされて、新内閣での任命はないと判断したのだった[*249]。ファビウスやベレゴヴォワほど大統領に対する影響力はなかったものの、シュヴェンヌマンに続いてEMS離脱派のメンバーの一人が戦線から離れたことは間違いなかった。

政権発足の時と同じように、ミッテランはベレゴヴォワにEMS残留を想定した新内閣の名簿を準備するよう指示した[*250]。EMS残留と新首相の任命という、新たな組み合わせによる選択肢を考えはじめたのである。ファビウスが撤退すれば、もう片方の地位が相対的に上昇する。そして、この日を境にミッテランはドロールと二人きりで面談を繰り返し、再び活躍の場を与えるようになった[*251]。ドロールの使命はマルクの最大限の切上げを相手に呑ませることだった。EECの経済財政相会合は週末に迫っていた。西ドイツの譲歩を引き出すにはドロールが適任者に思われた。

6 「転回」の完成——リーダーシップ・スタイルの破綻

その翌日、ドロールは官房長のラガイエットとカムドシュス国庫局長を従えて、西ドイツからパリに到着したばかりのシュトルテンベルグ財相とティートマイヤー財務局長との極秘会談を迎賓館で行った。この日、フランはまたもやＥＭＳ底辺に張り付いていた。ドロールが西独側の説得に成功すればＥＭＳ残留は決定的となり、彼が推し進める路線の実現につながる。また新たな内閣での影響力拡大にもつながる。逆に失敗すれば、ミッテランが再度離脱に傾く可能性も排除できなかった。三〇年来市長を務めていたにもかかわらず市町村選挙で苦戦した内閣の重鎮ドフェールは、「可能ならば」ＥＭＳでの平価調整の後に離脱すべきだと、ベレゴヴォワのアドバイスも受けてミッテランに迫っていた。[*252] さらに「ドイツ人は端的にいって、自らと同じような政策をわれわれにとらせようとしています。（中略）貴殿は国家の自立を表明すべきです」とＥＭＳ離脱を二度にわたって訴えた。[*253] ミッテランとリブーをはじめとする離脱派との面談もまだ続いていた。[*254]

ミッテランは、マルクの五％以上の切上げとフランの二％切下げを実現するよう、ドロールに再三指示していた。[*255] しかし、夜中まで続いたドロール－シュトルテンベルグ会談は思うような方向に進まなかった。ドロールはマルク上昇がフラン下落の直接的原因だとし、シュトルテンベルグはフランスの経済政策に問題があると、非難しあった。独連銀のペール総裁も「マルクがＥＭＳで何か問題を起こしているわけではない」と、マルクの為替水準を理由に平価調整すべきではないとの姿勢を崩していなかった。[*256]

ドイツはすでにロンバード金利を一％引き下げているため[*257]、輸出を悪化させる切上げを受け入れることはできず、何よりもフランスの要求が内政的なものから生じていることを察知していた[*258]。足元をみられたドロールは、もはやフランスの経済政策の変更を取引材料にできなかった。彼は切り札のEMS離脱をちらつかせてまで譲歩を引き出そうとしたが、それも成功しなかった[*259]。そもそも、ドイツ側はフランスが本気でEMSから離脱するなど信じていなかったのである[*260]。

週末のECOFIN会合が迫っていた。ドロールは金曜の朝に西独財相との交渉の失敗をミッテランに報告し、もし相手の態度が変わらないようならEMS離脱も止むなしと述べた[*261]。期待に応えられず、ドロールは追い込まれた。あとは、多国間会議の場で再び西ドイツに働きかけるしかなかった。ドロールは、出発直前にテレビインタビューで「ゲームを決めるのはドイツ側だ」とプレッシャーをかけることを忘れなかった。

ミッテランにとって、最後の望みだった西ドイツの譲歩という道は塞がれた。まずモーロワを首相に据えたまま政策を変えるという選択肢は、当のモーロワの拒否に遭い、さらにドロールも拒否した。離脱という選択肢も、ファビウスの選好が変わった今では現実的なものではない。こうして、ミッテランは選択肢を増やそうとした挙句、逆に現状維持に追い込まれたのである。後日、当時の判断を正当化して回顧したように、モーロワもドロールも反対したため、ミッテランは離脱を撤回せざるを得なくなった[*262]。ミッテランはブラッセルに出発する前夜、モーロワに何度か電話をかけて、首相を続投する意思があるかの探りを入れた[*263]。モーロワは再度ミッテランと会談したものの、ミッテランの画策に辟易し、地元リールの市長職に専念していた。

三月一九日から二〇日にかけてEMSの平価調整をめぐる交渉が、ブラッセルでいよいよ始まった。交渉は予想通り難航し、会議は延長された。[*264] ドロールは「私はここに礼を尽くすために出席しただけで、来ないという選択肢もあった。西ドイツが会議の開催を主張したのだ」と述べ、さらに「傲慢で配慮に欠ける人々の前ではなす術もない」と強硬派を演じた。[*265] フランス側としては、フランの一方的な切下げという印象を世間に与えずに、最大限のマルク切上げを実現させ、各国のパリティを変更する「全体調整（réajustement global）」を行うのが理想だった。ドロールはまず農産物支持価格の引上げ幅で譲歩を示して、フランスに優位な状況を生もうとしたが、十分な譲歩を引き出せなかった。レイモン・アロンが後日表現したように「ブラッセルでド・ゴール将軍は有利な状況で交渉を進めたが、ドロールは不利な状況から始めなければならなかった」のである。[*266] 全体会合の後、二国間交渉がもたれたが、デンマーク、ベルギー、ルクセンブルクがパリティの変更を渋った。深夜にドロールは記者団に対して「フランス、あるいは他国にEECシンパしかいないわけではない。EECは機能することを証明しなければならないし、欧州はひとつの声で発言しなければならない」と、結論が出なかったことを明らかにした。つまり、西ドイツの合意がなければフランスはEMSから離脱せざるを得ず、自分たち親欧州派は政権から駆逐される、と啖呵を切ったのである。翌朝、ドロールは記者に「パリで決断が下されるので帰国しなければならない」と報告した。これはパートナー国にプレッシャーをかけるためのドロールの完全な芝居だった。

ミッテランはドロールが無断で帰国したことを知って憤慨し、ブラッセルにとって返すよう指示した。[*267] しかし効果は絶大だった。シュトルテンベルグは議長の中間報告として「EMSが重大な危機にある」

と表明せざるを得なくなったのである。西ドイツは、フランスにとっての一層の緊縮策を意味する①給与取得者の社会保障負担引上げ、②強制借り入れ（還付可能な所得税引上げ）、③予算案からの二〇〇億フランの削減を条件に、マルクの六％切上げ、フランのワイダーバンド（二・二五％から四％）への移行と二％の切下げを提示した。ドロールはパリに再び戻る機内でインタビューに応じ、マルクの十分な切上げがなければEMS離脱はありうるし、そうなればフラン防衛のために徹底した緊縮策が採られること、またEC会合が例外的に月曜にも行われることを明らかにした[268]。地元に残っていたモーロワは、全権を委任されたドロールが急遽パリに戻ったことを知って、次期首相は彼になると確信し、インフレとの闘いを続けなければならない、とだけ記者団に述べた[269]。ミッテランは前日の昼食会で、モーロワに代わる首相を任命すると発言していた[270]。首相府は権力の空白を避けるため、モーロワは辞任を表明していない、とのコミュニケをAFP（フランス通信）経由で発表しなければならなかった。政権は混乱の極みにあった。

ミッテランはアタリに「もしわれわれがいまEMSに加盟していないとしたら、加盟することは良い判断と思うか」と尋ねた[271]。ミッテランは、西ドイツの経済力とちらつくIMFの影に挟まれ、フランスの社会主義がなしうることはもはや多くないと悟りはじめていた。EMS離脱という選択肢が排除されて、ミッテランは誰を首相に据えるか迷っていた。彼は閣僚名簿を準備するべレゴヴォワに、「直感的」にはモーロワを残しておきたいと述べた[272]。

ミッテランは月曜日にブラッセルのEC首脳会議に出席した。欧州為替市場を休止させて首脳会議の直前までECOFINは続いており、結果的にマルクの五・五％切上げ、フランの二・五％切下げが合

意された。[*273] ドロールは「パートナー国であるドイツの譲歩が要請され、それは達成された。ドイツとの友情とそのさらなる発展のためフランスは平価調整を受け入れることにした」と総括の記者会見で褒め称えた。[*274] ミッテランが目標としていたマルク単独の八％程度の切上げは達成されなかったが、それでもフラン－マルクの乖離幅は許容可能な水準だった。

権力の埒外に置かれていたモーロワは週が明けて、自分はもはや首相職に留まれないと考え、ベレゴヴォワが任命されると予測した。[*275] 月曜の朝、離任の準備を終えて再び地元に戻る途中、急遽パリに引き返すよう機中で指示を受け、モーロワはブラッセルへ向かうミッテランを空港まで送ったが、ここでも罷免か続投かまだ本人には明かされなかった。

ドロールは、ＥＭＳ離脱を防いだと同時に平価調整を勝ち取った功労者であり、次期首相に最も近い人物とみられていた。[*276] ドロールは平価調整が妥結した直後、「八二年の九三〇億フランの貿易赤字は今年中に四三四億五〇〇〇万フランにまで縮小されなければならない」と、内需削減による赤字削減とインフレ対策を続けるべきだと早速に言明した。[*277] 八二年末からモーロワとともに練ってきた緊縮策の実行である。確かにＥＭＳ離脱の選択肢が排除され、残留が決定的となった現在、モーロワの留任は可能となった。ミッテランは、西ドイツに振り回された挙句、思ったほどの成果が得られなかったため、満足は決してしていなかった。[*278] しかし八四年五月に今度は欧州議会選挙を控え、さらなる緊縮策を実施するには内閣は刷新されたほうがよい。ミッテランの手持ちの駒はそれまでに三人に絞られていた。ＥＭＳ残留と緊縮策をセットとするドロール、残留へと立場を変えたベレゴヴォワかファビウスである。二日後には、自ら約束した新内閣の発表がある。首脳会議に向かう飛行機の中でミッテランは、アタリと大

統領府スポークスマンのヴォゼルに相談した。両人ともドロールが適任と答え、ミッテランはこれに耳を傾けた[*279]。

首脳会議でミッテランはこれまでのような大演説はせず、当面の課題である米国との農業交渉、EC予算の解決と加盟国拡大（スペインおよびポルトガルの新規加盟）の必要性を訴えた。翌日の昼食会を欠席して早々に帰国すると、新首相の任命にとりかかった[*280]。エリゼ宮の昼食会にはドロール、ベレゴヴォワ、ファビウスが列席した。ここで決定的な内容が話されたわけではなく、同席したビアンコによれば大統領の目的は三人の態度を見極めることにあったという[*281]。ドロールは、ミッテランの切り札が自分しかないということを知ってか、緊縮策の続行と徹底を訴えた。モーロワだけでなくドロールもミッテランのリーダーシップに挑戦したのである。しかし、ドロールの路線に完全な信任を与えるつもりはミッテランになかった。ベレゴヴォワの言葉を借りれば、「オードブルの時の首相はドロールだったが、デザートの頃にはそうではなくなっていた[*282]」。ミッテランは食後、各人と個別面談に臨む。王による謁見だった。

最初に呼ばれたドロールには、予想通り首相職が提示された。ドロールはしかし怯まなかった。彼は財政相と社会保障担当相にはファビウスとベレゴヴォワがなると聞くやいなや、予算策定に関わる国庫局の監督権限が保証されなければ首相になるつもりはない、と返答した[*283]。ミッテランは「それは不可能だ」と言い、その瞬間にドロールの経済財政相留任が確定した。人事権を利用した操舵は、モーロワに続いてドロールにも効かなかったのである。ドロールとしては、八一年の時のように、努力が水泡に帰すような状況で首相を務めることは避けたかった。首相になるだけではなく、経済政策、なかでも金融

財政政策の実質的権限を掌握しなければ意味がなかった。しかしミッテランにとっては、ドロールの権限拡大は大統領の権威と権限を矮小化させるものであり、自らのリーダーシップを減じるゆえに受け入れられなかった[*284]。

ミッテランは続いて、ベレゴヴォワとファビウスとの面談に臨んだ。しかしすでにミッテランの方針は固まっていた。ベレゴヴォワには、ドロールが蔵相との兼任を要求したためモーロワの再任が決まったと伝え、ファビウスにはドロールの要求を呑んだため予算担当相から外れるよう指示した。ドロールの要求はあまりにも過大だった。彼の要求を認めないのであれば、そしてEMSがもはや争点ではなくなったいま、次善の策はモーロワとなる。ミッテランは後年、モーロワの再任命はEMS残留の決断と対になっていたと認めている[*285]。それでもモーロワからドロールへ、そしてドロールから再びモーロワへと首相候補が移ったのは、やはり残留の決断があったからと考えれば、筋が通る。

アタリはこの時、来仏中のキッシンジャー元米国務長官と面談していた。ミッテランの決断をまだ知らされていなかったアタリは新首相が近々任命される、と彼に打ち明けた[*286]。組閣の準備は慌しかった。アタリはミッテランの指示で、ドロールに経済財政相留任と閣内ナンバー2の地位を告げ、ドロールは計画庁長官と予算担当相を兼任したいと要求して、これが了承された[*287]。

同日午後六時にミッテランはモーロワと会談し、辞表を受理してから再度首相任命の政令に署名した。玉突き人事によって、ファビウスには産業相が割り当てられ、ベレゴヴォワには社会問題担当相と閣内三位のプロトコールに加えて、雇用・労働担当相が与えられた。産業相を希望していたロカールは、ファビウスに押しのけられて農業相が当てがわれた。シュヴェンヌマンには、都市・設備相が提示され、

彼はこれを拒否して二月に提出した辞表をそのまま公表することになった[*288]。モーロワとドロールが中心を占める新内閣では、「社会主義プロジェ」の守護者となることはできない。シュヴェンヌマンもまた違った形ではあるが、権力による操舵を受け入れなかった。夕方になりモーロワは、自分が首相に再任されることを知らぬまま大統領府に召集され、その後共産党との交渉に取り掛かった。三五名から一五名（閣外相除く）へと大幅に縮小された閣僚名簿が公表されたのは、日付が変わる直前だった。

新内閣の閣僚数は過去最低となった[*289]。文化や通信、余暇・青年・スポーツといった領域は大臣補佐級へ格下げされ、さらに保健や環境は閣外相扱いとなった。それまで派閥領袖が任命されていた国務大臣職がなくなったことは大きな変化の表れだった。内閣は一五名に限られて、政治よりも政策を優先する構造を整えた[*290]。また、従来なかった政府スポークスマンの役職が、歴史作家のガロに与えられたのも重要だった。これは各派閥の大臣が互いに矛盾した政策を掲げてプレスにアピールしないよう、政治コミュニケーションを一元化するためだった。翌月には、ドロールの副官房長ラミーが、経済政策担当として首相府入りした。政治の時代は過ぎ去り、政策が論じられる季節となった。この第三次モーロワ内閣をもって、ミッテラン社会党政権は党派的政権であることを止めた。

三月二三日は、ミッテランが国民に約束していた演説の期限であるとともに、第三次モーロワ内閣の初閣議が行われた日だった。この日の閣議で特定の議題は設けられず、ミッテランはインフレ、失業、貿易赤字の削減が最大課題であり、二五日からモーロワ首相のもとで新たな経済政策が始動すると宣言した[*291]。「第三次モーロワ内閣は、第一次、第二次モーロワ内閣の否定から始まった」（アロン）[*292]。

国民に向けた一五分の短いテレビ演説のなかで、ミッテランは社会党政権の政策の転換を宣言した。

社会党政権が採った政策について「苦難にもかかわらず、険しい道程の中で進歩を実現し、過去半世紀にフランスが経験した以上の改革を数カ月のうちに成し遂げることができた」として、これからは失業、インフレ、貿易赤字の克服が最大の目標となると述べた[*293]。

まるで神々からの天罰のようにいわれるこの危機は、統御不可能な現象でもなければ、人間の資質を超えた自然がもたらす運命でもなく、資質が無秩序と化していることから生じているのである。二〇世紀の産業社会は、生産様式と労働、つまり生活様式において技術と科学の恩恵を十分に享受していないのであり、われわれが生きている時代と死せる世界と新たに誕生しつつある世界の交差点なのである。新たな誕生のメカニズムはよく知られており、秘密めいたことではない。その主人となればよいのである。確かにフランスは、世界規模で生じる出来事に一国だけで対処などできない。しかし、提案とイニシアティヴによって、新たな均衡というものをもたらすことができるし、それは義務でもある。

ミッテランは緊縮案が公表される二五日の閣議の冒頭で、これまで大臣経験のない閣僚は過去二二カ月間に学び、その選りすぐりが残ったのだと檄を飛ばし、さらに経済政策に一致協力して当たるよう指示を下した[*294]。その前日、モーロワとドロールは終日会議を持って、それまで二人で練ってきた緊縮案の詳細をつめていた[*295]。「ドロール・プラン」と呼ばれることになるこの第二次緊縮策は、インフレ抑制とフラン安定によって国際収支の均衡を達成するため、徹底的な内需削減の措置をとった。ミッテランがテレビ演説で第一次緊縮策を「より進化させる」としたように、「ドロール・プラン」は八二年六月の

「モーロワ・プラン」をさらに徹底させた政策だった。これは①財政支出の一五〇億フラン減、歳入の五〇億増による財政赤字の一一七〇億フラン（二〇〇億フラン減）までの圧縮、②国営企業の三〇億フランの赤字圧縮、公共料金（エネルギー、通信、国鉄運賃）の八％値上げ、③社会保障費引上げ（入院費用引上げ等）と支出減による会計の黒字化、④消費抑制のための所得税（五〇〇〇フラン以上）・富裕税一〇％相当の暫定的強制貯蓄制度の導入、住宅購入口座の金利引上げ、リブレAおよびリブレ・ブルー（非課税貯蓄性普通預金）の預け入れ限度額引上げ、⑤観光目的のフラン持出しの制限（二〇〇〇フラン）という五つの政策パッケージからなった。[*296] プランでは、総額六五〇億フランつまり内需の約二％の削減が、目標とされた。デフレに陥らない程度に内需を削減し、ドイツとのインフレ格差を縮めてフランを安定させ、そして貯蓄に回った資本を企業投資へ波及させようという作戦だった。もちろんこれも一時的とはいえ、経済活動の縮小にともなって景気後退をもたらす危険があった。社会党政権は失業解消対策として八一年六月にGDP比約二％をあてたが、その二年後にはEMS残留のために逆コースをたどったのである。輸出が成長を牽引するにしても、企業のバランスシートが回復し、投資が再開するまでにはタイムラグが生じる。失業率が上昇するのは避けられなかった。

「ドロール・プラン」の実現は、もはやミッテランのリーダーシップの操舵の対象となることのないモーロワ－ドロール路線の完全な勝利だった。三回目のフラン切下げと内閣改造、そして競争的ディスインフレの起点となる新たな緊縮策をもって、フランスの社会主義と引き換えに「転回」は完成したのである。

三月末の閣議でミッテランは再び「政府はひとつの声でなければならない」と注意を喚起し、これま

で「政府内で個人や派閥の敵対心があまりにも大きな位置を占めてきた」ことを非難した。[*297] 八三年三月まで、社会党政権の政策の源は派閥間の対立と覇権争いにあり、ミッテランのリーダーシップはその上に成り立っていた。しかし、党内の多元性が抑制されるようになったという意味で、社会党政権はもうひとつの「転回」を経験したのである。

大統領府では緊縮策に対する世論を気にしていた。ミッテランの補佐官の一人は「過去数カ月の政府の沈黙に批判が多い」と報告している。[*298] 実際、三月二五／二八日に行われた世論調査では、第三次モーロワ内閣の不支持率は五七％に上り、インフレ抑制と貿易赤字削減という政策目標についてもそれぞれ国民の五九％と五八％が達成困難と判断した。[*299] 政権にあらゆる逆風が吹いていた。そして政権発足当日の「選挙にはすでに負けた」というミッテランの予言は、八六年の総選挙で現実となるのである。[*300]

モーロワは、内閣発足直後のインタビューで八一年五月からの一年は公約が実現できたことで十分であり、スピードを緩めていまや「着手した改革の管理と深化」に歩を進めるべきだと説明した。そして「フランスにおける完全なる左派の政治は他の欧州諸国も左派的な政治を行わない限り実現しない。（中略）世界的な危機によって欧州協力という妥協が強いられた」と、緊縮政策が欧州統合の必要性からもたらされたことを認めた。[*301]

7　社会主義における「挿入括弧」

「ドロール・プラン」の開始を受けて、社会党執行部からは政府への批判が相次いだ。ＣＥＲＥＳの

モッチャンは「社会主義を真剣に捉える必要がある。前政権と同じ手段でもって今後の政策を進めることはできない」と抵抗し、グーも「輸入を制限して雇用を犠牲にし、不平等を増大させるのはなぜなのか」と問うた。*[302] 中道に位置する党ナンバー2のポプランも「社会党の昔からの、あるいは伝統的な立場を失うことになるだろう」と批判し、党が生き残るためには新たな支持層の獲得が必須だとした。*[303] ポプランは、ミッテランに「社会党に対する国民の広範な支持は脆弱になっている」と個人メモを送っている。*[304] ミッテランの指示によってジョスパンは党大会の早期開催を主張したが、結局指導委員会のメンバーを納得させることはできなかった。ジョスパンは「EMSからの離脱はあらゆる拘束からの解放を意味しない」と政権の決定を正当化しつつも、「プランはわれわれが望んだようなものではなく、強制された現実との妥協だ」と弁明に追われた。委員会は、緊縮策はひとつの「手段であり段階」にすぎず、「失業対策により一層取り組む」よう政府に要請するとした。*[305] しかし、すでに困難な立場にある政府を正面切って批判しては、党の基盤を切り崩しかねない。四月に入って政府はすでに、「ドロール・プラン」関連法案をオルドナンスで成立させると決めており、党が議席を縦に圧力をかける方策も封じられていた。

五月四日に行われたミッテラン派の会合でジョスパンは、党大会に出す動議の叩き台を提出した。叩き台は「〔ドロール・プランの〕問題視は、われわれが状況を統御できないという印象を与える。（中略）経済立て直しの計画は不可避の現実であり、認めなければならない。先を見据えることが必要であり、そのためには政府の政策（すなわち共和国大統領）に反対する者は党指導部に留まるなどできない」としていた。*[306] かつてのヴァランス大会で「社会主義プロジェ」がもたらしたような、イデオロギーや政治プ

ロジェクトによる求心力はもはや期待できず、政権与党であり続けることが自己目的化していた。

これに対してシュヴェンヌマンは、ミッテランが大統領になって二年目にあたる日にル・モンド紙に長文の論説を寄稿し、「転回」後の社会党はもはやグランド・デザインを持たず、EMS残留を契機にフランスは主権のみならずアイデンティティを失った、とドロール・プランに反対した。「社会党は、社会主義というハンディを跳ね返してリベラリズムと対峙しなければ勝ち目はない。自由貿易、EMS、健全財政といった宗教的ドグマに還元されてしまうリベラリズム・イデオロギーの覇権ほど愚かしいものはない。（中略）通貨と通商に関するドグマがあり、緊縮だけが唯一の現実的な方策とされている。EMSの残留と離脱をめぐる決断は、統治者を判断する基準となる。緊縮策と呼ばれる政策については早いうちに再評価すべきだろう。それでも、技術的な選択が経済問題を解決することはないのである」[*307]。これを機にCERESは党執行部への批判を活発化させていった。奇しくも「転回」が決定的となった三月二三日、CERESは派閥名を「社会主義と共和国（Socialisme et République）」と改称、社会党の「右旋回」を閣外から非難し続けるようになった[*308]。「『現実主義者』と呼ばれる者たちは現実と闘うのを拒否して、本当の現実はフランス社会の行き詰まりと社会紛争にあると認識せず、その解決と克服の手段を獲得しようともせず、もはやゲームが存在しないことがゲームのルールであるかのように振舞う。その意味においてわれわれは『現実主義者』ではない[*309]」。

ミッテラン、CERES、ロカールの各派が提出した動議はそれぞれ七七％、一八％、四・七％の党員票を集めた。ジョスパンはCERESとの合同決議の作成に取り掛かり、一二時間かけて協議を行った[*310]。ジョスパンは「大統領や政府の決定と異なる、あるいは対立する主張をすれば基本方針の信頼を損

なう。左派の多元主義は大事だが分裂はいけない。〔中略〕八六年の総選挙に影響する」と圧力をかけた。[*311] 最終的にミッテラン派の動議案を基本として、これに「最低限の経済成長がなければ社会的平等もなく」、「金融政策と信用政策の調和がなければ産業政策は無意味となる」など、CERESの主張を若干取り入れた合同決議を提出することになった。

大会直前に自派の会合を持って、ミッテランは各派の交渉の推移を注意深く見守っていた。そして「混乱のなかでフランスはわれわれに期待しており、われわれはこれに応えなければならない。必ずやよりよい日々がやってくる。その時〔社会党が〕現在そして未来において担った役割に気づくだろうと確信をもってもらいたい」とのメッセージを大会に寄せた。[*312]

大会終了後、ジョスパンは指導委員会で大会の結論は「フランス政治、少なくとも左派の安定にとってきわめて重要」と念押しした。[*313] ジョスパンの役割は、ミッテランの判断をあくまでも党に伝えることで、政府の方針を弁護するため大会では緊縮策は「社会主義に対する挿入括弧」にすぎない、というレトリックが編み出された。「緊縮政策はそれ自体が目的なのではなく、目的を達成するための手段にすぎない。つまり、経済の失敗を避けてより公正で調和ある、もしかしたらより幸福な社会を作るための手段なのだ。それは『挿入括弧』なのだろうか。これはわれわれの政策を撤回させる不可避の過程であり、括弧がいつ閉じられるのかまだわからない[*314]」。これは本人も自覚するように、党を「納得させるための言葉」にすぎなかった。[*315] それでも社会党政権は「約束を果たさなかった」と考える国民は七二％に上った。[*316] 開かれた「括弧」は閉じられることはなく、一〇月三一日付のウォールストリート・ジャーナル紙の論説は、「社会主義という名の思想は死に絶え、集産主義を讃えようとしたフランスの知識人た

ちは身を隠すようになった。西欧文明にとって重要な出来事が生じた」とした[*317]。
　モーロワとドロールの共同戦線が確固なものになると、安定的な環境下でのリーダーシップ発揮は不可能となり、ミッテランの「変革的リーダーシップ」は最終局面で完成をみなかった。社会党の「近代人」たちは、ＥＭＳ離脱がフランス経済に壊滅的なダメージを与えるとして、ミッテランの新たなリーダーシップへの追従を拒否した。リーダーシップのスタイルを変えたことに加えて、何よりも時間がミッテランにとっての拘束要因として働いた。リーダーシップを成り立たせるのは、フォロワーシップでもある。フォロワーが従わない限り、リーダーがリーダーたることは許されなかった。

注

＊1　Laurent Fabius, 26 juin 1982（AFC）.

＊2　Favier, Pierre et Michel Martin-Roland, *La Décénnie Mitterrand, t. 1*, Paris: Seuil, 1990, p. 432. なお、内閣改造と大統領府内の人事異動にあわせて、ミッテランは毎週火曜の党幹部との会合を取りやめた。See Jacques Attali, *Verbatim. 1*, Paris: Fayard, 1986, p. 265.

＊3　だがアタリは、閣議と毎週火曜の党朝食会への出席が許された。このほか、官房長のルスレがアヴァス（Havas）グループ入りしたため、コリアールが官房長となった。

＊4　ビアンコのキャリアと人となりについては、Michel Schifres et Michel Sarazin, *L'Elysée de Mitterrand*, Paris: Alain Moreau, 1985, pp. 129–135. なお、ビアンコは七四年の社会主義合同会議の「第三構成勢力」の一人だった。

＊5　政治家メンバーは、首相以下、ドフェール、ジョベール、ロカール、シュヴェンヌマン、ベレゴヴォワ、ドロール、ファビウスである。なお、同会議は八一年一二月七日から行われているとアタリはいうが（Jacques Attali, *Verbatim. 1, op. cit.*, p. 140）、首相府の補佐官であるペイルルヴァドはこれを否定している。See, *Le Monde*, 29 juin 1993.

＊6　Favier, Pierre et Michel Martin-Roland, *La Décénnie Mitterrand, t. 1, op. cit.*, p. 461. ソテールはこれ以降、残留派へ立場を変えていった。

＊7　ジスカール期とミッテラン政権初期における大統領府のスタッフ構成の違いについては、たとえば、Alain Duhamel, *La République de M. Mitterrand*, Paris: Grasset, 1982, pp. 69–72を参照。

＊8　*L'Express*, 25 juin 1982.

＊9　*L'Unité*, 25 juin 1982. この決定に従って、九月二一〜二二日の指導委員会では計四九名の候補者がリストから除外された。

＊10　*Le Poing et la Rose, Spécial Résponsables*, septembre 1982.

＊11　Favier, Pierre et Michel Martin-Roland, *La Décénnie Mitterrand, t. 1, op. cit.*, p. 434. 具体的には、失業者全員に対してＡＮＰＥへ出頭を求め、さらに「職業訓練希望者」と「失業者」を区別した。

＊12　Jacques Attali, Note: A l'attention de Monsieur le Président de la République, 10 septembre 1982（AFC）.

＊13　Jacques Attali, Note pour le Président de la République, 3 août 1982（AFC）.

＊14　Salzmann, Charles, *Le Bruit de la Main Gauche*, Paris: Robert Laffon, 1999, p. 96.

＊15　Attali, Jacques, *Verbatim. 1, op. cit.*, p. 207.

＊16　*Ibid.*, p. 234.

＊17　Bauchard, Philippe, *La Guerre des Deux Roses*, Paris: Grasset, 1986, pp. 110–111.

＊18　Giesbert, Franz-Olivier, *Le Président*, Paris: Seuil, 1990, p. 164. 憲法には「共和国大統領は、総理大臣を選任する。共和国大統領は、総理大臣による政府の辞表の提出に基づいて、総理大臣の職務を終了させる」（第八条）とあり、大統領は罷免権を持たないが、実質的に首相の任命と罷免に絶対的権利を持っている。

＊19　Mauroy, Pierre, *Mémoires*, Paris: Plon, 2003, pp. 225–227.

＊20　Jacques Attali, Note pour Monsieur le Président, 17 juin 1982（AFC）.

＊21　一九八一年六月から八二年六月まで社会保障支出は一九％、とりわけ公共医療部門は二四・一％の増加を記録した。*Le Figaro*, 11–12 septembre 1982.

＊22　Note du Premier Ministre, 20 août 1982（5AG4/4234）.

＊23　ドロールの証言。*Le Nouvel Observateur*, 17 juillet 1982. 物価維持については七月中に六〇〇件の違反が摘発された。モーロワの証言。*Le Point*, 26 juillet 1982.

＊24　E.g. in *Le Monde*, 29 juillet 1982.

＊25　Compte Rendu du Conseil Restreint du 3 Juillet 1982, 5 juillet 1982（AFC）.

＊26　岩本勲『フランス社会党政権の転換点』晃洋書房、一九八四年、九一頁。その後、九月末になって、八二年にマイナス〇・九％、八三年にマイナス一・三％の購買力減（いずれも手取り給与をベースにした予測値）が報告されている。See, François-Xavier Stasse, 22 septembre 1982（AFC）.
＊27　*Le Monde*, 7 septembre 1982.
＊28　物価スライド制の廃止は、厳密には政府の管理下にある公共部門が対象となるが、民間部門にも上限を設けたため意味するところは同じである。最低所得層と高所得者についてはこれらの措置は免除された。
＊29　*Le Nouveau Journal*, 27 juin 1982.
＊30　七月二日の縮小閣議でドロールは「われわれは一八カ月間の非常に厳しいフェイズに突入するが、一八カ月後には目標を達成しているはずだ」と発言している。Compte Rendu de Conseil Restreint de 2 juillet 1982, 2 juillet 1982（AFC）.
＊31　*Le Monde*, 7 septembre 1982.
＊32　Touraine, Alain, "Au-delà du Blocage," in *Le Matin*, 8 novembre 1982.
＊33　Jacques Attali, Note pour Monsieur le Président, 5 juillet 1982（AFC）. ここでは八二年度の貿易赤字は七五〇億フランと、前年度の六〇〇億フランよりも悪化すると予想されている。
＊34　Attali, Jacques, *Verbatim. 1*, *op. cit.*, p. 282.
＊35　*Le Point*, 26 juillet 1982.
＊36　Jacques Attali, Note pour Monsieur le Président, 22 juillet 1982（AFC）.
＊37　八二年二月に決定され、三月に発表されたルーブル美術館改装や新オペラ座建設、経済財政省の移転などはミッテランの文化政策の一環としてみるだけではなく、こうした観点を加味する必要がある。ミッテランの文化政策とパリ改造については、François Chaslin, *Les Paris de François Mitterrand*, Paris: Grasset, 1985, Martin Hurrison, "The President, Cultural Projects and Broadcasting Policy," in Jack Hayward（eds.）, *De Gaulle To Mitterrand*, London: Hurst & Company, 1993 を参照。
＊38　野内美子「１９８１-１９８３年のフランス社会党政権の経済政策転換とＥＭＳ（欧州通貨制度）」『経済学』第五六巻第一号、一九九四年、一一一頁。
＊39　Chevènement, Jean-Pierre, *Défis Républicains*, Paris: Fayard, 2004, pp. 78-79. また彼は、四月一五日に公共部門の企業経営者を前にミッテランの訪日時の演説を長々と引用して、日本の産業力を讃えている。*Les Echos*, 15 septembre 1982.
＊40　Chevènement, Jean-Pierre, "Le Pari de la Réussite," in *Le Monde*, 15 Septembre 1982.

＊41 Margairaz, Michel, Les Nationalisations: La fin d'une culture politique?," in Serge Berstein et al.（eds.）, *François Mitterrand. Les Années du Changements*, Perrin: 2001, pp. 365–366. それも、アタリの記録によれば提出された赤字額について産業省・経済財政省と首相府で食い違いがあったという。Attali, Jacques, *Verbatim. 1, op. cit*., p. 218.

＊42 Compte Rendu de Conseil Restreint du 27 juillet 1982（AFC）.

＊43 Attali, Jacques, *Verbatim. 1, op. cit*., p. 223.

＊44 *Ibid*., p. 219.

＊45 *Ibid*., p. 218.

＊46 シュヴェンヌマンへのインタビュー（パリ市、二〇〇四年一〇月一三日）。

＊47 もっとも、国有金融機関の負担については為替市場を懸念して決定は伏せられた。Attali, Jacques, *Verbatim. 1, op. cit*., p. 227, 229.

＊48 Compte Rendu de Conseil Restreint du 4 août 1982（AFC）.

＊49 Favier, Pierre et Michel Martin-Roland, *La Décénnie Mitterrand*, *t. 1, op. cit*., p. 439.

＊50 Attali, Jacques, *Verbatim. 1, op. cit*., p. 311.

＊51 Christian Sautter, Note pour le Président, 11 septembre 1982（5AG4/4324）.

＊52 シュヴェンヌマンへのインタビュー（パリ、二〇〇四年一〇月一三日）。

＊53 Chevènement, Jean-Pierre, *Défis Républicains, op. cit*., p. 82.

＊54 Bauchard, Philippe, *La Guerre des Deux Roses, op. cit*., p. 118.

＊55 Margairaz, Michel, Les Nationalisations: La Fin d'une Culture Politique?," in Serge Berstein et al.（eds.）, *François Mitterrand, op. cit*., p. 366.

＊56 Barre, Raymond, *Une Politique pour l'Avenir*, Paris: Plon, 1981, p. 33.

＊57 *Le Monde*, 29/30 août 1982.

＊58 Ministre d'Etat, Ministère du Commerce Extérieur, Onze Mesures dont le Ministre du Commerce Extérieur demande la prise en considération des Juillet 1982, 12 juillet 1982（AFC）.

＊59 Jobert, Michel, *Par Trentes-Six Chemins*（*je n'irai pas*...）, Paris: Albin Michel, 1984, p. 137.

＊60 Compte Rendu de Conseil Restreint du 4 août 1982（AFC）.

＊61　Le Secrétaire Général Adjoint Note à l'attention de Monsieur le Président, le 18 août 1982（AFC）.

＊62　Compte Rendu de Conseil Restreint du 18 août 1982（AFC）.

＊63　*Financial Times*, 10 Septembre 1982; Attali, Jacques, *Verbatim. 1, op. cit.*, p. 303.

＊64　Note pour M. Bérégovoy, 8 février 1982（5AG4/6135）.

＊65　Pfister, Thierry, *La Vie Quotidienne à Matignon au temps de la Gauche*, Paris: Hachette, 1985, p. 262.

＊66　Cited in Jacques Attali, *Verbatim. 1, op. cit.*, pp. 301–302.

＊67　Cited in Charles Salzmann, *Le Bruit de la Main Gauche, op. cit.*, p. 95. 戦後すぐからミッテランの親友であり続けたリブーには著作もなく、彼に関する情報は多くない。一九二七年に銀行家の息子として生まれ、一九六五年に石油採掘と金融事業を核とする米系多国籍企業シュランベルジェール（Schlumberger）代表取締役に就任した。同社は社員数八万人、売上高六〇億ドルを誇る大企業だった。また八三年にはフランス有数のシンクタンクＩＦＲＩ（仏国際関係研究所）の所長となっている。八六年に癌で死去したが、ミッテランは入院中も「スケジュールの調整に困難を来すほど」頻繁に見舞いに訪れたという。*Ibid.*, pp. 101–102. シュランベルジェールの社史と経営陣については*Le Nouvel Observateur*, 31 octobre 1981 に詳しい。

＊68　シュヴェンヌマンへのインタビュー（パリ市、二〇〇四年一〇月一三日）。

＊69　Chevènement, Jean-Pierre, *Défis Républicains, op. cit.*, p. 109.

＊70　Attali, Jacques, *Verbatim. 1, op. cit.*, p. 302.

＊71　Jacques Attali, Note pour Monsieur le Président, 30 août 1982（AFC）.

＊72　既述のようにルスレは八二年六月まで大統領官房長であり、またサルツマンは情報通信担当補佐官であった。

＊73　Attali, Jacques, *Verbatim. 1, op. cit.*, p. 305.

＊74　Cited in Pierre Favier, et Michel Martin-Roland, *La Décénnie Mitterrand, t. 1, op. cit.*, p. 442.

＊75　Sautter, Christian, "Pierre Bérégovoy, un home de caractère," in Ministère de l'Economie, des Finances et de l'Industrie, *Pierre Bérégovoy. Une Volonté de Réforme au Service de l'Economie 1984–1993*, Paris: Comité pour l'Histoire Economique et Financière de la France, 1998, p. IX.

＊76　Chevènement, Jean-Pierre, *Défis Républicains, op. cit.*, p. 103.

＊77　Favier, Pierre et Michel Martin-Roland, *La Décénnie Mitterrand, t. 1, op. cit.*, p. 442.

＊78　*Ibid.*, p. 443.

*79 Jean Peyrlevade, Note pour le Premier Ministre, 13 septembre 1982（AFC）.

*80 Le Premier Ministre, 20 août 1982（5AG4/2140）.

*81 Christian Sautter, Mimeo, 20 août 1982（5AG4/4324）.

*82 François-Xavier Stasse, Perspectives Monétaires, 6 septembre 1982（5AG4/4324）.

*83 Note pour Pierre Bérégovoy, 17 mai 1982（5AG4/4324）.

*84 なお、経済学者によるＥＭＳ離脱論としては、後に緑の党のブレーン・活動家となるリピエッツの著作がある。これは、離脱で生じる①フラン下落の想定は七八年一月のスネークからの離脱時の状況と比較して非現実的であり、②インフレ作用（輸入価額の増加）はむしろ消費が国内品に向かうことで国内市場を活性化させ、③投機筋はフラン買いに転じて通貨価値は安定する、といった議論を展開している。Alain Lipietz, *L'Audace ou l'Enlissement*, Paris: Editions la Découverte, 1984, pp. 258 ff.

*85 Compte Rendu de Conseil des Ministres, 1er septembre 1982（AFC）.

*86 *Le Monde*, 16 septembre 1982.

*87 Bauchard, Philippe, *La Guerre des deux Roses, op. cit*., pp. 117–120.

*88 Paul Hermelin, Note pour le Ministre, Objet: Préparation du Budget 1983, 18 mai 1982（MINEFI/1A481）.

*89 Attali, Jacques, *Verbatim. 1, op. cit*., p. 287.

*90 Favier, Pierre et Michel Martin-Roland, *La Décénnie Mitterrand, t. 1, op. cit*., p. 444. 結果として財政赤字は三％超を記録した。See, Olivier Feiertag, “Finances Publiques, «mur d'argent» et génèse de la Libération financière en France de 1981 a 1984,” in Serge Berstein et al.（eds.）, *François Mitterrand, op. cit*.

*91 Denis, Stéphane, *La Leçon d'Automne*, Paris: Albin Michel, 1983, pp. 79–80.

*92 See e.g., *Le Monde*, 16 septembre 1982.

*93 Bauchard, Philippe, *La Guerre des Deux Roses, op. cit*., p. 112.

*94 *Ibid*., pp. 113–115.

*95 Delors, Jacques, *Mémoires*, Paris: Plon, 2004, pp. 152–153; Compte Rendu du Conseil des Ministres, 1 er septembre 1982（AFC）.

*96 *Le Nouvel Observateur*, 18 septembre 1982.

＊97 Jacques Attali, Note pour Monsieur le Président, 9 septembre 1982（AFC）.

＊98 Le Premier Ministre, pour Monsieur le Président de la République, 1er septembre 1982（AFC）.

＊99 Attali, Jacques, *Verbatim. 1, op. cit.*, p. 320. この案に対してモーロワは首相府に官僚からなるワーキングチームを設置するよう提案したが、ミッテランは委員会の増設を認めなかった。See, Jacques Attali, Note pour monsieur le Président, le 21 septembre 1982（AFC）.

＊100 Le Président de la République pour monsieur le Premier Ministre, 8 septembre 1982（AFC）.

＊101 Allocution Prononcée par Monsieur François Mitterrand, Président de la République Française, Place Vival à Figeac, 27 septembre 1982.

＊102 シュヴェンヌマンはリブーの入れ知恵だったと証言する（インタビュー、パリ市、二〇〇四年一〇月一三日）。アタリは、ベレゴヴォワ、ブーブリル、サルツマンのメモをもとに準備されたとしている。Attali, Jacques, *Verbatim.1, op. cit.*, p. 322.

＊103 ゆえにフィジャックの演説は「支離滅裂」だったと経済紙は報道している。*Les Echos*, 4 octobre 1982.

＊104 Salzman, Charles, *Le Bruit de la Main Gauche, op. cit.*, pp. 97–98.

＊105 *Le Quotidien de Paris*, 24 septembre 1982.

＊106 Favier, Pierre et Michel Martin-Roland, *La Décénnie Mitterrand, t. 1, op. cit.*, p. 445.

＊107 *Le Matin de Paris*, 12 octobre 1982.

＊108 ギグーへのインタビュー（パリ、二〇〇四年一〇月一二日）。Attali, Jacques, *Verbatim. 1, op. cit.*, p. 314.

＊109 Elisabeth Guigou, Note pour Monsieur le Président, 13 octobre 1982（5AG4/6135）. 制度的にはこれに独連銀とのスワップによる二〇億ドル、米連銀とのスワップ二〇億ドル、ＦＥＣＯＭの融資が加わる。

＊110 Fiche: a l'attention du Directeur Général, 17 septembre 1982（AFC）. 分析は、仏中銀のＤＧＳＥ（対外関係総局）による（作成者名不明）。これに八三年度の貿易赤字が一〇〇〇億フランを超える、というジョベールの失言も加わった。

＊111 *Année Politique, Economique et Sociale. 1982*, Paris: Moniteur, 1983, pp. 547–548. 融資コンソーシアムは、国内、アラブ、日本をはじめとする約四〇の銀行団によって形成され、年利一四%のプレミアムが設定された。

＊112 Pierre Bérégovoy, Note à l'attention de Monsieur le Président, le 12 septembre 1982（AFC）.

＊113 ギグーへのインタビュー（パリ、二〇〇四年一〇月一二日）。

＊114 *Le Quotidien de Paris*, 29 septembre 1982.

＊115 Alain Boublil, Note pour le Président, le 20 septembre 1982（AFC）.

＊116 Jacques Attali, Note pour Monsieur le Président, 14 Sptembre 1982; François-Xavier Stasse, Note pour M. Le Président, 15 septembre 1982（AFC）.

＊117 Compte Rendu du Conseil des Ministres, 15 septembre 1982（AFC）; *Le Monde*, 17 septembre 1982.

＊118 Attali, Jacques, *Verbatim. 1, op. cit*., p. 333.

＊119 *Ibid*., pp. 333–334. また、大統領府のソテールは、一二月にＩＮＳＥＥ総務局のデュボワに個人的に依頼して、企業の社会保障負担軽減の代わりに付加価値税の引上げが果たして国際収支赤字削減につながるかを検討させている。ＩＮＳＥＥ側の回答は、企業収益が増えていない状況下での社会保障負担軽減は必ずしも赤字の削減をもたらさず、むしろ付加価値税の引上げは賃上げ要求を引き起こし、競争力低下につながるというものだった。Baisse de Cotisations Sociales sur les Employeurs versés par les Entreprises industrielles compensée par une hausse de TVA, INSEE, 28 décembre 1982（5AG4/4324）.

＊120 Attali, Jacques, *Verbatim. 1, op. cit*., p. 335.

＊121 Elisabeth Guigou et François-Xavier Stasse, Note pour Monsieur le Président, 13 octobre 1982（5AG4/6135）; Attali, Jacques, *Verbatim. 1, op. cit*., p. 337.

＊122 Compte rendu de la Réunion du Groupe Franco-Allemand de Coordination Economique tenue à Bonn, 6 octobre et 12 octobre 1982（5AG4/2141）.

＊123 Ambassade de France, Note pour le directeur du Trésor, 15 mars 1983（BdF, 1489200205/288）.

＊124 François-Xavier Stasse, 10 décembre 1982（5AG4/2140）. スタースに送付された大蔵省予測局の予測メモには、フラン・レートとその影響に関する箇所にラインマーカーが引かれている。Ministère de l'Economie, Direction de la Prévision, Note pour le Ministre, 22 décembre 1982（5AG4/2142）.

＊125 Mauroy, Pierre, *Mémoires, op. cit*., p. 258.

＊126 Favier, Pierre et Michel Martin-Roland, *La Décénnie Mitterrand, t. 1, op. cit*., p. 451.

＊127 *Ibid*., p. 439

＊128 *La Libération*, 1er novembre 1982.

＊129 *Le Monde*, 18 février 1983.

＊130 *Le Monde*, 10–11 octobre 1982; *L'Express*, 15 octobre 1982; *Le Matin*, 1er Novembre 1982; *La Libération*, 23–24 octobre 1982.

*131 Cited in *Le Monde*, 26 octobre 1982.

*132 *Le Figaro*, 28 juin 1982.

*133 *Le Journal du Dimanche*, 7 novembre 1982.

*134 Attali, Jacques, *Verbatim. 1, op. cit*., p. 340.

*135 Cited in *Le Matin*, 21 mars 1983.

*136 *La Libération*, 5 novembre 1982; *Le Figaro*, 5 novembre 1982.

*137 Ministre de l'Economie et de Finances, Note pour le Président de la République, 8 novembre 1982（5AG4/4234）.

*138 Bauchard, Philippe, *La Guerre des Deux Roses, op. cit*., p. 123.

*139 Attali, Jacques, *Verbatim. 1, op. cit*., p. 359.

*140 *Ibid*., pp. 360–361.

*141 Saunier, Georges, "L'Elysée et l'Organisation Economique de l'Europe 1981–1983," in *Milieux Economiques et Intégration Européenne au XXème siècle*, Comité pour l'histoire économique et financière de la France, 2002, p. 52.

*142 *Le Nouveau Journal*, 6 novembre 1982; *Le Monde*, 6 novembre 1982.

*143 *Le Poing et la Rose, Spécial Responsables*, novembre 1982.

*144 Cited in *Le Matin*, 6–7 novembre 1982.

*145 *Le Poing et la Rose, Spécial Responsables*, novembre 1982; *Le Monde*, 25 novembre 1982.

*146 *Le Poing et la Rose, Spécial Responsables*, novembre 1982; *Le Monde*, 21–22 novembre; *Le Monde*, 23 novembre 1982.

*147 *Le Monde*, 18 novembre 1982.

*148 Discours Prononcé par M. François Mitterrand, Président de la République Française aux Journées de Travail sur la Politique Industrielle de la France, Maison de la Chimie, Mardi 16 novembre 1982.

*149 *Le Monde*, 26 novembre 1982.

*150 同シンポジウムの内容は Parti Socialiste, *Actes du Colloque. Nationalisations: La Voies Française*, Paris: Club Socialiste du Livre, 1983 で確認できる。

*151 *Ibid*., p. 22.

*152 See e.g., *The Herald Tribune*, 1 December 1982.

＊153 *Europe Documents. Agence Internationale d'Information pour la Presse*, no. 3501, pp. 6–7.

＊154 Direction Générale des services Etrangères, poste 31–15 PD/DR, Réunion du Comité Monétaire du 15 décembre 1982（BdF, 1489200205/355）.

＊155 Denis, Stéphane, *La Leçon d'Automne, op. cit*., p. 69. 確定した二〇億ドルに加えて、さらに二〇億ドルが追加的に貸出し可能、二〇億ドルが交渉枠として残された。*Le Monde*, 21 décembre 1982.

＊156 Attali, Jacques, *Verbatim. 1, op. cit*., pp. 366–367.

＊157 *Ibid*., pp. 373–374.

＊158 *Ibid*., p. 375.

＊159 Elisabeth Guigou, Note pour le Président de la République, 10 décembre 1982（5AG4/2140）. その理由としてギグーは、①ベルギー・フランの下落によって再度の平価調整が要請され、その過程でフランス・フランが投機にあう可能性があること、②二月中旬にフランスの金融関係指標が公表されること、③八三年第１四半期に平価調整が実施されるならばそれ以前に投機の再燃が確実視されること、などを挙げている。

＊160 Jacques Attali, Note pour Monsieur le Président, 22 décembre, 1982（5AG4/4324）; see also Do., *Verbatim. 1, op. cit*., pp. 331–332. カルドアは一〇月の段階でアタリに提案をしていた。

＊161 Christian Sautter, Note pour Monsieur le Président, 29 décembre 1982（5AG4/4324）.

＊162 Elisabeth Guigou, Note pour Président de la République, Objet: Avantages et Inconvenients du système de dépôt préalable à l'importation, 19 novembre 1982（5AG4/4324）.

＊163 Mitterrand, François, "Depuis de longues années... du socialisme," in *le Poing et la Rose*, juin 1975.

＊164 *Le Canard Enchaîné*, 4 décembre 1985, cited in François Mitterrand, *Pensées, Répliques et Anecdotes*, Paris: Le Cherche Midi Editeur, 1997, p. 159.

＊165 Cited in Pierre Favier et Michel Martin-Roland, *La Décénnie Mitterrand*, *t. 1, op. cit*., p. 465.

＊166 Allocution Prononcée par Monsieur François Mitterrand, Président de la République Française, Palais de l'Elysée, 31 décembre 1982.

＊167 Christian Sautter et Elisabeth Guigou, Note pour le Président, 13 décembre 1982（5AG4/4234）.

＊168 Direction de la Prévision, Le Directeur, J. C. Milleron, Note pour le Ministre, Note de Politique Economique du 25 janvier

1983（5AG4/2164）．このメモは、三月二日付のカナール・アンシェネ紙にスクープされ、フラン切下げ予想が市場に広がった。

＊169 *Le Monde*, 8 janvier 1983.

＊170 Bauchard, Philippe, *La Guerre des Deux Roses, op. cit*., p. 126.

＊171 Attali, Jacques, *Verbatim. 1, op. cit*., p. 381.

＊172 *L'Humanité*, 30 décembre 1982.

＊173 Discours prononcé par M. François Mitterrand, Président de la République Française, devant le Bundestag à l'occasion du 20ème anniversaire du Traité franco - allemand de cooperation Bonn, jeudi 20 janvier 1983.

＊174 Bauchard, Philippe, *La Guerre des Deux Roses, op. cit*., p. 128.

＊175 *Le Monde*, 2 février 1983; *Le Figaro*, 1 er février 1983. メールは緊縮策そのものには賛成していたが、富裕層に対する直接税引上げで賄うべきとしていた。

＊176 *Le Monde*, 2 février 1983; *Le Matin*, 21 janvier 1983.

＊177 *L'Unité*, 11 février 1983; *Le Monde*, 8 février 1983.

＊178 *Le Quotidien de Paris*, 1 mars 1983; *Le Monde*, 18 février 1983.

＊179 Attali, Jacques, *Verbatim. 1., op. cit*., p. 397.

＊180 *La Libération*, 11 janvier 1983; Jacques Attali, *Verbatim. 1., op. cit*., p. 383.

＊181 *La Libération*, 24 janvier 1983.

＊182 Attali, Jacques, *Verbatim. 1., op. cit*., p. 383.

＊183 Favier, Pierre et Michel Martin-Roland, *La Décénnie Mitterrand, t. 1, op. cit*., p. 454–456.

＊184 Chevènement, Jean-Pierre, *Défis Républicains, op. cit*., pp. 108–109.

＊185 Schifres, Michel et Michel Sarazin, *L'Elysée de Mitterrand, op. cit*., pp. 46–47.

＊186 *Le Quotidien de Paris*, 28 février 1983.

＊187 See e.g., *Le Figaro*, 3 mars 1983. 二月上旬から、フラン切下げはすでに政府内で検討されていた。Direction Génerale des Services Etrangère, Note des Services de la Commission sur les Dévaluations de Compétition, 11 février 1983（BdF, 1489200205/355）.

＊188　*Le Point*, 14 février 1983.

＊189　Attali, Jacques, *Verbatim. 1, op. cit*., pp. 400–401.

＊190　*Ibid*., p. 404.

＊191　Elisabeth Guigou, Note pour le Président de la République, 21 février 1983（AFC）.

＊192　*Le Point*, 7 février 1983. 一方でこの数字は過大評価されており、フランスの金融筋は実際には一一〇〇億～一三〇〇億フランと見積もっていた。他方、ドロールは債務残高を六〇〇億フランと公表したが、これは中長期借り入れのみを勘定した数字である。See, *L'Express*, 25 février 1983. なお、その後公表されたＯＥＣＤの統計によれば、八二年にフランスの公的債務残高はＧＤＰ比二五％となっている。OECD, *Economic Survey. France, 1982–1983*, Paris: OCDE.

＊193　L'Administrateur du Fonds Monétaire International à Monsieur le ministre de l'Economie, direction du trésor, affaire internationales, FMI, 4 mars 1981（MINEFI, Z 9944）.

＊194　ウリは一九五二年から五九年まで欧州石炭鉄鋼共同体の官僚を務め、ジャン・モネの協力者でもあった。ウリの欧州へのコミットメントについては、Pierre Uri, *Penser pour l'Action*, Paris: Odile Jacob, 1991; Do., "Témoignage: La Construction de l'Europe," in *Revue Politique et Parlementaire*, janvier-février 1988 を参照。

＊195　ギグーへのインタビュー（パリ、二〇〇四年一〇月一二日）; Jacques Attali, *Verbatim. 1, op. cit*., p. 397, p. 403. アタリは、この会合を受けてミッテランはモーロワを首相に据えたままＥＭＳから離脱することを決心したようだと印象を書いている。なお参加したエコノミスト八名のうちリブーはいうまでもなく、ウリとドニゼも離脱派だったとアタリは証言する。アタリへのインタビュー（パリ、二〇〇四年一月一二日）。

＊196　Favier, Pierre et Michel Martin-Roland, *La Décénnie Mitterrand*, *t. 1, op. cit*., p. 463. See also, Georges, Saunier, "L'Elysée et l'Organisation Economique de l'Europe 1981–1983," in *Milieux Economiques et Intégration Européenne au XXème siècle*, *op. cit*., p. 44.

＊197　Attali, Jacques, *Verbatim. 1, op. cit*., p. 402.

＊198　*Le Monde*, 4 mars 1983.

＊199　*Le Figaro*, 8 mars 1983; *Le Matin*, 15 mars 1983; *Les Echos*, 15 mars 1983.

＊200　Attali, Jacques, *Verbatim. 1, op. cit*., pp. 403–404.

＊201　Jacques Delors, Monsieur le Président de la République, 6 mars 1983（AFC）.

＊202 Christian Sautter et Elisabeth Guigou, Note pour M. Le Président, 8 mars 1983（AFC）.

＊203 Jacques Attali, Note pour Monsieur le Président, 8 mars 1983（AFC）.

＊204 Attali, Jacques, *C'était François Mitterrand*, Paris: Fayard, 2005, p. 147; Do., *Verbatim. 1*, *op. cit.*, p. 405.

＊205 Attali, Jacques, *Verbatim. 1*, *op. cit.*, p. 399.

＊206 Elisabeth Guigou, Note pour le Président de la République, 2 mars 1983（AFC）.

＊207 *Le Monde*, 8 mars 1983. なおドロールが初めて出馬したのがこの地方選挙で、パリ近郊のクリシー市長に選出された。

＊208 作者不明、Note: Quelles leçons tirer des éléctions municipales? 7 mars 1983（AFC）. ルペンのＦＮ（国民戦線）は、この時一〇％を得票した。

＊209 *L'Année politique Économique et Sociale en France. 1983*, *op. cit.*, pp. 9–10.

＊210 Le Gall, Gérard, “Un Recul du “Bloc au Pouvoir” moindre en 1983 qu'en 1977,” in *Revue Politique et Parlementaire*, mars-avril 1983, p. 29.

＊211 Mauroy, Pierre, *Mémoires*, *op. cit.*, 2003, p. 260.

＊212 Estier, Claude, *De Mitterrand à Jospin*, Paris: Stock, 1996, p. 205.

＊213 Mauroy, Pierre, *Mémoires*, *op. cit.*, p. 260. 以下本文で引用する発言は、当事者のメモワールおよび下記ジャーナリストのインタビューからである。事実経過については原則としてアタリの手記、ジャーナリストの著作 Pierre Favier et Michel Martin-Roland, *op. cit.*; Bauchard, *op. cit.*; モーロワの補佐官だった Thierry Pfister, *La Vie Quotidienne à Matignon au temps de la gauche*, *op. cit.* を参照した。アタリの手記は、とくに八〇年代後半に注目する歴史家の間では不正確な記述が多いとして評判がよくなく、ボゾは「アタリ問題」とまで表現している。Fréderic Bozo, *Mitterrand, la Fin de la Guerre Froide et l'Unification Allemande*, Paris: Odile Jacob, 2005, p. 12. アタリの手記の問題点は、Françoise Carle, *Les Archives du Président*, Paris: Edition du Rocher, 1998, p. 111 参照。他方、アタリは政策決定過程でのミッテランの「歴史の鏡」でもある（Catherine Nay, *Le Noir et le Rouge*, Paris: Grasset, 1984, p. 368）。これは、ミッテランの選好をアタリが規定していたからではなく、ミッテランの選好をアタリが斟酌した上で政策を提案しており、そこからミッテランの選好が推論可能であるためである。これに対して Favier et Martin-Roland と Bauchard の記述は当事者たち（ドロールとシュヴェンヌマン）も認めるほど精度が高い。発言の順番や会談の時間等について若干の違いはあるものの、内容の食い違いはみられない。複数の資料で確認できない場合は、当該時期の詳細について「最低でも二つの取材源で確認できない限り引用しない」とする Pierre Favier et Martin-

Roland の著作（*Ibid*., p. 465, fn. 5）からの引用とする。

* 214 Mauroy, Pierre, *Mémoires, op. cit*., pp. 260–261.

* 215 *Ibid*., p. 262.

* 216 Debré, Michel et François Mitterrand, “L’Exercise du Pouvoir. Extraits d’un débat télévisé sur le pouvoir exécutive dans la Ve République,” in *Pouvoirs*, vol. 9, 1979, p. 93.

* 217 Peyrefitte, Alain, *Le Mal Français*, Paris: Plon, 1976, p. 355. また第五共和制における首相の役割に着目したものとして、Robert Elgie, *Role of the Prime Minister in France, 1981–91*, New York, Palgrave, 1993 も参照。

* 218 Mauroy, Pierre, *Mémoires, op. cit*., p. 264.

* 219 Favier, Martin et Michel Martin-Roland, *La Décénnie Mitterrand*, *t. 1, op. cit*., p. 467

* 220 Bauchard, Philippe, *La Guerre des Deux Roses, op. cit*., p. 142.

* 221 Favier, Martin et Michel Martin-Roland, *La Décénnie Mitterrand*, *t. 1, op. cit*., p. 467.

* 222 *Ibid*. ミッテランのこの会話はE・フォールも証言している。See, Jean Daniel, *Les Religions d’un Président*, Paris: Grasset, 1988, p. 127.

* 223 Mauroy, Pierre, *Mémoires, op. cit*., p. 258.

* 224 July, Serge, *Les Années Mitterrand*, Paris: Grasset, 1986, p. 91.

* 225 Favier, Martin et Michel Martin-Roland, *La Décénnie Mitterrand*, *t. 1, op. cit*., p. 467.

* 226 Mauroy, Pierre, *Mémoires, op. cit*., p. 265.

* 227 Favier, Martin et Michel Martin-Roland, *La Décénnie Mitterrand*, *t. 1, op. cit*., p. 468; Mauroy, Pierre, *Mémoires, op. cit*., p. 265.

* 228 Attali, Jacques, *Verbatim. 1, op. cit*., p. 409.

* 229 Bauchard, Philippe, *La Guerre des Deux Roses, op. cit*., p. 142.

* 230 Cited in Serge July, *Les Années Mitterrand, op. cit*., p. 90. See also *L’Express*, 18 mars 1983; *La Libération*, 16 mars 1983.

* 231 Jacques Attali, Note pour Monsieur le Président, 14 mars 1983（AFC）.

* 232 *La Libération*, 15 mars 1983. リベラシオン紙はアタリが記すように、他紙と比較して大統領周辺の情報に通じており、EMSをめぐる問題を詳細にフォローしていた。Attali, Jacques, *Verbatim. 1, op. cit*., p. 407.

* 233 *Le Matin*, 15 mars 1983.
* 234 Favier, Martin et Michel Martin-Roland, *La Décénnie Mitterrand*, *t. 1*, *op. cit*., p. 469.
* 235 Attali, Jacques, *Verbatim. 1*, *op. cit*., p. 409.
* 236 Mauroy, Pierre, *Mémoires*, *op. cit*., p. 266.
* 237 Attali, Jacques, *Verbatim. 1*, *op. cit*., p. 409.
* 238 Pierre Bérégovoy, Note à l'attention de Monsieur le Président, le 12 septembre 1982（AFC）. ファビウスも、外貨準備高は首相と経済財政相のみが知る事項だったとしている。Laurent Fabius, *Les Blessures de la Vérité*, Paris: Flammarion, 1995, p. 74.
* 239 *La Libération*, 21 mars 1983.
* 240 Attali, Jacques, *C'était François Mitterrand*, *op. cit*., p. 150.
* 241 Comptes Rendu du Conseil des Ministres de 16 mars 1983（AFC）.
* 242 Claude Cheysson, 16 mars 1983（AFC）.
* 243 Attali, Jacques, *Verbatim. 1*, *op. cit*., p. 411.
* 244 Bauchard, Phillipe, *La Guerre des Deux Roses*, *op. cit*., p. 144.
* 245 Favier, Martin et Michel Martin-Roland, *La Décénnie Mitterrand*, *t. 1*, *op. cit*., p. 471.
* 246 Fabius, Laurent, *Les Blessures de la Vérité*, *op. cit*., p. 75; Jacques Attali, *Verbatim. 1*, *op. cit*., p. 411.
* 247 Laurent Fabius, cited in Jean Lacouture et Patrick Rotman, *Mitterrand, Le Roman du Pouvoir*, Paris: Seuil, 2000, p. 139.
* 248 Favier, Martin et Michel Martin-Roland, *La Décénnie Mitterrand*, *t. 1*, *op. cit*., p. 472.
* 249 See *Le Matin*, 21 mars 1983; *La Libération*, 21 mars 1983; *Le Monde*, 22 mars 1983. 辞表は一七日に提出され、二〇日まで公にされなかった。
* 250 Attali, Jacques, *Verbatim. 1*, *op. cit*., p. 411.
* 251 ドロールは一四日からの一週間でミッテランと八回、モーロワと四回面談したという。Delors, Jacques, *Mémoires*, *op. cit*., p. 157.
* 252 Gaston Defferre, Ministère de l'Intérieur et de la Décentralisation, le 17 mars 1983（AFC）.「追伸」として、ドフェールはベレゴヴォワからＥＭＳ離脱はそう大きな危険をともなわないと聞いている、とミッテランに報告している。Favier et Martin-Roland は、ミッテランが前日の一六日にドフェールに外貨準備高を確認させた結果、ＥＭＳ残留に傾いたとしており、ドフ

エールの主張を説明しない。また二一日付のリベラシオン紙も、一七日の段階でドフェールはＥＭＳ離脱を主張していたとしている。

＊253　Gaston Defferre, A Monsieur François Mitterrand, 20 mars 1983（AFC）.

＊254　Favier, Martin et Michel Martin-Roland, *La Décénnie Mitterrand, t. 1, op. cit*., p. 473.

＊255　Attali, Jacques, *Verbatim. 1, op. cit*., p. 411.

＊256　*Le Figaro*, 18 mars 1983.

＊257　*La Libération*, 18 mars 1983.

＊258　Stoltenberg, Gerhard, *Wendepuntke*, Berlin: Siedler, 1997, S. 317.

＊259　ドロールへのインタビュー（パリ、二〇〇五年一月二二日）。

＊260　「われわれはフランスがＥＭＳから離脱すると一度たりとも考えたことはなかった」（ゲンシャー）。Cited in Jean Lacouture, *Mitterrand. Une Histoire de Francais, t. 2*, Paris: Seuil, 1998, p. 95.

＊261　Delors, Jacques, *Mémoires, op. cit*., p. 158.

＊262　「モーロワもドロールも切下げに反対していた。彼らに抵抗することは私にはできなかった。その後、フランの大幅な切下げを望んでも、ＥＭＳがこれを拒んだ」。Cited in Philippe Bauchard, *La Guerre des Deux Roses, op. cit*., p. 164.

＊263　Favier, Martin et Michel Martin-Roland, *La Décénnie Mitterrand*, *t. 1, op. cit*., p. 473.

＊264　Stoltenberg, Gerhard, *Wendepuntke, a.a.O*., S. 320.

＊265　ドロールは後日「傲慢で配慮に欠ける」とはドイツ人に対してではなくて、ドイツの報道機関に対しての発言だったと訂正した。*Le Monde*, 23 mars 1983.

＊266　Aron, Raymond, “Les dix jours,” in *L'Express*, 26 mars 1983.

＊267　Attali, Jacques, *Verbatim. 1, op. cit*., p. 413.

＊268　*La Libération*, 21 mars 1983.

＊269　Mauroy, Pierre, *Mémoires, op. cit*., p. 269. 記者団は、ドロールの帰国をもって内閣改造が同日中にも行われると確信した。See, e.g., *La Libération*, 21 mars 1983.

＊270　Favier, Martin et Michel Martin-Roland, *La Décénnie Mitterrand*, *t. 1, op. cit*., p. 475. 昼食会に同席したエスチエによる。

＊271　Attali, Jacques, *Verbatim. 1, op. cit*., p. 413.

＊272 Favier, Martin et Michel Martin-Roland, *La Décénnie Mitterrand, t. 1, op. cit.*, p. 475.

＊273 オランダ・ギルダーは三・五%、デンマーク・クローネは二・五%、ベルギーとルクセンブルグ・フランは一・五%切上がり、イタリア・リラは一・五%、アイルランド・ポンドは三・五%の切下げとなった。なおフランスのワイダーバンドへの移行は結果的になかった。

＊274 *Le Monde*, 22 mars 1983.

＊275 Mauroy, Pierre, *Mémoires, op. cit.*, pp. 269–270. シュヴェンヌマンは「ベレゴヴォワは四八時間だけ首相だった」という（インタビュー、パリ、二〇〇四年一〇月一四日）。

＊276 Maris, Bernard, *Jacques Delors*, Paris: Albin Michel, 1992, p. 185. 西ドイツ側もドロールが首相になればフランスの緊縮策はより信頼性が高まるため、これを期待している、と報道された。*La Libération*, 19–20 mars 1983.

＊277 *Le Monde*, 22 mars 1983.

＊278 Jean Riboud, cited in Serge July, *Les Années Mitterrand, op. cit.*, p. 99.

＊279 Attali, Jacques, *Verbatim. 1, op. cit.*, p. 413. 首脳会議の最中、ミッテランはドロールと二時間にわたって会談している。ドロールは「彼は新内閣のことを考えて私を試していた」という。Jacques Delors, *Mémoires, op. cit.*, p. 158.

＊280 空港から大統領府まではモーロワが同行したが、その際のミッテランの発言は当事者間で大きく食い違っている。モーロワはミッテランが「貴方を首相とする」と述べたと記し（Pierre Mauroy, *Mémoires, op. cit.*, p. 270）、アタリは「貴方は終わりだ。新内閣を任命する」と述べたと記す（Jacques Attali, *Verbatim. 1, op. cit.*, p. 414）。他方、Favier と Martin-Roland によるインタビューでモーロワは、ミッテランは「何も決定的なことは言わなかった」としている（Pierre Favier et Michel Martin-Roland, *La Décénnie Mitterrand, t. 1, op. cit.*, p. 479）。

＊281 Cited in Pierre Favier, Martin et Michel Martin-Roland, *La Décénnie Mitterrand, t. 1, op. cit.*, p. 480.

＊282 Cited in Philippe Bauchard, *La Guerre des Deux Roses, op. cit.*, p. 150.

＊283 Delors, Jacques, *Mémoires, op. cit.*, p. 159.

＊284 その一年後、ミッテランはドロールに「貴方が宮殿の指揮者となって、私を怠惰な王にしたかったのだろう」と述べている。Lacouture, Jean, *Mitterrand. Une Histoire de Francais, t. 2, op. cit.*, pp. 98–99.

＊285 Favier, Martin et Michel Martin-Roland, *La Décénnie Mitterrand, t. 1, op. cit.*, p. 491. 一九八九年のミッテランによる証言。

＊286 Attali, Jacques, *Verbatim. 1, op. cit.*, p. 415.

＊287　二二日に、ドフェールは風邪のために翌日の閣議に出席できないとミッテランに連絡を入れているが、その際「もし内閣改造が行われるならば、地方分権法案の可決と権限委譲の仕事を完了したく、引き続き内務相の地位に留まりたい」と付け加えた（Gaston Defferre, Personnelle: Cher Président, le 22 mars 1983［AFC］）。これは少なくとも同日まで内閣人事についてまったく白紙だったことを意味している。なおこのドフェールの希望は受け入れられた。

＊288　Favier と Martin-Roland は、この時シュヴェンヌマンは国土整備相と計画庁長官、さらに閣内プロトコール三位のポジションを要求し、受け入れられなかったために入閣しなかったとしているが、本人のメモワールではそのような要求をしたことはないとある。See Pierre Favier et Michel Martin-Roland, *La Décénnie Mitterrand*, *t. 1, op. cit*., p. 482; Jean-Pierre Chevènement, *Défis Républicains, op. cit*., pp. 109–110.

＊289　首相含め閣僚が一五名、その他に担当相（ministre délégué）が八名、閣外相（secrétaire d'état）が一九名、政府スポークスマン一名という構成となった。

＊290　Haegel, Florence, "Devenir Ministre," in Serge Berstein et al.（sous la direction de）, *François Mitterrand, op. cit*., p. 60.

＊291　Compte Rendu de Conseil des Ministres, 23 mars 1983（AFC）.

＊292　Aron, Raymond, "L'Austerité Socialiste," in *L'Express*, 7 avril 1983.

＊293　Allocution Prononcée par M. François Mitterrand, Président de la République Française, Palais de l'Elysée, mercredi 23 mars 1983.

＊294　Compte Rendu de Conseils des Ministres de 25 mars 1983（AFC）.

＊295　*Le Monde*, 25 mars 1983.

＊296　*La Libération*, 26 mars 1983; *Le Monde*, 26 mars 1983; *Le Figaro*, 26–27 mars 1983.

＊297　Comptes Rendu de Conseil des Ministres de 30 mars 1983（AFC）.

＊298　Note pour M. Le Président, Mesures Economique, Réactions Provinciales, 28 mars 1983（AFC）.

＊299　*Le Quotidien de Paris*, 30 mars 1983.

＊300　Attali, Jacques, *C'était François Mitterrand, op. cit*., p. 155.

＊301　*L'Express*, 1er avril 1983.

＊302　*Le Quotidien de Paris*, 28 mars 1983. モッチャンは「緊縮政策は国際協力という名のテロリズムに等しい」とまで発言している。*La Vie Française*, 28 mars 1983.

＊303 *Le Figaro*, 28 mars 1983.
＊304 *Le Monde*, 28 avril 1983; *Le Matin*, 29 avril 1983.
＊305 *Le Poing et la Rose, Spécial Responsables*, avril 1983.
＊306 Cited in *Le Monde*, 8–9 mai 1983. See also Lionel Jospin, "Pour un congrès de la réussite," in *L'Unité*, 13 mai 1983.
＊307 Chevènement, Jean-Pierre, "Le Défi à la Gauche," in *Le Monde*, 11 mai 1983; 12 mai 1983.
＊308 Mandrin, Jacques, *Le Socialisme et la France*, Paris: Edition le Sycomore, 1983. Mandrinは、CERESのシュヴェンヌマン、モッチャン、ギドニの共同ペンネームである。
＊309 *Ibid.*, pp. 14–15.
＊310 *Le Monde*, 1er novembre 1983.
＊311 *Le Monde*, 30/31 octobre 1983.
＊312 *Le Poing et la Rose*, décembre 1983.
＊313 Comptes Rendu du Comité Directeur, Parti Socialiste, 3 novembre 1983（OURS）.
＊314 Jospin, Lionel, in *L'Unité*, 28 octobre 1983. ジョスパンはこの「挿入括弧」の言葉を用いることはミッテランと相談したわけではなく、自らの発案だったとしている。Jean Lacouture, *Mitterrand. Une Histoire des Francais, t. 2, op. cit.*, p. 681.
＊315 ジョスパンへのインタビュー（パリ、二〇〇四年一〇月七日）。
＊316 *Le Nouvel Observateur*, 21 octobre 1983による世論調査。
＊317 *The Wall Street Journal*, 31 October 1983.

第六章　社会主義からヨーロッパの地平へ

新たなリーダーシップの獲得

ミッテラン社会党による「一国社会主義」は確かに、後世に同情的もしくは侮蔑的に呼ばれるように、短くも壮大な「実験」であった。[*1] その過程と意図はともかく、政治的想像力は経済という現実の前に敗北したのである。しかし「実験」は決して「実験」で終わることを予定して始められたのではない。フランスにおける社会主義を実現すべく権力を獲得したのも、そしてこれを自覚的に放棄したのも、ミッテランのリーダーシップとフォロワーの相互作用によっていた。ミッテランの戦略が功を奏してＥＭＳからの離脱が現実となっていれば、その後の欧州統合の様相は大きく変わっていただろう。しかし、一九八三年三月をもってフランスは欧州統合に埋め込まれることを選択した。ＥＭＳ残留はフランスの政治と経済の分岐点となり、九〇年代の単一通貨創設に直結するのである。[*2]

一方で、社会党が結党された一九七一年から八三年の「転回」までに作られたリーダーとフォロワーの関係は、最終的に断ち切られた。その過程でミッテランは新たなリーダーシップのあり方を採用していくことになるのである。

ミッテランは八三年九月のテレビ・インタビューに答えて、現下の財政緊縮路線は正しいと再確認し、「もうひとつの政治」が呼び戻されることはあり得ないとした。「政府の政策はひとつしかない。私自身は現在の状況で可能な政策はひとつしかないと考えている。(中略)現代の世界、地球の矮小化、たとえば極東での経済的意思決定にみられる新たな中心の出現、共同市場におけるフランスの存在などは、フランスがゲームに加わり、その知恵と意思を総動員することを要請していると思う」[*3]。ミッテランは「階級闘争は私の目標などではなく、それを終わらせることを目標としている」と、すでに政党党首ではなく、大統領としてのアイデンティティをわが物としていた。他方で、翌年五月のインタビューでは「緊縮政策は挿入括弧でしかなく、それは労働と生産の方式と社会情勢が現代化し、非常に厳しい世界競争のなかでチャンスを得るためのつかの間のものにすぎない」と言い張った[*4]。

一九八三年を境に政治は大きく様相を変えた。八三年三月をもってミッテランと社会党は「プロジェ」路線に回帰することはなかった。「転回」前はユートピア的な色彩を帯びていたのに対し、その後は来るべきディストピアを前にして、いかに政治を生き延びさせるのか腐心しなければならなくなった。そのような状況で、ミッテランがもはや取引的なリーダーシップを発揮できる余地はなかった。「転回」を果たして、最終的な政策を決定すれば、「変革的リーダーシップ」の核心である新たな価値提示もできない。社会党は政権の追従者となり、大統領のリーダーシップの資源として機能しうる多元性も失っていた。エコノミストとして政権ブレーンを務めていたリピエッツが当時の状況を「自由主義に彩られたフランス社会主義」と形容したのも無理はなかった[*5]。八三年一二月、大統領府のスタースからビアンコ、ソテール、ギグー等EMS残留派補佐官に送られたメモは、政策策定にあたっての前提を示してい

る。スタースはいう。フランス産業はグローバリゼーションの時代に完全に立ち遅れており、したがって世界経済が好転すれば成長が回復すると考えるのは「幻想的であるだけでなく自殺的である」。それゆえ、八三年三月の決定を覆してサプライサイド経済から離反することは許されず、また「強い企業が世界市場に打って出るために国家は弱くなければならない」と。[*6] ケインズ主義の終焉をエコノミストも明確に認識する時代となった。[*7]

社会党政権の政策を批判的に観察していたアロンは、実施された緊縮政策は、欧州共同体、とりわけ西ドイツの要請に従うためのもの、といち早く診断していた。そして、路線はもはや「不可逆的な選択」と見切りをつけた。[*8] また人民戦線と社会党政権を比較してアリミは次のように述べた。「ミッテラン大統領の最初の二年とまったく同じように人民戦線の最初の二年は、三度の切下げと世界経済の回復を待つだけの、貿易管理と保護主義政策のともなわない競争力を欠くリフレを経験した。こうした失策の結果が積み重なって政府が主張したのが『休止』だった」。[*9] フランス経済と社会党が生き残るには、一時的ではあっても、市場主義経済を受け入れなければならなかった。しかし一度でも譲歩したものは取り返すことはできない。現代の自由主義の波をかぶった社会主義は、もはやそれ以前と同じではあり得ず、国家による社会の組織化、社会の進歩、個人の社会化といった社会主義の根本原理は、社会コミュニケーション、再帰性、個人的社会で置き換えられねばならない。[*10]

ここでミッテランに残されたのは、国内ではなく、よりスケールと資源が広がる欧州という地平だった。そして、ミッテランは新たなリーダーシップ・スタイルを獲得することになる。

ミッテランは、七〇年代は社会党第一書記として、八〇年代はフランス大統領として、そして九〇年

代は欧州建設の父として、リーダーシップの地平を拡大させていった。確かにパートナーたる独コール首相は、ミッテランを「偉大なる欧州人」と形容した。[*11] しかしミッテランにとって欧州統合とは、あくまでも自らの政治的立場に従属する道具主義的なものでしかなかったはずである。

ミッテランのイメージが「欧州人」へと変化したのはなぜなのだろうか。スタースは、身近で観察したそのリーダーシップ・スタイルを次のように総括している。[*12]

ミッテランにとって政治とは、権力の獲得とその後の実践にあった。権力のカードは力、狡猾さ、夢にあることをキャリアから学んだ。ゲームに勝つにはカードをシャッフルしないことが重要であるから、意見や立場を変えてはならない。それは選択が間違ったと告白し、弱さを見せることにつながるからである。（中略）そして、夢への誘いは厳しい言葉を発することを禁じる。それはロマン主義という脆い寵愛によって保たれている権力と国民とのつながりを切断するからだ。だからこそミッテランの鋭敏で自由な精神は、指針を変えないままに重要な政策を、簡単に変更できるのである。

ミッテランが社会主義の実現に失敗したと自覚していたことは確かである。晩年に「私は一九七四年に大統領になるべきだった。[*13] まだ五八歳だったし、国際経済の条件も八一年よりはよかった。採りうる政策の幅は広かっただろう」と漏らした。しかし、だからこそ政治の「力と狡猾さと夢」を維持するため、ミッテランと社会党は社会主義に代わって、欧州統合を選択しなければならなかった。そこで採用されたのは選択操作的なリーダーシップだった。このリーダーシップは、もはや固定されたフォロワー

に資源を求めず、状況に応じて資源を組替え、それがなくなると新たな資源を求めてさまよう。そしてミッテランが新たに見出したこのリーダーシップ・スタイルは、欧州統合という地平においてきわめて有効に機能したのである。

1　モーロワ内閣の変容と新自由主義への助走

第三次モーロワ内閣は八四年七月、社会経済政策ではなく教育改革の失敗から退陣することになった。「社会主義プロジェ」とミッテランの「一一〇の提案」は、私立校の制度的地位変更を含む「統合され政教分離の原則に基づいて民主的に運営される大きな公共サービス（略称GPULEN）」の実現を謳っていた。[*14] 第三共和制と同様の「教師の共和国」と言われたように、八一年に選出された社会党議員の四八％は教育機関出身者であり、さらに党の強力な支持母体であるFEN（全国教育連盟）、FCPE（父母支援連盟）やCNAL（全国世俗委員会）などでは世俗教育派が多数を占めていた。[*15] 公約に従ってサヴァリー教育相は二年間にわたる交渉に区切りをつけ、私立校に対する監督権限強化や非常勤教師の身分変更を可能にする改革案をまとめた。しかし、同案はカトリック系私立校ネットワークの反対デモ、さらに政府の譲歩に反対する世俗教育派による数百万人規模のデモを招くことになった。政治的左右を横断する世俗－カトリックの歴史的対立軸から生じた街頭の政治に、社会党政権は対応できなかった。すでに傷ついていたモーロワ内閣を改造で延命させるには限界があり、法案撤回とともに提出されたモーロワの辞任要求を、ミッテランは今度こそ受諾せざるを得なかった。[*16]

後任に任命されたのは、史上最年少の首相となるファビウスだった。首相候補のうち、ミッテランが指名したのは歴史意識とイデオロギーに囚われない、最も若いテクノクラートだった。七月一七日、ファビウスを昼食の場に呼び、例によってミッテランは相手の出方を窺って、明確な信任を与えなかった。そして、同日午後に、ファビウスは自分が首相となると大統領府事務局から知らされる。[*17] モーロワの後任はドロールかベレゴヴォワと予想されていた。しかし、新しい政治には新しい人間が必要だった。しかも、ファビウスはミッテラン派の中心に位置し、大統領のイニシアティヴに逆らうことは考えられなかった。ディスインフレ路線の続行が求められる経済財政相には経済拡張派だったベレゴヴォワが任命され、行き詰まった教育行政の立て直しは世俗教育論者のシュヴェヌマンに任された。ロカールも農業相として、モーロワ政権下でこじれていたFNSEAとの関係を立て直すという「忌々しい引継ぎ」(ロカール)をしなければならなかった。[*18] ライバルをその政治姿勢と反するような状況に置いて、むずかしい任を負わせるのはミッテランの常套手段だった。首相の座に依然として興味を示していたドロールは、ミッテランとコールが密約していた欧州委員会委員長のポストを内示され、国内にもはや居場所がないことを悟った。[*19]

第三次モーロワ内閣からすでに始まっていた党派色の払拭は、ファビウス内閣でさらに強まった。首相府が主宰する閣僚会合と省庁間会合は、八二年にそれぞれ一一二回、一八五五回と第五共和制史上最多で開催されていた。[*20] それが八三年には四三回と一五〇〇回、八四年になると三九回と一三五六回を数えるのみとなった。これは、政策がもはや派閥横断的な広範な連合と調整に基づくのではなく、より規律化・近代化した政権政党によって遂行されることを意味した。閣僚も、ドフェールを除けば国務大臣

級はおらず、モーロワ政権でみられた派閥均衡型内閣の特色は消滅した。共産党はファビウス新政権に加わるのを拒否し、社会党も共産党を無視した。[*21]

新内閣の課題は、欧州統合が課す「競争的ディスインフレ政策」の継続と企業競争力の推進だった。これを象徴するかのように、ファビウスは施政方針演説で「雇用の改善はある程度の成長を必要とし、この持続的な成長は輸出可能で国内市場のシェアを維持できる強固な生産設備を必要とする」と述べて、「近代化と結集」を目標に据えた。[*22] 需要創出と国有化ではなく、供給の強化と企業投資の掘り起こしが主目的になった。同じように「規制緩和（déreglementation）」という用語が、金融市場改革（信用供与、外資規制緩和、外為法改正）に際して使用されるようになる。

ファビウス内閣の発足直前に、モーロワ内閣は鉄鋼、造船、炭鉱業の人員整理に乗り出し、経営陣に受け入れられないとわかるや、製鉄クルゾ・ロワール社の「史上最大の倒産」を認めた。[*23] モーロワ首相は、失業対策として雇用者の社会保障費を一％増やし、早期退職度制度の拡大や給与付きインターン制度の導入を図ったが、予算圧縮を要求するドロールと、産業政策の権限を付与されていた産業相ファビウスが反対、共産党閣僚を除いて閣内で支持を得られず、ミッテランも無視を決めこんだ。[*24]

すでにミッテランは、欧州統合を方便として利用するようになっていた。鉄鋼・製鉄業の現況に触れて、「ＥＥＣは一九八六年からあらゆる補助金を禁止することになっており、わが国は開始時期の一年延長を求めているが、遅くとも八七年からは製鉄業の赤字を補填できなくなる。そのためにもまず利益を上げて投資にまわし、高収益をもたらす技術領域を選択した上で、リスクをとれるような企業を支援しなければならない。それだけだ[*25]」とした。

一九八五年度予算は、ディスインフレ政策と租税負担削減の路線が徹底された。所得税と職業税が減らされ、租税負担率は一九七一年以来初めて低下した。[*26] ここに「転回」後の基本路線となり、九〇年代に続く社会経済政策が定まった。ファビウス内閣は、ディスインフレと財政赤字削減を基調としながら、国内産業と研究開発の発展を追求しなければならないという、きわめて限定的な政策環境のもとに置かれることになった。

欧州の制度的枠組みもフランス経済産業を縛りつけていた。「われわれは欧州の存在に気づく必要がある。われわれの国内経済はあまりにも狭小であるから、汎欧州的な連携を模索していかなければならない」[*27]（ファビウス）。しかし、新首相のいうこの欧州には、過去のミッテランと同じように、きわめて機械的かつ制度的なイメージが投影されていた。[*28] フランスが八五年四月に発表し、加盟国以外の参加も認めた「欧州研究協力庁」（通称 EURÊKA）計画は、このような産業主義的欧州像の延長線上に位置づけられるものだった。[*29]

八三年後半には、欧州統合とフランスの経済政策を再度接近させる構想が政府内で練られていた。ファビウスと計画庁のラグランジュが中心メンバーのワーキング・チーム「産業の欧州的再興（Relance Industrielle Européenne）」が結成され、ＥＣＳＣに倣って、高付加価値の新産業による技術革新を統合の基礎に据えること、そのための専門機関を設置すること、技術基準の統一を目指すことなどが盛り込まれた。[*30]

緊縮路線を採用したため、フランスの八四年以降の経済見通しは明るくなかった。原油高がひと段落したことでインフレ圧力は弱まったものの、成長率は他の先進国と比較しても二％台と停滞し、失業者

数も八八年までに二七〇万人に上ると予測された。[*31] 一九八六年の総選挙で社会党が敗北することは党の内外で明白に意識されていた。[*32] それまでに、域内市場の強化、欧州経済活動の推進、EMSの制度的確立（consolidation）が重要な政策課題となった。[*33]

EMS残留を契機とした社会主義の挫折は、「フランスの独立と欧州の建設が相互補完的になる」ような方法（ミッテラン）、[*34] すなわち新たな次元の政治プロジェクトを必要とした。一九三六年の人民戦線と異なるのは、このプロジェクトによってフランス社会党が「持続性」という歴史的地位を得たことだった。しかしそれには新たな動員戦略を模索しなければならなかった。

2　ミッテランの欧州議会演説とフォンテンヌブロー首脳理事会

タイミングのよいことに一九八四年は、フランスがEC前期議長国を務める年であり、ミッテランは本格的に欧州政策と取り組めるようになった。ミッテランは、議長国としてアジェンダを設定するため、特使を務めていた下院議員デュマを前年末に欧州問題担当相に任命、[*35] さらに六カ月間で加盟国首脳と三〇もの首脳会談をこなした。[*36] 第五共和制でも、大統領が外交を「個人化した」数少ない瞬間だった。[*37] 二月に入って、ミッテランはオランダで、情報通信、バイオテクノロジー、運輸インフラ、公共調達の自由化、研究者の自由移動と「他の先進工業国が進める保護主義との闘い」こそが欧州の課題だと掲げた。[*38]「三六年前の一九四八年五月七日と八日、まさにこの場、〔オランダ議会にある〕この『騎士の間』で、私は偉大なデッサンが描かれるのを目にした」と、自らがハーグ欧州会議に出席していたと付言するのも

忘れなかった。さらに五月二四日、今度はストラスブルグの欧州議会で「フランスの欧州人、個人的な関わりでもって欧州誕生の各段階に立ち会った欧州人」と自己紹介し、欧州統合の新たな段階を主張した[*39]。

戦争が遺した課題を共同体は今日果たしたといえるだろう。(中略)われわれの大陸で、大陸の外におけるすべての人々、つまり他者にわれわれの運命を委ねるのか、それとも欧州を文明として、私の好きなホイットマンのいうように「それがそれである」ところのものとして作り上げるために、人知と能力、想像の才能、物理的・精神的・文化的資源を統合しようとするのかのいずれかである。

この演説でミッテランはEUを創設するための条約の締結を呼びかけた。しかし、これは当時国家元首の発言としては、不自然なほどに欧州統合の必要性を強調した演説と受け止められた[*40]。ミッテランの具体的構想は、まったくのオリジナルなものではなかった。二月一四日には、イタリア人のA・スピネッリ率いる欧州議会の連邦主義的潮流「クロコダイル・グループ」が作成した、共同体の外交、経済、文化的権限の強化および欧州議会と委員会の政策形成能力を高める案が同議会ですでに採択されていた[*41]。ミッテランは、演説中スピネッリに対して「私個人はフランスの名において、貴殿の案を適切に検討する」と呼びかけた[*42]。フランス大統領が資源とすることのできるアイディアは、社会党党首よりも、はるかに多かった。

ミッテランが欧州議会議員を前に提示した数々の目標は、ちょうど一カ月後に開かれたフォンテンヌブロー欧州首脳会議で実現されることになった。同サミットで、議長のミッテランは三月のブリュッセ

ル理事会から持ち越されていた英国のEC予算拠出の還付問題を、西ドイツと連携して解決する。
このサミットでサッチャー首相は、自国への七〇％以上の還付を求め、ミッテランとコールは六五％を主張した。サッチャーは、コールに対して西独に英国軍が駐留していること、ともに拠出金の持出し国であることを根拠に同調を求めたが、仏独関係が優先された。すなわち、ミッテランと打ち合わせを済ませていたコールは、サッチャーにフランスの最終提案を呑むよう促し、ミッテランはこれを受け入れるよう迫り、六六％という妥協案に落ち着いた。[*43] サッチャー前から統合を停滞させていた一因だった英国の還付金問題は、ここに初めて解決をみたのである。[*44] その他にも、共同体の予算増額（各国VATベース拠出上限を一・四％へ引上げ）、スペイン・ポルトガルの新規加盟、新条約草案および市民の自由移動の検討委員会（通称ドゥーグ委員会とアドニノ委員会）の創設が決定された。こうして欧州加盟各国は「乳製品、ワイン、柑橘類、魚、予算といった問題から離れて、欧州共同体の未来について話し合う」時代を迎えたのである。[*45]
ミッテランはサミット後の記者会見で、英国の還付金問題の解決は果たして欧州統合にとって単なる「時間稼ぎ」なのか、「力強い再スタート」の手段なのかを問われて、次のように答えた。「英国の予算負担の問題がブラッセルでの重要な決定を阻害していたのだから、強力な再スタートである」。[*46] しかし一九八四年の再スタートは、ミッテランのイニシアティヴによるものというよりも、フランスの主張を織り込みつつ、八一年六月にトルン欧州委員長が提唱していた欧州統合の推進とCAP予算再編の問題解決が政治アジェンダに載ったもの、と指摘することも可能である。[*47] 八一年一一月には、西独ゲンシャーと伊コロンボ両外相が、安全保障・文化政策の統合を主張し（ゲンシャー＝コロンボ・イニシアティヴ）、

これが八三年六月のシュツットガルト欧州首脳理事会の最終宣言に、形式的ではあっても採り入れられていた。[*48] 八四年末までに、欧州委員会も中銀間決済（ＶＳＴＦ）でのエキュ利用限度の緩和、為替介入におけるエキュ利用、公的エキュの市場金利による加重平均といった具体的なプロポーザルを発表するようになった。[*49] 九〇年代に入るまで、ミッテランはこうした欧州アジェンダを、アドバルーンを打ち上げるかのように矢継ぎ早に発表していった。

八四年六月にデュマが作成した外交メモランダムは、その後のフランスの欧州外交の指針を端的に指摘している。[*50] それはＥＭＳを利用して、欧州通貨圏をとくに対米ドルで安定的なものにするため加盟各国の経済を調和させ、その具体的な道具として通貨バスケット・エキュの利用発展を促すというものだった。ＥＭＳという外的拘束から逃れられないのであれば、逆に最大限利用するという反転したロジックを、フランスはわずか一年弱の間で採用したのだった。それには、まず欧州という政治空間を再編する必要があった。ＥＣ財政とＣＡＰの改革で合意をみなかった八三年一二月のアテネ欧州理事会後、フランスの生存のためには国内ではなく、まず欧州から攻略しなければならないことをミッテランは痛感した。「政治の意思というものが存在しない。世界は変わりつつあり、東側諸国が胎動するなかでわれわれは眠ったままだ。フランスが議長国となる半年が決定的な時期となる」。[*51]

こうしたミッテランの意図も、そのアントレプレナーシップも、関係アクターに当時は真剣に受け止められなかった。[*52] それは、西ドイツや英国だけでなく、国内においてもそうであった。対欧州政策の調整を司るＳＧＣＩ（省庁間委員会事務総局）の代表部大使ナントイユは、八五年九月に召集されたＩＧＣ（政府間会議）で金融政策に関する条項を新条約に挿入することに消極的であり、財務省国庫局長のルベ

ッグも金融主権の部分移譲につながる改革を嫌った。[*53] ここでミッテランの個人的ネットワークが再び起動される。彼は前述のデュマに加えて欧州委員会にエージェントとしてドロールを、大統領府に欧州問題プロパーのギグーを配置して、IGCを機に突破口を開こうとし、さらにはスペインとポルトガルの新規加盟を待って英国に優位な交渉力を持とうとした。ナントイユに代わってギグーがSGCI局長に任命され、西独ゲンシャー外相や英外相との交渉はドイツ語に堪能なデュマに任された。デュマは戦後からミッテランと行動をともにした人物だった。さらに欧州問題担当相の職務は「欧州共同体を設立する条約の諸問題を担当する」と規定し直され、八四年一二月に外相級へと格上げされた際も「外相と欧州問題担当相から派生する職務に関する権限」を持つとされた。[*54] デュマの格上げにともなって、元外相のシェイソンは欧州委員（地中海・南北問題担当）に任命された。

フォンテンヌブロー欧州首脳会議で設置が合意されたドゥーグ委員会の報告書作成責任者も、ミッテランの長年の知人であるフォール上院議員に任され、その補佐役はデュマの弁護士スピッツァーが務めた。[*55] ミッテランの個人ネットワークが欧州にはりめぐらされることになった。均質な域内経済空間、共通の対外政策や特定多数決（QMV）などマーストリヒト条約（TEU）に帰結する同委員会の最終報告書は、フォールの叩き台とほぼ同じ内容で採択された。[*56] アドニノ委員会には、モーロワ内閣スポークスマンだったガロが代表として参加した。さらに、コールの補佐官テルチークのカウンターパートはアタリが務めた。[*57] 公式の外交ルートや国内省庁の管轄をバイパスするこうしたミッテランの個人ネットワークは、保革共存期を挟んでEMUへの段階策が提示される八九年六月の「ドロール報告」の発表とマドリード欧州首脳会議まで維持された。南欧二カ国の加盟交渉で重要な議題となったCAP政策について

さえ、農相のロカールは発言権をほとんど持たなかったのである。
こうして、理事会での特定多数決の導入や欧州議会の地位向上、人・モノ・サービスの自由移動などを盛り込み、八六年二月に調印された単一欧州議定書（SEA）は、ミッテランが二年の間に撒いた種からなった大きな果実のひとつだった。SEA調印までの道のりは、サッチャーの新自由主義の登場と西ドイツの介入主義的政策の後退に加えて、フランスの「転回」という、三つの要素からなる環境要因が揃って、初めて確保されたのだった。[*58]
SEAが妥結する直前の八五年六月のミラノ欧州首脳会議では、議長国イタリアはおろか欧州委員長のドロールにさえ知らされないまま、仏独二国間で進められていた欧州連合の設立草案が発表された。[*59]この「第二のフーシェ・プラン」（ドロール）は、外相理事会を中心とする政府間協議の構造のもとに委員会を置き、汎欧州的なソーシャル・ダイアログの開始、EMF（欧州通貨基金）の設置、欧州共通外交の調和を柱としていた。[*60]そしてこの仏独案を検討するためのIGCが召集され、SEAは本格的に着手されることになったのである。英国に加えてデンマーク、ギリシャが反対したIGC召集案は首脳会議での多数決という前代未聞のやり方で決定された。[*61]SEAが実現するまでには、確かにドロール委員長主導のもと、英コックフィールド卿による白書「域内市場の完成」の公刊も意味を持った。しかしドロール自身も認めるように、白書は前トルン委員会時代から構想されていたものであり、[*62]ドイツの後押しを受けて、八二年一二月には正式な政策課題としてすでに欧州理事会で採択されていた。しかし、理事会でフランスを代表したのは消費問題担当相でしかないラリュミエールだった。今回ミッテランのイニシアティヴによって、埋め込まれていたアイディアは掘り起こされ、活性化され、不完全ながらも具

体化の道をたどったのである。ミッテランの欧州政治空間での戦略は、ドイツと組むことで先導役へと転身し、英国を疎外しつつも仏独機軸に引き寄せるというものだった。そのためには、もはや国内類推による政策ではなく、まずドイツと共有できる政策の実現を図ることが必要だった。

ＳＥＡでは、一九九三年を期限とする域内市場の完成が方法は規定されないながらも明記され、ＥＭＵに向けて「共同体のより一層の発展に必要な経済および通貨政策の接近を確保するため」のＥＭＳ強化が謳われた（第二〇条）。ローマ条約の書き換えとバージョンアップという色合いが濃いにしても、労働環境の諸条件の調和（第二一、二二条）や経済・社会的結束条項（第二三条）といった社会政策が盛り込まれたことには大きな意味があった。ミッテランは、志向性を共有しつつも経済協力による基盤作りを優先するドロールに、欧州統合に社会的次元を導入することの重要性を説き、経済統合よりも政治統合を進めようとした[*63]。したがってミッテランにとって、ＳＥＡは最低限の目標は達成したが「欧州のための最小の生命力と私がいう以前のもの」が具体化したにすぎなかった[*64]。ＳＥＡを形作った仏独の原案は、ドロールにしてみればその作業過程はあまりにも拙速だった[*65]。しかしそうではあっても、ＳＥＡの前文第二節にある「この欧州連合を、まずそれぞれ固有の規則に従って活動する諸共同体の基礎の上に、第二に外交政策分野における署名国間の欧州協力の基礎の上に実現し、この連合に必要な行動手段を付与しようと決意し」といった文言をはじめ、多くの条文はこの仏独案に則っており[*66]、ドゥーグ委員会報告書とともに、ＴＥＵへの道筋を準備したのである。

交渉では戦術的な行動をとりつつも、ミッテランは欧州建設の過程において足元の課題を解決せずに次々に政治的目標を設定する「前方への逃避」を続けた。これができた背景には、八〇年代に入って停

滞していた状況を打破したいという各アクター間の機運があった。したがって、ミッテランはこれを資源として、統合を再起動させる役割を担ったにすぎない。たとえば、ミラノの仏独案は一九八三年六月のシュツットガルト欧州理事会で加盟一〇カ国が署名した「欧州連合に関する厳粛な宣言」の内容を含んでおり、政府間協議を調整するEU事務総局（secrétariat général de l'Union Européenne）の創設についてもすでに検討されていた事項だった。[*67] しかしミッテランも、フランスも、「社会主義プロジェ」の失敗によって融解した政治の境界線を再び引き直せるような目標を必要としていた。欧州建設は、フランスで放棄された社会主義の代わりに、政治的次元へと導入されたのである。八五年のIGCにおいて、ミッテランが企図したほどの大改革が行われなかったとしても、[*68] フランスの政治的空白を埋められるものであれば、それで十分だった。

一九八四年には、RPRとUDFが欧州議会選挙と二年後に控える下院選を視野に入れ、選挙協力の態勢をとっていた。だが欧州統合の次元が国内政治で比重を増せば増すほど、伝統的に新欧州派が多数を占めるUDFと、ゴーリズムの立場から反欧州的態度をとるRPRとの間に亀裂が入ることになる。事実、SEA締結直後にシラク首相が誕生して、RPRは国内で着手したネオ・リベラリズム政策に調和的なSEAの経済的自由主義と、他方で研究開発、教育、地域開発といった超国家的色彩の強い政策領域との間で揺れ動いた。つまり欧州統合に力を傾注すれば、ミッテランは国内での地位を強化することができるようになる。

モーロワは、社会党が政権を取る以前の一九七七年に「いつの日か、歴史はミッテランがフランス社会主義の再生に果たした役割についての評価を下すだろう」と記した。[*69] その答えが否定的だったとして

も、モーロワがやはり指摘するように、ミッテランのテーゼは、ジンテーゼを導くためのアンチテーゼと一体不可分なのであった。[*70]

3　社会党の受苦

ミッテランは一九八五年三月の地方選直前に、欧州拡大に関する国民投票の実施と欧州大統領職の設置・直接選出を訴えるまでになっていた。[*71]八六年大晦日の国民向けメッセージでは、「フランスはわれらが祖国、欧州はわれらが未来」と、フランスと欧州が初めて併置されることになる。[*72]八六年三月の保革共存政権の開始は、大統領がますます外交的次元へ傾斜するきっかけとなり、それは八八年の大統領選が近づくにつれて顕著なものとなっていった。一九八九年秋にはTEUに向けたIGC交渉で、単一通貨導入を渋るコールを、フランスが下した八三年の決断を持ち出して説得し、[*73]統一を目前に控えた東ドイツには一九五七年のローマ条約は単なる「通商条約を越えた」「信心の表明（acte de foi）」であると告げて、ドイツ統一を欧州統合の枠組み強化に利用しようとさえした。[*74]八三年を境にミッテランは欧州統合へと決定的に傾斜し、新たなリーダーシップの地平において正統性の源泉としてこれを最大限に利用するようになった。

ミッテランのリーダーシップの基盤と資源は、もはや政権与党として確立し「社会主義プロジェ」を失った社会党にではなく、ヨーロッパに求められるようになったのであり、社会党も、これに合わせて徐々に政策のスタンスを変えざるを得なくなっていた。欧州の政治空間と国内の政治空間を不可分とし

たリーダーには、正統性の源泉を主権国家と考えるフォロワーは追従できない。こうして、政権と政党は分離の道をさらにたどっていった。ミッテランはすでに「転回」の直後に、私は社会主義者でも社会党党首でもない、と宣言していた。就任からちょうど二年が経ち「フランス流の社会主義は、混合経済であってもなくても、それに解消されるものではない。（中略）社会主義について多くは語るまい。なぜなら私はフランスの名において語るのだから」[*75]と述べるに留まり、社会党との政策路線の違いについて尋ねられても「その種の問題は、この巨大な政党の責任者だった時から馴染み深い。しかし、私はもはやフランス全国民の大統領なのであり、政党内部の問題には、指導者であった政党も含め関わらない」と、距離をとる姿勢を明確にした[*76]。

八三年までの社会党にとって経済とは政治を意味し、インフレと外的拘束は無視できた。しかし「転回」後は、通貨の安定・インフレ抑制・欧州統合は選択可能な政策の外部に位置する、聖なる三位一体を意味するようになった。そして社会主義から欧州統合への移行は「恥ずべきものでも正当化できるものでもなく、欧州というプロセスで不可避のもの」と処理されたのである[*77]。こうして、「言説と実践が乖離し、信念より戦術を優先した」社会党は、近代化されていく過程ですでに「ラディカル」な存在であることを止めることになった[*78]。

一九八四年の欧州議会選挙に際して社会党は、ローマ条約からこの方、党は欧州とずっと共にあった、とマニフェストで述べた。「社会党は欧州共同体の源泉である。ローマ条約は社会党員によって導かれ、ミッテランが参画していた政府によって調印された。（中略）インターナショナルというわれわれの使命にとって、欧州は不可欠な次元であり、過去数カ月のうちに欧州の重要性を認識したのではない。わ

れわれは真の欧州人であり、平和で民主的、豊かで影響力のある、多様性と伝統を強みとする欧州を望んでいる」[79]。

欧州統合路線を強制的に選択させられた社会党は、内発的な形で、つまり派閥間の多元性を活かした形では派閥を動員できなくなっていた。「転回」でプロジェを破棄した「トラウマ」は、社会党としてどのような改革を行っていくか、という議論そのものを封じ込める[80]。それだけではなく、党派閥はもはや政治的イデオロギーと政策路線をめぐって争う資源などではなく、ミッテランの後継を狙う集団の権力基盤として作用するようになっていった[81]。またミッテランが後継者選びに熱心でなかったことも分裂を招いた原因のひとつだった[82]。

一九八八年のミッテランの再選後、三期目がないことからミッテラン派はファビウスとジョスパンとの間で権力争いが生じ、実質的に分裂した。ファビウスを第一書記、つまり後継者に任命しようとしたミッテランに、ジョスパンは自分こそがミッテラン派の領袖だと主張して、禅譲に同意しなかったのである。それは政策路線の対立などではなく、「エゴの衝突と野心の争い」だった[83]。ジョスパンは、八七年にミッテラン派とモーロワ派を統合し、党の支配権をすでに確立して、政権入りを狙っていた。派閥どうしの競合は党組織の活性化につながるが、八三年の選択をめぐる党内不和からミッテランが頼りにできる派閥の数は減っており、さらに自派内で後継者二名を指名して競わせようとする戦術は、求心力低下の要因となった。「ジョスパンとモーロワの社会主義はファビウスの大衆民主主義（démocratisme）とも違うし、ドロールはポプランでもなく、ノール・パド・カレのお祭りとヴァロワのサロンも大きく違う」[84]のである。党大会を前に、各支部では、対立する派閥の計略ではないかと、新規の入党が警戒さ

れた。[*85] ファビウスはモーロワの融和策を無視して、派閥をバイパスして党の結集を図ろうとし、個人的なネットワークによる政治クラブ「エスパス89」を結成、ジョスパン率いるミッテラン派と対立する動議を作成した。モーロワ派とファビウスが獲得した票数は同数となって、党は身動きがとれなくなった。モーロワと組んだジョスパンは、ファビウスを牽制するためにシュヴェンヌマン派を取り込もうとし、かえって両派の反発を招いてしまった。[*86] イデオロギー路線に基づく対立ではなく、数合わせのためのマヌーヴァーであることは確かだった。多数派の内紛はロカール派に有利に働いたものの、八八年に首相にようやく任命されたロカールは、ミッテランとの関係をさらに悪化させたくないと判断して、勢力拡大を自制した。[*87]

こうした権謀術数は、第二章でみたように、フランス社会党の党大会では常に認められるものである。しかし一九九〇年のレンヌ党大会では七つもの動議が提出され、結党以来初めて動議の統合がされない大会となり、派閥政治解消の機運を高めることになった。[*88] ミッテランはすでに党運営に関心を示さず、したがって派閥はイデオロギー的な資源とならず、こうして九〇年代を見据えた政治的プロジェクトは生まれなかったのである。[*89] 一九八三年三月以降生じた「イデオロギー的分裂症」は、新自由主義との理論的な対話を行わなかったせいで深刻度を増し、[*90] 無媒介に「抽象的なイデオロギー主義から直接的なプラグマティズム」へと重点を移したために党は危機に陥った。[*91] 特定の経済社会のモデルの提示と政党プログラムは、もはや一体ではなくなってしまった。その結果、政治全般に対する幻滅が生じていった。[*92] 一九九三年の総選挙で、社会党が戦後最低の議席しか確保できず、歴史的な大敗を喫したのも必然だった。

ミッテランの「遺産相続人（droit d'inventaire）」の地位を固めたジョスパンにとって[*93]、ロール・モデルはやはりミッテランにあった。ジョスパンは一九九一年に、八三年のミッテランの決断を評価しつつも、「転回」以降の社会党は「完全雇用、物質的成長、不平等の是正、給与所得者の購買力増大」という元来の思想ではなく「通貨の強さや安定、財政赤字の優先、給与の非インデックス化、貯蓄の促進」という、人間を無視した原理を優先したと非難した[*94]。そして党が「転回」後も支持を集めることができたのは、競争的ディスインフレを選択したからではなく、八八年にミッテランが「個人的に」当選したおかげにすぎないと反省した。その上で、八一年以前に社会党が掲げた価値（社会主義プロジェ）と、これを八三年以降に放棄してしまった点について十分に再考してこなかったと述べる。しかし、こうした総括においても、左派固有の価値は欧州統合の枠組みと整合性がなければならないと言わざるを得なかった。「もし欧州共同体の枠組みを拡大できるならば、一九八一年の幻想と安直さを再現しないまま左派の政策を遂行できるだろう[*95]」。しかし左派政党にとって、第二次インターナショナルの放棄と同じだけの歴史的意味を持つ欧州統合の受諾は、簡単ではない[*96]。だからこそ、社会党はもはや社会主義の実現ではなく、ミッテランの残りの大統領任期をいかに成功させるかに力を傾けるようになった[*97]。これをもってジョスパンは一九九五年の大統領選で善戦し、そして社会党はかろうじて生き永らえたのである。

八三年までの社会党は、社会主義の実現を素朴に信じた政党であり、体制の新参者でありつつも、あるいはそれゆえに政権交代を実現できた。それは権力の獲得を意味し、同時に社会主義というオルターナティヴのための政権交代だった。しかし八三年以降の社会党はもはや政権交代（alternance）がオルターナティヴ（alternative）とはなり得ないことを認めた上で、新たな正統性を模索しなければならなくな

った。欧州統合の次元へと跳躍したミッテラン後の社会党は、自らのイデオロギーと整合的な欧州統合のイメージをもはや提示できなくなったのである。

4　欧州統合次元の導入――選択操作的リーダーシップの戦略

グローバル化のもとでの国内の社会経済政策は不確実でコストがかかるため、政治リーダーは国際的地平や外交の次元に逃避しがちである。[*98] ファビウス内閣以降、大統領の国内政策へのコミットは明らかに低下していった。[*99] 一方、欧州統合は国内制度に深く関わる問題でありながら、議会や政党から隔離された場所で意思決定が行われ、政府間の決定事項を事後的に覆すことは政治的コストからしてほぼ不可能である。[*100] エージェントたるリーダーはこの地平において、プリンシパルである政党のコントロールを逃れることができる。これは、大統領の直接選挙と、ここから派生する党内政治を超越した党首というフランス政治の構造的要因によって、さらに容易になる。[*101]

ミッテランの公約である「フランスのための一一〇の提案」は、四五番目で大統領任期を「一回は再選可能な五年ないし再選できない七年」としていたが、結局憲法は改正されないままだった。六〇年代のド・ゴール、七〇年代のジスカールに対してミッテランは大統領職の絶対的優位性を非難していたが、それも過去の話となった。[*102]

新たな政策空間を切り開いて得られる政治的勝利を、政治学者W・ライカーは「策略の芸と科学」と命名している。[*103] 他者よりも遠くを、すなわちヴィジョンを見出せる政治家は、現前の政治空間をそのま

ま認めようなどとしない[*104]。個人的利益に基づくこの「選択操作的（heresthetic）」な所作は、他者に質問を投げかけた上で真実を語り、議論を喚起しておきながら自らの立論が正しいと説得し、みなが認めるような社会的特性を説く。そして、新しい選好を作り出すわけでも、封じ込めるのでもなく、自らの勝利が決定的となる方程式を見出すまで、新たな政治的選択肢と政治的次元を際限なく追い求めていくのである[*105]。いわば舞台装置そのものを取り替えて、政治的エージェントの数、活動、活動の機能、機能のマッピングから通常成り立っている均衡を打ち壊す創造的な破壊行為である。したがって、政治空間で大きな変動が起こるのは、新たな次元を導入することから始まる[*106]。自らの権力を用いて新たな次元を導入し、関係アクターを不確実性に巻き込めば、導入した者の選択肢と自由を増やすことになる。ミッテランは、野党期の「取引的リーダーシップ」から、八三年の「変革的リーダーシップ」へ、そして最終的には、この「選択操作的なリーダーシップ」を、国内から欧州へと足場を移す過程で発揮したのである。ミッテランが最後に自らのものとした「選択操作的リーダーシップ」は、最終的に決断を下さず、常に新たな政治的プロジェクトを追い求めるという、欧州建設の不断のプロセスと合致していた。ミッテランが欧州建設のために置き続けた礎は、自身が好んだ喩えを使えば、壁となるのか聖堂となるのかは不明なままだった[*107]。しかし不明だからこそ、リーダーシップの自由度が増し、欧州統合の父という名を遺すことができたとも言えるだろう。優れた政治家は、スタンレイ・ホフマンが指摘するド・ゴールがそうであったように、状況に応じて自らを「アレンジ」することに長けている[*108]。

内政においてもミッテランは同様の戦術を採用した。たとえば、すでに社会党の敗北が確実視されていた一九八六年三月の総選挙では、目標はいかに議席減を食い止めるかにあった。ミッテランがこの時

一方的に持ち出したのは、選挙制度の変更だった。一九八五年に入って早々、彼はファビウス首相に指示を下して、それまでの小選挙区二回投票から比例代表へと制度を変更した[*109]。比例代表制によって、極右の国民戦線が議席を獲得することが確実視されたものの、ミッテランは制度改変になおこだわった。それは、政治のアイディアやイデオロギーによって支持者を動員して勝利をつかむのではなく、環境そのものを変えて政権を維持するという、きわめて防御的な選択だった。しかし、社会党はこの選挙で第一党の座を守ったものの過半数割れしてRPR－UDFの保守中道連合に政権の座を譲り渡し、シラク首相が返り咲く[*110]。FNも比例代表制によって議席を三五まで伸ばした。

欧州統合と国内政治の境界がなくなったことも、この操作選択的リーダーシップの土壌となった。ミッテランは、一九九二年九月のTEU国民投票を欧州建設に向けたひとつのプロセスと捉えただけでなく、自身の政治基盤を維持するために利用した。八八年の大統領選で再選を果たしたミッテランによる議会解散で政権に復帰していた社会党は、きわめて困難な状況に置かれていた[*111]。第一党ではあっても絶対過半数に届かず（二七六議席）、UDFから閣僚を迎え、共産党や小政党UDC（社会民主連合）との閣外協力をしなければ政権を運営できなかった。ロカール政権は中道諸派と交渉しつつ、さらに議会承認を得ずに法案を可決できる憲法第四九条第三項を利用して、会期を乗り切った[*112]。八八年から九三年にかけて、社会党政権は第四九条の規定を三九回利用したが、一八回も不信任案が提出され、うち一回は三票差でかろうじて回避する苦難を味わった。

ミッテランが八八年に切り札として任命し、首相の座をようやく手にしたロカールは次の大統領選に含みを残すために辞任し、後任にはクレッソンが任命されたものの、多発する労使紛争のため支持率は

芳しくなかった。そもそも、クレッソンは八三年から本格的に政治キャリアを始め、いずれの派閥にも属していないことから、党の支援を得られなかった。前哨戦となる九二年三月の地方選で惨敗したクレッソンを引責辞任させたミッテランは、デュマをはじめとして、ラング、ギグー、ビアンコといった側近を配置したベレゴヴォワ政権を発足させたが、九三年の総選挙で社会党の再度の下野は不可避と思われた。ここでミッテランは、発足したばかりのベレゴヴォワ内閣の支持率上昇と保守派の分裂を狙って、六月二日に突如閣議でTEUを批准するための国民投票の実施を宣言したのである。この判断によってベレゴヴォワ内閣は任期中で最高支持率を獲得する。

そもそも、国民投票はTEUを批准する必要条件ではなかった。[*113] EU設立にともなう憲法修正案は同年五月一三日に国民議会において三九八対七七票ですでに可決されており、上下両院合同会議（コングレ）で承認される見通しになっていたからである。[*114] 確かに六月に入ってすぐに、デンマークではTEUが国民投票で否決されており、なんらかの政治的ジェスチャーで欧州建設のプロセスを後押しする必要はあった。しかしそれ以上に、ミッテランの判断は内政的要因に基づいていた。[*115] まず、国民投票のキャンペーンと批准推進は自分への信任投票の意味合いを持つだけでなく、欧州懐疑派を抱えるRPRを分裂させることができる。実際、RPRではセガンとパスクワの重鎮二人が率先して反マーストリヒト運動を展開することになった。[*116] 次に、国民投票日を九月後半に設定したのは、下院選挙までの時間を稼いで社会党を後押しするという判断があった。ライカーが指摘するように、選択操作的なリーダーシップとは、起死回生のために敗者が講じる手段なのである。[*117]

九月二〇日の国民投票の結果は、五一・〇一％対四八・九八％と僅差で条約賛成が上回った。票数に

してわずか五四万票の差だった。そもそも、条約そのものに対する国民の支持は高くなかった[*118]。ベレゴヴォワ首相の支持率も、発足当初の六〇%から九二年一一月には四〇%まで下がり、九三年には二〇%台とクレッソンと同じ水準にまで落ちた。その最大の原因は、景気後退だけでなく、失業問題にあった。九〇年に八・九%で小康状態を保っていた失業率は九二年に一〇・三%へ再び上昇し、一一月には戦後初めて三〇〇万人の大台を突破した。欧州という次元を語って国内の社会経済問題を覆い隠し、社会党を浮揚させようというミッテランの戦略は、少なくとも社会党の追い風とはならなかった。しかしそれでもなお、国民投票の実施は、欧州の民主主義の赤字を埋めるために必要な努力だった、とミッテランは言い張ることができたのである[*119]。

同じ頃、英国のサッチャー首相もまた「他の代替案はない（There Is No Alternative）」といって、保守党の政策路線の再定義を急いでいた。彼女は八三年以降、経済効率と関係ない民営化とマネタリズムを採用して、脆弱な領域を切り捨て、政府を強化するという、異なる選択操作的な戦術を繰り出していた[*120]。そうした意味で、サッチャリズムもまた、政治の争点空間（issue space）の縮小にほかならなかった[*121]。ともに伝統的な政策領域から撤退を図る自由主義を採用し、リーダーシップの強化に反転させたという点において、ミッテランとサッチャーは同じ地平にあった。しかしミッテランは、社会主義を縮小する代わりに欧州統合で形成される次元をフランスに導き入れると同時に、欧州統合の空間をむしろ拡大させ、現代フランスをいわば「反転した埋め込まれた自由主義」の文脈に置いた[*122]。こうした「千年王国主義（millennialism）」型の政治家が好む政治的現実の基本構造を根底から覆すような手段には常に危険がともなう。それは、「政治を政治に可能なもの以上の何ものか」に変化させるからである[*123]。

ＥＭＳ離脱という変革的リーダーシップをフォロワーから拒否されたミッテランは、八四年に欧州統合という新たなプロジェクトに専念し、同時に選択操作というリーダーシップを新たに見出した。そのようなリーダーシップを採用したのは、欧州建設を先導するためだけではなく、フランス社会主義の生存も欧州統合過程からの離反も、ともにミッテランに許されなかったという、「転回」の二つの後遺症のためだったと解釈すべきだろう。欧州統合という政治空間は、リーダーの権能と可能性を広げ、リーダーシップを強化できる流動的な境界線と絶えざる政治的目標の提示を可能にする。フォロワーに囚われずに、自らの判断で政治的争点を操作でき、場合によっては政治を成り立たせている権力関係の基盤となる均衡や次元から逃げ出すことで、リーダーの地位を確保できるのである。この戦略は、八〇年代半ば以降に欧州統合を再興させたことで実を結び、内政でも有利に働いた。そうした意味では、変貌したミッテランのリーダーシップは成功した、と評価することもできるだろう。しかし、フォロワーによって形成されている政治空間を自由に再編するようなリーダーシップが、リーダーシップの概念そのものに矛盾しないかという疑問は残る。すなわち、八〇年代のフランスで短命に終わった社会主義とともにミッテランのリーダーシップは変容した、というよりは消滅したと結論づけることも、またできるのである。

ミッテランが欧州統合へ逃避すると、社会党はかつてのように革新的な政治的アイディアやイデオロギーを産みだせなくなった。その最大の原因は、野党期に発揮された第一書記ミッテランの「取引的リーダーシップ」が消滅し、派閥闘争で成り立っていた均衡が崩壊したことにあった。加えて、政権与党であり続けることを優先し、経済統合の度合いを強めて「外的拘束」として作用した欧州統合と、党の

アイデンティティであった「資本主義との訣別」との間で明確な思想的決着をつけられなかったことも、自己刷新が果たせなかった理由だった。こうして政権への執着は、逆に権力の喪失を招くことになったのだった。

注

＊1 「一国社会主義（Socialism in One Country）」とは、E・H・カーがスターリンとトロツキーによる政治路線闘争を描いた著作で用いた表現である。カー、E・H、南塚信吾訳『一国社会主義：ソヴェト・ロシア史 1924-1926』みすず書房、一九九九年。

＊2 Asselain, Jean-Charles, “L'Expérience Socialiste face à la Contrainte Extérieure（1981-1983）,” in Serge Berstein, Pierre Mizla, Jean-Louis Bianco（sous la direction de）, *François Mitterand. Les Années du changement 1981-1984*, Paris: Perrin, 2001, p. 386.

＊3 *Le Monde*, 17 septembre 1983.

＊4 *Libération*, 10 mai 1984.

＊5 Lipietz, Alain, “Un Socialisme Français aux Couleurs du Libéralisme,” in *Le Monde Diplomatique*, mars 1984. その後リピエッツは緑の党に接近していく。

＊6 Objet: Diner du 20 décembre. 日付不明（5AG4/4339）。

＊7 Cohen, Daniel, “La Fin du Keynésianisme,” in *Esprit*, décembre 1984.

＊8 Aron, Raymond, “L'Austerité Socialiste,” in *L'Express*, 7 avril 1983; Do., “Choix irréversible,” in *L'Express*, 7 juillet 1983.

＊9 Halimi, Serge, *Quand la Gauche Eassayait*, Paris: Seuil, 2000, p. 258.

＊10 Canto-Sperber, Monique, “La Question des Libertés dans le Socialisme,” in Alain Bergounioux et al., *Socialisme et Libéralisme*, vol. 2, Paris: Notes de la Fondation Jean-Jaurès, 2004, p. 87.

＊11 コール首相がミッテラン離任に際して寄せた記事による。*Le Monde*, 11 mai 1995.

＊12 Stasse, François, *La Morale de l'Histoire. Mitterrand-Mendès France 1943-1982*, Paris: Seuil, 1994, p. 326.

＊13 Cited in Geroges-Marc Benamou, *Le Dernier Mitterrand*, Paris: Plon, 2005, p. 101.

＊14 Parti Socialiste, *Projet Socialiste pour la France des Années 80*, Paris: club socialiste des livres, 1980, p. 284 および「一一〇の提案」の九〇番目の公約。

＊15 Ambler, John, S., "Educational Pluralism in the French Fifth Republic," in James F. Hollifield and George Ross (eds.), *Searching for the New France*, New York: Routledge, 1991, p. 198. 当時、社会党を支持する組合員の約四分の一がＦＥＮ所属だった。Criddle, Byron, "The French Socialist Party," in William E. Patterson and Alastair H. Thomas (eds.), *The Future of Social Democracy*, Oxford: Oxford University Press, 1986, p. 225.

＊16 教育改革法案の挫折と首相辞任の経緯については、Pierre Mauroy, *Mémoires*, Paris: Plon, 2003, ch. 18 および Thierry Pfister, *La Vie Quotidienne à Matignon au temps de la Gauche*, Paris: Gallimard, 1986, ch. 7. この時ミッテランは改革案可決のために、「憲法改正以外についての国民投票を可能にする国民投票」の実施まで検討したという。

＊17 Fabius, Laurent, *Les Blessures de la Verité*, Paris: Flammarion, 1995, pp. 102–103.

＊18 Rocard, Michel, *Si la Gauche savait...*, Paris: Robert Laffon, 2005, p. 246.

＊19 Attali, Jacques, *Verbatim. 1*, Paris: Fayard, 1996, p. 670.

＊20 Chagnollaud, Dominique et Jean-Louis Quermonne, *Le Gouvernement de la France sous la* Ve *République*, Paris: Fayard, 1996, p. 309.

＊21 共産党議員でリュマニテ紙の編集長を務めたルロワの言葉。Cited in Jean-Michel Cadiot, *Mitterrand et les Communistes*, Paris: Editions Ramsay, 1994, p. 242.

＊22 *Le Monde*, 25 juillet 1984.

＊23 Hall, Peter, A., *Governing the Economy*, London: Polity Press, 1986, p. 212.

＊24 Favier, Pierre et Michel Martin-Roland, *La Décennie Mitterrand, t. 2*, Paris: Seuil, 1991, pp. 69–70; Nay, Catherine, *Les Septs Mitterrand*, Paris: Grasset, 1988, p. 138.

＊25 Conférence de Presse de Monsieur François Mitterrand, Président de la République Française, Au Pavillon de Gabriel, Mercredi, 4 avril 1984.

＊26 *Financial Times*, 11 July 1984.

＊27 Fabius, Laurent, *Le Cœur du Futur*, Paris: Calmann-Lévy, 1985, p. 153.

＊28　ここでファビウスは、汎欧州的な研究開発の枠組み、公共調達市場、通商政策、企業間強力、インフラ整備を課題に挙げている。*Ibid*., pp. 154–156.

＊29　こうした視点については、Wayne Sandholz, *Hich-tech Europe*, Berkeley: Califorinia University Press, 1992; Peterson, John and Margaret Sharp, *Technology Policy in the European Union*, London: Palgrave, 1999 に詳しい。

＊30　Saunier, Georges, "Le Gouvernement Français et les Enjeux Economiques Européens a l'heure de la Rigueur. 1981–1984," Intervention aux Comitée pour l'Histoire Economique et Financière de la France（CHEFF）, octobre 2005, mimeo, pp. 14–16.

＊31　F. Monier, Note pour M. le Premier Ministre, "Projection de l'économie Française à l'horizon 1988," 16 janvier 1984（5AG4/2142）.

＊32　Rocard, Michel, *Si la Gauche savait…*, *op. cit*., p. 256. 一九八四年六月に発刊された *Pouvoirs* 誌は、史上初となるコアビタシオン（保革共存）を予測して憲法上の問題を取り上げている。See, *Pouvoirs*, 3e Edition 1984, vol. 1, "1986: L'Altenance vue de 1983. L'opposition et le débat sur la Cohabitation".

＊33　Christian Sautter, Note pour Monsieur le Président, 3 mars 1983（5AG4/EG 33）.

＊34　Mitterrand, François, *Réflexions sur la Politique Extérieur de la France*, Paris: Fayard, 1996［1986］, p. 11.

＊35　Dumas, Alexandre, *Le Fil et la Pelote*, Paris: Plon, 1996, p. 327–328.

＊36　Defarges, Moreau, Philippe, "J'ai fait un rêve… Le Président François Mitterrand, artisan de l'Union Européenne," in *Politique Etrangère*, février 1985, p. 359. 欧州問題の調整を担うＳＧＣＩ（省庁間委員会事務総局）は、欧州問題担当相付きから従来通り首相府付きに戻された。Cf. Lequesne, Christian, *Paris-Bruxelles*, Paris: Presse de la Fondation Nationale des Sciences Politiques, 1993, pp. 63–64.

＊37　*Ibid*., p. 367.

＊38　Allocution Prononcée par Monsieur François Mitterrand, Président de la République Française, à l'issue du déjeuner offert par le conseil des Ministres du Royaume des Pays-Bas, La Haye, 7 février 1984.

＊39　Discours de M. Francois Mitterrand, Président de la République Française devant le Parlement Européen a Strasbourg, 24 mai 1984.

＊40　Olivi, Bino, *L'Europe Difficile*, Paris: Gallimard, 2001, p. 292. オリヴィは、第三章で記したように、欧州委員会のスポークスマンだった。

＊41　Bitsch, Marie-Thérèse, *Histoire de la Construction Européenne*, Paris: Edition Complexe, 1996, pp. 225–226; Bossuat, Gérard, *Les Fondateurs de l'Europe Unie*, Paris: Belin, 2001, pp. 208–209.

＊42　スピネッリはその後手紙で、ミッテランのストラスブルグ演説が「欧州建設での歴史的分岐点」であり、「すべての欧州人の幾ばくかの魂はフランスにある」と返礼している。Attali, Jacques, *Verbatim. 1*, *op. cit*., p. 643.

＊43　Védrine, Hubert, *Les Mondes de François Mitterrand*, Paris: Fayard, 1996, p. 295–297; Saunier, Geroges, "Les Retrouvailles de Fontainebleau," in *Lettre de L'Institut François Mitterrand*, no. 8, juin 2004.

＊44　欧州統合と英予算問題の関連については、Stephen George, "The Awkward Partner: an overview," in Brian Brivati and Harriet Jones（eds.）, *From Reconstruction to Integration. Britain and Europe since 1945*, London: Leicester University Press, 1993を参照。

＊45　Védrine, Hubert, *Les Mondes de François Mitterrand*, *op. cit*, pp. 395–396. その前段階として、ロカール議長のもと農業理事会で乳製品生産の割当制や通貨変動調整金改革も行われていたことも特筆に値するだろう。

＊46　Conférence de Presse de Monsieur François Mitterrand, Président de la République Française, à l'issue du Conseil Européen de Fontainebleau, 26 juin 1984.

＊47　Olivi, Bino, *L'Europe Difficile*, *op. cit*., 2001, pp. 279–280, 297. 委員会の提案は、予算受取国への追加的な課税や余剰生産農家への課税によるＣＡＰ予算改革を謳ったものだった。

＊48　Bitsch, Marie-Thérèse, *Histoire de la Construction Européenne*, *op. cit*., pp. 224–225.

＊49　*Le Monde*, 30 novembre 1984.

＊50　"La Communauté Européenne," in *Lettres de Matignon*, no. 109, 1er juin 1984.

＊51　Cited in Alexandre Dumas, *Le Fil et la Pelote*, *op. cit*., p. 327.

＊52　Védrine, Hubert, *Les Mondes de François Mitterrand*, *op. cit*., p. 299.

＊53　Dyson, Kenneth and Kevin Featherstone, *The Road to Maastricht*, Oxford: Oxford University Press, 1999, pp. 154–155.

＊54　Lequesne, Christian, *Paris-Bruxelles*, *op. cit*., pp. 64–65.

＊55　*Ibid*., pp. 152–153.

＊56　De Ruyt, Jean, *L'Acte Unique Européen*, Bruxelles: Editions de l'Université de Bruxelles, 1989, p. 53.

＊57　アタリはその後一九九一年に欧州復興開発銀行（ＥＢＲＤ）総裁に任命されることになる。

*58　Endo, Ken, *The Presidency of the European Commission under Jacques Delors*, London: Macmillan, 1999, p. 131.

*59　Delors, Jacques, *Mémoires*, Paris: Plon, 2004, p. 208.

*60　やはり西ドイツの了承を得て一九六一年に提出されたド・ゴールの政治連合構想が「フーシェ・プラン（Plan Fouchet）」である。

*61　Dinan, Desmond, *Europe Recast*, London: Palgrave, 2004, p. 210.

*62　Delors, Jacques, *Mémoires*, *op. cit*., pp. 205–206.

*63　*Ibid*., pp. 209–210; Dyson, Kenneth and Kevin Featherstone, *The Road to Maastricht*, *op. cit.*, p. 153. もっとも、ドロールも欧州委員会委員長の就任当初は単一欧州市場という経済統合の次元にはさほど熱心ではなかったとされる。Ross, Georges, *Jacques Delors and European Integration*, Oxford, Oxford University Press, 1995, p. 29.

*64　Mitterrand, François, *Réflexions sur la Politique Extérieure de la France*, *op. cit*., p. 76.

*65　Delors, Jacques, *Mémoires*, *op. cit*., pp. 209–210.

*66　De Ruyt, Jean, *L'Acte Unique Européen*, *op. cit*., p. 101.

*67　*Ibid*., pp. 60–61.

*68　Dinan, Desmond, *Europe Recast*, *op. cit*., p. 212.

*69　Mauroy, Pierre, *Héritiers de l'Avenir*, Paris: Stock, 1977, p. 225.

*70　*Ibid*.

*71　*Financial Times*, 8 March 1985.

*72　Vœux de Monsieur François Mitterrand, Président de la République, Palais de l'Elysée, 31 décembre 1986.

*73　Bozo, Frédéric; Tilo Schabert; Jean Musitelli et Georges Saunier, "1989, le Retour de la Question Allemande: Vers la Réunification," in *La Lettre de l'Institut François Mitterrand*, no. 13, octobre 2005, p. 13. この証言は、大統領府スポークスマンだったMusitelliによる。

*74　Allocution Prononcée par François Mitterrannd, Président de la République, A l'Occasion du diner d'Etat au Conseil d'Etat, Berlin, mardi 20 decembre 1989. ル・モンド紙は、八八年の大統領候補者三人（ミッテラン、シラク、バール）に公約に優先順位をつけるように求め、ミッテランだけが「欧州建設」を首位に据えた。*Le Monde*, 7 avril 1988.

*75　*La Libération*, 10 mai 1983.

*76 Entretien Accordé à la télévision Française（Antenne 2）par Monsieur François Mitterrand, Président de la République Française, Palais de l'Elysée, mercredi 8 juin 1983.
*77 Moscovici, Pierre et François Hollande, *L'Heure des Choix*, Paris: Odile Jacob, 1991, p. 9; p. 376. 著者はともに社会党の幹部である。
*78 Pfister, Thiery, *Lettre Ouverte à la Génération Mitterrand qui Marche à côté de ses Pompes*, Paris: Alibin Michel, 1988, pp. 97–98.
*79 *Le Poing et la Rose*, juin 1984.
*80 Bergounioux, Alain et Gérard Grunberg, *Le Long Remord du Pouvoir*, Paris, Fayard, 1992, p. 458.
*81 Clift, Ben, *French Socialism in a Global Era*, London: Continuum, 2003, pp. 92–95.
*82 Seligmann, Françoise, *Les Socialistes au Pouvoir*, Paris: Editions Michalon, 2005, pp. 73ff.
*83 *Ibid.*, p. 80.
*84 Mignard, Jean-Pierre, "A Quoi sert le Parti Socialiste?," in *Esprit*, mars-avril 1990, p. 84. ここでいうパド・カレはモーロワ派の伝統的な支持基盤を指し、ヴァロワとはドロールの自宅を指している。なお著者はレンヌ大会の際に動議を提出した「トランス派閥（Transcourant）」集団のリーダーである。
*85 *Le Monde*, 4 décembre 1989.
*86 Dupin, Eric, *L'Après Mitterrand*, Paris: Calmann-Levy, 1991, pp. 29 ff.
*87 Le Monde, 19 mars 1990.
*88 同大会では、ファビウス派が二八・八四%、モーロワ・メルマズ・ジョスパン派の動議が二八・九五%だったことから、統合動議が作成されなかった。
*89 Portelli, Hugues, "Le Parti Socialiste: Une Position Dominante," in Pierre Bréchon（ed.）, *Les Parti Politiques Français*, La Documentation Francaise, 2001, pp. 95–96.
*90 Mongin, Olivier et Jean-Luc Pouthier, "Libéralisme/Socialisme: Une Confrontation Manquée," in *Esprit*, mars, 1988.
*91 Morin, Edgar, "Fin de la Gauche," in *Esprit*, décembre 1984, pp. 93–94.
*92 Yonnet, Paul, "L'Entrée en Désillusion," in *Le Débat*, janvier-février 1995.
*93 Darfeuil, Rémi, *La Mémoire du Mitterrandisme au sein du Parti Socialiste*, Paris: Notes de la Fondation Jeran-Jaurès, 2003, pp.

71–73.

＊94 Jospin, Lionel, *L'Invention du Possible*, Paris: Flammarion, 1991, p. 252.

＊95 *Ibid*., p. 265. 一九九七年の自らが率いる連立政権下で社会主義に対する「挿入括弧」が初めて閉じられた、とするのは我田引水に過ぎるとしても興味深い発言だろう。ジョスパンへのインタビュー（パリ市、一〇月七日）。

＊96 Telò, Mario, "La Social-Démocratie entre Nation et Europe," in Do.（ed.）, *De la Nation à L'Europe*, Bruxelles: Bruylant, 1993, p. 24.

＊97 Nay, Catherine, *Le Noir et le Rouge*, Paris: Grasset, 1984, p. 370.

＊98 Blondel, Jean, *Political Leadership*, London: Sage, 1987, pp. 195–197.

＊99 Favier, Pierre et Michel Martin-Roland, *La Décennie Mitterrand*, *t. 2, op. cit*., p. 176.

＊100 Raunio, Tapio, "Why European Integration Increases Leadership Autonomy Within Political Parties," in *Party Politics*, vol. 8, no. 4, 2002. なお、詳細な言及はないものの、実例としてラウニオは、ゴンザレス下のＰＳＯＥ（スペイン社会労働党）を挙げている。*Ibid*., p. 413.

＊101 See, Robert Ladrech, "Continuity Amidst Political System Change: Why French Party Organization remains Immune to EU adaptive pressures," in Thomas Poguntke et al.（eds.）, *The Europeanization of National Political Parties*, London: Routledge, 2007, pp. 103–104.

＊102 この点については、Jacques Le Gall, *Les Institutions de la Ve République à L'Epreuve de l'Alternance: La Présidence de François Mitterrand*, Paris: LGDJ, 1997, pp. 266–272を参照。ミッテラン本人は、保革共存期に「〔大統領職位の〕いくつかを改変したいと望み、それを望んでいるが、全般的な改革や激変は望んではおらず、権力の安定をはじめとして良い面もある」とインタビューで発言している。*L'Express*, 4 septembre 1987.

＊103 Riker, William, H., *The Art of Political Manipulation*, New Heaven: Yale University Press, 1986, p. ix.

＊104 Kenneth Shepsle, "Losers in Politics（and How They Sometimes Become Winners）: William Riker's Heresthetic," in *Perspectives on Politics*, June 2003, vol. 1–2, pp. 309–310.

＊105 Riker, William, H., *The Art of Political Manipulation*, *op. cit*., p. 64, p. 142.

＊106 *Ibid*., p. 151.

＊107 Védrine, Hubert, *Les Mondes de François Mitterrand*, *op. cit*., p. 572. この喩えは次のようなものである。「通行人が石を積み

上げる労働者たちをみて、何をしているのですかと尋ねた。一人は壁を作っているのですと答え、他方は聖堂を建てているのです、と答える」。

＊108 Hoffman, Stanley, *Decline or Renewal?*, New York: The Viking Press, 1974, p. 202.

＊109 Favier, Pierre et Michel Martin-Roland, *La Décennie Mitterrand, t. 2, op. cit.*, pp. 308–312. 導入された比例代表制は県単位の一回投票制（proportionnelle départementale）だったが、選挙区による議席の割当てや五％条項といった多数代表制の特徴も取り入れられた。ロカールはこれに反対して農業相を辞任するに至った。

＊110 一九八六年の下院選挙については、Andrew Knapp, "Proportional but Bipolar: France's Electoral System in 1986," in *West European Politics*, vol. 10, no. 1, 1987 を参照。

＊111 以下の記述は、Jean-Jacques Becker, *Crises et Alternances*, Paris: Seuil, 2002; Berstein, Serge et Michel Winock, *La République Recommencée*, Paris: Seuil, 2004 による。

＊112 ロカール少数政権による議会運営は、Robert Elgie and Moshe Maor, "Accounting for Survival of Minority Government: An Examination of the French Case. 1988–1991," in *West European Politics*, vol. 15, no. 4, 1992 を参照。

＊113 実際には国民投票にかける方法は二つあった。憲法第一四章第八九条第二項に従い、両議院による憲法修正案の表決後に国民投票に付託する方式か、もしくは同章第八九条第三項に従い共和国大統領が両院合同会へ付託し、その後憲法第二章第一一条に基づき国民投票を行う方式である。前者は、マーストリヒト条約による憲法改正案を承認するか否かに関する国民投票であるのに対し、後者は法案そのものに対する意志を表明する。マーストリヒト条約国民投票の、政党政治を含む国内政治プロセスについては、Hugues Portelli, "Le Référundum sur l'Union Européenne," in *Regards sur l'Actualité*, La Documentation Française, septembre-octobre, 1992 に詳しい。

＊114 憲法修正案は①共和国の言語はフランス語であること、②憲法評議会の付託権限の変更、③欧州共同体への権限委譲の明文化、④議会による欧州政策の意志決定過程関与を総体として含むものだった。Blumann, Claude, "La Ratification par la France du Traité de Maastricht," in *Revue du Marché Commun et de l'Union Européenne*, no. 349, 1994, pp. 396–397.

＊115 Védrine, Hubert, *Les Mondes de François Mitterrand*, *op. cit.*, pp. 553–555.

＊116 一方で社会党からもシュヴェンヌマンが自らの政党ＭＤＣ（市民の運動）を立ち上げ、反マーストリヒトのキャンペーンを開始した。これについては吉田徹「現代フランス政治における主権主義政党の生成と展開」『ヨーロッパ研究』第二号、二〇〇二年を参照。

*117 Kenneth Shepsle, "Losers in Politics（and How They Sometimes Become Winners）: William Riker's Heresthetic," *op. cit.*, p. 312.

*118 See, *Le Monde*, 22 septembre 1992.

*119 同時にミッテランは、国民投票は信任投票ではないのだから、否決されても大統領職に留まる、と念を押している。Védrine, Hubert, *Les Mondes de François Mitterrand*, *op. cit.*, p. 556.

*120 Mclean, Iain, *Rational Choice and British Politics*, Oxford: Oxford University Press, 2001, pp. 218–227.

*121 *Ibid.*, p. 232.

*122 「埋め込まれた自由主義（embedded liberalism）」とはいうまでもなく、ラギーによる戦後政治経済秩序の定式化であり、多国間主義的な自由貿易レジームを維持する一方で、国内においては雇用維持や社会福祉といった社会契約を尊重することを指した。Ruggie, John Gerard, "International Regimes, Transactions, and Change: Embedded Liberalism in the Post-war Economic Order," in Stephen D. Krasner（ed.）, *International Regimes*, Ithaca: Cornell University Press, 1983. この「反転した埋め込まれた自由主義」という指摘をくれた久米郁男氏に記して感謝する。

*123 Coats, Wendell, John, Jr., *Statesmanship*, London: Associated University Press, 1995, p. 59. この指摘は政治家とその役割に対する鋭い洞察を含む、中金聡『政治の生理学』勁草書房、二〇〇〇年、第二章に負うている。

結論

ミッテランのリーダーシップ・スタイルの変容と軌を一にする八三年の「転回」の前と後では、政治的にも、政策的にも、そして歴史的にも、フランスの方向は変わった。この国は社会主義と欧州統合とをトレードオフし、これ以降政治的資源は政治から経済へ、国家から市場へと偏っていくことになった。

八一年に発足したモーロワ政権はいくつかのアポリアを抱えた。一点目が、野党時代の急進主義からの転換である。第五共和制の政治的論理のもと、さらには党首ミッテランのリーダーシップと派閥政治の力学のもと、社会党は野党期に急進的戦略を採用していた。しかし、与党となると現実主義化と包括政党化を余儀なくされた。二点目は、この急進性の具体的表明である「社会主義プロジェ」と、実際の資本主義体制との間で生じた矛盾である。プロジェは、七〇年代の経済政策の失敗を教訓に生産関係の置き換えを謳ったが、これは高度成長期の政治経済学、すなわちディリジズムとケインズ主義との混合であったために、低成長期にその矛盾が露わになった。そのため、急進路線は構造的な制約を受けた。最後に、国際経済の相互依存とＥＭＳの存在が挙げられる。一国で社会主義の実現を目指しても、資本の国外逃避や通貨投機によって政治的ダメージを受けることになる。とくに、ブレトン・ウッズ体制の崩壊とオイル・ショック以降、先進国間では世界市場のパイの奪い合いが激しくなっていった。そうし

たなか、社会党政権は経済力を維持するために、企業利潤の削減か労働者所得の低下かという二者択一を迫られ、前者を選択した。そして市場の信頼を得るため、急進路線の放棄を要請されたのである。八三年の「転回」は、この三つのアポリアを前に、社会党政権が敗北したことを意味した。

その一方で、「転回」を果たしてから、ミッテランは欧州建設の父というイメージを確立することに成功した。しかしミッテランの欧州統合へのコミットメントは決してフランスの経済的利益についてのリアリズム的な判断からでも、信念からでもなく、あくまでもリーダーとフォロワーの相互作用によってもたらされた結果だった。この経済政策の転換とミッテランのリーダーシップ・スタイルの変化は同時期に観察される。七一年以降の社会党党首としての「取引的リーダーシップ」は、政権獲得後の緊縮策まで継続する。しかし、緊縮策による危機の回避に失敗すると、ミッテランはフォロワーをEMS離脱へといざなう「変革的リーダーシップ」をとろうとした。しかし、これにも失敗すると、最終的には社会主義そのものの放棄につながる欧州統合の次元へと逃避する「選択操作的リーダーシップ」を身に付けたのである。ミッテランの取引的リーダーシップによって成長してきた社会党は、「社会主義プロジェ」の喪失によって派閥の活動力を失い、新自由主義的政策に道を開くことになった。以下では、リーダーとフォロワーの相互作用という観点から、「転回」の過程を三つの局面に分けて検証し、若干の考察を加えることとしたい。

1　野党期の取引的リーダーシップとその継続

リーダーシップとは、権力と同義ではない限りにおいて、関係主義的な概念である。それはリーダーとフォロワーとの間に生じる相互作用の循環であり、両者で共有される「界（champs）」で発揮されるものということができよう。

再生を担う社会党党首としてミッテランが最も得意としたのは、さまざまな派閥の多元性を許容しつつ、安定的環境のなかでフォロワーの目標を争点管理によって統御し、導くような「取引的リーダーシップ」であった。取引的リーダーシップの核心とは「アクターの動機に働きかけつつ、各個人の目標が異なっていても、全般的に共有される原理を喚起して一体性を保つ」ことにある。[*1] 本書でのアクターの動機とは権力の獲得であり、共有された原理とは「社会主義プロジェ」であった。取引的リーダーシップにとっては、党構造が多元的であるからこそ、均衡点を保持しつつ求心力を発揮することが容易だったのである。ミッテランは、ド・ゴールに代表されるような「ヒロイック」あるいは「救国者」的な政治を目指して、自ら環境を作り出したり、争点化して新たな「界」をつくる類の政治家ではない。[*2] しかし、第五共和制に入って新たな組織化を待っていた社会主義勢力とこれらが党内派閥として結実したことで、彼のリーダーシップ・スタイルとの融合が生じた。党内の組織的な多元性は、ミッテランのリーダーシップにとっての政治的資源へと転化した。イデオロギー的には中央に位置して覇権を確立していたミッテラン派にとって、組織的（対内的）・政党間競合（対外的）状況に応じて、党内左派と右派との循環的な連合の組換えは合理的な戦略であった。

もっとも社会党は、ミッテランのリーダーシップによる争点管理のため、欧州統合に対する確固とした方針を策定できなかった。多様な社会経済アプローチとイデオロギーを持つ派閥による競争が組織の

資源として作用していたために、派閥横断的な争点である欧州統合問題で軋轢を生じさせるのは得策ではなかった。また、派閥どうしのイデオロギーの距離は、ミッテランの取引的リーダーシップの求心力を高める。だからこそ欧州統合、広く言えば統合過程で生じる国民経済への拘束という側面について、党内で完全な一致をみることがなかったのである。

一九八一年に政権を奪取したことで、ミッテランは政策路線と派閥集団に対するコミットと離反を繰り返しつつ、共産党と社会勢力との広範な連携を実現させた功労者となった。ミッテラン大統領とモーロワ政権の誕生は、二三年ぶりの左派政権という期待感と相まって、革命的な雰囲気すら醸し出した。モーロワ社共政権は、野党時代の派閥政治を受けて、きわめて急進的な政治プログラムを開始した。モーロワ内閣は、野党期の面影を強くとどめ、派閥均衡型として出発した。プロジェ派（古代人）であるシュヴェンヌマンやベレゴヴォワ、ファビウスと、反プロジェ派（近代人）のドロールとロカールが対峙し、ミッテランに忠実なモーロワが誠実な仲介役として首相に就いた。

もっとも政権交代が実現すると、野党期に培ったミッテランのリーダーシップ・スタイルは行き詰まりを見せはじめる。景気の悪化と経済競争力の欠如から、プロジェ派である古代人と反プロジェ派である近代人の主導権争いが激化し、それまで権力基盤であり、資源であった派閥の均衡が崩れはじめたためである。当初、ミッテランは取引的なリーダーシップを維持するため、この均衡の変化を認めようとしなかった。リーダーシップの前提となる組織の多元性を確保するため、プロジェ路線の修正を拒否したのである。

しかし、すでに職位に就いていたフォロワーたちは、ミッテランの保守的な姿勢を認めなかった。

「政策知識」を媒介として、プロジェを修正する必要性を早期に認識していた党内右派のドロールから首相モーロワへと、路線変更の圧力は波及していった。モーロワの反プロジェ派への転身は、ミッテランの取引的リーダーシップに大きな影響を与えた。野党時代から、党はミッテラン派がモーロワ派を介して、上部と下部を挟み込む形で統治する構造になっており、後者を支点に党内の左右勢力のバランスを保つことが覇権的安定の条件だったためである。

プロジェ路線の維持に失敗したミッテランは、第一次緊縮策である「モーロワ・プラン」を認めることになる。しかしこれはフォロワーたちが争点化した問題を、資源の振替によって処理しようとする、従来の取引的リーダーシップの継続にすぎなかった。

政権内のサブ・リーダー間でEMSをめぐる対立が先鋭化していくのもこの時期だった。プロジェ派は政権プログラムの続行を望み、これがEMS離脱という政策的選択肢の提示につながった。他方の反プロジェ派は、専門家ネットワークを動員しつつ、フランス経済を構造的に強化する手段としてEMS残留を大統領に要求するようになる。以上が野党期から第一次モーロワ内閣まで続いたミッテランの第一局面のリーダーシップ・スタイルであり、フォロワーたちの配置である。

2　現状打破のための変革的リーダーシップ

問題は、ミッテランが「取引的リーダーシップ」を継続しても、通貨危機に象徴される経済危機が打開されなかったことにあった。ミッテランにとってこの問題は、フランス経済のパフォーマンスという

よりは、自分の覇権と社会党政権にとって初の全国選挙への影響、さらに左派政権の持続可能性という、むしろ政治的な意味合いを持っていた。この市町村選挙で社会党が敗北したため、ミッテランは危機感を強めた。ここからミッテランは、緊縮策に反発したプロジェ派に加え、独自に構築した個人ネットワークを動員して、緊縮路線からの転換を図り、再度求心力を高めようとした。そこで設定された目標が、EMSからの離脱だった。離脱は、これが掲げられるまでの過程を検証する限り、ミッテランが「社会主義プロジェ」へと回帰するために設定された目標ではない。確かにプロジェ派が推奨する政策にはEMS離脱案が含まれていた。しかし、ミッテランはプロジェそのものの貫徹を望んでいたわけではなく、「フォロワーや自身の欲求、希望、その他の動機付けによって彼らを充足させ、フォロワーの動機の根本的な構造を変革する」[*3]リーダーシップでもって政権内における地位の安定を図ろうとしたのである。こうして、派閥の均衡を破壊した「モーロワ・プラン」が行き詰まると、ミッテランはEMS離脱を提示し、「変革的リーダーシップ」への転換を図ったのだった。

しかし、政権内ではすでにミッテランの優柔不断をついて、モーロワとドロールを中心に、さらに「政策知識」を媒介とした補佐官たちの反プロジェ派戦線が完成していた。経済危機の悪化と外的拘束により、プロジェ路線の貫徹はもはや許されないと認識した主流派フォロワーたちは、EMS離脱というミッテランの新たな価値提示に従うことを拒否したのである。そもそも非常に多元的な組織ゆえに取引的リーダーシップが相応しかったのだから、このミッテランの逸脱をフォロワーたちは許すはずがなかった。[*4]

リーダーシップ・スタイルの変化という戦略が行き詰まったのが八三年三月だった。最終的に、ミッ

テランは自らの覇権を支えてきたモーロワの離反に遭うことになる。首相による政策変更の受諾がなければＥＭＳ離脱は実現できない。さらに、資源として最も依存していた自派のファビウスも政策的立場を変化させた。その結果、ミッテランは緊縮策を受け入れざるを得なくなった。フォロワーたちの選好が固定化したことを知ったミッテランは、党リーダーの地位を実質的に諦めることになった。このプロセスが「転回」をもたらしたのだった。

以上が、「モーロワ・プラン」に続いて「ドロール・プラン」の生まれるまでの第二の局面である。つまりミッテランは、政権を獲得した後の二年間に、「取引的リーダーシップ」と「変革的リーダーシップ」の両方の戦略で失敗したのである。そしてこの失敗こそが、その時々の政策の変化を招いたのである。

3　選択操作的リーダーシップの獲得

社会主義の失敗だけでなく、ミッテランのリーダーシップ戦略の破綻によって、フランスは欧州統合の次元へと引きずり込まれてゆくことになった。この第三の局面で、ミッテランは反転して、欧州統合の政治的次元をむしろ最大限に活用するようになる。それが社会主義に代わるプロジェクトとなり、自らの政治的生存を可能にするからであった。この局面で彼が採用したのが「選択操作的リーダーシップ」だった。[*5] この未知のリーダーシップ・スタイルは、固定的なフォロワーに依存しないために新たな次元を政治に導入し、資源配分と政治の構造を転換させていくことで確保される。この地平では、リー

ダーシップはフォロワーが認識する政策手段と目標の関連性を曖昧にして、レトリックによる再定義を可能となる。それは、新たな次元によってどのような目標が導かれるのかが明らかでないからである。そのため「〔手段と目的の〕関連づけはリーダーの操舵のみで可能となる。少なくとも政治的レトリックとして、根拠（cause）は自明のものではなくなる」[*6]。国民国家とその枠内での大衆政治を前提とした政治が崩壊した時代において、リーダーシップが生きのびるには、欧州統合という新たな政治的次元が必要だったのである。多元的なアクターと政策ネットワークを配置しつつ、政党リーダーではなく国家首脳としてプロジェクトを打ち出すことのできるこの独特の政治空間は、ミッテランが欧州統合の父のイメージを残すことを可能にした。未完の政治的プロジェクトとしての欧州統合は、同時に永遠のリーダーシップを保証する。少なくとも政治家ミッテランにとって、欧州統合は自らの政治的生存を可能にする便宜的なプロジェクトであり続けた。また、国内政治と欧州政治の境界の融解は、内政で大統領としての自由度を増やす梃子となった。ミッテランが導入したこの新たな次元で、国民国家と欧州統合は分かちがたく結びつけられたのである。

以上に示したようなリーダーシップの変容、あるいは変節が、政治家ミッテランの安易な分類を許さない理由のひとつでもある。政治家はある固定的なリーダーシップに分類できるわけではなく、状況に応じて、これを可変的に変化させていく点に留意する必要があるのである。

4　社会党の変質

上述したように、社会党の派閥は左派であれ右派であれ、野党期と政権初期におけるミッテランのリーダーシップにとって必要不可欠な資源だった。しかしフランスの「転回」とミッテランの「欧州への逃避」、すなわち「社会主義プロジェ」の撤回によって、派閥は存在意義を失う。野党期に培った内発的な原動力は失われていくのである。

一九八一年の政権交代は、社会党の各派閥がミクロコスモスを形成して、活発なリクルートメントとイデオロギー活動をしなければ実現しなかった。ミッテランは、そのような構造の上に君臨し、第五共和制では政党政治家として初の大統領となっていた。しかし、政権の獲得は皮肉にも——あるいは必然として——あまりにも急速に発展した社会党を崩壊させるプロセスの始まりでもあった。それは、「社会主義プロジェ」で謳われていた「資本主義との訣別」が不可能となったからだけではない。権力を獲得した上で政権をいかに持続させるかという、フランス左派の歴史的命題に囚われ、イデオロギー的な一貫性を薄めて、その使命を果たそうとしたためだった。大統領ミッテランが二度にわたる介入（一九八八年の大統領選にともなう解散総選挙と九二年のTEU国民投票）をしたにもかかわらず、社会党が国内政治で脆弱であり続け、二度の保革共存（一九八六年、九三年）を招いた原因もここに求めることができるだろう。

派閥活動と機能が「組織」「政策／イデオロギー」「範囲」の三つの次元にまたがっているとすれば、「転回」を機に各派閥は「組織」の次元に集中したあまり、歪な三角形を形作っていった。時間が経つにつれて、またミッテランが欧州に傾斜するにつれて、社会党の派閥政治は権力と覇権争いの色合いを濃くしていき、ミッテランの最終任期が始まるとそれはさらに強まった。この時点で派閥とサブ・リー

ダーたちの期待はイデオロギー論争による党内刷新ではなく、いかに大統領候補適格者となるかという点に収斂してしまった。依然として派閥の合従連衡はあるものの、その行動原理は明らかに異なった。「社会主義プロジェ」の破綻から、派閥均衡で成り立っていた社会党内閣は徐々に専門家を核とする内閣へと変貌していった。これは、当初融合していた政党－政府において、「政党性（partyness）」が薄まる一方、「政府性（governmentness）」が増して、執政府が自律化していく過程だったといえる。[*7] そこには、路線の修正と撤回という要因だけでなく、党首としてのリーダーシップから大統領としてのリーダーシップへミッテランの重心が移っていったことにも注意する必要がある。大統領制と大統領選挙に支配される政党間の競合は、政党ではなく政権を、意思決定の中心に据える傾向に拍車をかけていった。

5　リーダー／フォロワーの相互作用による政治的決定

「左派の再生という絶えざる問い、『欧州の拘束』による右傾化、支持者層の変化は、王権的すらいえる権力の実践の分析を抜きに語ることはできない」。[*8] しかし、いくら絶大な権限を担う共和国大統領であっても、そのリーダーシップは、フォロワーシップとの関係性でしか捕捉できない。

ミッテランは、戦後最年少の閣僚として政治的キャリアを歩みはじめ、二度の大統領選（一九六五年、一九七四年）を経て、信頼できる野党政治家という地位を固めていた。彼の「国の知識、住民への情熱、行政や法律の知識、戦略的判断力、事務処理能力と体力に加えて、強い意志、克己心、予測力、道徳的水準、誤りを糺す余裕」[*9] が幸いしたことは確かだろう。しかし、こうしたミッテランの個人的資質のみ

に注目する政治史は、偉人伝にはなり得ても、具体的な政治的行為を充分に明らかにすることはない。

個人的資質が存分に発揮されるには、それを支える資源が不可欠である。ミッテランのリーダーシップはフォロワーたちが織りなす派閥政治であるフォロワーシップと対になることで、初めて完成をみたはずである。

以上からすると、リーダーシップとは「制度的リーダーシップの調整と生産がなければ、単独ではアクターと諸アクターの特定の目標を効率的かつ有効に達成できないもの」と定義することができる。[*10] つまり個人的資質を発揮できるような組織的・制度的配置があってこそ、リーダーシップは存在し得るのである。

もっとも、リーダーとフォロワーの相互作用から生まれるリーダーシップでは、両者の関係性によってその形を変える。それに応じて、リーダーシップは類型化されることになる。ただしどのような類型であっても、リーダーシップにはそれぞれの「界」の相互作用があり、両者の関係は制度的枠組みのなかで展開される。本書では、その「界」が組織政党として独特のあり方を示したフランス社会党が政権与党へと移り変わるなかで、ミッテランのリーダーシップを継続的なものと捉えた。しかし、この「界」の変移とともに、必然的に両者の相互作用も、位相を変えていった。それは、個人のリーダーシップ・スタイルが不変であったとしても、制度的性質とこれによってアクターに付与される資源、すなわちアクターの任務の特質と範囲が変化したためである。

こうしてみると、制度的な観点も採りいれなければならない。第五共和制で大統領職は行政府を超越しており、政府を従属させ、調停者として高度な政治的行為を強力に推進できると規定されている。こ

の強大な権限はミッテランに、より高位かつ広範な政策ネットワークと国家機構という新たな政治的資源を与えた。しかし、多くが派閥領袖であったサブ・リーダーたちも、閣僚として権限と任務を担うようになる。この新しい制度的配置において、リーダーとフォロワーの関係は変化をみせたわけである。

このように、制度は政策決定者を拘束する。同時に、新たな政治的次元は政策決定者によって切り開かれるのが常である。本論で対象としたような政権交代や経済危機の時期には、複数の制度的拘束を取り除く政治的戦術を採ることが容易かったのは確かである。変革の局面において、リーダーは自らのスタイルを変化させることができる。

以上から、経済的利益に重点を置く国際政治経済学（IPE）の「構造論的アプローチ」の欠点が明らかになる。IPEはリーダーとフォロワーの相互作用が織りなす政策過程を無視し、その科学性とは裏腹に事後的な解釈しか提供できない。さらに、時間の問題、すなわちなぜ「転回」に至るまで政権獲得後の二年間を要したのかの合理的根拠を示せない。仮に、経済指標だけでアクターの反応が予測できるとするならば、フランがEMSの底辺に張り付くとともに中銀の外貨準備高が減少し、その一方でインフレ上昇が加速していった八一年の早い段階で、緊縮策の徹底とEMS残留が決断されたはずである。しかし現実には、八三年まで最終的な政策路線は選択されなかった。それは本書で明らかにしたように、野党の頃からミッテランが採ってきた「取引的リーダーシップ」が政策的コミットを嫌う非決断を特徴としていたことに原因が求められる。大統領が自らのスタイルに固執したために、フランスが取りうる選択肢はむしろ狭まり、その間にフォロワーによる戦線が形成されて、もはや離脱が不可能なところまで追いつめられたのである。つまり、リーダー／フォロワーの権力関係を優先した上で、通貨安定が付

随的に選び取られたにすぎない。

また「アイディア・アプローチ」が指摘するように、八四年からミッテランが欧州へ傾斜するようになったのは、やはりリーダーシップ戦略の結果という主体的なものであって、決して欧州統合というアイディアそのものが推し進めたものではない。確かに、制度の改変やEMS強化に関する諸々のアイディアは、地下水脈に流れていた。しかし、これを発掘し統合の機運を再起動させたのは、制度ではなくリーダーシップだった。

6　社会主義と欧州統合という「希望」

側近アタリは、ミッテランが判断を下すにあたり、まわりに受け入れられるかどうかを気にしすぎることが「自身の判断にとって最大の敵だった」と回顧している。[*11] 非決断は、ミッテランのリーダーシップにおいて最大の武器であるとともに、弱点でもあり続けた。
政界からの引退ばかりか、その死が間近に迫った一九九五年一月に行われたプレスとの新年懇談会で、ミッテランは次のように回顧している。[*12]
社会党は自由主義的政策につらなったといわれている。それをしたのは私ではない。あなた方は一九八三年の選択についてとやかくいう。しかし、フランスを国境で閉鎖して、物価統制を実施したり解除したり、多様な利益が存在する社会機能の自由な動き無理に押さえつけたりすれば、フラン

スは危機から脱出するどころか、かつてない深刻な状況に陥っていただろう。そのような危機を招くことは私の意図するところではなかった。他方でフランスを貧窮に貶めるのが社会党の政策であってはならないとも考えてもいた。しかもフランスの孤立を避け、他の欧州諸国とより密接な関係を築かなければならなかったのだ。他にどんな選択肢があったのだろうか。(中略)私は社会主義者を辞めたこともないし、そうであり続けたが、現実を踏まえて必要と思われる選択をとったまでのことだ。本当は、選択などしたくはない。しかし、私生活においても、公的な生活においても、選択は常に強いられる。それが私にも生じたのだ。

一九七九年のメッス党大会でも、ミッテランは二つの相反する政治的選択肢を前に「選択をしたくない」と述べた[*13]。選択をしないことがミッテランのリーダーシップの核心ですらあった。しかしそれゆえに、彼は選択を迫られたのである。一九八三年の選択も、ミッテランがこの懇談会でやはり述べた「社会党による政権奪取と世界に対するフランスのより大きな開放」というジレンマのなかでなされ、結局後者が欧州統合を媒介として選択されたのだった。ミッテランは、シュヴェンヌマンに「もしフランスがEMSから離脱したらどうなるだろうか」と質問をし、「フランスのような国を統治する者は、先の見えない決断はできない」と自答したという[*14]。社会主義と欧州統合を比較して、ミッテランは「よりよい賭け」である後者を選択しなければならなかった。それ以降、フランスと欧州統合は不可分のものとして、運命を共にするようになったのである。しかし、国民国家からなる欧州統合である限り、これは多大な負担を政治にもたらす。

社会党は、権力を獲得した瞬間に現実の世界と経済を発見し、自らの提示してきた政治的世界を破棄しなければならなかった。そして社会主義という目標を放棄したために生まれた幻滅は、欧州統合という新たな政治空間で埋め合わせられなければならなかった。その限りにおいて八三年の「転回」が、ミッテランの欧州政策と対になっていると解釈するのは正しい。「転回」の正しさを証明するために欧州統合は必要とされ、欧州統合の成功はそのまま「転回」の決断を正当化する。しかし、政治の結果はその意図とは関係ないだけではなく、成功は正しさの証明でもない。こうした観点から、政治的決定を脱神話化する作業が必要だろう。本書は、フランス社会主義と欧州統合という、二つの相反する体制との関連においてこの作業を試みたにすぎない。

ミッテランにとって、権力は希望と同義語であった。晩年、ノーベル平和賞を受賞した作家ヴィーゼルとの対話で彼は「政治権力とは自らが生み出す幻想に基づくのではなく、錯覚かもしれないがそれによって具体化される希望に基づく」と述べた[*15]。最終的に、ミッテランの決断は社会主義と引き換えに、欧州建設という希望を残すことに成功した。一九三八年、二二歳のときミッテランは、ドイツのオーストリア併合に介入しないフランスを見て次のように書き記している。「政治で採りうる態度は二つだけだ。完全な諦めか絶対的な力かである。犠牲という諦めは、国民が示しうる偉大さの最も美しい形である。個人が犠牲になり得るなら、国家がそうなれない理由はない。この種のヒロイズムは、国家を構成する個人というフィクションを前提にする大衆的かつ活気ある運動でもあり得ないというのだろうか[*16]」。

欧州統合と社会主義の両方を野党期まで保持していたミッテランは、政権獲得後に両者が並存できない現実を悟り、アジール（避難場所）としての欧州統合へ逃避する決断を下した。社会主義の実現と異

なり、少なくとも未完のプロジェクトたる欧州統合においては、政治的リーダーシップは永遠であることを保障され、政治に希望を託すことができるからである。社会党が追求する社会的欧州は硬直的なドグマとして追いやられ、右派が妥協する欧州は社会党の社民主義化を求めて、失われたのはフランスの社会主義だった。[*17] そして、欧州統合はフランスにとって、政治的生存のための便利なフィクションとして作用し続けている。それでもフランスの「偉大さ（grandeur）」のためには、それだけの価値があると納得するしかないのである。[*18]

注

＊1 Erwin C. Hargrove, "Two Conceptions of Institutional Leadership," in Bryan. D. Jones（ed.）, *Leadership and Politics*, Lawrence: University Press of Kansas, 1989, p. 58.

＊2 それゆえミッテランは、「共和的君主（monarque républicain）」と呼ばれた。ド・ゴールとの比較については、Alain Duhamel, *De Gaulle Mitterrand*, Paris: Flammarion, 1991 が手掛かりとなる。

＊3 Burns, James-MacGregor, *Leadership*, New York: Harper & Row, 1979, p. 20 参照。

＊4 この定式については、Erwin C. Hargrove, "Two Conceptions of Institutional Leadership," in Bryan D. Jones（ed.）, *Leadership and Politics*, *op. cit.*, pp. 60–61.

＊5 なお、ミッテランは当初から一貫して選択操作的リーダーシップを特徴としていたとする議論に、David S. Bell, *Francois Mitterrand*, London: Polity, 2005 があるが、これは必ずしも成功していない。

＊6 Jones, Bryan D., "Causation, Constraint, and Political Leadership," in Do.（ed.）, *Leadership and Politics*, *op. cit.*, p. 10.

＊7 「政党性」と「政府性」の意味概念については、Blondel, Jean, "Introduction," in Jean Blondel and Maurizio Cotta（eds.）, *Party and Governement*, London: Macmillan, 1996, pp. 1–6 を参照。

＊8 Halimi, Serge, "Quand la Gauche de Gouvernement réécrit son Hisoire," in *Le Monde Diplomatique*, avril 2007.

＊9 Attali, Jacques, *C'était Francois Mitterrand*, Paris: Fayard, 2005, p. 1.

＊10　Fiorina, Morris, P., and Kenneth A. Shepsle, “Formal Theories of Leadership: Agents, Agenda Setters, and Entrepreneurs,” in Bryan D. Jones（ed.）, *Leadership and Politics*, *op. cit*., p. 20 を参照。

＊11　その上で、あらゆる可能性に対応できる判断こそが正しい、とする思考はむしろ野党に相応しかったという興味深い指摘をしている。Jacques Attali, “1973,” in Caroline Lang（presenté par）, *Le Cercle des Intimes*, Paris: La Sirène, 1995, p. 98.

＊12　Allocution Prononcée par Monsieur François Mitterrand, Président de la République, Lors de la Présentation des Vœux à la Presse, Palais de l’Elysée, 6 janvier 1995.

＊13　本書八九頁を参照。

＊14　Dray, Julien, dans Les Mots Croisées, France 2, diffusion de 13 Septembre 2004. 社会党幹部のドレイは、リブーからこの話を聞いたとしている。

＊15　Mitterrand, François et Elie Wiesel, *Mémoires à Deux Voix*, Paris: Odile Jacob, 1997, p. 191.

＊16　Cited in Catherine Nay, *Le Noir et le Rouge*, Paris: Grasset, 1984, p. 73.

＊17　Poirmeur, Yves et Christophe Pannetier, “Les Socialistes Français, la Crise et l’Europe,” in *Le Monde Diplomatique*, avril 1984.

＊18　Gillingham, John, *European Integration 1950–2003. Superstate or New Market Economy?*, Cambridge: Cambridge University Press, 2004, p. 500.

あとがき

本書は、東京大学総合文化研究科（国際社会科学専攻）に提出された博士学位論文（平成一九年度）「フランス社会党政権の政策転換――リーダーシップを介した社会主義から欧州統合へ」に加筆修正を加えたものである。なお、本書の内容は「フランス・ミッテラン社会党政権の成立」（高橋進・安井宏樹編『政権交代と民主主義』東京大学出版会、二〇〇八年）、「選択操作的リーダーシップの系譜――ミッテランとサッチャー」（日本比較政治学会年報『リーダーシップの比較政治学』早稲田大学出版部、二〇〇八年）と部分的にではあるが、重複していることをお断りしておきたい。

あれは、自分がまだ意気揚々としていた一九九八年頃のことである。当時のフランスの社会経済調査の職務にあった私は、フランスが欧州統合にどう影響を与え、そして欧州統合がフランスにどう影響を与えているのかの枠組みを知るため、英仏邦語問わず文献漁りに勤しんでいた。しかし、巷に溢れるのは国際機構論としてのEUやフランスの行政面の変化を記述したものか、もしくは時事評論的なものばかりで、政治学に慣れ親しんでいた私は積み上がる書籍やペーパーを前に辟易していた。そんななか、友人が日本から運んできてくれた本の中に『ヨーロッパ統合の脱神話化』（佐々木隆生・中村研一編、ミネルヴァ書房、一九九四年）があった。政治学を用いた欧州統合論が可能である、ということを示してくれ

た研究書であった。

私の書斎には「われわれはみなロゼッタだ」という、九九年一〇月六日付のル・モンド紙に載った一面広告が飾ってある。これは同年のカンヌ映画祭パルム・ドールを受賞したダルデンヌ兄弟による感謝広告である。同じ頃、フランスにあるＩＢＭ工場が閉鎖するニュースで、「私たちはこんな経済至上主義のヨーロッパを望んでなどいない」と涙を流して訴える若い女性労働者の顔をみた。彼女は、貧困の中の労働というものを通じて、人間の尊厳を保とうとする映画の主人公、ロゼッタに似ていた。

これが、フランスと欧州統合を研究し、そして実際に従事することになった直接のきっかけである。遡れば、フランスとの付き合いは一九八二年に始まる。当時、右も左も分からないままに現地校（「時間を失なう学校」という洒落た名の小学校だった）に放り込まれ、おずおずとフランス人の女の子と会話し、同級生とサッカーボールを追い掛け回し、学校行事であった第二次世界大戦終戦の記念式典に参加した。亡命ユダヤ人の政治学者ビルンボームは「私はフランス人になることで人間となった」と書いている。私はディアスポラにはなれない。知らず知らずのうちに、感受性豊かな少年期にフランスの共和主義の実体験から己の世界観を形成していったのかもしれない。そうした意味で、この本は自分の原風景を描きなおす作業でもあった。

大学院に進学し、実証科学的方法と解釈学的方法とで揺れ動くなか、行動原理の意味理解に強い誘引を感じたのは、Ｍ・ヴェーバーやＣ・シュミット、Ｈ・アーレントといった、政治思想史・精神史的著作に慣れ親しんでいたためだろう。本書が時に規範的含意や思弁的傾向に迷い込んだ軌跡があるのは、こうした志向＝嗜好の反映である。こうした理由もあって、本書は現代史研究としては検証が不十分で

あろうし、政治学としては科学的仕掛けに欠けているかもしれない。もっとも、たとえばマルクスの『ルイ・ボナパルトのブリュメール十八日』は事件とほぼ同時並行で書かれた作品である。ならば同時代史であっても、ミッテラン社会党のフランスという、ひとつの「反革命」の軌跡を描くことも可能だろうと考えた次第である。

その中でまず描きたかったのは、ミッテランという稀有な政治家と、彼を取り巻く社会党指導者層が欧州統合の過程でどのような立場に置かれ、理想と現実とをぎりぎりのところでどのように架橋する政治的決断を行ったのか、ということである。これはまた、本書で触れたようにフランスがヨーロッパの「普通の国」へと変化し、ヒロイックな政治的決断が日常の行政的決定へと変化していく過程でもあった。「政治の終焉」がいわれて久しいが、八〇年代前半のフランス政治も「政治を葬り去る」ことでヨーロッパの中に溶け込んでいった。問題意識はジャーナリスティックなままに、手段は学術的方法に頼ったつもりの本書の意図するところが多少なりとも成功しているよう祈っている。ドロール氏にインタビューした際、「君のテーゼはとても興味深いし、何よりもオリジナルだ」と、その思慮深い大洋のような青い瞳でいわれたのを昨日のように思い出す。

読み返してみれば分析が及んでいないところや、ダイナミズムの抽出に失敗しているところが目に付く。力量と時間の制約を除けば、悔やまれるのは人間ミッテランに十分踏み込めていない点にある。ミッテランは神秘的で、傲慢で、魅惑的で、あらゆる複雑性を体現する政治家だった。せいぜいできることといえば、彼を真空な権力体として描くことであった。「ただ書ききることが課題だと考えていて、書こうと思っていることを書ききれば、自分はいまいる場所と違うところいるのだろうと思っていまし

た」（福田和也『奇妙な廃墟』、文庫版あとがき）。ミッテラン論は、稿を改めることにしたい。

本書で展開された趣旨は、多くの場所での講評に恵まれた。日本比較政治学会、東京大学比較政治研究会および歴史政治学研究会、日仏政治学会研究会、現代史研究会、北海道大学政治研究会といった各場所で貴重な意見を寄せていただいたコメンテーターや会員の方々に御礼を申し上げたい。

浅学非才な私が何とかここまでやってこれたのも、多くの諸先生、諸先輩、同輩の有形無形の助力があったからである。日本では、英米のように長々とした謝辞を記すのは慣例ではないが、できる限りお名前を挙げさせていただければと思う。

まず、本書の最も厳しい批判者であると同時に理解者でもあった高橋直樹先生。どこの馬の骨とも判らない私の指導を了解いただいたほぼ偶然は、大変な幸運に転じた。先生のバランスのとれた良識に基づくコメントとシャープな視点がなければ、本書はさらに質の劣るものになっていただろう。「先生との五分の面談は凡庸な一時間の議論に優る」というのは弟子たちの一致した意見である。それだけの指導があっても、まだ「見識と凄み」のある論文を書き上げたとはいえない。これはおそらく知識や努力ではいかんともしがたい領域であるゆえに、尊敬の念は薄れることがない。

また、高橋先生とともに論文を審査してくださった古城佳子先生、森井祐一先生および内山融先生の真摯な指導といただいたコメントにも感謝したい。それぞれの専門からのアドバイスは、論文が学術論文としての体を為す上で必要不可欠だった。森井先生は、東京大学駒場キャンパスに設置される「ドイツ・ヨーロッパ研究センター（DESK）」の運営委員であり、筆者は修士課程在学中から同センターの

大変な恩恵を受けたことも記しておきたい。

審査委員には、平島健司先生と中山洋平先生にも加わっていただくこともできた。平島先生には、論文草稿を精読いただき、その学問的意義を強調するよう助言いただいた。中山先生には、それ以前から政治史に対する深い洞察をもって指導いただいていた。本書で展開したミッテランの一断面は、実は先生の発した何気ない一言が大きなヒントになっている。先生を中心に組織された勉強会は、大変な鍛錬の場だけでなく、常人離れした努力の姿勢と研究者の矜持を学ばせていただく機会ともなった。そのようなお人柄の対極にいるような私にとって、中山先生は永遠の目標であり続ける。

高橋進先生からは、筆者が所属を本郷の政治学研究科へ移してから、言いつくせないほどの恩恵をいただいた。政治学者でいることと人間的であることはほぼ同義であることを、先生のスタイル＝生き方から学ぶことができた。「政治学にはセンスを磨くことが必要」という先生の訓示の意味を取り違えて、享楽におぼれないよう自戒したい。

そのほかにも、井上スズ、廣田功、伊藤光利、中川辰洋、土倉莞爾、渡辺啓貴、新庄勝美、小川有美、若松邦弘、網谷龍介、鈴木一人、安井弘樹、伊藤武の各先生からも、折に触れて助言をいただくことができた。このような日本のヨーロッパ研究と政治学の〝ベスト&ブライテスト〟の指導を受けることができたことは、大きな幸せですらあった。また、上原良子氏からは多くの勇気をいただいたことをとくに報告しておきたい。

そもそも、私が政治学を学んで行こうと思ったのは、学部時代に蔭山宏および川原彰の両先生との出会いがあったからである。蔭山先生からは常にラディカルであること、川原先生からは勁《つよ》くあることを

教えられた。お二人から学んだ政治学の精神の原型を、これからも自分なりに育て、伝えてゆきたい。

その実践の場として、現在は北海道大学法学研究科に奉職する幸運に恵まれている。なかでも、ヨーロッパ像を政治学的なダイナミズムで捉えた遠藤乾「重層化する政治空間」（『世界』一九九九年二月号）は、実はヨーロッパ政治をやってみたいという筆者の意思の源泉となった論文であり、また、日本でおそらく有数の政治学者を揃えた同研究科での毎日は、刺激に満ち満ちている。中村研一、山口二郎、松浦正孝、山崎幹根、空井護、鈴木一人先生をはじめとする政治学講座スタッフを同僚にする幸せと恐ろしさを噛み締め、恵まれた研究環境を活かし、精進を心がける次第である。

大学院での苦楽をともにした同志たちにも礼をいわなければならないだろう。今井貴子、門愛子、黒崎将弘、小舘尚文、鈴木絢女、西村もも子、松尾秀哉、山崎望の各氏とめぐりあえたことは今でも貴重な財産である。そして、田辺雅子さん、伊藤翠子さん、石川ゆうこさんの三人のミューズからなった東大国際社会科学事務室の皆さんには、取るに足らない愚痴や不満を笑顔で聞いてくださったことに感謝している。ある意味では殺伐とした研究生活で、楽しい時間を与えてくださった。学業を離れたところではあっても、盟友たちとの楽しい時間も本書に貢献していることは事実である。とくに、遠藤純子、また、荒木かおり、北原淳児、小嶋敏幸、坂英樹、田熊美保、土岐智子、伏屋由美子、武藤小枝里、森本学、和田啓子、Yves et Danielle Mahuzier の各氏への友愛を記しておきたい。ジェトロ在職時代から常に励ましをいただいている山田康博氏、藤田義文氏、黒田敏郎氏、何かにつけ気にかけていただいている岩淵寛二、山之内那美子と桑原千代といった諸先輩にも感謝の気持ちで一杯である。

そして、一九六七年からミッテランに付き添い、八八年に彼の信頼のもと大統領府の史料管理専門職

(Archiviste) を務めたMadame Françoise Carleに出版の報を一番に伝えたい。氏は「歴史とは自由なものであり、各人が自由に資料を使って書くべきものだ、とミッテランもいっていた」と言って、一介の大学院生に快く貴重な資料を開示いただいた。学者の時として冷酷無比な記述は、彼女らのような素朴で献身的なミリタントの情熱を無視しがちだが、こうした人々の支えなしに政治が成り立たないことは強調してもしたりないと思う。同時に、資料収集の過程で垣間見ることのできた各場所のアルシヴィストの職業倫理と矜持にも、最大の謝辞を述べたい。また、フランソワ・ミッテラン研究所／セルジー・ポワントワーズ大学のGeorges Saunier氏との楽しい意見交換にもお礼を添えておきたい。

本書が出版されるきっかけは、法政大学出版局の奥田のぞみさんが与えてくださった。内容の出来如何にかかわらず出版助成のない博士論文が冷遇されるなか、奥田さんには活字にする意義を認めていただき、著者一般が望み得る以上のエネルギーを編集者として本書に注いでいただいた。文章の最終的な責めは筆者が負うことはもちろんだが、幾分でも読みやすい文章になっているとすれば、それは奥田さんの尽力のお陰である。その労力に報いるだけのものであることを願うのみである。

最後に、本書は私の常に味方でい続けてくれている祖母・長谷川敏子に捧げられる。

二〇〇八年一一月

吉田　徹

メルマズ　Louis Mermaz　119, 138, 153, 296
モーロワ　Pierre Mauroy　1, 20, 22, 55, 70–71, 73–75, 81, 88–90, 116–117, 122, 124–126, 128–132, 134, 140–141, 147–150, 153–154, 172–174, 176–177, 184, 186, 191, 193–195, 198–199, 201–203, 207–216, 220, 222–227, 241–243, 245–248, 250, 253, 257–258, 260–262, 264–265, 267–273, 275, 278, 280–282, 285, 288–291, 293–294, 296, 298, 300–307, 311, 335, 337, 346, 349–350, 371–373
モッチャン　Didier Motchane　136, 308
モネ　Jean Monnet　41
モラヴチック　Andrew Moravcsik　35–39, 43–45
モレ　Guy Mollet　70, 73, 187
モロー　Yannick Moreau　151

ヤ　行

ヨルゲンセン　Anker Joergensen　122–123

ラ　行

ライカー　William H. Riker　53, 352, 355
ラガイエット　Philippe Lagayette　182, 201, 297
ラギエ　Arlette Laguiller　110
ラクチュール　Jean Lacouture　40, 43
ラグランジュ　François Lagrange　339
ラニエル　Joseph Laniel　40
ラバレール　André Labarrère　129
ラマディエ　Paul Ramadier　11
ラミー　Pascal Lamy　304
ラモント　Norman Lamont　34
ラリュミエール　Catherine Lalumière 344
ラロンド　Brice Lalonde　110
ラング　Jaques Lang　123–124, 175, 355
ランスロ　Alain Lancelot　113
リーヴィ　Jonah D. Levy　11
リーガン　Donald Regan　213–214
リーバー　Nancy I. Lieber　83
リピエッツ　Alain Lipietz　332
リブー　Jean Riboud　152, 207, 254–258, 264, 266–268, 272, 278, 284, 290, 292, 294
ル＝ガレック　Jean Le Garrec　117–118, 173, 244–245
ル＝ポール　Anicetle Pors　208
ルーズヴェルト　Theodore Roosevelt 213
ルスレ　André Rousselet　119, 153, 255
ルノン　Gérard Renon　152
ルベッグ　Daniel Lebègue　342
レーガン　Ronald W. Reagan　1, 134–135, 211, 213–214, 266, 269
レームブルッフ　Gerhard Lehmbruch 14
レオンチェフ　Wassily Leontief　284
レニエル　André Laignel　273
ローズ　Richard Rose　49
ロードン　Frédéric Lordon　13
ロカール　Michel Rocard　40, 55, 70, 82–85, 87–90, 92, 95, 117, 120, 124–125, 136, 148, 172–173, 177, 181, 188, 190, 203, 220, 226, 253, 258, 282, 303, 344, 350, 354, 370
ロザンヴァロン　Pierre Rosanvallon　8

ハルグローヴ　Erwin C. Halgrove　53
パルメ　Olof Palme　123
バレンボイム　Daniel Barenboïm　123
ビアンコ　Jean-Louis Bianco　243–244, 283, 291–292, 302, 332, 355
ピエット　Jacques Piette　171
ファビウス　Laurent Fabius　90, 97, 118, 129, 131, 153, 173–174, 176, 181–182, 186–187, 197–198, 208, 242, 253, 255–257, 260, 263, 276, 285, 290, 292–296, 298, 301–303, 336–339, 349–350, 354, 370, 373
フィテルマン　Charles Fiterman　182, 186
フィトゥシ　Jean-Paul Fitoussi　15–16
フィリップ　André Philippe　41
ブーブリル　Alain Boublil　118, 151, 171, 205, 257, 266, 282
フォール　Edgar Faure　290
フォール　Maurice Faure　129, 290, 343
藤村信　iii
ブッシュ　George H. W. Bush　134
ブラント　Willy Brandt　122
フリードマン　Milton Friedman　209
フルニエ　Jacques Fournier　118, 151, 153, 201, 203, 243
ブルム　Léon Blum　11, 98, 127–128, 131, 171, 186–187
プレヴァン　René Pleven　41
プレスコフ　Georges Plescoff　207
ブロック　Marc Bloch　44
ヘイウッド　Elizabeth Haywood　40, 43
ヘイグ　Alexander Haig　134, 213
ペイルルヴァド　Jean Peyrelevade　88, 124, 128, 171, 174, 178, 258, 290
ペール　Karl Otto Poehl　178, 216, 297
ベル　David Scott Bell　8
ベルジュロン　André Bergeron　142–143, 185, 245
ベレゴヴォワ　Pierre Bérégovoy　74, 83, 96, 117–119, 121–123, 129, 147, 151–153, 171, 204, 218, 223, 243, 255–257, 261, 266, 269, 276, 283, 285, 287, 290, 292–297, 300–303, 336, 355–356, 370
ホイットマン　Walter Whitman　340
ホール　Peter A. Hall　6
ボカサ　Jean-Bedel Bokassa　110
ボゾ　Fréderic Bozo　21
ホフマン　Stanley Hoffman　47, 353
ポプラン　Jean Poperen　70, 136–138, 153, 195, 308, 349
ポルテリ　Hugues Portelli　149, 195
ポンティヨン　Robert Pontillon　74, 95
ポンピドゥー　Geroges Pompidou　10, 81, 120, 136, 153

マ　行

マキャヴェッリ　Niccolò Machiavelli　48
マランヴォー　Edmond Malinvaud　284
マルシェ　Georges Marchais　74, 109–110, 208
マルジョラン　Robert Marjolin　98
マルチネ　Gilles Martinet　81–82, 85
マルロー　André Marlaux　114
マンデス゠フランス　Pierre Mendès-France　42, 122, 127, 173
マンドラス　Henri Mendras　113
ミユロン　Jean-Claude Milleron　219
ミルワード　Alan S. Milward　44
ムーラン　Jean Moulin　123
メール　Edmond Maire　208, 281
メルテス　Alois Mertes　292

セルヴァン＝シュレイベール　Jean-Jacques Servan-Schreiber　207, 255, 272
ソアレス　Mário Soares　122
ソテール　Christian Sautter　152, 201, 204, 218, 243–244, 251, 276, 279, 283, 332
ソロス　Georges Soros　34

タ　行

ダウセンベルヒ　Willem Frederik Duisenberg　216
ダリダ　Dalida　123
ティートマイヤー　Hans Tietmeyer　297
ティンバーゲン　Jan Tinbergen　120
デュヴェルジェ　Maurice Duverger　148
デュマ　Roland Dumas　97, 123, 339, 342–343, 355
デラノエ　Bertrand Delanoë　148
テルチーク　Horst Teltschick　343
ド・ヴェヌヴィル　Pierre Ghislain de Benouville　152
ド・ゴール　Charles de Gaulle　10, 35, 41, 46, 68, 123, 131, 136, 153, 157, 171, 289, 299, 352–353, 369
ド・フーコー　Jean-Baptiste de Foucauld　13
ド・ラ＝ジェニエール　Renaud de La-Genière　125, 201, 275
トゥレーヌ　Alain Touraine　248
ドニゼ　Jean Denizet　284
ドフェール　Gaston Defferre　70, 73, 117–118, 123, 129, 153, 173, 244, 280, 287, 297, 336
ドフラシウー　Jean Deflassieux　290
ドブレ　Michel Debré　108, 289
ドミンゴ　Plácido Domingo　124
トルドー　Pierre Trudeau　213
トルン　Gaston Thorn　341, 344
ドレイフュス　Pierre Dreyfus　171, 242
ドロール　Jacques Delors　14, 18, 38, 45, 54–55, 82–84, 87–88, 90, 93, 95, 116–118, 120, 124–125, 128–129, 149, 152, 172, 174–188, 191, 195–199, 201–203, 207–208, 211–212, 216, 219–224, 241–242, 248, 250–251, 253–254, 257, 259, 261–264, 267–272, 274–276, 279–282, 285–286, 290, 292–294, 296–306, 311, 336, 343–345, 349, 370–372

ナ　行

ナレ　Henri Nallet　152
ナントイユ　Luc de la Barre de Nanteuil　342–343
ノトバール　Arthur Notebart　70

ハ　行

ハーシュマン　Albert O. Hirschman　38
ハース　Ernst B. Haas　44
パーソンズ　Craig Parsons　43–45
バーリン　Isaiah Berlin　39
バール　Raymond Barre　15, 110, 116, 120–121, 176, 183, 196, 205, 220, 225, 252, 254, 280, 292
バーンズ　James M. Burns　53
ハイン　David Hine　49, 52
バシー　Jean-Paul Bachy　136
パスカル　Blaise Pascal　42
パスクワ　Charles Pasqua　355
バダンテール　Robert Badinter　118, 172, 177

クリヴィンヌ　Alain Krivine　114
クリドル　Byron Criddle　8
クレッソン　Edith Cresson　117, 354–355
クレポー　Michel Crépeau　109
グロッセール　Alfred Grosser　226
クンデラ　Milan Kundera　123–124
ケインズ　John Meynard Keynes　209
ゲンシャー　Hans-Dietrich Genscher　295, 341, 343
コール　Helmudt Kohl　268, 292, 295, 334, 336, 341, 343, 347
コックフィールド　Francis Arthur Cockfield　344
コリアール　Jean-Claude Colliard　152–153
コロンボ　Emilio Colombo　341
ゴンクール兄弟　les Goncourts　iv
ゴンザレス　Felipe González　18, 122
コンスタン　Benjamin Constin　45

サ　行

サール　Georges Sarre　282
サヴァリー　Alain Savary　70, 129, 152, 335
サッチャー　Margaret Thatcher　1–2, 48, 157, 196, 213, 266, 269, 341, 344, 356
サルツマン　Charles Salzmann　245, 255, 257, 263
シェイソン　Claude Cheysson　118, 134–135, 189–190, 295, 343
ジスカール＝デスタン　Valery Giscard-d'Estaing　10, 81, 86, 94, 98, 108–112–113, 121–123, 131, 133, 136, 153, 211, 352
シャバン＝デルマス　Jacques Chaban-Delmas　83
シャピュイ　Robert Chapuis　85
シャルザ　Michel Charzat　137, 274
シャンデルナゴール　André Chandernagor　118, 129, 253
シュヴェンヌマン　Jean-Pierre Chevènement　42, 70–71, 73–74, 77, 85–86, 93, 96, 116, 125, 129, 133, 172–173, 181–182, 187, 197, 208, 220–221, 223, 242, 249–251, 253–258, 263–264, 266, 274, 282, 287, 296, 303, 309, 336, 370, 380
シューマン　Robert Schuman　41
シュトルテンベルグ　Gerhard Stoltenberg　295, 297, 299
シュミット　Carl Schmitt　3
シュミット　Helmudt Schmidt　86, 144, 183, 198, 209, 211, 213, 268
シュミット　Vivien A. Schmidt　6–7, 12
ジュリアール　Jacques Julliard　17
ジョスパン　Lionel Jospin　132, 136, 145, 148, 153, 193–194, 225–226, 265, 269, 273, 281, 292, 308–310, 349–351
ジョックス　Pierre Joxe　70, 73–74, 128, 153, 193, 283
ジョベール　Michel Jobert　120, 129–130, 177, 190, 202, 252–253, 262–263, 270, 283, 296
ジョレス　Jean Jaurès　93, 123
シラク　Jacques Chirac　108–110, 123, 346
鈴木善幸　213
スタース　François-Xavier Stasse　150–151, 171, 178, 190, 199–201, 243–244, 258, 267, 279, 281, 283–285, 332–334
スピッツァー　Jean-Pierre Spitzer　343
スピネッリ　Antonio Spinelli　340
セガン　Philippe Séguin　355
セゲラ　Jacques Séguéla　111–112

人名索引

ア　行

アジェンデ　Salvador Allende　78
アタリ　Jacques Attali　38, 119–120, 129, 150, 152, 157, 171, 182, 196, 201, 204, 212, 243–246, 249, 255–256, 262, 267, 276–277, 283–284, 286, 291, 293, 300–301, 303, 343, 379
アバディー　François Abadie　134
アベレール　Jean-Yves Haberer　120
アリミ　Serge Halimi　333
アロン　Raymon Aron　97–98, 299, 304, 333
アングリエッタ　Michel Aglietta　284
アンドリューズ　David M. Andrews　34
アンドレッタ　Beniamino Andretta　180
飯尾潤　36
ヴァレリー　Paul Valery　iv
ヴィーゼル　Elie Wiesel　381
ヴィニヨン　Jérôme Vignon　201
ウィルソン　Harold Wilson　276
ヴェーバー　Max Weber　36
ヴェドリーヌ　Hubert Védrine　51, 118, 121, 152, 211, 213, 243
ヴォゼル　Michel Vauzelle　302
ウリ　Pierre Uri　284
エスチエ　Claude Estier　296
エリオ　Edouard Herriot　126–127, 187
エルニュ　Charles Hernu　118
オリオール　Vincent Auriol　127

カ　行

カストロ　Roland Castro　113
ガダズ　Yvon Gattaz　37–38, 222, 224
加藤淳子　51
カムドシュス　Michel　Camudessus　179, 293, 295, 297
カルドア　Nicholas Kaldor　120, 276
ガルブレイス　John Kenneth Galbraith　120
カルル　Françoise Carle　23
ガロ　Max Gallo　304, 343
ガロー　Marie-France Garaud　108
キー　Valdimer O. Key Jr.　49
ギグー　Elisabeth Guigou　45, 152, 201, 244, 265, 276–277, 279, 283–286, 332, 343, 355
キッシンジャー　Henry Kissinger　303
ギャディス　John Lewis Gaddis　39
キャメロン　David R. Cameron　11
ギャンブル　Andrew Gamble　45
ギヨーム　Henri Guillaume　290
ギリンガム　John Gillingham　18
キレス　Paul Quilles　136–137, 153, 195
グー　Christian Goux　283, 308
クエスチオー　Nicole Questiaux　118, 129, 242
グラヴァニー　Jean Glavany　152, 243
クラクシ　Bettino Craxi　122
クラスキ　Henri Krasucki　245–246

や　行

ら　行

ま　行

た　行

な　行

は　行

さ　行

か　行

あ 行

事項索引

《著者紹介》

吉田 徹（よしだ とおる）
1975年東京生まれ。東京大学総合文化研究科（国際社会科学）博士課程修了（学術博士）。
慶應義塾大学法学部卒，日本貿易振興会，日本学術振興会特別研究員等を経て，現在は北海道大学法学研究科／公共政策大学院准教授（ヨーロッパ政治史）。
主要業績：「フランス：避けがたい国家？」小川有美・岩崎正洋編『アクセス地域研究Ⅱ』日本経済評論社，2004年；「『選択操作的リーダーシップ』の系譜」日本比較政治学会年報『リーダーシップの比較政治学』第10号，2008年；「フランス・ミッテラン社会党政権の成立」高橋進・安井宏樹編『政権交代と民主主義』東京大学出版会，2008年；「フランスのコア・エグゼクティヴ」伊藤光利編『政治的エグゼクティヴの比較研究』早稲田大学出版部，2008年など。

サピエンティア　02

ミッテラン社会党の転換
社会主義から欧州統合へ

2008年11月20日　初版第1刷発行

著　者　吉田 徹
発行所　財団法人法政大学出版局
〒102-0073 東京都千代田区九段北 3-2-7
電話 03(5214)5540／振替 00160-6-95814
製版・印刷　三和印刷／製本　鈴木製本所
装　幀　奥定泰之

ISBN 978-4-588-60302-0　　Printed in Japan

《サピエンティア》（表示価格は税別です）

01 **アメリカの戦争と世界秩序**
菅 英輝 編著……3800円

02 **ミッテラン社会党の転換** 社会主義から欧州統合へ
吉田 徹 著……4000円

03 **社会国家を生きる** 20世紀ドイツにおける国家・共同性・個人
川越 修・辻 英史 編著……3600円

04 **パスポートの発明** 監視・シティズンシップ・国家
J. C. トーピー／藤川隆男 監訳……3200円

05 **連帯経済の可能性** ラテンアメリカにおける草の根の経験
A. O. ハーシュマン／矢野修一ほか 訳……2200円

06 **アメリカの省察** トクヴィル・ウェーバー・アドルノ
C. オッフェ／野口雅弘 訳……2000円

【2009年1月以降続刊】（タイトルは仮題を含みます）

帝国からの逃避
A. H. アムスデン／原田太津男・尹春志 訳

政治的平等について
R. ダール／飯田文雄ほか 訳

土着語の政治
W. キムリッカ／岡﨑晴輝・施光恒・竹島博之 監訳

国家のパラドックス
押村 高 著

冷戦史の再検討 変容する秩序と冷戦の終焉
菅 英輝 編著

グローバリゼーション
Z. バウマン／澤田眞治 訳

人間の安全保障 グローバル化と介入に関する考察
M. カルドー／山本武彦ほか 訳